中国外交

China's Foreign Affairs

2013年版

中华人民共和国外交部
政策规划司编

世界知识出版社

图书在版编目(CIP)数据

中国外交：2013年版 / 中华人民共和国外交部政策规划司编. —北京：世界知识出版社，2013.5

ISBN 978-7-5012-4451-5

Ⅰ.①中… Ⅱ.①中… Ⅲ.①外交—概况—中国—2013 Ⅳ.①D82

中国版本图书馆CIP数据核字（2013）第073464号

中国外交 / 2013年版

Zhongguo Waijiao / 2013 Nian Ban

责任编辑 / 吴 捷 符沛迪

责任出版 / 王勇刚

责任校对 / 张 琨

出版发行 / 世界知识出版社

地 址 / 北京市东城区干面胡同51号

邮政编码 / 100010

经 销 / 新华书店

印 刷 / 河北新华第一印刷有限责任公司

开本印张 / 720×1020毫米 1/16 27印张 480千字

版次印次 / 2013年5月第一版 2013年5月第一次印刷

标准书号 / ISBN 978-7-5012-4451-5

定 价 / 58.00元（平装）

政策规划司编辑小组 / 孙安林　何源　钟旭辉　杨天欣

外交部长序

2012年是中国发展进程中具有特殊意义的一年。中国共产党第十八次全国代表大会胜利召开，确立了中国全面建成小康社会和全面深化改革开放的宏伟目标，对新的时代条件下推进中国特色社会主义事业作出了全面部署。中国发展迈上了新的历史进程。

2012年，国际形势稳定与动荡交织，国际和地区格局酝酿新的重要变化。在党中央和国务院的坚强领导下，中国外交攻坚克难，稳中求进，为党的十八大胜利召开和“十二五”规划全面实施营造了有利的外部环境。中国领导人出席一系列重大多双边外交活动，积极推进与各方合作，提升了中国国际影响力。我们稳妥应对和处理钓鱼岛、南海等涉中国领土主权和海洋权益争端，坚决维护国家主权、安全、发展利益。推动同美国、俄罗斯、欧洲等主要大国关系取得新进展，积极构建总体稳定、相对均衡、合作共赢的大国关系框架。坚持睦邻友好，不断深化与周边国家的利益融合。进一步发展与广大发展中国家的互利合作，巩固双方传统友谊。同各方一道共同参与全球性问题和地区热点问题的解决，积极发挥建设性、负责任的大国作用。深入开展公共外交和人文交流，夯实国家间关系发展的社会基础。我们大力推动外交理论和实践创新，在国际关系中弘扬平等互信、包容互鉴、合作共赢的精神，促进国际秩序和国际体系朝着公正合理的方向发展。

当前，中国正处于全面建成小康社会的决定性阶段和深化改革开放、加快转变经济发展方式的攻坚时期，外交工作也站在新的历史起点上，任务艰巨，使命光荣。我们将以全面贯彻落实十八大精神为主线，继续紧紧围绕党和国家工作大局，继承与发展相结合，稳定对外关系大局与不断开拓进取相结合，努力开创外交工作新局面。

2013版《中国外交》白皮书延承以往特色，既包括对国际和地区形势深入浅出的评述，又包含针对不同国别和领域外交工作全面系统的记述，内容丰富，材料翔实，将为广大读者认识、理解中国外交提供有益的帮助。殷切希望大家继续关注《中国外交》白皮书，支持中国外交事业的进一步发展。

王毅

2013年3月

目 录

外交部长序

第一章　2012年的国际形势

（一）概述……1
1. 大国关系新一轮调整互动深入推进……1
2. 世界经济下行压力加大……2
3. 国际安全形势更加错综复杂……2
4. 新兴市场和发展中国家快速崛起，成为牵动国际格局演变的重要力量……2
（二）全球各地区形势……2
1. 亚洲地区形势……2
2. 西亚北非地区局势……3
3. 撒哈拉以南非洲地区形势……5
4. 欧亚地区形势……6
5. 欧洲地区形势……7
6. 北美大洋洲地区形势……9
7. 拉丁美洲和加勒比地区形势……13
（三）专题评述……14
1. 欧洲主权债务问题……14
2. 2012年美国总统大选尘埃落定……15
3. 俄罗斯总统大选备受关注……17

4. 叙利亚问题持续升温 18
5. 伊朗核问题重启对话进程 19
6. 国际社会围绕网络事务加强交流合作 20

第二章　2012年的中国外交

（一）概述 22
1. 中国领导人出席重大外交活动亮点频呈 22
2. 坚定维护国家主权、安全与发展利益，维护中国公民法人在海外合法权益 23
3. 保持同各大国关系总体稳定发展 23
4. 进一步深化同周边国家的友好合作 23
5. 促进同发展中国家团结合作迈上新台阶 24
6. 积极开展公共外交 24
（二）中国与各地区国家关系 24
1. 中国与亚洲地区国家关系 24
2. 中国与西亚北非地区国家关系 26
3. 中国与撒哈拉以南非洲地区国家关系 28
4. 中国与欧亚地区国家关系 29
5. 中国与欧洲地区国家关系 30
6. 中国与北美大洋洲地区国家关系 34
7. 中国与拉丁美洲和加勒比地区国家关系 37
（三）专题评述 38
1. 胡锦涛主席出席首尔核安全峰会 38
2. 胡锦涛主席出席金砖国家领导人第四次会晤 39
3. 胡锦涛主席出席二十国集团领导人第七次峰会 40
4. 胡锦涛主席出席亚太经合组织第20次领导人非正式会议 41
5. 中方担任上海合作组织轮值主席国并举办上海合作组织成员国元首理事会第12次会议 43
6. 温家宝总理出席第五次中日韩领导人会议 44
7. 温家宝总理出席联合国可持续发展大会 45
8. 温家宝总理访问拉美期间就深化中拉关系提出系列重大举措 46
9. 温家宝总理出席第九届亚欧首脑会议 46
10. 温家宝总理出席东亚领导人系列会议 48
11. 中国—中东欧国家合作开局良好 49

12. 杨洁篪外长出席中阿合作论坛第五届部长级会议 50
13. 杨洁篪外长出席第67届联合国大会一般性辩论 52
14. 中非合作论坛第五届部长级会议成功举行 53
15. 中国积极推动叙利亚问题的政治解决 55
16. 钓鱼岛“购岛”风波 57
17. 中国政府发表《钓鱼岛是中国的固有领土》白皮书 58
18. 完善机制，打造平台，全方位推进公共外交工作 59
19. 坚定维护中国公民、法人在海外合法权益 60
20. 坚持一个中国原则，促进两岸关系和平发展 61
21. 大力开展安全外交，维护国家主权和安全 62

第三章　中国与各建交国家的关系

阿富汗(Afghanistan) 65
阿尔巴尼亚(Albania) 66
阿尔及利亚(Algeria) 67
安道尔(Andorra) 68
安哥拉(Angola) 68
安提瓜和巴布达(Antigua and Barbuda) 70
阿根廷(Argentina) 70
亚美尼亚(Armenia) 71
澳大利亚(Australia) 72
奥地利(Austria) 73
阿塞拜疆(Azerbaijan) 74
巴哈马(The Bahamas) 75
巴　林(Bahrain) 76
孟加拉国(Bangladesh) 76
巴巴多斯(Barbados) 77
白俄罗斯(Belarus) 78
比利时(Belgium) 79
贝　宁(Benin) 80
玻利维亚(Bolivia) 80
波斯尼亚和黑塞哥维那(Bosnia and Herzegovina) 81
博茨瓦纳(Botswana) 81
巴　西(Brazil) 82

文　莱(Brunei Darussalam) 83
保加利亚(Bulgaria) 84
布隆迪(Burundi) 85
柬埔寨(Cambodia) 86
喀麦隆(Cameroon) 87
加拿大(Canada) 88
佛得角(Cape Verde) 89
中　非(Central African Republic) 90
乍　得(Chad) 91
智　利(Chile) 91
哥伦比亚(Colombia) 92
科摩罗(Comoros) 93
刚果共和国(Congo) 93
库克群岛(Cook Islands) 94
哥斯达黎加(Costa Rica) 95
科特迪瓦(Cote d'Ivoire) 95
克罗地亚(Croatia) 96
古　巴(Cuba) 97
塞浦路斯(Cyprus) 99
捷　克(Czech) 100
丹　麦(Denmark) 101
吉布提(Djibouti) 102
多米尼克(Dominica) 103
朝鲜民主主义人民共和国(DPRK) 103
刚果民主共和国(D. R. Congo) 104
厄瓜多尔(Ecuador) 105
埃　及(Egypt) 106
赤道几内亚(Equatorial Guinea) 107
厄立特里亚(Eritrea) 108
爱沙尼亚(Estonia) 108
埃塞俄比亚(Ethiopia) 109
斐　济(Fiji) 110
芬　兰(Finland) 111
法　国(France) 112
加　蓬(Gabon) 113

格鲁吉亚(Georgia)……114
德　国(Germany)……114
加　纳(Ghana)……117
希　腊(Greece)……118
格林纳达(Grenada)……119
几内亚(Guinea)……119
几内亚比绍(Guinea—Bissau)……120
圭亚那(Guyana)……120
匈牙利(Hungary)……121
冰　岛(Iceland)……122
印　度(India)……123
印度尼西亚(Indonesia)……125
伊　朗(Iran)……126
伊拉克(Iraq)……127
爱尔兰(Ireland)……127
以色列(Israel)……128
意大利(Italy)……129
牙买加(Jamaica)……131
日　本(Japan)……131
约　旦(Jordan)……134
哈萨克斯坦(Kazakhstan)……135
肯尼亚(Kenya)……136
科威特(Kuwait)……137
吉尔吉斯斯坦(Kyrgyzstan)……138
老　挝(Laos)……139
拉脱维亚(Latvia)……139
黎巴嫩(Lebanon)……140
莱索托(Lesotho)……141
利比里亚(Liberia)……141
利比亚(Libya)……142
列支敦士登(Liechtenstein)……142
立陶宛(Lithuania)……143
卢森堡(Luxembourg)……144
马其顿(Macedonia)……144
马达加斯加(Madagascar)……145

马拉维(Malawi)......146
马来西亚(Malaysia)......146
马尔代夫(Maldives)......147
马　里(Mali)......148
马耳他(Malta)......148
毛里塔尼亚(Mauritania)......149
毛里求斯(Mauritius)......150
墨西哥(Mexico)......151
密克罗尼西亚(Micronesia, F.S.)......152
摩尔多瓦(Moldova)......153
摩纳哥(Monaco)......153
蒙　古(Mongolia)......154
黑　山(Montenegro)......155
摩洛哥(Morocco)......155
莫桑比克(Mozambique)......156
缅　甸(Myanmar)......157
纳米比亚(Namibia)......158
尼泊尔(Nepal)......159
荷　兰(Netherlands)......160
新西兰(New Zealand)......161
尼日尔(Niger)......163
尼日利亚(Nigeria)......163
纽　埃(Niue)......164
挪　威(Norway)......165
阿　曼(Oman)......165
巴基斯坦(Pakistan)......165
巴勒斯坦(Palestine)......166
巴布亚新几内亚(Papua New Guinea)......167
秘　鲁(Peru)......168
菲律宾(Philippines)......168
波　兰(Poland)......169
葡萄牙(Portugal)......170
卡塔尔(Qatar)......171
大韩民国(ROK)......172
罗马尼亚(Romania)......174

俄罗斯(Russia)......175
卢旺达(Rwanda)......178
萨摩亚(Samoa)......178
圣马力诺(San Marino)......179
沙特阿拉伯(Saudi Arabia)......180
塞内加尔(Senegal)......181
塞尔维亚(Serbia)......182
塞舌尔(Seychelles)......183
塞拉利昂(Sierra Leone)......183
新加坡(Singapore)......184
斯洛伐克(Slovakia)......185
斯洛文尼亚(Slovenia)......185
索马里(Somalia)......186
南　非(South Africa)......187
南苏丹(South Sudan)......188
西班牙(Spain)......189
斯里兰卡(Sri Lanka)......191
苏　丹(Sudan)......192
苏里南(Suriname)......193
瑞　典(Sweden)......194
瑞　士(Switzerland)......195
叙利亚(Syria)......196
塔吉克斯坦(Tajikistan)......196
坦桑尼亚(Tanzania)......197
泰　国(Thailand)......198
东帝汶(Timor—Leste)......199
多　哥(Togo)......199
汤　加(Tonga)......200
特立尼达和多巴哥(Trinidad and Tobago)......201
突尼斯(Tunisia)......201
土耳其(Turkey)......202
土库曼斯坦(Turkmenistan)......203
乌干达(Uganda)......204
乌克兰(Ukraine)......205
阿拉伯联合酋长国(United Arab Emirates)......206

英　国(United Kingdom)……207
美　国(United States of America)……208
乌拉圭(Uruguay)……213
乌兹别克斯坦(Uzbekistan)……214
瓦努阿图(Vanuatu)……215
委内瑞拉(Venezuela)……215
越　南(Vietnam)……216
也　门(Yemen)……217
赞比亚(Zambia)……218
津巴布韦(Zimbabwe)……219

第四章　中国与国际和地区组织的关系

（一）中国与联合国……221
1. 政治与安全领域……221
（1）积极参与联合国维持和平行动……221
（2）安理会改革……222
（3）安理会处理的有关热点问题……222
（4）积极参与安理会反恐工作……231
2. 经济领域……231
（1）综合性国际经济发展领域的活动……231
（2）在环境与可持续发展领域中的活动……232
3. 人权领域……233
（1）积极参与联合国人权机构工作……233
（2）与联合国人权机制合作……234
（3）开展国际人权领域对话与交流……235
4. 社会领域……235
（1）国际难民保护……235
（2）妇女权益保护……235
（3）劳工权益保护……236
（4）移民与发展全球论坛……237
（5）联合国互联网治理论坛……237
5. 中国与联合国专门机构……237
（1）世界卫生组织……237
（2）世界旅游组织……238

（3）国际电信联盟......238
（4）国际海事组织......239
（5）国际民航组织......239
（6）联合国教科文组织......240
（7）世界知识产权组织......240
（8）万国邮政联盟......241
（9）联合国文明联盟......241
（10）联合国开发计划署......242
（11）联合国工业发展组织......242
（12）联合国人口基金......242
（13）联合国人居署......243
（14）联合国儿童基金会......243
（15）联合国环境规划署......243
（16）联合国粮食及农业组织......244
（17）国际农业发展基金......244
（18）世界粮食计划署......244
（19）世界气象组织......245
（20）世界贸易组织......245
（二）中国与其他国际和地区组织、会议......246
1. 国际红十字组织......246
2. 国际移民组织......246
3. 中国环境与发展国际合作委员会......247
4. 亚太经济合作组织......247
5. 上海合作组织......248
6. 东南亚国家联盟......249
7. 南亚区域合作联盟......250
8. 阿拉伯国家联盟......250
9. 海湾合作委员会......253
10. 非洲联盟......253
11. 欧洲联盟......254
12. 美洲国家组织......258
13. 拉美和加勒比国家共同体......259
14. 南方共同市场......259
15. 拉美和加勒比经济委员会......260
16. 美洲开发银行......260

17. 拉丁美洲议会 260
18. 亚欧会议 261
19. 东亚峰会 262
20. 中日韩合作 262
21. 东盟与中日韩合作 263
22. 大湄公河次区域经济合作 264
23. 博鳌亚洲论坛 265
24. 东盟地区论坛 265
25. 东亚—拉美合作论坛 266
26. 太平洋岛国论坛 267
27. 亚洲合作对话 267

第五章　中国外交中的军控、裁军与防扩散工作

（一）概述 269
（二）中国参与联合国框架内的军控与裁军工作 270
1. 联合国大会第一委员会 270
2. 日内瓦裁军谈判会议 271
3. 联合国裁军审议委员会 272
4. 联合国常规武器登记册 272
5. 联合国军费开支标准报告制度 272
6. 联合国“武器贸易条约”大会第四次筹委会及“武器贸易条约”外交大会 273
（三）中国履行国际军控和防扩散法律文书的工作 273
1.《不扩散核武器条约》......273
2. 国际原子能机构 274
3.《全面禁止核试验条约》......275
4.《禁止生物武器公约》......275
5.《禁止化学武器公约》......276
6.《特定常规武器公约》......278
（四）中国在防扩散方面的工作 280
1. 积极参与国际防扩散努力 280
2. 开展防扩散出口管制国际交流与合作 280
3. 加强防扩散出口管制工作 280
（五）中国与有关国家开展战略安全、军控和防扩散对话 281

（六）其他问题……282
1. 全球核能合作框架……282
2. 打击核恐怖主义全球倡议……282
3. 中国积极参与网络安全国际进程……283

第六章 中国外交中的条约法律工作

（一）中国对外缔结条约情况……284
1. 中国对外缔结条约概况……284
2. 涉及香港和澳门特区的条约法律事务……285
（二）中国在联合国机构的法律工作……286
1. 第67届联大的法律议题……286
2. 联合国国际法委员会第64届会议情况……288
3. 联合国和平利用外层空间委员会……290
（三）中国在打击跨国犯罪领域的法律工作……291
1.《联合国打击跨国有组织犯罪公约》……291
2.《联合国反腐败公约》……291
（四）中国在国际人权法领域的工作……292
1. 履行国际人权条约……292
2. 参与加强人权条约机构体系进程……292
3. 与联合国儿童基金会合作……292
（五）中国在国际私法领域的工作——海牙国际私法会议……293
（六）中国与外国的司法协助和法律合作……294
1. 涉及香港和澳门特区的条约法律事务……294
2. 与外国缔结双边司法协助状况……294
3. 中美执法合作……295
4. 中加司法和执法合作……295
（七）中国在国际海洋法领域的工作……295
1. 多边海洋法事务……295
2. 双边海洋法和极地事务对话……299
（八）中国在国际环境法领域的工作……299
1. 气候变化问题……299
2. 联合国环境署关于汞的国际法律文书的谈判……301
3.《关于消耗臭氧层物质的蒙特利尔议定书》……301
4.《控制危险废物越境转移及其处置巴塞尔公约》……302

5. 生物多样性与生物安全……302
（九）其他条约法律工作……303
1. 国际刑事法院……303
2. 国际法院……303
3. 亚非法律协商组织……304

第七章　中国外交中的边界与海洋工作

（一）概述……305
（二）陆地边界工作……306
1. 中印边界问题特别代表举行会晤……306
2. 中印建立边境事务磋商和协调工作机制……306
3. 中塔阿三国国界交界点协定正式签署……307
4. 中老边界第一次联合检查工作结束……307
（三）边界管理与合作开发……307
1. 边界管理……307
2. 跨境设施建设……308
3. 跨界河流合作……309
4. 中国同哈萨克斯坦、吉尔吉斯斯坦、俄罗斯、塔吉克斯坦边境裁军联合监督小组……309
（四）中国与周边国家间海洋权益问题……309
1. 中日海洋事务高级别磋商第一轮磋商……309
2. 中越北部湾湾口外海域工作组磋商……310
3. 中越海上低敏感领域合作专家工作组磋商……310
4. 中国提交东海外大陆架划界案……310
5. 第22届“处理南海潜在冲突研讨会”……310
6. 亚洲地区反海盗及武装劫船合作协定……311

第八章　中国外交中的新闻和公共外交工作

（一）概述……312
（二）阐述外交政策……313
1. 介绍国家领导人出访和出席国际会议情况……313
2. 例行记者会……315
（三）外国记者工作……315

1. 外国常驻记者概况 315
2. 安排外国媒体采访国家领导人 316
3. 安排外国媒体采访外交部领导 318
4. 外国记者赴各地采访情况 319
（四）对外新闻交往 320
1. 新闻团互访 320
2. 对口磋商 321
（五）公共外交 321
1. 公共外交概况 321
2. 外交部公众信息网体系建设 322
3. 积极开展新媒体公共外交 323

第九章　中国外交中的领事工作

（一）概述 324
（二）领事保护 325
1. 安全营救在苏丹遭劫持的中国员工 325
2. 妥善应对刚果（布）爆炸事件致中国工人伤亡案 326
3. 全力营救“旭富一号”渔船船员 326
4. 解救“祥华门”号货轮船员 326
5. 维护旅居西班牙中国公民合法权益 326
（三）领事磋商与会谈 327
（四）领事类协定 328
（五）领事机构 329
（六）领事证件 330
（七）涉及外国驻华领事机构事务和涉外案件 331
1. 外国驻华领事机构事务 331
2. 涉外案件处理 331
（八）移民合作 332

附录一

2012年中国外交重要活动 333

附录二

2012年中国外交重要文献……341

附录三

（一）2012年中华人民共和国外交部组织机构表……348
（二）2012年中华人民共和国外交部领导成员名单……350
（三）同中国建交的国家、建交日期和2012年中国驻外使节一览表……351
（四）中华人民共和国常驻联合国、驻其他国际组织代表团（处）名称、驻地和2012年常驻代表（团长）一览表……360
（五）中国与外国互设领事机构一览表……362
（六）中国与外国互免签证协议（协定）或安排一览表……386
（七）2012年中国参加的多边条约一览表……390
（八）2012年中国与外国签订的主要双边条约一览表……392
（九）2012年中国与各建交国双边贸易总值表……397
（十）2012年中国接受各建交国留学生情况统计表……403

后　记……409

第一章

2012年的国际形势

（一）概述

2012年，国际形势稳定与动荡交织，世界经济总体增长与部分国家的衰退相伴，国际关系合作与摩擦并存。世界政治、经济、安全领域中的一些格局性、趋势性动向进一步显现，将对21世纪第二个十年的国际形势产生深远影响。

1. 大国关系新一轮调整互动深入推进

各大国展开新一轮更高水平综合国力竞争，抓紧调整各自发展战略、对外战略和国家安全战略，积极拓展发展空间，增强自身实力地位。大国之间既相互合作借重又相互竞争，西方大国与新兴市场国家之间围绕国际规则与秩序的战略博弈向纵深发展。

2. 世界经济下行压力加大

国际金融危机深层次影响进一步显现。欧债危机成为影响世界经济复苏的最大不确定因素。受欧债危机冲击，发达国家经济低迷，新兴市场国家增速下滑。世界经济可能进入一个低速增长和深入调整时期。

3. 国际安全形势更加错综复杂

西亚北非地区动荡进一步加剧，越来越呈现长期化、复杂化和国际化的趋势。叙利亚、伊朗核、巴以等问题联动性增强。国际和地区热点问题此起彼伏。霸权主义、强权政治和新干涉主义有所上升，局部动荡频繁发生，粮食安全、能源资源安全、网络安全等全球性问题更加突出。

4. 新兴市场和发展中国家快速崛起，成为牵动国际格局演变的重要力量

截至2012年，新兴市场国家已占据全球工业产值的52%、出口总值的48%和外汇储备的80%。在全球治理方面，新兴市场和发展中国家在国际治理机制中的代表性和发言权也逐步提升。中国经济快速增长，经济总量位居世界第二，各项建设事业取得新的突破，综合国力和国际影响力进一步增强。

综合判断，国际形势处于国际力量对比、国际和地区格局加速调整演变的重要时期。和平、发展依然是时代主题，保持国际形势总体稳定具备更多有利条件。同时，世界仍然很不安宁。

（二）全球各地区形势

1. 亚洲地区*形势

2012年，亚洲地区总体保持政治社会稳定，经济发展富有活力，区域合作持续发展。地区形势呈现以下特点：

一是继续引领全球经济。在国际金融危机和欧洲债务危机持续发酵、世界经济金融形势不稳定的情况下，亚洲保持快速发展势头。亚洲开发银行统计，2012年亚洲发展中经济体经济增长率为6.1%，通货膨胀率为3.7%。

* 仅指东亚、东南亚、南亚。

亚洲区内贸易比重达55%，抗击外部冲击能力增强。各国政府采取不同措施扩大内需、促进就业、稳定物价，努力促进经济稳定增长。亚洲国家在国际治理机制中的代表性和发言权增加，亚洲在世界格局中的地位持续上升。

二是政治社会总体稳定。亚洲各国较好维持了政治稳定、社会发展局面，为经济快速增长营造了良好环境。多个国家实现政权平稳交接或更替。地区国家间互动积极，对话合作增多，相互依存日益加深，共同利益不断扩大。

三是区域合作深入发展。地区经济一体化进程不断推进。中日韩签署投资协定。中日韩自由贸易区、“区域全面经济伙伴关系”启动谈判。清迈倡议多边化扩容至2400亿美元，亚洲债券市场建设取得重要进展。东盟与中日韩大米紧急储备协定生效。东盟将于2015年底全面建成共同体。

四是主要力量加大投入。美国继续推进亚太战略“再平衡”，改善与缅甸等国关系，推进“跨太平洋战略经济伙伴关系协定”，与东盟启动“扩展经济联系”倡议。欧盟大力推进与亚洲合作，与韩国自由贸易协定生效，与新加坡达成自由贸易协定，与越南、马来西亚自由贸易谈判取得进展。俄罗斯加大开发远东和东西伯利亚力度，发展与地区国家关系，积极参与亚太区域合作。

另一方面，地区形势也面临严峻挑战。受美欧复苏乏力影响，亚洲国家经济增速普遍放缓，下行压力加大。2012年是近年来亚洲经济增长最为缓慢的年份之一。在国际、地区形势深刻变化背景下，本地区领土主权和海洋权益争端升温。受大国亚太战略调整影响，本地区军事同盟有所强化，军事安全因素有所突出。朝鲜半岛形势敏感脆弱，高度紧张。阿富汗、巴基斯坦反恐形势依旧严峻。部分国家政局波动，处于政治经济社会转型期。和平与稳定、发展与合作仍是地区国家的共同愿望和努力方向。

2. 西亚北非地区局势

2012年，西亚北非地区动荡局势长期化、复杂化、国际化的特点进一步发展，对国际政治、经济、安全形势产生重要影响，受到国际社会有关各方的高度关注。

地区国家正处于艰难曲折的转型过程。埃及进行了人民议会、协商会议选举以及总统大选和宪法公投，自由与正义党主席穆尔西当选埃及总统，前总统穆巴拉克受到审判。伊斯兰政党、军方、世俗势力围绕修宪、权力分配等问题矛盾重重，对抗加剧，埃及整体形势仍不安宁。突尼斯仍处于政治过渡阶段，各党派之间争夺激烈，形势严峻。利比亚举行了国民大会选举，“全国过渡委员会”向国民大会移交权力，组建了新政府，但安全形势仍然严峻，中央政府对地方、部落缺少控制力。也门原副总统哈迪当选新总统，进行军队重组，但“全国对话会议”迄今未举行，支持与反对萨利赫的两派时有冲突，政治过渡进展缓慢。整体看来，地区国家政治转型取得一定进展，但新的政治体系尚未完全确立，普遍面临恢复稳定、改善民生等问题，要找到一条适合自身现实条件和历史文化传统的发展道路需要一个长期的过程。

热点问题联动升温，相互交织。叙利亚局势更趋严峻。军事冲突螺旋升级，截至2012年底已导致6万多人死亡，60多万平民沦为难民。反对派政治、军事整合进程加快，成立“全国民主变革力量民族协调机构”和最高军事委员会。政治对话未见实质进展，但政治解决进程在曲折反复中仍保持势头。联合国前秘书长安南、阿尔及利亚前外长普拉希米先后担任联合国—阿盟叙利亚危机联合特使、联合国—阿盟叙利亚问题联合特别代表，进行斡旋，叙利亚问题“行动小组”日内瓦外长会达成的共识成为推进叙政治解决的基础。叙危机加速外溢，波及多个邻国稳定，地区和域外大国纷纷卷入。伊朗问题上美西方逐级加压制裁，伊核谈判举步维艰，以色列高调宣扬对伊动武，海湾地区安全风险上升。巴以和谈仍陷僵局，以色列向加沙地区发动“防务支柱”行动，巴勒斯坦成为联合国观察员国。南北苏丹就双边合作、边境安全、经济、公民地位等问题签署协议，但在边界划分、阿布耶伊地区归属等方面的深层次矛盾并未解决。地区新老热点相互交织，彼此联动，地区形势更加紧张脆弱，热点问题更加复杂难解。

经济增长有所恢复。根据国际货币基金组织数据，2012年地区经济增长4.8%，同比上升1.5个百分点。石油出口国经济增长5.7%，同比上升1.9个百分点，伊拉克、利比亚经济增速分别高达8.4%、104.5%，沙特、卡塔尔增速达6.8%、6.6%。伊朗受西方制裁影响，经济下滑1.9%。受地区局势动荡、欧洲债务危机影响，地区国家、特别是石油进口国高失业率、高通货膨胀率、高财政赤字问题严重，石油进口国经济增速仅为1.9%，埃及、约旦、摩洛哥等国增长率均未超过3%。近一段时间以来，地区国家正加大对传统能源及新能源领域的投入，加快基础设施建设，大力发展高新技术等非能源产业，加速经济结构调整，但制约地区经济发展的结构性问题仍将长期存在。

地区事务牵动国际秩序调整。西方大国和新兴市场国家在地区热点问题上围绕不干涉内政原则等涉及国际关系重大原则的问题进行频繁、激烈较量。美欧中东政策持续调整，继续在地区推行“新干涉主义”，要求叙利亚总统巴沙尔下台，加大对伊朗制裁力度，维护中东主导权。以金砖国家为代表的新兴市场国家在地区影响上升，主张尊重地区国家主权、独立和领土完整，尊重地区国家和人民自主选择适合本国国情的发展道路，主张通过政治对话化解分歧。地区问题走向与国际格局和秩序演变紧密相联。

3. 撒哈拉以南非洲地区形势

2012年，撒哈拉以南非洲地区总体保持和平、稳定、发展局面，但不稳定、不确定因素依然较多，国际社会对非关注持续加大。

政治安全形势稳中有乱。撒哈拉以南非洲地区绝大多数国家保持政局稳定，塞内加尔、安哥拉等国顺利举行总统或议会选举，埃塞俄比亚、加纳、马拉维等国领导人在任上病逝后政府权力顺利交接。索马里结束过渡期，成立21年来首个正式政府。但同时，中部、西部非洲及萨赫勒地区安全形势趋紧，几内亚比绍、马里、刚果（金）、中非等国热点问题相继爆发。恐怖主义、分裂主义、海盗、贩毒等非传统安全威胁上升。此外，国际金融危机深层次影响在一些国家社会政治领域显现，南非、尼日利亚、肯尼亚等国爆发大规模罢工和抗议。

经济发展喜中有忧。据国际货币基金组织预测，2012～2013年，撒哈拉以南非洲地区经济增长率将保持在5%上下，2012年全球经济增长最快20国中有11国来自该地区。非洲国家不断改善经济治理水平和宏观经济环境，经济增长呈现多点拉动的良好态势。能源出口、基础设施建设、电信、投资和消费继续成为非洲经济增长动力。东部非洲多国新发现储量巨大的油气资源。“非洲经济机遇论”持续升温。但撒哈拉以南非洲地区国家经济基础薄弱、有增长少发展、发展不均衡等状况没有根本改观，加之欧债危机蔓延等不利外部环境，非洲实现可持续发展仍面临不少困难。

一体化进程稳步推进。非洲次区域组织和非洲国家自主解决本地区问题的意愿增强。非盟在索马里等热点问题解决过程中发挥积极作用。西非国家经济共同体、南部非洲发展共同体、中部非洲国家经济共同体和东非政府间发展组织等次区域组织积极介入本地区热点问题解决。非盟委员会主席选举虽一波三折，但最终得以解决。非洲经济融合稳步推进，非盟于2012年初颁布《非洲跨国跨区域基础设施建设规划》，确立2017年建成大自由贸易区的目标。东南非共同市场、东非共同体、南部非洲发展共同体大自由贸易区谈判稳步推进。

国际地位不断提升。非洲国家积极参与国际事务，在国际事务中联合自强意识持续增强，在安理会改革、气候变化、可持续发展等问题上坚持共同发声，在世界银行行长选举和绿色气候基金总部选址问题上积极推选非洲候选人和候选国。大国对非投入热度不减，年内，白宫发布了《美国对撒哈拉以南非洲的战略》报告，美国国务卿希拉里·克林顿4次访非，法国、印度等国领导人相继访非，印度—非洲贸易部长会、韩国—非洲论坛部长级会议、土耳其—非洲论坛等先后举行。

4. 欧亚地区形势

2012年，欧亚地区形势总体稳定。俄罗斯、哈萨克斯坦等九国分别举行总统、议会选举或进行政府改组，实现权力平稳过渡。各国执政当局不同程度地推进政治改革，更加注重发展经济，改善民生，纾缓社会矛盾。普京复任俄罗斯总统，加大推进强国富民战略，提出一系列“加速发展”战略和目标。俄罗斯发展振兴势头更加强劲。在俄罗斯的不懈推动下，独联体一体化进程成效显著。经济上，俄着力打造俄白（俄罗斯）哈（萨克斯坦）关税同盟并启动三国统一经济空间建设，推动独联体自贸区协议生效，明确提出建立欧亚联盟的时间表；军事上，分别与吉尔吉斯斯坦、塔吉克斯坦等签署军事基地长期租用协议，加快构建独联体联合防空体系，深化集体安全条约组织成员国军事安全合作。

欧亚地区国家基本走出国际金融危机阴影，经济不同程度实现增长。俄罗斯、哈萨克斯坦、土库曼斯坦、阿塞拜疆等国经济回升最为明显，乌克兰、白俄罗斯经济增速相对缓慢，个别国家贫困状况依旧严重。

地区形势中不稳定不确定因素增多，传统和非传统安全威胁加剧。各国反对派较前活跃，街头游行抗议活动明显增多，执政当局维稳压力增大。地区国家在领土、边界、民族、水资源等问题上矛盾突出。西亚北非地区和阿富汗局势剧烈动荡恶化了中亚地区外部安全环境，哈萨克斯坦和吉尔吉斯斯坦恐怖和极端事件频发，塔吉克斯坦爆发20世纪90年代内战后最大规模武装冲突。中亚地区“三股势力”和毒品走私依旧猖獗。

美欧均重视发展与欧亚地区国家关系。俄美斗争的一面明显上升。2011年年底和2012年年初的俄国家杜马和总统选举期间，美西方借民主人权问题加大向俄施压，公开干涉俄内政，遭俄坚决反对。普京就职后未赴美出席八国集团首脑会议和俄北约峰会，美总统奥巴马则缺席在俄符拉迪沃斯托克举行的亚太经合组织领导人非正式会议。2012年年底前，俄关闭美国际开发署驻俄代表处，禁止美资助俄政治性非政府组织。针对美出台对俄实施人权制裁的《马格尼茨基法案》，俄罗斯联邦委员会则通过对美人权制裁的《雅科夫列夫法案》（即“反马格尼茨基法案”）。双方在伊朗核、叙利亚等热点问题上交锋不断。俄欧关系总体稳定，双方都有加强合作的政治意愿，但在欧盟“第三能源一揽子文件”、实行免签制度等问题上分歧依旧。地区其他国家继续奉行大国平衡外交。

5. 欧洲地区形势

2012年，欧洲主权债务问题（简称“欧债”）持续发酵，欧洲经济、政治、社会形势进一步复杂深刻演变。欧洲联盟（简称“欧盟”）及成员国加大协调，积极应对，努力调整内外政策。

（1）内部形势

欧债形势仍在发展演变。6月欧盟夏季峰会出台促进增长一揽子计划，决定组建欧元区银行单一监管机制，着手建立单一清算机制。9月欧洲中央银行推出无限制购债的“直接货币交易”计划。10月欧洲稳定机制正式启动。《经济货币联盟稳定、协调和治理条约》（亦称“财政契约”）完成批准程序，2013年1月1日开始实施。欧债形势出现企稳迹象，但欧洲最终走出困境仍需较长时间。

欧洲经济萎靡不振。受欧债问题影响，欧盟内部经济增长不平衡现象突出，南欧经济收缩，北欧面临下行压力，中东欧国家有喜有忧。根据欧盟委员会的最新数据，2012年度德国经济增长0.7%，法国、英国零增长，欧盟和欧元区分别下降0.3%和0.6%。

欧洲政权更迭加快。在欧债问题困扰下，欧洲出现“反现任”风潮。2012年欧洲12国选举，法国、希腊等多国领导人连任失败。9月荷兰议会提前大选，自由民主人民党党首马克·吕特续任首相，成为欧债问题爆发以来首位连选连任的欧元区国家领导人。以弗朗索瓦·奥朗德当选法国总统为标志，右翼长期主导欧洲政局的形势发生变化。

社会矛盾明显增加。12月，欧盟和欧元区失业率分别高达10.7%和11.7%，欧盟失业人口2592.6万人，其中1871.5万人来自欧元区。民众生活质量下降，不满情绪上升，抗议示威游行时有发生，11月西班牙、葡萄牙、意大利和希腊等多个欧洲国家数百万雇员举行罢工。极端势力乘机抬头，一些国家地方分离势力、排外倾向有所抬头。

欧洲一体化进程逆势前行。欧盟发表《迈向真正的经济和货币联盟报告》，提出分三阶段建成包括金融、财政、经济和政治一体化在内的真正的经济和货币联盟。12月欧盟冬季峰会自2008年以来首次讨论欧盟共同安全与防务政策。欧盟启动与黑山入盟谈判。克罗地亚将于2013年7月正式成为欧盟第28个成员国。欧盟内部东西差异和南北差异在扩大，德国影响明显上升。“双速欧洲”、“多速欧洲”现象加剧。

（2）对外关系

欧盟加快调整对外政策，明确将周边和西亚北非地区作为对外政策重点，加大对亚太地区的投入，重视发展与美国、俄罗斯等国的关系。

积极介入西亚北非事务。欧盟机构及成员国领导人多次访问西亚北非地区。呼吁重启中东和平进程，积极参与伊朗核问题谈判，对伊朗、叙利亚推出多轮制裁措施。法国成为第一个承认叙利亚反对派联盟的欧洲国家。

加大对亚太地区的关注。更新《欧盟对东亚地区外交与安全政策纲要》，积极参加亚欧首脑会议，举行欧盟—东盟外长会议、欧盟—东盟工商峰会。首次就东亚海域局势发表声明。同新加坡完成自由贸易协定谈判。在缅甸仰光开设驻缅甸办事处。

重视国别外交。同美国成立跨大西洋商业理事会、欧美能源理事会，酝酿启动欧美自贸区谈判。加大与美国协调，决定就亚太事务举行定期磋商。美国国务卿希拉里·克林顿访问欧洲多国。同俄罗斯举行两届峰会。分别同印度、哥伦比亚、墨西哥、南非举行峰会。批准欧盟同哥伦比亚、秘鲁、哥斯达黎加、萨尔瓦多、危地马拉、洪都拉斯、尼加拉瓜、巴拿马等拉美八国的自贸协定，该协定于2013年2月生效。

欧盟还出台首份“欧盟人权民主战略框架文件”和“行动计划”，任命斯塔维洛·兰普里尼季斯为首位欧盟人权事务特别代表。

（3）北大西洋公约组织

2012年是北大西洋公约组织（简称“北约”）全面落实“新战略构想”、推进“战略转型”的一年，在防务能力建设、阿富汗撤军及全球伙伴关系三大转型核心问题上迈出实际步伐。

3月，北约决定将“海洋之盾”打击海盗行动期限延长至2014年底。同月，北约与蒙古签署“国别伙伴合作计划”。5月，北约召开芝加哥峰会。共有62个国家和国际机构领导人与会，规模空前。峰会主要讨论内容包括：①防务能力建设。进一步落实“灵巧防务”，宣布实现欧洲反导体系第一阶段目标，北约已具备“中期反导能力”。②阿富汗问题。制订2014年底前从阿富汗撤军路线图，部署2014年后在阿富汗行动任务。③发展伙伴国关系。北约在全球范围的各类伙伴悉数参加，日本、韩国、澳大利亚、新西兰等国首次与会。重申“门户开放”政策，支持格鲁吉亚、波黑、黑山、马其顿入约。6月，北约与新西兰签署“国别伙伴合作计划”，与澳大利亚更新合作协议。9月，北约分别与韩国、伊拉克签署“国别伙伴合作计划”。12月，北约召开北大西洋理事会外长会议、北约—俄罗斯理事会外长会议等系列会议，分别讨论了叙利亚问题，北约同俄罗斯、格鲁吉亚关系及阿富汗撤军部署等问题。会议决定在土耳其与叙利亚边境部署“爱国者”导弹，以防范可能来自叙利亚的导弹袭击。决定建立阿富汗问题的专门基金，旨在资助阿富汗军警，推动阿富汗转型。会议还就朝鲜发射卫星发表声明。

（4）中国与北约关系

2月，北约国际军参部主任博内曼中将访华，国防部外办主任钱利华少将与其举行政策对话，中国人民解放军副总参谋长马晓天上将礼节性会见博内曼。11月，国防部外办副主任李际少将出席北约“将军和大使高级研讨班”。同月，外交部欧洲司司长在布鲁塞尔北约总部同北约助理秘书长布兰泽曼大使举行中国与北约第六轮政治磋商，就中国与北约关系、北约未来发展转型等问题交换了意见。

6. 北美大洋洲地区形势

2012年，北美大洋洲地区国家顺应形势变化，积极调整内外政策。

美国总统奥巴马着眼竞选连任，围绕促进经济复苏和确保社会公平两大主线，不断推进内政议程。为实现保增长、促就业目标，美先后推出两轮“量化宽松”和一轮“扭转操作”，力推国会通过延长削减工资税法案，促进制造业回流和就业内包，努力吸引海外投资，推动房地产市场回暖，加强对外贸易执法，继续推动本土能源开发。奥巴马着眼社会公平，全力维护医保改革等已有变革成果，塑造中产阶级代言人形象，保护弱势群体利益。2012年11月6日，美举行2012年总统大选。现任总统奥巴马击败共和党总统候选人罗姆尼，成功连任。国会选举中，民主、共和两党分别赢得参、众两院多数席位，维持分掌局面。两党围绕2012年底2013年初的“财政悬崖”（多项税收优惠政策到期、大规模强制减支措施启动、国债上限再次触顶三种因素集中爆发）斗争激烈。直到2013年1月2日，两党才就此达成临时解决方案。

2012年以来，美国经济继续保持温和增长，工业生产、商品零售、居民收入、房地产价格等均有所回升，但经济增势总体低于市场预期。第一、二、三、四季度美国国内生产总值（GDP）增长率分别为2.0%、1.3%、3.1%和0.1%；12月失业率为7.8%，已连续四个月低于8%；截至12月31日，美国债总额超过16.34万亿美元。此外，美经济还面临去杠杆化仍未完成、投资和消费信心不足、国债上限再次触顶以及欧债危机反复发作、新兴经济体增速放缓等内外问题。2012年，美联邦财政赤字较前略有下降，仍高达1.1万亿美元。

奥巴马政府继续推动全球战略“再平衡”，实施“巧实力”外交，推进各项外交议程，推动建设“多伙伴世界”。

继续加大对亚太地区投入，加紧推进亚太战略“再平衡”。总统奥巴马、国务卿希拉里·克林顿、国防部长帕内塔、美军参谋长联席会议主席邓普西等分别访问泰国、缅甸、柬埔寨、澳大利亚、新加坡、印度、印度尼西亚、日本、越南、老挝、菲律宾等亚太国家，强调其“重返亚太”的决心和能力，并把印度洋和南亚纳入亚太战略框架。美国继续强化与日本、韩国、澳大利亚、菲律宾、泰国等盟国关系，密切与印尼、缅甸、越南等东南亚国家关系，举行第四次美国与东盟十国领导人会议，派出常驻东盟大使。美国提出“下湄公河倡议”，宣布未来三年投入5000万美元资金，鼓励湄公河下游国家加入。美国继续改善与缅甸的关系，恢复大使级外交关系，美国总统历史上首次访问缅甸和老挝。美国对朝鲜发射卫星反应强烈，推动扩大对朝制裁。美国继续调整和加强在亚太的军力部署，提出到2020年将60%的海军力量部署在太平洋，在日本部署X波段雷达，与日本达成调整驻日美军部署协议等共识，同意韩国将导弹射程延长至800公里，推进东北亚地区导弹防御系统建设，以轮换方式增加在澳大利亚驻军，与新加坡、菲律宾等国达成使用港口和空军基地的协议，在新加坡部署濒海战斗舰，频繁与地区盟国等举行联合军事演习。美国强调“将经济置于中心位置”，高调打出“亚太战略参与计划”，继续推动“跨太平洋战略经济伙伴关系协定”谈判，与东盟签订了“扩大经济接触倡议”、“互联互通合作倡议”等。继续积极参加东亚峰会、亚太经合组织领导人非正式会议、太平洋岛国论坛会、香格里拉对话会、东盟地区论坛、东盟国防部长扩大会议等地区机制，并推动举行美日韩、美日澳、美日印（度）等三边对话或合作。

继续调整和推进中东战略，积极应对西亚北非局势动荡，促中东国家实现“民主转型”。国务卿希拉里·克林顿、总统国家安全事务助理多尼隆、国防部长帕内塔、美军参谋长联席会议主席邓普西等政军高层多次访问中东。美高度关注伊朗核问题，继续对伊采取“双轨战略”，一方面出台新的对伊制裁法案，扩大制裁范围，另一方面仍希望通过外交方式解决伊朗核问题，参与六国与伊三轮对话。美持续介入叙利亚局势，坚持要求巴沙尔下台，在安理会推动对叙制裁决议，继续对叙实施单边制裁，承认“叙利亚反对派和革命力量全国联盟”为叙人民合法代表，向反对派提供通讯、医疗设备，先后支持联合国—阿盟叙利亚危机联合特使安南和联合国—阿盟叙利亚问题特别联合代表普拉希米的调停斡旋工作。继续推动埃及、突尼斯、也门等民主进程，巩固“阿拉伯之春”民主化成果，积极参与调停巴以冲突，国务卿克林顿中断亚洲之行紧急奔赴中东斡旋。美驻利比亚大使遭遇恐怖袭击身亡，美对中东地区反恐关注度有所上升。影片《穆斯林的无知》引发阿拉伯伊斯兰世界反美浪潮。

美俄关系“重启”进程放缓。俄罗斯批评美国资助和支持俄国内反对派活动，干扰俄总统大选。美国总统奥巴马以参加民主党大会为由拒赴俄出席亚太经合组织领导人非正式会议。俄罗斯总统普京以忙于组阁事务为由拒赴美出席八国集团峰会。奥巴马与普京在6月二十国集团洛斯卡沃斯峰会期间会晤充分暴露了双方在叙利亚等问题上的分歧。双方在意识形态上的分歧继续发酵。俄罗斯外交部以美国国际开发署涉嫌利用援助资金干涉俄内政并影响多场选举为由，终止该署在俄活动。美国国务院在给予俄罗斯“永久正常贸易关系”地位同时通过《马格尼茨基法案》制裁“侵害人权”的俄罗斯人。俄罗斯联邦委员会则通过《雅科夫列夫法案》，即“反马格尼茨基法案”，禁止美国公民收养俄罗斯儿童。同时，美国继续通过推进“新丝绸之路”计划、赠送驻阿美军装备、加强政治和军事联系等方式加强与中亚国家关系。

继续与欧洲保持密切关系。美国通过八国集团峰会、北约峰会，以及总统奥巴马与英国、法国、德国、意大利等欧洲大国领导人通话、会晤、接待来访等多种方式，保持频繁密切的高层交往。国务卿希拉里·克林顿先后三次访问欧洲多国，出席北约外长会、欧安组织外长会，还首次与欧盟负责外交与安全政策的高级代表凯瑟琳·阿什顿共同举行亚太事务磋商、联合访问塞尔维亚和科索沃，显示双方政策协调和联合外交行动加强。双方并继续就欧债危机、叙利亚、伊朗核、阿富汗等问题保持沟通与协调。

全面加强与南亚国家的关系。稳定发展与印度的关系。美印外长实现年内互访，国务卿希拉里·克林顿更是任内第三次访问印度，双方举行第三次战略对话，决定推进各领域合作。推动与巴基斯坦关系转圜。总统奥巴马、国务卿克林顿等与巴基斯坦方面就美军轰炸巴军检查站事件及两国关系持续沟通，克林顿并于7月发表声明对该事件表示最深切遗憾，向巴军致歉，巴方随即决定重开经由巴境内前往阿富汗的北约后勤补给线。推进阿富汗战略。总统奥巴马、国务卿克林顿、国防部长帕内塔等突访阿富汗，双方签署“阿富汗—美国永久战略伙伴关系协议”，宣布正式将阿定为“重要非北约盟国”。加强与孟加拉国、尼泊尔等联系。国务卿克林顿访问孟加拉国，成为自2003年以来首位访孟的美国国务卿。

重视发展与拉美国家的关系。一年来，美积极通过双边访问及多边会议，促进美与相关国家在经贸、安全、基础设施、企业融资、中小企业发展等领域务实合作，包括海地重建。奥巴马总统先后出席新一届北美峰会和第六届美洲国家首脑会议，接待了巴西、墨西哥等国领导人来访；国务卿希拉里·克林顿访问墨西哥、秘鲁、海地，在联大期间与哥伦比亚外长共同主持“连接美洲2022”部长级会议，并召集由地区国家参加的“中美洲公民安全”会议；国防部长帕内塔出席第十届美洲国防部长会议，并访问秘鲁、乌拉圭。美还先后与巴西举行了第三次和第四次美巴全球伙伴对话，与墨西哥举行了“梅里达倡议”高级别磋商小组第四次会议，与哥伦比亚举行了高级别伙伴关系对话。

继续加大对非洲外交投入。2012年6月，白宫发布了《美国对撒哈拉以南非洲的战略》报告，提出美国对非洲战略四大支柱。国务卿希拉里·克林顿先后访问利比里亚、科特迪瓦、多哥、佛得角、塞内加尔、南苏丹、乌干达、肯尼亚和南非等非洲十多个国家，并宣布将于2015年到期的《非洲增长与机遇法案》的有效期延长至2025年，以进一步促进美国与非洲国家之间的贸易。国务卿克林顿在塞内加尔发表演讲，称美在非洲将秉承民主和普世人权理念，致力于与非发展可持续关系。美先后举办了第11届《非洲增长与机遇法案》论坛和美国—非洲工商大会，并与摩洛哥举行了首次美国—摩洛哥战略对话。针对中非共和国安全形势持续恶化，美向乍得派遣50名美军士兵，协助美公民及外交人员撤出中非。

2012年，加拿大政局总体稳定。加保守党保持在议会多数和强势地位，执政基础进一步巩固。正式反对党新民主党在新党首带领下民调上升，自由党仍未走出2011年大选失利阴影。加政府在削支减赤的同时维持低利率等宽松政策，着力促进经济增长与就业。但受国际大环境尤其是美欧经济疲软影响，加经济复苏缓慢，下行压力加大，全年经济增速放缓至2%～2.2%，失业率为7.3%，外贸逆差增加。加外交政策中的务实成分进一步增加，一方面巩固与美、欧等传统盟友关系，同时大力推进贸易和投资多元化战略，拓展同中国、印度等亚太新兴市场国家关系，正式加入“跨太平洋战略经济伙伴关系协定”谈判。在叙利亚、伊朗核等问题上立场激进，表现高调。

2012年，澳大利亚、新西兰政局保持稳定。澳大利亚工党政府成功推动议会通过碳排放税和矿产资源租赁税两大立法，但因民众对此存在较大分歧，民调支持率一直落后于反对党自由党—国家党联盟。新西兰国家党政府2011年12月蝉联执政以来，努力增收节支，扩大出口，改革福利制度，施政获得多数民众认可，执政地位稳固，但部分出售国有资产和整合公共部门等改革举措面临阻力。两国经济继续保持平稳增长，但欧债危机久拖不决以及世界主要经济体增速放缓增加了两国经济环境的不确定性。两国继续奉行积极、务实的外交政策，更加重视亚太，积极参与区域合作及应对国际金融危机、气候变化等全球和地区热点问题，推动贸易自由化，加大对太平洋岛国援助。澳大利亚加强与美国军事安全合作，进一步巩固澳美同盟关系。新西兰积极改善与美关系，深化与澳大利亚同盟。

太平洋岛国地区形势总体稳定。巴布亚新几内亚完成大选并结束一年来的政治乱局，汤加新国王即位，基里巴斯、瓦努阿图分别完成总统选举和大选，所罗门群岛内阁数次改组，斐济启动大选准备工作。岛国经济普遍有所恢复，巴新、所罗门群岛、瓦努阿图等增长较快。但各国经济发展内生动力不足，仍严重依赖外援。各岛国积极通过区域和次区域合作，寻求联合自强和外援。斐济与澳大利亚、新西兰等国关系有所改善。美西方进一步加大对岛国地区关注和投入，美国首次派国务卿出席太平洋岛国论坛对话会。日本举办第六次日本与太平洋岛国领导人会议。

7. 拉丁美洲和加勒比地区形势

2012年，拉丁美洲和加勒比地区继续保持政治稳定、经济增长和实力攀升势头，成为各方关注的最具增长活力和发展潜力的新兴力量之一。

政局总体平稳。墨西哥、委内瑞拉等国大选顺利举行，墨革命制度党重新上台执政，委总统乌戈·查韦斯（2013年3月5日病逝）成功连任。巴西等地区主要国家政府施政顺利，古巴推进经济社会政策调整，哥伦比亚政府与反政府武装重启和谈，国内和平进程取得进展。另一方面，巴拉圭总统费尔南多·卢戈遭弹劾下台，部分国家社会矛盾增多，地区政局尚存一些不确定因素。

经济增速缓中向好。受国际金融市场动荡、欧债危机、新兴大国经济减速等因素影响，年内拉美经济增速有所放缓。联合国拉丁美洲和加勒比经济委员会（简称“拉美经委会”）统计显示，2012年拉美地区经济增速为3.1%。各国经济表现差异明显，秘鲁、委内瑞拉、智利等国保持较快增长，全年增速在5.3%～6.2%之间；巴西、阿根廷受外需减弱等因素影响，经济增速明显放缓，全年分别增长1.2%和2.2%。为应对国际金融危机深层次冲击，各国采取一系列措施保稳定、促增长，加紧制定和实施中长期发展规划，大力推进经济转型升级。总体来看，拉美经济基本面良好。

一体化建设续有进展。由33个地区国家组成的拉美和加勒比国家共同体（简称“拉共体”）积极推进内部建设。地区最大的经济一体化组织南方共同市场（简称“南共市”）接纳委内瑞拉为正式成员国，实现成立21年来首次扩员，并接纳玻利维亚为成员国（尚待有关国家议会审批），实力和影响进一步增强。由智利、秘鲁、哥伦比亚和墨西哥组成的拉美“太平洋联盟”通过签署联盟框架协议宣告正式成立，提出致力于打造面向亚太经济的发展目标。南美国家联盟、美洲玻利瓦尔联盟、加勒比国家共同体等次地区组织保持良好发展势头，务实合作取得新进展。

外交多元活跃。墨西哥、巴西分别成功主办二十国集团洛斯卡沃斯峰会和联合国可持续发展大会，进一步提升了拉美地区国际影响。拉美国家通过联合国、二十国集团、亚太经合组织、金砖国家等多边机制，更加积极地参与处理全球性和热点问题。在保持与美欧传统关系的同时，拉美国家积极拓展全方位外交，积极推进同新兴大国关系，特别是更加重视发展同亚太地区关系。拉共体分别同中国、印度建立对话机制，“太平洋联盟”决定在中国等亚洲国家设立促进共同出口办公室，拉美一体化协会、美洲开发银行及联合国拉美经委会成立“拉美—亚太观察站”。

（三）专题评述

1. 欧洲主权债务问题

2012年，欧洲主权债务问题跌宕起伏，由“急症”演变成“顽症”。在年初欧洲联盟签署“财政契约”和欧洲中央银行（简称“欧央行”）推出两轮“长期再融资操作”后，欧债形势一度向好发展。但5月法国总统选举和6月希腊政治危机使欧债问题重新急剧升温。希腊一度走到“退出欧元区”的边缘，西班牙银行业问题恶化，意大利国债收益率居高不下。法国债务负担和经济竞争力问题引发关注，穆迪在标普之后调降法国AAA主权信用评级。

欧债问题对欧洲经济社会的影响加深。2012年第二、三季度，欧元区经济连续出现负增长，自2009年后第二次陷入衰退。法国、德国等核心国家逐渐受到波及。欧盟委员会最新经济报告显示，2012年欧盟经济萎缩0.3%，欧元区经济萎缩0.6%。欧盟和欧元区失业率双双攀升至10%以上高位。部分国家社会动荡持续加剧。

欧债问题令欧盟“改革”紧迫感上升，进一步加大协调应对和综合治理债务问题的力度。6月夏季峰会以来，欧盟推进“银行业单一监管机制”建设，欧元区加快向“真正的经货联盟”迈进。欧央行出台无限量购债的“直接货币交易计划”，欧央行行长德拉吉表示将不惜代价维护欧元。欧洲稳定机制正式启动，“财政契约”批准进程顺利。欧元区财长会通过新一轮总额达437亿欧元的对希腊纾困贷款。同时，欧洲各国努力恢复经济增长，继续推进结构改革，力图从根本上解决欧债问题。

在上述措施作用下，欧债问题再度趋稳趋缓，希腊债务风险暂时得到控制，西班牙、意大利等重债国国债收益率大幅下降，域外资金开始回流，市场信心明显改善。但欧债问题的根源并未消除，未来发展仍有一定不确定性。

2. 2012年美国总统大选尘埃落定

2012年1月初，美国总统大选正式拉开帷幕。5月底，前马萨诸塞州州长米特·罗姆尼赢得共和党党内初选。8月底、9月初，共和、民主两党分别举行全国代表大会，正式提名罗姆尼和现任总统巴拉克·奥巴马为总统候选人。在为期两个月全国竞选阶段，双方举行了三场总统候选人电视辩论和一场副总统候选人电视辩论。11月7日，总统大选投票结果揭晓，奥巴马成功胜选连任。

共和党初选激烈，罗姆尼脱颖而出

2012年总统初选于1月3日从艾奥瓦州开始，持续至6月26日在犹他州结束。民主党方面，奥巴马作为在任总统优势明显，获得党内提名几无悬念。共和党方面有包括前众议长金里奇，前马萨诸塞州州长罗姆尼，得克萨斯州州长佩里，得克萨斯州联邦众议员保罗，明尼苏达州联邦众议员巴赫曼，前宾夕法尼亚州联邦参议员桑托勒姆，前犹他州州长、驻华大使洪博培，前新墨西哥州州长约翰逊等八人参选，争夺激烈。

截至2月底，罗姆尼分别赢得有美总统大选“风向标”之称的新罕布什尔州以及佛罗里达州和内华达州两个重量级大州，在党代表票上保持微弱领先。但桑托勒姆也先后赢得艾奥瓦、科罗拉多、明尼苏达、密苏里四州，金里奇则在南卡罗来纳州获胜，总体选情难分难解。3月6日，在“超级星期二”同时进行初选的十个州中，罗姆尼赢得六个，桑托勒姆赢得三个，共和党初选进入罗姆尼、桑托勒姆二人对决阶段。4月10日，桑托勒姆宣布退选，扫清了罗姆尼初选道路上的最大障碍。5月29日，罗姆尼在得克萨斯州初选中获胜，赢得的党代表票累计超过所需的1144张，锁定共和党总统候选人提名。8月11日，罗姆尼宣布选择众议院预算委员会主席、威斯康星州联邦众议员保罗·瑞安为其副总统竞选搭档。

正式提名候选人，审议通过新党纲

8月27～30日、9月3～6日，共和、民主两党分别在佛罗里达州坦帕市、北卡罗来纳州夏洛特市召开全国代表大会，正式提名罗姆尼、瑞安为共和党总统、副总统候选人，奥巴马、拜登为民主党总统、副总统候选人，并审议通过各自新的政治纲领。

两党新党纲和总统候选人接受提名演讲反映出经济和社会议题是本次大选的焦点。双方政策主张泾渭分明，但对外交安全议题均着墨不多，分歧不大。在经济政策上，奥巴马效法“罗斯福新政”，主张强化政府对经济发展的干预、规范和引导，以强有力的财政和货币政策促进经济复苏，甚至不惜动用行政手段干预重点企业经营；罗姆尼信奉“里根经济学”，强调限制政府规模、压缩政府开支、放松金融监管，反对通过行政手段干预企业自主经营，主张通过大幅减税为美国经济注入活力。在社会和民生政策上，奥巴马秉持民主党一贯的自由派立场，主打“公平正义”牌，注重维护社会中下层和弱势群体利益；罗姆尼认为政府应优先关注经济增长，提高民众的总体福祉，而非通过再分配促进社会公平，否则只会拖累美国经济复苏步伐。

电视辩论互有攻守，全国竞选持续胶着

从9月初到11月初，两党总统、副总统候选人及各自竞选团队连日赴美各地以各种形式举办竞选造势活动，其中最重要的是三场总统候选人电视辩论和一场副总统候选人电视辩论。

10月3日，首场总统候选人电视辩论在科罗拉多州丹佛市举行，主要围绕就业、财政赤字、医保、社保、金融监管、政府作用等内政议题。奥巴马表现拘谨，总体处于守势，而罗姆尼准备充分，富有进攻性，明显占上风。11日，副总统候选人电视辩论在肯塔基州丹维尔市举行，主要围绕经济、医保、减税、反恐、伊朗、阿富汗、叙利亚、国防预算等议题。本轮辩论火药味十足，拜登、瑞安在各自擅长的外交安全、经济民生议题上表现均可圈可点，受到各自阵营肯定，瑞安略占优势。16日，第二场总统候选人电视辩论在纽约州亨普斯特德举行，采取“市政厅会议”形式，由选民现场提问，候选人即席作答，问题涉及就业、能源、税收、反恐、难民、妇女地位、枪支管制等领域。奥巴马在着力阐释政绩的同时加大对罗姆尼的攻击和反击，表现自信、强势，有责任感，罗姆尼继续以突出其经济治理能力为重点，但表现略为急躁，奥巴马总体胜出，扳回一城。22日，第三场总统候选人电视辩论在佛罗里达州博卡拉顿市举行，主要围绕中国、中东、伊朗、阿富汗和巴基斯坦、美国在世界的作用五大外交议题。中国虽被单列为一大议题，但占时较少，未成为辩论焦点。奥巴马保持稳定发挥，赢得此轮辩论。

自大选开始以来，美国主流媒体和各大民调机构都予以密切跟踪，定期发布、更新民意调查，成为各界判断选情的主要风向标。尽管一些重大活动（如两党全国代表大会、候选人电视辩论等）和突发事件（如美驻利

比亚大使遇袭身亡、飓风桑迪来袭等）在短期内引起选情小幅波动，但在绝大多数时间段，奥巴马和罗姆尼的普选票支持率相差不超过四个百分点，选情持续胶着。

奥巴马笑到最后，“摇摆州”决胜关键

从9月底开始，爱达荷、南达科他、佛蒙特、艾奥瓦等34个州和哥伦比亚特区陆续启动提前投票，注册选民中约有三到四成选择这种方式。10月25日，奥巴马成为首位采取提前投票的现任总统。11月6日是2012年美国总统大选正式投票日。7日凌晨，初步计票结果揭晓，在总共538张选举人票中，奥巴马赢得332张，罗姆尼赢得206张，奥巴马成功连任。奥巴马和罗姆尼分别发表讲话宣布胜选、败选。

虽然奥巴马、罗姆尼二人的普选票相差不超过4%，但奥巴马在11个民主、共和两党势均力敌，忠实选民均不占多数，独立选民立场摇摆不定的“摇摆州”中赢得10个，斩获有关州146张选举人票中的131张，成为制胜关键。

12月17日，各州选举人团根据此次大选结果投票正式选举总统。2013年1月3日新一届国会开幕后，参众两院举行联席会议，正式确认当选总统人选。20日，奥巴马宣誓就任美第44任（第57届）总统。21日，奥巴马举行就职典礼。

3. 俄罗斯总统大选备受关注

2012年3月4日，俄罗斯举行总统选举，候选人分别是时任总理弗拉基米尔·普京、俄罗斯联邦共产党主席根纳季·久加诺夫、“公正俄罗斯”党领导人谢尔盖·米罗诺夫、俄罗斯自由民主党主席弗拉基米尔·日里诺夫斯基和独立右翼政党候选人米哈伊尔·普罗霍罗夫。

选举从2011年秋天拉开序幕。俄时任总统德米特里·梅德韦杰夫在是年9月召开的统一俄罗斯党全国代表大会上宣布不谋求连任，提议普京竞选总统，得到大会一致赞成。

竞选活动中，普京始终占据明显优势，最终在第一轮投票中获得63.6%的选票，久加诺夫、普罗霍罗夫、日里诺夫斯基和米罗诺夫分获17.18%、7.98%、6.22%和3.85%的选票，俄中央选举委员会确认普京当选总统合法有效。俄反对派组织虽在选举前后举行多次较大规模抗议活动，但未能影响普京胜出定局。

5月7日，普京在克里姆林宫宣誓就职，任期六年，成为俄历史上首位三度担任最高国家领导人的政治家。

4. 叙利亚问题持续升温

2012年，叙利亚问题持续升温，受到国际社会广泛关注。

安全局势和人道主义状况持续恶化

叙利亚政府军与以“自由叙利亚军”为首的反政府武装之间的冲突呈愈演愈烈之势。2月，阿拉伯国家联盟观察团撤离叙利亚。4月，在联合国—阿盟叙利亚危机联合特使安南斡旋下，双方短暂实现基本停火。5月底后，叙利亚境内发生多起大量平民遇害事件，安全局势再趋恶化。7月，大马士革发生严重爆炸袭击事件，导致叙利亚国防部长及多名政府安全部门高官身亡。此后武装冲突的范围和烈度进一步升级，政府军与反政府武装在包括大马士革、阿勒颇、霍姆斯等主要城市在内的叙利亚境内大部分地区持续激战。“胜利阵线”等极端势力在叙利亚境内的活动也日趋活跃。据联合国有关机构统计，至2012年底，叙利亚境内的武装冲突和恐怖袭击共造成约6万人死亡，近60万名难民涌入周边国家，国内约250万人亟需人道主义救助。

叙利亚政府与反对派严重对立

叙利亚政府指责外部势力干涉其内政，称叙利亚正面临与恐怖分子的全面战争，强调叙利亚问题只能通过政治、安全、社会等多种手段综合治理。2012年上半年，叙利亚政府相继采取修改宪法、举行议会选举、成立有部分反对派代表参加的新政府等政治改革措施，但未能有效缓解国内矛盾。“全国民主变革力量民族协调机构”等国内反对派组织主张政治解决危机，反对外来干涉，但指责政府缺乏政治对话和改革诚意。“叙利亚全国委员会”等国外反对派组织则坚决要求叙利亚总统巴沙尔下台，呼吁国际社会向反对派提供资金、武器等支持，并采取在叙利亚境内设立“安全区”、“禁飞区”等干预措施。

11月，“叙利亚全国委员会”等反对派组织在卡塔尔成立“叙利亚反对派和革命力量全国联盟”，致力于彻底推翻叙利亚现政权，并拒绝与之对话。“自由叙利亚军”表示接受该联盟政治指导。法国、土耳其、英国等承认其为叙利亚人民的唯一合法代表，美国、海湾国家合作委员会、阿拉伯国家联盟等承认其为叙利亚人民的合法代表。

国际社会在叙利亚问题上意见分歧

国际社会普遍认为叙利亚问题只能通过政治途径加以解决，但在是否将巴沙尔下台作为政治解决前提等问题上存在严重分歧。美国等西方国家及沙特、卡塔尔、土耳其等部分地区国家称巴沙尔政权已丧失合法性，要求巴沙尔下台，并推动联合国大会、安全理事会、人权理事会等介入叙利亚问题，通过“叙利亚之友”国际会议等机制向叙利亚反对派提供支持。阿拉伯国家联盟多次通过决议，中止叙利亚的成员国资格，对其实施经济制裁，并公开呼吁巴沙尔下台。中国、俄罗斯等国坚持维护《联合国宪章》的宗旨、原则及国际关系基本准则，反对外部干涉特别是军事干涉，反对强行推动叙利亚“政权更迭”。2月和7月，中国和俄罗斯两次否决暗含“政权更迭”、对叙利亚实施制裁等内容的联合国安理会决议草案。

国际和地区外交斡旋努力进展有限

2月，联合国前秘书长安南出任联合国—阿盟叙利亚危机联合特使。安南提出政治解决叙利亚问题的“六点建议”，并推动叙利亚各方短暂实现整体停火。4月，联合国安理会先后通过第2042、2043号决议，在叙利亚部署联合国监督团，监督各方停火止暴情况，支持落实安南“六点建议”。6月底，在安南倡议下，叙利亚问题“行动小组”外长会议在日内瓦召开，安理会五个常任理事国及有关地区国家等就支持安南斡旋、叙利亚政治过渡指导原则等问题达成一致并发表公报。但有关各方在落实日内瓦会议公报问题上分歧严重。8月，叙利亚安全局势更趋恶化。联合国叙利亚监督团结束使命，安南宣布不再续任。

9月，阿尔及利亚前外长普拉希米接替安南，出任联合国—阿盟叙利亚问题联合特别代表。此后，普拉希米多次访问叙利亚及有关地区国家并开展斡旋。10月，普拉希米倡议叙利亚有关各方在伊斯兰宰牲节期间停火，叙利亚政府和反对派武装普遍表示接受，但停火未得到有效落实。12月，普拉希米与美国、俄罗斯先后举行两次三方会晤，但未能在推动落实“行动小组”日内瓦外长会议公报等问题上取得实质性进展。

埃及、伊朗等地区国家积极推动叙利亚问题的政治解决。8月，埃及总统穆尔西提出由埃及、土耳其、沙特、伊朗四国组成叙利亚问题“四国委员会”。8月，伊朗倡议召开叙利亚问题部长级协调会议。12月，伊朗提出推动叙利亚问题政治解决的六点建议。由于地区国家在叙利亚问题上分歧严重，上述努力未取得实质性进展。

5. 伊朗核问题重启对话进程

2012年，伊朗核问题六国（中国、美国、俄罗斯、英国、法国、德国）及欧盟与伊朗时隔一年多后重启对话进程，国际原子能机构与伊朗继续就解决伊核计划有关未决问题保持接触，对稳定伊核问题局势发挥了重要作用。2012年上半年，六国与伊朗先后在伊斯坦布尔、巴格达和莫斯科举行了三轮部长级对话会，进一步触及伊核计划实质性问题。9月27日，六国外长在纽约举行会议，明确将继续坚持外交努力，寻求与伊朗尽快举行新一轮对话会。

中国在伊朗核问题上一贯采取客观、公正和负责任的立场。中国认为，伊朗作为《不扩散核武器条约》的缔约国，拥有和平利用核能的权利，同时也应履行相应的防扩散国际义务。中国始终主张通过对话与谈判和平解决伊朗核问题，维护国际核不扩散体系，维护中东地区和平与稳定。中国一直呼吁有关各方坚持外交解决方向，求同化异，建立互信，寻求伊朗核问题的全面、长期、妥善解决。

中国作为联合国安理会常任理事国和六国机制成员，一直积极劝和促谈，为推动伊核问题政治外交解决进程发挥建设性作用。国家主席胡锦涛、全国人大常委会委员长吴邦国、国务院总理温家宝、国务委员戴秉国等领导人利用各种外交场合，深入细致地做主要各方工作，发出主张和平、反对战争的明确信号，推动各方坚持对话谈判。中国积极参与六国与伊朗对话进程，推动六国与伊重启并保持对话，妥善处理分歧，寻求务实合理的解决办法。外交部长杨洁篪出席了伊朗核问题六国外长会。外交部部长助理马朝旭多次参加了伊核问题六国与伊对话会及六国内部协调会议。中国并以建设性态度参加国际原子能机构理事会关于伊朗核问题的审议，鼓励国际原子能机构与伊朗加强合作，早日在澄清相关未决问题方面取得进展。

中国将与国际社会一道，继续积极劝和促谈，为推动通过对话合作和平解决伊朗核问题发挥建设性作用。

6. 国际社会围绕网络事务加强交流合作

2012年，全球化和信息化进一步推进，国际社会围绕网络安全、网络空间国际治理等问题的交流与合作进一步加强，网络事务在国际议程中的位置进一步前移。

双边层面，各国积极开展网络安全对话，倡导共同应对网络威胁。美国、欧盟、俄罗斯、英国等纷纷建立或加强双边网络事务交流与合作机制，签署双边合作文件；美欧不断深化网络安全事件应急响应、打击网络犯罪等方面合作，共同商讨建立“跨大西洋网络安全合作”机制，积极在全球范围内推广欧洲委员会制定的《网络犯罪公约》；中国与欧盟成立网络工作小组并举行工作小组首次会议。2012年12月，中韩举办首届中韩互联网圆桌会议，就共同关心的网络问题交换看法。同月，中美在美国华盛顿举行第五届中美互联网论坛，双方代表围绕互联网服务提供者的社会责任、社交网络发展、互联网治理、网络安全等议题进行对话交流。

多边层面，2012年7月，联合国人权理事会通过了“促进、保护和享受互联网人权”决议，这是联合国首次通过此类决议。9月，首届新兴国家互联网圆桌会议在北京举行，中国、俄罗斯、南非、巴西等围绕网络安全等问题广泛深入交换看法，并达成多项共识。10月4～5日，布达佩斯网络问题国际会议在匈牙利举行，来自60个国家和若干政府间国际组织、非政府组织、互联网企业和智库的代表共600多人参会，就网络治理、网络犯罪、网络经济、能力建设等多项问题进行研讨，中国政府代表在首次全会上发言阐述了中国政府在网络问题上的政策主张，获得广泛关注。2012年10月，第67届联合国大会第一委员会会议期间中国与俄罗斯等就“信息安全国际行为准则”草案举行非正式磋商，积极推动联合国制订信息安全领域的国际规则。11月6～9日，联合国互联网治理论坛第七届会议在阿塞拜疆举行，130多个国家地区组织代表1600余人与会，各方就互联网治理模式、网络监管、网络自由、互联网经济等进行热烈讨论。12月3～14日，国际电信联盟在迪拜召开国际电信世界大会，通过了对《国际电信规则》的修订，新规则将于2015年1月1日起实施，中国等89个国家投赞成票，美国等55个国家持反对或保留态度，网络监管和国际治理问题成为会议焦点。

区域层面，东盟地区论坛（ARF）于2012年3月14～15日在越南举办“网络空间代理人问题”研讨会，重点就网络空间代理人带来的威胁及相关对策进行讨论。9月中旬，东盟地区论坛在韩国和新加坡分别举办“网络空间建立信任措施”和“网络事件应急反应”研讨会，就相关问题进行研讨。北约积极组建网络快速反应小组，负责为遭受重大网络攻击的北约成员国提供网络防御援助，并于11月13～16日举行2012年网络联合作战演习。挪威、丹麦、瑞典和芬兰10月底在赫尔辛基召开会议，明确网络防御在北欧各国合作领域的核心地位，四国承诺于2014～2015年成立网络防御中心以确保重要政府和军事基础设施免受网络攻击的威胁。

随着信息技术和互联网技术革命的持续演进，其对人类社会带来的深刻变革将更加凸显，网络事务在全球议题中的地位将更趋重要，网络安全问题作为全球性问题将更加突出，各国围绕网络空间加强对话与合作将对互联网未来发展产生重要影响。

第二章

2012年的中国外交

（一）概述

2012年，在党中央、国务院坚强领导下，外交工作牢牢把握稳中求进的总基调，攻坚克难、开拓创新，为中国共产党第十八次全国代表大会胜利召开和中国国民经济和社会发展第十二个五年规划纲要全面实施营造了有利的外部环境。

1. 中国领导人出席重大外交活动亮点频呈

2012年，国家主席胡锦涛、国家副主席习近平等党和国家领导人成功出席二十国集团洛斯卡沃斯峰会、中国东盟博览会等一系列重大外交活动，积极运筹与各方关系，有力引导地区和国际合作发展方向，维护了国家利益，在国际上进一步树立了建设性、负责任的大国形象。中国领导人还广泛开展双边访问，进一步推进了同有关国家的友好合作关系。

2. 坚定维护国家主权、安全与发展利益，维护中国公民法人在海外合法权益

针对菲律宾挑起黄岩岛事件、越南通过《越南海洋法》、日本政府非法“购买”钓鱼岛等事态，中国迅速采取一系列有力措施，坚定维护领土主权和海洋权益，显示了中国政府和人民捍卫领土主权和海洋权益的坚定意志、决心，争取了国际社会的理解和支持。大力开展涉港澳台外交和涉藏涉疆外交，取得积极成效。妥善应对欧债危机影响和涉华经贸摩擦，积极推动中国企业和资金“走出去”，推动对外能源资源等大项目合作取得新进展。成功解救在苏丹等国被绑架人员及遭索马里海盗劫持的船员，妥善处理西班牙警方清查华商等重大突发案件，为海外中国公民和企业在当地长期生存与发展创造良好条件。

3. 保持同各大国关系总体稳定发展

中美两国领导人保持密切接触和往来，国家主席胡锦涛等领导人与美国总统奥巴马多次成功会晤，习近平副主席成功访美，中美就探索构建相互尊重、合作共赢的新型大国关系达成重要共识。中美第四轮战略与经济对话、第三轮人文交流高层磋商等对话磋商也取得积极成果，两国各领域务实合作稳步推进。中俄确定了今后一个时期两国全面战略协作伙伴关系发展的原则、方向和重点合作领域，两国关系进入以互为重要发展机遇、互为主要优先合作伙伴为标志的新阶段。第14、15次中欧领导人会晤成功举行，双方就继续推进中欧全面战略伙伴关系达成重要共识。中国与中东欧国家首次举行领导人会晤。中国积极支持欧洲解决欧债问题，调动了欧洲发展对华关系的积极性。中欧关系呈现稳中有升、变中有进的良好势头，各领域、各层次合作深入发展。

4. 进一步深化同周边国家的友好合作

中国同周边国家保持密切的高层交往，同泰国、阿富汗、乌兹别克斯坦关系提升为战略伙伴关系。大力深化同周边国家务实合作，成为大多数周边国家的第一大出口市场和最大贸易伙伴。积极引导区域合作发展方向，宣布参与“区域全面经济伙伴关系”谈判，启动中日韩自由贸易区谈判。努力维护朝鲜半岛和东北亚局势稳定，在地区格局演变中保持主动有利地位。

5. 促进同发展中国家团结合作迈上新台阶

成功举办中非合作论坛第五届部长级会议、中阿合作论坛第五届部长级会议，倡议同拉美和加勒比国家成立中拉合作论坛并启动中国—拉共体“三驾马车”外长对话机制，推动金砖国家加强机制化建设。提出推进叙利亚问题政治解决进程的“六点主张”和“四点倡议”，在伊朗核问题上提出谈判“三步走路线图”、“双层战略”等倡议，积极斡旋南北苏丹冲突，为推动和平解决有关问题发挥了积极作用。

6. 积极开展公共外交

围绕中国领导人出访等重大外交行动大力开展公共外交，配合重大外交斗争主动发声、全方位加强舆论引导，争取国内民众和国际社会更多理解支持。在国际上广泛宣传党的十八大精神和中国各项发展成就，唱响“中国发展前景光明论”。

（二）中国与各地区国家关系

1. 中国与亚洲地区*国家关系

2012年，中国政府继续坚定奉行“与邻为善、以邻为伴”的周边外交方针，不断加强同亚洲国家的睦邻友好和互利合作，共同营造和平稳定、平等互信、合作共赢的地区环境。

中国继续巩固提升与亚洲国家的友好合作关系，政治互信不断增强。中国与亚洲国家保持密切高层往来和接触。2012年，中国同亚洲国家外长以上互访达100多起，部司级磋商近70起。国家主席胡锦涛、国家副主席习近平、国务院总理温家宝等领导人分别访问柬埔寨、尼泊尔、缅甸、斯里兰卡、新加坡、老挝、文莱、泰国、越南、印度尼西亚等国。韩国、日本、柬埔寨、泰国、老挝、巴基斯坦、阿富汗、新加坡、斯里兰卡、越南、缅甸等国领导人访华。胡锦涛主席、温家宝总理等领导人分别在首尔核安全峰会、金砖国家领导人第四次会晤、二十国集团领导人第七次峰会、第64届联合国大会、亚太经合组织第20次领导人非正式会议、第15

---

* 仅指东亚、东南亚、南亚。

次东亚领导人系列会议等多边场合与亚洲多国领导人会晤。中国领导人会见来华出席第五次中日韩领导人会议、上海合作组织成员国元首理事会第12次会议、第九次中国—东盟博览会、博鳌亚洲论坛2012年年会、2012年天津夏季达沃斯论坛等的亚洲国家领导人。这些会晤促进了中国与亚洲各国的相互理解与信任，有力带动了双边关系发展。

中国不断深化与亚洲国家互利共赢的经贸合作，促进共同发展。中国对亚洲经济增长的贡献率超过58%。

——贸易往来势头良好。中国与东亚和南亚国家贸易额达1.09万亿美元，占中国外贸总额28.4%，超过中国同美国、欧盟贸易之和，中国保持多数亚洲国家最大贸易伙伴。其中，中国与东盟贸易额首次突破4000亿美元，同比增长10.3%，占中国外贸总额10.3%。中国连续四年是东盟第一大贸易伙伴，东盟继续为中国第三大贸易伙伴。

——投资合作不断增强。2012年中国对东亚和南亚国家非金融类直接投资总额54.72亿美元。东亚和南亚国家对华实际投资175.14亿美元，占中国吸引外资总额的15.7%。对华投资前十位国家和地区中，日本、新加坡、韩国分别列在第二、第三和第六位。中国对东亚和南亚国家工程承包营业额337.8亿美元，占中国对外工程承包总额的29%。

——财金合作进一步深化。人民币与日元实现直接交易。中马、中蒙双边货币互换额度提高，人民币结算系统在马正式启动。中新在双边自贸合作框架下签署新的金融合作协议。

——大项目合作不断推进。中马正式启动钦州产业园区，并签署关于关丹产业园合作的协定。中石化在印尼巴淡岛油品仓储项目正式启动。浙江恒逸集团在文莱投资石化综合项目进展顺利。孟加拉国沙迦拉化肥厂正式开工建设，3G网络开通和2.5G网络扩容即将完成。

中国秉持互信、互利、平等、协作的新安全观，为促进地区和平稳定发挥建设性作用。中国坚持通过对话协商解决与邻国之间的边界领土和海洋权益争议，大力推进海上对话合作，与东盟国家合作落实《南海各方行为宣言》，召开落实《宣言》第四次高官会和第七次工作组会，就“南海行为准则”保持沟通。中国—东盟海上合作基金启动，中国印尼海上合作委员会召开首次会议并通过多个合作项目。中国积极推动地区安全对话与合作。在中方倡导下，中老缅泰在湄公河流域开展四轮联合巡逻，打掉糯康武装贩毒集团，有力维护了湄公河流域和平安宁。中方创建中阿巴三边对话机制并召开两次会议。中国同朝鲜半岛有关方保持密切沟通与协调，为妥善处理有关事态、维护半岛和平稳定发挥了重要作用。

中国积极推动区域合作，维护区域合作健康发展势头。2012年中国正式成立驻东盟使团，派驻首任驻东盟大使，中国—东盟中心正式投入运营。中国积极推动清迈倡议多边化扩容至2400亿美元。亚洲债券市场建设取得重要进展，10+3宏观经济研究办公室正式运行。成功举办博鳌亚洲论坛2012年年会。成功主办第五次中日韩领导人会议，推动签署中日韩投资协定，启动中日韩自贸区谈判。东亚领导人系列会议期间，中方提出“海上新丝绸之路”等重要倡议，推动中国—东盟海上合作。东亚峰会通过以中方“金边发展倡议”为基础的《金边发展宣言》。中方支持“区域全面经济伙伴关系”（RCEP）启动谈判。

中国同亚洲国家人文交流不断扩大，相互了解和友谊不断加深。

2012年中国同东亚和南亚国家人员往来达3130万人次。其中，赴东亚和南亚国家的中国公民达1576.95万人次，入境中国内地的东亚和南亚国家公民达1553.05万人次，占外国人入境总人数的57.11%。入境中国内地的东盟国家公民589.38万人次，同比增长4.01%，占外国入境总人数的21.68%。在入境中国内地的亚洲国家公民中，韩国、日本、马来西亚、新加坡和蒙古分别以407万人、352万人、124万人、103万人和101万人位居前五位。

2012年是中韩建交20周年及中韩友好交流年、中斯建交55周年及《米胶协定》签署60周年、中印友好合作年、中尼友好交流年，中国与有关国家和地区组织举办了丰富多彩的庆祝和纪念活动。中马（尔代夫）首次合作发行纪念中马建交40周年邮票。中蒙相互举办“文化月”活动。中国在缅举办电影周，继续举办“欢乐春节”系列庆祝活动。中印在新德里联合举办“走进中国——2012中国欢乐健康游”大型主题活动。中斯、中尼签署设立中国文化中心的谅解备忘录。

中国继续向亚洲国家派遣汉语志愿教师，向文莱派遣首批援文青年志愿者。中印签署《国家汉办与印度中等教育委员会谅解备忘录》。中国与泰、印尼、越、蒙、巴、印等国通过青年团互访、举办青少年绘画比赛等活动，加深青年间的交流互动。中国医疗队继续在东帝汶提供医疗服务。

2. 中国与西亚北非地区国家关系

2012年，西亚北非地区动荡加剧，沿着长期化、复杂化、国际化的方向纵深发展，给中国同地区国家双边关系带来复杂影响。中国积极应对挑战，努力排除干扰，在复杂艰难的情况下巩固和发展同地区国家的传统友好关系，取得良好成效。

双方各层次交往掀起热潮。全国人大常委会委员长吴邦国访问伊朗、过境土耳其伊斯坦布尔；国务院总理温家宝访问沙特、阿联酋和卡塔尔，过境摩洛哥；全国政协主席贾庆林过境阿联酋迪拜；国家副主席习近平访问土耳其；全国人大常委会副委员长韩启德出席在沙特举行的二十国集团议长大会并访问阿曼、约旦；全国人大常委会副委员长周铁农、全国政协副主席陈宗兴访问以色列；全国人大常委会副委员长司马义·铁力瓦尔地赴沙特吊唁沙特王储纳伊夫·本·阿卜杜勒阿齐兹·阿勒逝世。外交部长杨洁篪出席第67届联合国大会一般性辩论期间集体会见海湾国家合作委员会国家外长。埃及总统穆尔西，南苏丹总统基尔，伊朗总统艾哈迈迪内贾德、副总统弗鲁赞德、副总统穆罕默迪扎德，土耳其总理埃尔多安，卡塔尔首相兼外交大臣哈马德，阿联酋阿布扎比王储穆罕默德，以色列副总理兼外长利伯曼，摩洛哥第一副议长耶提姆等地区国家领导人来访。阿盟秘书长阿拉比，苏丹、埃及、突尼斯、叙利亚、利比亚、南苏丹外长及摩洛哥外交与合作部大臣级代表，叙利亚总统特使，巴勒斯坦总统特使等高级别官员先后访华。

传统友谊不断加强，各领域合作稳中有进。中国与阿联酋建立战略伙伴关系，与沙特在战略性友好关系框架下进一步提升双边关系水平。埃及总统穆尔西访华，中国与转型国家关系实现平稳过渡，并向埃及、也门、利比亚、突尼斯等提供经济援助。在严峻的国际经济形势和地区持续动荡的背景下，2012年，中国进口地区国家原油总计14829.23万吨，与2011年基本持平，与地区国家的贸易总额2873.43亿美元，同比增长6.86%。中国与阿联酋、土耳其签署本币互换协议，与土耳其、沙特签署核能合作协议，与阿尔及利亚签署通信卫星合作框架协议，中国公司首次为土耳其成功发射卫星。

中阿集体合作不断推进，中国—阿拉伯国家合作论坛机制下的活动有声有色。中阿合作论坛第五届部长级会议在突尼斯成功举办，杨洁篪外长及20个阿拉伯国家的部长、代表及阿盟秘书长与会，创下在地区办会的最高出席规格。会议提出力争到2014年中阿贸易额达到3000亿美元、邀请100名阿拉伯国家青年精英访华、为阿拉伯国家培训人才等务实合作措施，并发表了《中国—阿拉伯国家合作论坛第五届部长级会议公报》和《中国—阿拉伯国家合作论坛2012年至2014年行动执行计划》。第四届中阿企业家大会暨投资研讨会在阿联酋沙迦成功举办，温家宝总理出席开幕式并发表主旨演讲。第二届中国艺术节在巴林首都麦纳麦举行。第三届中阿新闻合作论坛在广州举行。第三届中阿能源合作大会在银川举行。“中阿合作论坛研究中心”专家学者代表团访问卡塔尔、埃及、沙特、阿联酋四国。中阿合作论坛中方秘书处邀请来自20个阿拉伯国家和阿盟的首批近40名青年代表访华。

中国稳妥应对地区热点，积极开展劝和促谈活动，影响力不断扩大。中国尊重地区国家和人民寻求变革、发展的愿望诉求，坚决维护《联合国宪章》宗旨和国际关系准则，呼吁地区通过包容、建设性的政治对话化解分歧，为推动地区恢复稳定作出了努力。在叙利亚问题上，中国平衡做叙利亚政府和反对派工作；先后提出“六点主张”和“四点倡议”，持之以恒推进政治解决进程；建设性参与安理会等多边涉叙问题讨论，支持联合国—阿盟叙利亚危机联合特使安南、联合国—阿盟叙利亚问题联合特别代表普拉希米的斡旋努力；杨洁篪外长率团出席叙问题“行动小组”日内瓦外长会议，积极推动各方达成共识；灵活运用双多边渠道，向叙境内外难民提供紧急人道援助。中国努力推动叙利亚问题的政治解决，得到各方特别是发展中国家越来越多的认同。在伊朗问题上，中国积极参与三轮六国与伊对话及一次专家会，抑制动武倾向，保住了伊核对话势头。在中东问题上，中国积极劝和促谈，坚定支持巴勒斯坦合理诉求，参与联署有关授予巴勒斯坦联合国观察员国地位的决议草案并投了赞成票。在南北苏丹问题上，中国通过各种方式积极劝和促谈，胡锦涛主席、习近平副主席亲自做两苏及有关国家领导人工作，中国政府非洲事务特使三次访问两苏，为推动两苏谈判最终达成协议作出积极贡献。中国建设性参与热点问题的努力对推动局势缓和发挥了重要作用，赢得各方更多赞赏，树立了讲原则、负责任、促和平、敢担当的大国形象。

3. 中国与撒哈拉以南非洲地区国家关系

2012年中非关系快速、健康发展，各领域合作不断深化。中非合作论坛第五届部长级会议成功召开，取得积极成果。

中非高层交往密切，政治互信不断深化。1月，全国政协主席贾庆林出席第18届非盟首脑会议开幕式并访问埃塞俄比亚。4月，国务院副总理回良玉访问纳米比亚、津巴布韦，9月，回良玉副总理作为中国政府代表赴埃塞俄比亚出席埃塞总理梅莱斯·泽纳维葬礼并访问刚果（布）和坦桑尼亚。1月，中共中央政治局委员、中央书记处书记、中共中央组织部部长李源潮出席南非非洲人国民大会党成立百年庆典，并对卢旺达、乌干达进行访问。5月，中共中央政治局委员、全国政协副主席王刚访问纳米比亚。3月，中共中央政治局委员、北京市委书记刘淇访问安哥拉、肯尼亚并过境津巴布韦。此外，全国人大常委会副委员长韩启德、华建敏、桑国卫，全国政协副主席何厚铧，以及外交部长杨洁篪、商务部长陈德铭、中共中央对外联络部部长王家瑞等分别访问撒哈拉以南非洲地区国家。7月，非盟轮值主席、贝宁总统托马·博尼·亚伊，南非总统雅各布·祖马，赤道几内亚总统特奥多罗·奥比昂·恩圭马·姆巴索戈，吉布提总统伊斯梅尔·奥马尔·盖莱，尼日尔总统穆罕默杜·伊素福，科特迪瓦总统阿拉萨内·德拉马内·瓦塔拉，佛得角总理若泽·马里亚·佩雷拉·内韦斯，肯尼亚总理拉伊拉·阿莫洛·奥廷加来华出席中非合作论坛第五届部长级会议开幕式并访华。9月，中非总统弗朗索瓦·博齐泽·杨古翁达来华出席2012年中国（宁夏）国际投资贸易洽谈会。同月，卢旺达总统保罗·卡加梅来华出席夏季达沃斯论坛。此外，该地区还有5位副总统、2位总理、4位议长访华或来华出席国际会议。

中国与非洲地区组织关系不断加强。1月，全国政协主席贾庆林出席非盟第18届首脑会议开幕式期间，代表中方向非盟移交了中方援建的非盟会议中心。7月，非盟委员会首次作为正式成员出席中非合作论坛第五届部长级会议。10月，杨洁篪外长与非盟委员会新任主席德拉米尼·祖马通话，中国政府非洲事务特别代表钟建华大使访问非盟总部并会见祖马。同月，非盟委员会副主席里亚斯塔斯·姆温查来华进行工作访问。年内，中方与西非国家经济共同体签署中国与西共体经济、贸易、投资和技术合作框架协议。

中非务实合作不断深化。中非贸易继续保持快速增长势头，2012年，中非贸易额为1984.9亿美元，同比增长19.3%。中方对非直接投资达29亿美元，同比增长71.4%。中非合作论坛第四届部长会议各项后续行动得到全面落实，对非援助、优惠贷款、免债、免关税、人员培训等大多数举措提前超额完成。中方以中非合作论坛第五届部长会议为契机，举办了一系列配套和分论坛活动，涉及文化、人文、科技、金融、法律等多个领域，全面拓宽了中非合作领域，提升了中非新型战略伙伴关系水平。

7月19～20日，中非合作论坛第五届部长级会议在北京隆重举行。

中非继续在重大国际和地区问题上加强协调配合。中方积极支持非洲国家自主解决本地区问题的努力，加大对非洲热点问题调解斡旋力度。在应对气候变化、世界贸易组织多哈回合谈判、全球治理改革、可持续发展等议题上，中方积极呼吁国际社会充分照顾非洲利益和关切。在萨赫勒地区粮荒问题上，中方积极向有关受灾国提供粮食援助，受到国际社会和非洲国家的赞誉。

4. 中国与欧亚地区国家关系

2012年，中国与欧亚地区国家关系继续保持积极发展势头。

中国与欧亚地区国家高层交往密切，政治和战略互信持续加深。中俄元首六次互访和见面。6月5～7日，俄罗斯总统普京访华及中俄元首北京会晤，标志着中俄全面战略协作伙伴关系在俄完成国内重大政治日程后实现持续发展，进入“互为重要发展机遇，互为主要优先合作伙伴”的新阶段。双方签署并发表《关于进一步深化平等信任的中俄全面战略协作伙伴关系的联合声明》。6月6～7日，上海合作组织第二个十年的首次峰会——上海合作组织成员国元首理事会第12次会议在北京成功举行。成员国元首共同发表《关于构建持久和平、共同繁荣地区的宣言》，将建设持久和平、共同繁荣地区的外交理念确定为本地区长远目标。峰会还批准了《上海合作组织中期发展战略规划》，通过了《上海合作组织关于应对威胁本地区和平、安全与稳定事态的政治、外交措施及机制条例》，并吸收阿富汗和土耳其成为该组织观察员和对话伙伴。普京总统及中亚五国元首首次在上海合作组织峰会期间同时访华（其中土库曼斯坦总统作为主席国客人来华出席峰会）。中乌（兹别克斯坦）建立战略伙伴关系。

9月7日，国家主席胡锦涛出席在俄罗斯符拉迪沃斯托克举行的亚太经合组织第20次领导人非正式会议。12月4～6日，国务院总理温家宝出席在比什凯克举行的上海合作组织成员国总理第11次会议和在莫斯科举行的中俄总理第17次定期会晤，并对俄罗斯、吉尔吉斯斯坦进行正式访问。上海合作组织总理理事会会议全面总结了上海合作组织各领域合作的进展情况，围绕落实上海合作组织北京峰会共识，对上海合作组织下一阶段各领域务实合作发展作出规划，并发表《上海合作组织成员国政府首脑（总理）理事会会议联合公报》。温家宝总理访俄期间，双方签署并发表中俄总理第17次定期会晤联合公报等14份政府间合作文件，批准未来十年中俄人文合作行动计划，表示将共同办好明年俄罗斯"中国旅游年"。

中国与欧亚地区国家务实合作全面推进，合作领域日益扩大，合作模式更加丰富。2012年，中国与欧亚地区国家双边贸易额达到1484亿美元。中俄（罗斯）、中哈（萨克斯坦）原油管道稳定运营，中国—中亚天然气管道供气平稳，管道续扩建项目顺利实施。中国与中亚国家双边合作机制不断完善，非资源领域、互联互通等合作持续深入。中哈（萨克斯坦）霍尔果斯国际边境合作中心正式运营，中乌（兹别克斯坦）共建工业园，中塔（吉克斯坦）公路、中吉（尔吉斯斯坦）乌（兹别克斯坦）公路等重大合作项目顺利推进。中国还宣布向上海合作组织成员国再提供100亿美元贷款，为促进地区多边经贸合作创造了更有利条件。

围绕中国与欧亚地区11国建交20周年，中国与相关国家分别举行了系列庆祝活动。

5. 中国与欧洲地区国家关系

2012年，中国与欧洲地区国家关系继续保持良好发展态势，各领域务实合作持续稳步推进。

高层交往频繁，政治互信加强。中国分别与斯洛文尼亚、克罗地亚庆祝建交20周年，与英国、德国、荷兰、卢森堡、马耳他、希腊庆祝建交40周年，双方领导人互致贺电。国家主席胡锦涛，全国人大常委会委员长吴邦国，国务院总理温家宝，全国政协主席贾庆林，中共中央政治局常委李长春，国家副主席习近平，国务院副总理李克强、回良玉等20余位党和国家领导人分别访问英国、德国、意大利、西班牙、丹麦、瑞典、冰岛、荷兰、比利时、卢森堡、爱尔兰、波兰、匈牙利、克罗地亚、黑山、马其顿等20多个欧洲国家及欧盟总部。

首次中国—中东欧国家领导人会晤在波兰华沙举行，中方宣布促进与中东欧国家友好合作的12项举措。温家宝总理在出席领导人会晤期间，分别会见中东欧16国领导人。

欧洲理事会主席、欧盟委员会主席、丹麦首相、德国总理、意大利总理、爱尔兰总理、丹麦王储、卢森堡大公储等欧洲领导人相继访华。在二十国集团洛斯卡沃斯峰会、首尔核安全峰会、第九届亚欧首脑会议等多边场合，胡锦涛主席、温家宝总理分别同法国总统、保加利亚总统、捷克总统、西班牙首相、丹麦首相、德国总理、意大利总理、波兰总理举行会见或寒暄。

此外，胡锦涛主席、温家宝总理分别向欧洲理事会主席连任致贺电，并同西班牙国王、德国总理通话，就双边关系、欧债形势等问题交换意见。

各级别政治对话与磋商成果丰硕。中国同欧盟年内分别举行第14、15次中欧领导人会晤。第二轮中德政府磋商、第三轮中欧高级别战略对话、第三轮中德外长级战略对话成功举行。外交部长杨洁篪多次在多边场合与欧洲多国外长举行会晤。法国、丹麦、波兰、比利时、荷兰、瑞典、葡萄牙、罗马尼亚、塞尔维亚、阿尔巴尼亚等国外长相继访华。外交部与欧盟、法国、德国、意大利、丹麦、芬兰、瑞典、瑞士、波兰、匈牙利、马耳他、斯洛文尼亚、克罗地亚、冰岛、塞浦路斯等举行各级别对口磋商，除双边关系外，议题涵盖非洲事务、拉美事务、领事、人权等领域。

议会、政党和智库交往频繁。全国人大常委会副委员长陈至立、严隽琪、路甬祥、陈宗兴、乌云其木格及全国政协副主席王刚、阿不来提·阿不都热西提、林文漪、黄孟复、王志珍、白立忱、张榕明、陈奎元、张梅颖分别访问意大利、西班牙、丹麦、瑞典、芬兰、爱尔兰、塞尔维亚、阿尔巴尼亚、马耳他、匈牙利、立陶宛、拉脱维亚、罗马尼亚、保加利亚、波兰、塞浦路斯、希腊、荷兰等近20个欧洲国家。马耳他议长、保加利亚国民议会副议长、匈牙利国会副主席、立陶宛副议长、法国执政党总书记等分别访华。全国人大和法国参议院、法国国民议会、欧洲议会定期交流机制进展顺利。吴邦国委员长致信祝贺欧洲议会议长连任，并分别向法国国民议会、荷兰议会二院新任议长致贺电。

2012年适逢中国共产党十八大召开，欧洲国家领导人和党派领导人来函祝贺十八大成功召开和习近平当选中共中央总书记。中共中央对外联络部部长王家瑞率团访问欧盟总部并同欧方成功举行中欧政党高层论坛第三次会议。

中国经济社会理事会与欧盟经济社会委员会举行第11次圆桌会议。第二届布鲁塞尔“中欧论坛”、第11届“斯德哥尔摩中国论坛”相继举办。

经贸关系持续深入发展。受欧债危机影响，2012年中国同欧盟27国贸易额为5460.4亿美元，同比下降3.7%，但欧盟继续保持中国第一大贸易伙伴和技术引进来源方地位。中国仍是欧盟第二大贸易伙伴和出口市场。第二届中国—中东欧国家经济贸易论坛在波兰举行。中国与欧盟、德国、法国、意大利、爱尔兰、丹麦、爱沙尼亚、波兰、罗马尼亚、拉脱维亚、奥地利、希腊、波黑、黑山等国际组织和国家举行不同级别的经贸混委会、联委会、研讨会、论坛等。中国同瑞士、冰岛的自贸协议谈判取得重要进展。

金融与投资合作不断扩大。2012年，欧盟在华直接投资项目1698个，实际投入61.1亿美元，中国对欧非金融类投资34.1亿美元。中国分别与欧盟、法国、瑞典、荷兰等举行财金对话、经济研讨会、中小企业创新论坛和企业商务峰会。中国分别同波兰、丹麦、罗马尼亚等国就加强基础设施领域合作、促进中小企业交流及避免双重征税和防止偷税漏税签署协定或谅解备忘录。国家开发银行设立10亿欧元中瑞（典）创新合作专项贷款。中国银行、中国工商银行在华沙、巴塞罗那先后设立分行。中国企业积极“走出去”参与对欧投资，上海光明食品集团收购英国维他麦公司股份，成为中国食品行业最大宗的海外并购；中国投资有限责任公司收购伦敦希斯罗机场控股公司股份、三一重工收购德国混凝土行业巨头普茨迈斯特、国家电网公司中标葡萄牙电网公司部分股份等。华为公司在芬兰投资设立研发中心。

人文交流方兴未艾。中国分别与欧盟、英国启动中欧高级别人文交流对话机制和中英高级别人文交流机制并举行首次会议。中欧文化对话年、中法语言年、德国中国文化年、葡萄牙中国文化月、波兰西藏文化周等活动广受欢迎。第三届中欧文化高峰论坛暨“中欧文化对话年”闭幕式在北京举行，双方发表有关中欧文化合作声明。伦敦书展中国主宾国、德国石荷州音乐节中国主宾国活动成功举行，中国首次作为主宾国参加巴塞罗那国际动漫节，为中国原创漫画走向世界开辟空间。“欢乐春节”系列活动首次走进安道尔，并继续在德国、法国、丹麦、芬兰、瑞典、意大利、荷兰、罗马尼亚、保加利亚等国成功举办。中国在西班牙马德里设立文化中心并投入试运营。新华社常驻波黑记者站正式启动，中国国际广播电台节目在葡萄牙落地。波兰航空公司重启华沙至北京直航航线。芬兰航空公司开通赫尔辛基至重庆的直航航线，成为芬航在华的第四条直航航线。中国作家协会副主席莫言获得2012年诺贝尔文学奖。英国在中国各地举办“艺述英国”系列活动，德国在华举办为期一年的“启蒙的艺术”展览闭幕。

中国和比利时、罗马尼亚、瑞士、塞浦路斯签署教育交流与合作协议。2012年中国在比利时、瑞典、匈牙利、克罗地亚共新设八所孔子学院，全球第一所音乐孔子学院在丹麦揭幕。塞尔维亚中小学汉语教学试点工作全面铺开。保加利亚成立汉语和中国文化教育联盟。中国和波兰举行第二届大学校长论坛。德国作为主宾国参加2012中国国际教育展。

此外，中欧在科技、旅游、交通、军事、地方等领域务实合作深入发展，城镇化、能源成为中欧合作的新亮点。

科技。中国分别和德国、比利时、丹麦、芬兰、奥地利、罗马尼亚、黑山、波兰举行科技联委会会议。中欧空间科技合作对话首次会议、中欧创新合作研讨会、第二届中意创新合作高层论坛相继举行。中国和丹麦、芬兰、葡萄牙、罗马尼亚、荷兰就可再生能源、知识产权合作、创新合作等签署合作谅解备忘录。中芬纳米创新中心在苏州工业园成立。

城镇化。李克强副总理访问欧盟总部期间与欧方共同签署《中欧城镇化伙伴关系共同宣言》，宣布建立中欧城镇化伙伴关系，重点加强在城市规划、智能城市、城市文物保护等领域的合作。首届中欧市长论坛成功举行。中国和丹麦签署有关可持续城市化合作的谅解备忘录。

能源。中国和欧盟举行首届中欧高层能源会议，双方签署《中欧能源安全联合声明》，宣布建立中欧能源消费国战略伙伴关系。

旅游交通。中国国家旅游局与中国—中东欧国家合作秘书处共同举办中东欧国家旅游产品专场推介会。中国—瑞典交通安全研究中心在北京成立。

军事。国务委员兼国防部长梁光烈上将，中共中央政治局委员、中央军事委员会副主席徐才厚上将，中国人民解放军副总参谋长侯树森上将，第二炮兵政委张海洋上将，军事科学院院长刘成军上将，总装备部副部长刘胜中将分别访问波兰、拉脱维亚、立陶宛、葡萄牙、瑞典、匈牙利、保加利亚、芬兰等欧洲国家。德国、克罗地亚、波兰、拉脱维亚、立陶宛、斯洛伐克、瑞典、芬兰等欧洲国家军方领导人相继访华。中欧第四次防务部门政策对话、中法第11次国防部战略对话、中意第七次总参谋部工作对话等成功举行。中国海军“烟台”号护卫舰、“郑和”号训练舰访问保加利亚、罗马尼亚、法属波利尼西亚、西班牙、意大利。

地方。2012年，中国和欧洲国家地方交往频繁。第七届“中法市长圆桌会议”在法国波尔多市举行。年内共缔结17对友好城市（省州区）关系：黑龙江省与奥地利萨尔茨堡州、福建省与波兰奥波莱省、黑龙江省与保加利亚洛维奇大区、江苏省和西班牙巴斯克自治区、河南省与匈牙利索尔诺克州、江西省与匈牙利包尔绍德—奥包乌伊—曾普伦州分别建立友好省州（区）关系；北京市与哥本哈根市、重庆市南江区与保加利亚蒙塔纳市、四川省成都市与荷兰马斯特里赫特市、江苏省金坛市与荷兰克伊克市、河南省安阳市与罗马尼亚斯洛博齐亚市、江西省南昌市和西班牙阿尔巴赛特市、江苏省徐州市与匈牙利伊尔德市、山东省临沂市与匈牙利布达佩斯第15区及福建省漳州市与匈牙利格德勒市结为友好城市；云南省迪庆藏族自治州香格里拉县同瑞士格劳宾登州阿罗萨市、浙江省杭州市与瑞士提契诺州卢加诺市分别签署缔结友好省区市协议。

6. 中国与北美大洋洲地区国家关系

2012年，中华人民共和国与美利坚合众国关系总体保持稳定发展势头。

两国高层和各级别交往密切。3月和6月，国家主席胡锦涛分别在出席首尔核安全峰会、二十国集团洛斯卡沃斯峰会期间与美国总统奥巴马会晤，就中美关系、两国经贸合作、二十国集团和共同关心的国际地区问题等深入交换意见，一致同意继续推进中美合作伙伴关系建设，探索构建新型大国关系。2月，国家副主席习近平对美国进行正式访问。11月，国务院总理温家宝在出席柬埔寨金边东亚峰会期间与美国总统奥巴马会晤。中共中央政治局常委、全国政协主席贾庆林，中共中央政治局常委李长春分别于12月和4月过境夏威夷。5月，第四轮中美战略与经济对话在北京举行，胡锦涛主席特别代表国务院副总理王岐山、国务委员戴秉国与奥巴马总统特别代表国务卿希拉里·克林顿、财政部长盖特纳共同主持对话。对话期间，中美在战略对话框架下举行第二次战略安全对话。12月，第23届中美商贸联委会会议在华盛顿召开，中共中央政治局常委、国务院副总理王岐山与美国代理商务部长布兰克、贸易代表柯克共同主持。5月，第三轮中美人文交流高层磋商在北京举行，中共中央政治局委员、国务委员刘延东与美国国务卿克林顿共同主持。3月和6月，国务委员戴秉国分别在韩国首尔和墨西哥洛斯卡沃斯与美国总统国家安全事务助理多尼隆举行小范围会晤。7月，外交部长杨洁篪在柬埔寨首都金边出席东盟地区论坛系列外长会期间会见了美国国务卿克林顿。9月，外交部长杨洁篪赴美出席第67届联大一般性辩论期间会见美国国务卿克林顿。3月和10月，第三次和第四次中美亚太事务磋商先后在美国马里兰州和旧金山举行。8月，首轮中美中东事务磋商在北京举行。此外，国务委员兼国防部长梁光烈上将、中共中央对外联络部部长王家瑞、国务院台湾事务办公室主任王毅等访美。美国国务卿克林顿、国防部长帕内塔、总统国家安全事务助理多尼隆、美军太平洋总部司令洛克利尔上将、海军部长马布斯等访华。

两国经贸、科技、能源、环境、反恐、执法、防扩散、人文等领域交流合作继续推进，两军关系得到改善和发展。双方并就朝鲜半岛局势、伊朗核等地区热点问题以及全球经济治理、国际金融危机等全球性问题保持密切沟通和协调。

2012年，中华人民共和国与加拿大关系总体保持良好发展势头。双方高层及各级别交往频繁。加总理斯蒂芬·哈珀正式访华，国家主席胡锦涛在俄罗斯亚太经合组织领导人非正式会议期间会见加总理哈珀，中共中央政治局常委李长春成功访加，外交部长杨洁篪在柬埔寨东盟地区论坛系列外长会期间会见加外交部长约翰·贝尔德。国务院副总理王岐山过境温哥华，中共中央政治局委员李源潮过境多伦多，全国政协副主席孙家正、卫生部长陈竺、商务部长陈德铭等分别访加。加外交部长贝尔德、交通部长德尼·勒贝尔、环境部长彼得·肯特等内阁部长分别访华。两国在经贸、投资、能源资源等领域合作迈出新步伐。双方签署中加投资保护协定、中加和平利用核能合作协定议定书，发布中加经济互补性联合研究报告。加政府宣布批准中海油以151亿美元收购尼克森能源公司。两国地方交流日趋活跃。加七省区省长首次联合访华。两国友好省市增至54对。加驻重庆领事馆升格为总领事馆。双方在联合国改革、二十国集团等重大国际地区问题上保持密切沟通。

2012年是中华人民共和国与澳大利亚、新西兰建交40周年，中澳、中新关系继续保持良好发展势头。双方高层交往频繁。国家主席胡锦涛在出席韩国首尔核安全峰会、二十国集团洛斯卡沃斯峰会期间同澳大利亚总理朱莉娅·吉拉德简短寒暄。国务院总理温家宝在柬埔寨金边出席第七届东亚峰会期间会见澳总理吉拉德和新西兰总理约翰·基。全国政协主席贾庆林，全国政协副主席、中国—大洋洲友好协会会长廖晖访问新西兰。中共中央政治局委员、国务委员刘延东，中共中央政治局委员、广东省委书记汪洋访问新西兰和澳大利亚。全国人大常委会副委员长周铁农，全国政协副主席、中共中央统战部部长杜青林，全国政协副主席厉无畏访问澳大利亚。澳大利亚副总理兼国库部长韦恩·斯旺、外交部长鲍勃·卡尔以及新西兰外交部长默里·麦卡利等多位部长访华。中澳、中新经贸合作不断扩大，双边贸易额继续稳步增长，中国保持澳大利亚第一大、新西兰第二大贸易伙伴地位，并跃升为新西兰第一大进口来源地。中国人民银行与澳大利亚储备银行签署规模为2000亿元人民币的本币互换协议。中新自由贸易协定总体实施顺利。中澳、中新建交40周年系列庆祝活动成功举行，双方科教、文化、旅游等人文领域的交流合作成果丰硕，民间交往十分活跃，两军交往密切，在应对气候变化、金融危机等国际和地区问题上保持良好沟通与协调。

2012年，中华人民共和国与太平洋岛国关系继续全面、深入发展。

双方高层交往密切。全国人大常委会委员长吴邦国访问斐济，副委员长周铁农访问巴布亚新几内亚，副委员长、红十字会会长华建敏访问斐济，全国政协副主席廖晖访问瓦努阿图，商务部长陈德铭和发展和改革委员会副主任解振华先后访问斐济和萨摩亚。外交部副部长崔天凯赴库克群岛出席第24届太平洋岛国论坛会后对话会并广泛会见中国建交岛国领导人，胡锦涛主席特使、民政部副部长姜力赴汤加出席图普五世国王葬礼，中国政府特使、民政部副部长罗平飞出席萨摩亚独立50周年庆典。中国—太平洋岛国论坛对话会特使李强民先后访问巴布亚新几内亚、汤加、瓦努阿图和斐济。密克罗尼西亚联邦总统，斐济总理、外长，巴布亚新几内亚总理，萨摩亚议长、副总理，瓦努阿图副总理，汤加议长、公主等政要来华访问或出席活动。

双方贸易与投资不断扩大，人文交流等领域合作成果显著。中国分别与瓦努阿图和萨摩亚签署协议，给予两国95%出口产品零关税待遇。中国在太平洋岛国地区重点投资项目巴新拉姆镍钴矿和斐济北岛铝矿等正式投产。中国援建的汤加首都商业中心区重建、全国公路升级改造、瓦伊普阿大桥、密克罗尼西亚联邦客货两用船维修等项目竣工移交，斐济纳务瓦医院、巴布亚新几内亚尤—亚公路、萨摩亚国家医疗中心、瓦努阿图国际会议中心等项目稳步推进。中国为太平洋岛国举办高级政治家研修班和高级外交官培训班并安排岛国学生来华留学，南太平洋大学孔子学院正式揭牌，广东省医疗代表团、上海市京剧院艺术团、重庆市歌舞团等团组赴多个岛国巡诊和访演，中国在岛国医疗队和农业、体育专家继续为岛国提供优质服务，中国政府和红十字会分别向斐济、萨摩亚等国提供救灾援助，进一步增进了双方民间了解和友谊。

双方在国际和地区事务中保持良好沟通与协调。外交部副部长崔天凯和中国—太平洋岛国论坛对话会特使李强民分别在出席第24届太平洋岛国论坛会后对话会和访问斐济期间会见太平洋岛国论坛秘书长图伊洛马·斯莱德。李强民特使访问瓦努阿图期间会见美拉尼西亚先锋集团秘书长彼得·福劳。国家旅游局副局长王志发率团出席在马绍尔群岛举行的第22届南太旅游组织部长理事会会议。中国—太平洋岛国论坛对话会特使李强民和外交部气候变化特别代表李燕端分别会见来京出席国际会议的太平洋区域环境规划署主任谢泼德。

7. 中国与拉丁美洲和加勒比地区国家关系

2012年，中国与拉丁美洲和加勒比地区国家关系保持良好发展势头，并取得新的重要进展。

中国同拉美和加勒比国家政治互信不断深化，多边协作日益扩大。国家主席胡锦涛同巴西、墨西哥等国元首在金砖国家和二十国集团峰会等场合会面，国务院总理温家宝赴巴西出席联合国可持续发展大会并对巴西、乌拉圭、阿根廷、智利四国进行正式访问。全国政协主席贾庆林、中共中央政治局常委李长春、国务院副总理王岐山、中共中央政治局委员张高丽、李源潮、王兆国等党和国家领导人访问拉美和加勒比国家。哥伦比亚总统胡安·曼努埃尔·桑托斯·卡尔德龙、古巴国务委员会主席兼部长会议主席劳尔·卡斯特罗·鲁斯、哥斯达黎加总统劳拉·钦奇利亚·米兰达等先后访华。中国同巴西、智利双边关系分别提升为全面战略伙伴关系和战略伙伴关系。中国同拉美和加勒比国家在涉及彼此核心利益和重大关切问题上继续相互理解和支持，并利用联合国、二十国集团、亚太经合组织、金砖国家等国际组织和多边机制，就全球经济治理、可持续发展、气候变化等全球性问题和伊朗核、叙利亚等热点问题保持沟通协调，维护发展中国家共同利益。

中国同拉美和加勒比地区组织整体合作取得积极进展。国务院总理温家宝在位于智利首都圣地亚哥的联合国拉丁美洲和加勒比经济委员会总部发表题为《永远做相互信赖的好朋友》演讲，就深化中国同拉美和加勒比国家关系、推进中国同拉美和加勒比国家整体合作提出系列重大举措，受到拉美和加勒比国家欢迎。温家宝总理还与南方共同市场成员国领导人举行视频会议，并就加强双方经贸合作发表联合声明。2012年8月，拉美和加勒比国家共同体“三驾马车”外长访华。9月，外交部长杨洁篪同拉共体“三驾马车”外长在联合国大会期间举行首次对话，双方同意把推动建立以中拉合作论坛为核心的中国同拉美和加勒比国家整体合作机制作为共同努力方向。

中国同拉美和加勒比国家深挖合作潜力，利益融合日益深化。在全球经贸环境严峻复杂背景下，2012年中国同拉美和加勒比国家贸易额达2612.43亿美元，同比增长8.18%。中国同拉美和加勒比国家投资合作日趋多元，相互投资规模和领域不断扩大。中国同巴西签署两国政府十年合作规划，同阿根廷启动共同行动计划制定工作。中国同拉美和加勒比国家在金融、能源、农业、基础设施、科技等领域形成一批新的重大合作项目。中巴（西）宣布建立1900亿元人民币/600亿雷亚尔的双边本币互换安排。

中国同智利签署两国自由贸易协定关于投资的补充协定，中智自由贸易区全面建成。中国同哥伦比亚启动两国自由贸易协定联合可行性研究。中国成功为委内瑞拉发射一颗遥感卫星。

中国同拉美和加勒比国家人文交往不断扩大，合作内涵更加丰富。拉美和加勒比国家政府领导人、主要政党和各界重要人士热烈祝贺中国共产党第十八次全国代表大会召开，高度评价中国共产党执政能力和中国发展成就，看好中国发展前景，愿意学习借鉴中国发展经验。中国政府宣布支持在拉美设立中国文化中心，未来五年向拉美国家提供5000个政府奖学金留学生名额，并倡议举办中拉青年政治家论坛。中国同墨西哥、阿根廷、牙买加、圭亚那、巴巴多斯、哥斯达黎加等国举办了建交周年系列庆祝活动。中国同拉美和加勒比国家立法机构、政党、地方、媒体、智库、民间组织交流增多，就治国理政和专业领域加强交流。“汉语桥”比赛、“文化中国、四海同春”、“欢乐春节”等中国传统文化品牌活动继续走入拉美。中国人民解放军军乐团赴加勒比国家演出，多家音乐和舞蹈学院等艺术团体访问拉美。巴西、委内瑞拉、哥伦比亚、圭亚那、厄瓜多尔、乌拉圭等国在华举办绘画、摄影等艺术展览及电影展，古巴、委内瑞拉、阿根廷、智利等国文艺团体来华演出。

（三）专题评述

1. 胡锦涛主席出席首尔核安全峰会

2012年3月26～27日，国家主席胡锦涛出席在韩国首尔举行的第二届核安全峰会。作为2010年首届核安全峰会的后续会议，首尔峰会是在国际形势发生深刻复杂变化、核安全威胁依然严峻背景下召开的。会议以加强核材料和核设施安全为主题，回顾了2010年华盛顿峰会以来取得的进展，重点讨论加强核安全领域国家措施和国际合作。53个国家和4个国际组织领导人与会。

胡锦涛主席发表了题为《深化合作　提高核安全水平》的重要讲话。胡锦涛主席指出，中国高度重视国家核安全能力建设，严格履行国际义务，广泛开展核安全国际合作，采取有效措施确保大型公众活动核安全，积极对外提供核安全及核能安全援助。针对新形势下如何增进核安全，胡锦涛主席提出了四点重要主张：一是坚持科学理性的核安全理念，增强核能发展信心。二是强化核安全能力建设，承担核安全国家责任。三是深化国际交流合作，提升全球核安全水平。四是标本兼顾、综合治理，消除核扩散及核恐怖主义根源。按照会议要求，中方还提交了《中国在核安全领域的进展报告》，介绍了中国落实华盛顿核安全峰会成果的积极努力和取得的重要进展。

峰会通过了《首尔公报》，重申了各国加强核安全的政治承诺，并就完善国际核安全体系、加强核材料管理、打击核材料非法贩运、强化国际合作与援助提出了具体措施建议，为各国继续开展核安全工作提供了重要指导。

2. 胡锦涛主席出席金砖国家领导人第四次会晤

2012年3月28～29日，金砖国家领导人第四次会晤在印度新德里举行。印度总理辛格主持会晤，中国国家主席胡锦涛、俄罗斯总统梅德韦杰夫、巴西总统罗塞芙、南非总统祖马出席。

此会是在国际形势发生深刻复杂变化、世界经济复苏面临诸多不确定因素、新兴市场国家在国际事务中的地位和作用不断上升以及彼此合作要求增加的背景下举行的。会上，五国领导人围绕“金砖国家致力于全球稳定、安全与繁荣的伙伴关系”的主题，就全球治理、可持续发展等议题深入交换看法，达成广泛共识，发表了《德里宣言》及行动计划。南非总统祖马在会上宣布，南非将于2013年主办下一届金砖国家领导人会晤。

胡锦涛主席在大范围和小范围会谈中分别发言，指出当前世界处于大发展、大变革、大调整时期，一批发展中国家抓住机遇加快发展，不断壮大。发展中国家的发展是和平的发展，合作的发展，和谐的发展。发展中国家的发展将进一步提高人类社会生产力水平，有利于世界经济更加平衡，国际关系更加合理，世界和平更加持久。国际社会应该立足当前，着眼长远，努力为发展中国家营造良好的外部发展环境。金砖国家是新兴市场国家和发展中国家大家庭的重要组成部分，是维护世界和平、促进共同发展的积极因素。金砖国家合作之所以取得快速发展，得益于始终坚持开放、团结、互助的合作原则，得益于始终坚持相互尊重，相互理解，相互支持。金砖国家坚持在国际经济金融发展领域对话合作，不断扩大利益共同点；坚持开展全面务实合作，使各国人民得到实实在在的好处；坚持维护新兴市场国家和发展中国家的共同利益，推动全球经济治理更加民主和包容。

胡锦涛主席还就进一步加强金砖国家合作提出四点建议：一是坚持共

同发展，促进共同繁荣；二是坚持平等协商，深化政治互信；三是坚持务实合作，夯实合作基础；四是坚持国际合作，促进世界共同发展。

胡锦涛主席还在会晤期间和俄罗斯总统梅德韦杰夫、印度总理辛格、巴西总统罗塞芙举行了双边会见，同印度总统帕蒂尔和南非总统祖马寒暄，就共同关心的国际问题交换了意见。

印度于会前举办了金砖国家经贸部长会议、工商论坛和金融论坛三场配套活动，在领导人会晤期间发布了《金砖国家联合经济研究报告》和《金砖国家联合统计手册》。

3. 胡锦涛主席出席二十国集团领导人第七次峰会

2012年6月18～19日，国家主席胡锦涛出席在墨西哥洛斯卡沃斯举行的二十国集团领导人第七次峰会。会议期间，胡锦涛主席和各国领导人讨论了世界经济形势、欧债问题、国际货币金融体系改革、发展、贸易、就业、绿色增长和反腐败等议题。

胡锦涛主席在峰会上发表了《稳中求进　共促发展》的重要讲话，阐述了中国对应对当前国际经济金融风险和挑战、完善全球经济治理、推动世界发展繁荣的立场和主张。胡锦涛主席指出，世界经济保持复苏态势，同时不稳定、不确定因素依然突出，导致国际金融危机的深层次矛盾尚未消除，新的风险又在形成和积聚。二十国集团既要巩固应对国际金融危机的成果，保持经济社会稳定和发展，又要稳中求进，探索新思路，采取新举措，解决新问题，推动世界经济强劲、可持续、平衡增长。为此，胡锦涛主席在讲话中提出五个坚定不移，即坚定不移推动世界经济复苏，坚定不移深化国际金融体系改革，坚定不移促进国际贸易健康发展，坚定不移推进发展事业，坚定不移倡导可持续发展。

胡锦涛主席介绍了中国经济在过去一年中取得的成绩和面临的挑战，强调中国坚持科学发展，加快转变经济发展方式，保持经济平稳较快发展和物价总水平基本稳定，保持社会和谐稳定。胡锦涛主席还就世界经济形势、发展问题作了专题发言，呼吁二十国集团继续本着同舟共济、合作共赢的精神，加强宏观经济政策协调，巩固和增强来之不易的复苏势头。胡锦涛主席强调，世界经济最根本的失衡是南北发展不平衡，二十国集团应推动国际社会加大对发展中国家的支持和帮助。胡锦涛主席还介绍了中国在南南合作框架内，在粮食安全、基础设施等方面对发展中国家提供的帮助和支持。

峰会还讨论了国际货币基金组织增资问题，认为国际货币基金组织需拥有充足资源以帮助陷入困境的国家应对经济风险和挑战。胡锦涛主席在峰会上宣布，中国支持并决定参与国际货币基金组织增资，数额为430亿美元。其他金砖国家领导人也在会上宣布参与增资。

峰会期间，胡锦涛主席还出席了金砖国家领导人会晤，分别会见了美国总统奥巴马、墨西哥总统卡尔德龙、法国总统奥朗德、德国总理默克尔及埃塞俄比亚总理梅莱斯。

4. 胡锦涛主席出席亚太经合组织第20次领导人非正式会议

2012年9月8～9日，国家主席胡锦涛出席了在俄罗斯符拉迪沃斯托克举行的亚太经济合作组织（APEC）第20次领导人非正式会议。会议是在世界经济缓慢复苏，不稳定、不确定性依然存在，下行压力增大的背景下举行的，是中国采取的又一次重大多边外交行动，得到国内外的广泛关注。会议期间，胡锦涛主席在APEC领导人非正式会议上发表重要讲话，在工商领导人峰会上发表主旨演讲，同APEC工商咨询理事会代表对话。

在有关讲话中，胡锦涛主席阐述了中国对当前世界经济形势特别是亚太经济发展前景的看法，增进了国际社会对中国的理解和支持，有力引导了亚太区域合作方向。具体成果包括：

提升世界和亚太地区经济发展的信心。当前经济形势下，各方高度关注世界及亚太经济发展，也很关注中国的立场和主张。胡锦涛主席在会上强调保增长、促稳定、谋发展仍然是亚太地区各成员共同的首要任务，呼吁各方继续发扬共克时艰、合作共赢的精神，统筹各自发展和区域合作，兼顾当前需要和长远发展，努力推动亚太地区实现强劲、可持续、平衡增长。胡锦涛主席强调，要通过深化改革为增长添加动力，推动建立公平、公正、包容、有序的国际经济格局，也要加快转变经济发展方式；通过开放合作，为增长提供保障，共同营造自由、开放、公平的国际贸易环境，也要循序渐进推进亚太区域经济一体化进程；通过共谋发展，为增长厚植基础，建立更加平等、更为均衡的新型全球发展伙伴关系，也要让经济全球化和经济发展成果惠及所有人群。胡锦涛主席讲话深刻阐述了推动世界和亚太地区经济发展的必然要求、动力源泉和长远目标，为会议讨论世界和亚太地区经济形势确定了基调，提升了信心，获得各方广泛赞同。

宣布中国将主办2014年APEC领导人会议。当前，亚太地区地位和作用不断上升，各方对本地区的重视和投入也在增加。在世界贸易组织多边贸易体制陷入僵局的情况下，区域经贸合作受到更多关注。APEC作为本地区重要的经贸合作机制，面临重要的发展机遇。为进一步推动APEC发展，深化亚太区域合作，胡锦涛主席宣布中国将主办2014年APEC领导人非正式会议及相关会议，表示中国愿以此为契机，深化同APEC各成员合作，为促进世界和亚太地区发展繁荣、提高人民福祉作出新的更大贡献。中国上一次主办APEC领导人会议是在2001年，时隔13年后中国再次主办APEC领导人会议，是中国在深化亚太区域合作领域的重大举措，也体现了中国为区域和国际合作中作出更多贡献、发挥更大建设性作用的积极意愿，得到各方的热烈欢迎和积极支持。

积极稳妥推进APEC环境产品自由化进程。APEC环境产品自由化对实现本地区绿色增长、推动区域贸易自由化有重要积极意义。2011年檀香山领导人会议就环境产品自由化问题达成重要共识。各方高度关注此次会议能否制定一个对实现绿色增长和可持续发展目标有直接积极贡献的APEC环境产品清单。这一问题涉及各成员重要利益，也关系到中国环保产业发展乃至经济增长和就业，各方分歧较大。胡锦涛主席在发言中强调，要充分考虑各成员不同的发展水平和具体情况，积极稳妥推进环境产品自由化进程。加强环境技术传播和能力建设，帮助发展中成员提高发展环境产业和实现可持续发展能力。中方对环境产品自由化的立场主张受到各方重视，胡锦涛主席有关发言得到与会成员积极支持和响应。中方代表团同各方广泛沟通交流，积极参与有关磋商，推动会议在协商一致基础上制定了一个包含54个产品的APEC环境产品清单。中方在制定清单过程中发挥的重要、积极、建设性作用受到各方高度评价。

推进APEC务实合作进程。近年来，亚太区域经济融合不断取得新进展，各成员创新增长不断取得新突破。各成员对2012年合作主题和重点议题共识较多。在2012年东道主俄罗斯主持下，APEC各领域合作取得积极进展。为深入推进APEC合作，胡锦涛主席提出了一系列重要建议。关于贸易投资自由化便利化和区域经济一体化，胡锦涛主席强调在继续推进茂物目标为核心的贸易和投资自由化便利化进程的同时，开展“下一代”贸易和投资问题的研究讨论；关于加强粮食安全合作，胡锦涛主席强调要扩大粮食产能，打造现代粮食物流体系，保障食品安全和质量，改善农业投资环境，保障弱势群体粮食供应；关于建立可靠的供应链，胡锦涛主席强调要加强区域互联互通和网络化建设，提高供应链智能化水平、通关便利化水平和供应链灾后恢复能力，鼓励工商界积极参与供应链建设；关于加强创新增长合作，胡锦涛主席强调要营造鼓励创新的环境，加强创新人才培养，促进科技成果向现实生产力转化，加强技术传播合作和技术转让，促进科技成果惠及不同国家和地区。胡锦涛主席有关建议契合APEC发展现状和各成员实际需求，各方给予高度评价，普遍赞同中国对推进2012年APEC重点领域的建议，并期待中国发挥更加积极和重要的作用。

对APEC今后发展方向施加影响。经过20多年发展，APEC已经成为推动全球经济治理机制发展完善、促进亚太区域合作蓬勃发展的重要力量。同时，APEC发展也面临一些新的形势和挑战。胡锦涛主席指出，APEC坚持尊重各成员差异，在不同层次、不同范围、通过多种途径推动区域经济一体化，逐步探索出不同国情特点、不同发展阶段、不同文化背景的成员深化经贸合作的有效途径，建立了比较完善的组织机构和自我修复的改革机制，为各成员深入参与亚太合作提供了有力的机制保障。这些是各成员集体智慧的结晶，是APEC为区域合作和全球治理所贡献的宝贵精神财富。胡锦涛主席强调，APEC应该继续坚持发展过程中形成的团结一致、矢志不渝的合作信念，灵活务实、协商一致的合作方式，尊重差异、互利共赢的合作原则，求同存异、开放包容的合作理念。胡锦涛主席呼吁尊重和用好各经济体的丰富多样性和高度互补性，不断挖掘发展空间和潜力，为推动亚太地区加强互惠合作、实现互利共赢而不懈努力。胡锦涛主席的发言得到各方的普遍认同，将对APEC未来发展产生重要影响。

与会期间，胡锦涛主席还会见了俄罗斯总统普京、印度尼西亚总统苏希洛、加拿大总理哈珀、越南国家主席张晋创、文莱苏丹哈桑纳尔，与各方就双边关系和共同关心的问题交换了看法，加强了中国同有关国家的双边关系。

5. 中方担任上海合作组织轮值主席国并举办上海合作组织成员国元首理事会第12次会议

2012年6月6～7日，国家主席胡锦涛在北京主持召开上海合作组织成员国元首理事会第12次会议。上海合作组织成员国、观察员国、主席国客人阿富汗、土库曼斯坦十位外国元首（印度为外长）以及联合国、独联体、欧亚经济共同体、集体安全条约组织负责人来华出席。

会议期间，成员国回顾总结了该组织十年来取得的成就和发展经验，对上海合作组织未来十年发展方向作出战略规划，就深化成员国友好合作措施、重大国际地区形势等问题深入交换意见，达成广泛共识。成员国元首共同发表《关于构建持久和平、共同繁荣地区的宣言》，批准了指导组织长远发展、加强区域合作的纲领性文件《上海合作组织中期发展战略规划》，通过了新修订的《上海合作组织关于应对威胁本地区和平、安全与稳定事态的政治、外交措施及机制条例》。峰会吸收阿富汗和土耳其成为该组织观察员和对话伙伴。峰会期间，还举行了工商论坛、“睦邻友好夜”文艺晚会、“和睦”大型国际美术作品展等配套活动。国际舆论对北京峰会高度关注，认为这次国际盛会的成功对上海合作组织具有承前启后的里程碑意义，是中国外交的重大成就。

胡锦涛主席在峰会上发表题为《维护持久和平　促进共同繁荣》的重要讲话，全面总结上海合作组织前十年成功经验，强调要高举和平和谐、反恐维稳、合作发展、开放合作的旗帜，将上海合作组织建设成为和谐和睦的家园、安全稳定的有力保障、经济发展的推动力量、开展国际交往和扩大国际影响力的有效平台。为进一步促进上海合作组织框架内的务实合作，胡锦涛主席宣布中方未来三年将为成员国培训1500名专家，未来十年提供3万个政府奖学金名额，中方将再向成员国提供100亿美元贷款，用于实施上海合作组织经济项目。

胡锦涛主席同来访的俄罗斯、哈萨克斯坦、吉尔吉斯斯坦、乌兹别克斯坦、塔吉克斯坦、伊朗、巴基斯坦、阿富汗总统分别举行会谈并发表联合声明，同土库曼斯坦、蒙古总统举行会见。

胡锦涛主席主持召开上海合作组织成员国元首理事会第12次会议适逢上海合作组织发展进入第二个十年的开局之年，是中国作为上海合作组织轮值主席国、着眼于推动上海合作组织未来发展、促进地区和谐发展的重要多边外交活动，展示了中方致力于促进本地区国家共同发展的积极意愿，彰显了中方坚持走和平发展道路的决心和信心。

6. 温家宝总理出席第五次中日韩领导人会议

2012年5月13日，第五次中日韩领导人会议在人民大会堂举行。会议由国务院总理温家宝主持，韩国总统李明博、日本首相野田佳彦出席会议。三国领导人回顾了中日韩合作的进展，进一步明确了未来合作的目标和重点，并就共同关心的国际和地区问题深入交换看法。

温家宝总理在会议中表示，中日韩在应对国际金融危机中同舟共济，务实合作取得显著成效。面对日本“3·11”特大地震和海啸灾难，三国守望相助，共渡难关。加强合作增强了三国战胜困难、共同发展的力量，符合三国和三国人民的根本利益。当前，国际金融危机尚未结束，东北亚和东亚地区面临诸多不稳定、不确定因素，中日韩要加强战略沟通协调，不断增进三国之间的政治互信和战略互信，尊重和照顾彼此重大关切，营造积极友善的社会氛围，妥善处理影响合作的不利因素，维护共同利益，开创中日韩合作新局面。温家宝总理并提出加快推进中日韩自由贸易区建设、深化产业和金融合作、加强可持续发展领域合作、拓展社会人文交流等重要合作倡议。

三国领导人同意年内正式启动中日韩自由贸易区谈判，并见证签署中日韩投资协定。会议发表了《关于提升全方位合作伙伴关系的联合宣言》、《关于加强农业合作的联合声明》和《关于森林可持续经营、荒漠化防治和野生动物保护合作的联合声明》三个文件。

三国领导人共同出席了“亚洲校园”高等院校学生交流项目启动仪式，以及由中国国际贸易促进委员会、韩国全国经济人联合会和日本经济团体联合会共同举办的第四届中日韩工商峰会并分别发表主旨讲话。

会议期间，国家主席胡锦涛会见日、韩领导人，就发展双边关系、推进三国合作及国际和地区热点问题交换了看法。温家宝总理并与日、韩领导人分别举行会谈，就双边关系、国际和地区问题等深入交换意见。

7. 温家宝总理出席联合国可持续发展大会

2012年6月20～22日，联合国可持续发展大会在巴西里约热内卢召开。国务院总理温家宝率中国政府代表团出席会议，并分别在全体会议和高级别圆桌会、“最不发达国家与里约+20”高级别边会发表讲话。会议期间，温家宝总理还主持召开了中国环境与发展国际合作委员会20周年主题边会，并同有关国家领导人和国际机构负责人举行了双边会见。

温家宝总理在大会开幕式后第一个发言，总结了20年来国际社会在可持续发展领域取得的进展和存在的差距，深刻分析了当前国际可持续发展形势和未来前景，提出国际社会应当坚持公平公正、开放包容的发展理念，积极探索发展绿色经济的有效模式，完善全球治理机制等三项主张。温家宝总理全面阐述了中方对可持续发展的立场，指出中国是负责任、有担当的发展中大国，中国越发展，给世界带来的机遇和作出的贡献就越大。温家宝总理还宣布中国向联合国环境规划署信托基金捐款600万美元、安排2亿元人民币开展为期三年的应对气候变化国际合作以及加强生态领域援助和培训、建设地方最佳实践全球科技合作网络等具体措施，推动发展中国家的可持续发展。

在大会举行的“展望未来，落实成果”高级别圆桌会上，温家宝总理重点介绍了中国推进可持续发展的政策举措，提出了落实大会成果的看法与建议，表达了中国致力于推动科学发展和可持续发展的信心和决心。在“最不发达国家与里约+20”高级别边会上，温家宝总理强调国际社会应重视最不发达国家在可持续发展领域面临的困难、挑战和诉求，在资金援助、技术转让和能力建设方面向其提供帮助。温家宝总理与参加中国环境与发展国际合作委员会20周年主题边会的中外委员和专家学者进行了深入交流，强调中方愿与有关各方继续开展交流与合作，推进环境保护与可持续发展。

大会期间，温家宝总理还分别会见了印度总理辛格、刚果（布）总统萨苏、不丹首相廷里和联合国秘书长潘基文，就深化中国与有关国家双边关系及与联合国的合作交换了意见。

8. 温家宝总理访问拉美期间就深化中拉关系提出系列重大举措

2012年6月20～26日，国务院总理温家宝出席在巴西里约热内卢举行的联合国可持续发展大会并访问巴西、乌拉圭、阿根廷和智利四国。

访问期间，温家宝总理在位于智利首都圣地亚哥的联合国拉丁美洲和加勒比经济委员会总部发表题为《永远做相互信赖的好朋友》的演讲，就深化中国同拉美和加勒比国家关系、推进中国同拉美和加勒比国家整体合作提出系列重大举措，主要包括：倡议成立中拉合作论坛，同拉美和加勒比国家共同体“三驾马车”建立外长定期对话机制并于年内举行首次对话；力争未来五年中国同拉美和加勒比国家贸易额突破4000亿美元；设立首期50亿美元的中拉合作基金、100亿美元的中国同拉美和加勒比国家基础设施合作专项贷款、5000万美元的中国同拉美和加勒比国家农业合作发展专项资金；倡议成立中拉农业部长论坛，建立50万吨规模的中拉粮食应急储备机制，在拉美设立农业科技研发中心、农业加工示范园、农业投资开发区，未来五年互派农业专家和技术人员500人次，力争未来五年中国同拉美和加勒比国家农产品贸易额突破400亿美元；未来五年向拉美国家提供累计5000个奖学金留学生名额；倡议成立中拉科技创新论坛，举办中拉青年政治家论坛，建立中拉旅游工作促进机制等。

上述举措体现了中国政府对中国同拉美和加勒比国家关系的重视，旨在为中国同拉美和加勒比国家关系发展搭建更高、更大平台，受到拉美和加勒比国家欢迎。

9. 温家宝总理出席第九届亚欧首脑会议

2012年11月5～6日，国务院总理温家宝在老挝万象出席第九届亚欧首脑会议。本届首脑会议是在国际格局继续深刻调整，世界经济复苏放缓，全球性问题日益突出，亚欧国家加强合作意愿强烈的背景下召开的。共有51个成员的国家领导人或代表和有关地区组织负责人与会。

与会期间，温家宝总理出席了开幕式、扩员仪式和领导人会议，并作了题为《共同担负起促进世界经济稳定增长的重任》的主旨发言，温家宝总理介绍了中国为促进世界经济复苏与增长所做的积极努力，强调中国是负责任的大国，在应对国际金融危机中始终采取负责任的做法，成为世界经济增长的重要引擎。

温家宝总理还阐述了中国对亚欧合作的看法：第一，自由、开放、公正的国际贸易是世界经济增长的重要动力，要以更大的诚意和决心扩大市场开放，以更加鲜明的态度和行动共同抵制贸易投资保护主义，以更加理性的办法妥善处理贸易摩擦；第二，加强宏观经济政策协调仍是当前一项重要任务，要把推动世界经济强劲、可持续、平衡增长作为共同目标，促进经济增长和各国经济良性互动；第三，共同推动科技创新是战胜危机的根本手段，要加强科技创新政策对话，深化科学技术交流与合作，重点推动清洁能源、生态保护、空间、生物、信息通信、城市可持续发展等领域合作；第四，健全的全球经济治理体系是世界经济增长的制度保障，要深入推进国际金融体系改革，推动多哈回合谈判早日达成实质性成果，推动形成合理透明的大宗商品定价和调控机制。

温家宝总理就深化亚欧合作提出新的合作倡议：第一，举办亚欧会议未来发展方向研讨会，探讨新形势下亚欧会议的发展方向；第二，建立亚欧水资源科技创新合作网络，加强亚欧水资源管理领域的交流与合作，为亚欧国家经济社会发展服务；第三，开展亚欧林业示范项目，推动亚欧森林资源可持续经营合作，共同应对气候变化；第四，更好地发挥亚欧基金的作用。中方每年对亚欧基金捐款增至50万美元，希望各方能定期、积极向亚欧基金捐款。

温家宝总理还就能源安全、防灾减灾等全球性问题阐述了中方看法，提出树立互利合作、多元发展、协同保障的新能源安全观，以及发展清洁能源和可再生能源、各国维护能源市场正常秩序、节能增效和亚欧国家加强防灾减灾合作等倡议。

温家宝总理提出的进一步深化亚欧合作主张，充分展示了中国负责任大国形象，引导了亚欧合作的发展方向，增强了亚欧国家团结合作战胜危机的信心，向世界传递了亚欧携手推动世界经济发展、维护和平稳定的积极信号，推动了中国与有关国家友好合作关系向前发展。

本届亚欧首脑会议吸收孟加拉国、瑞士、挪威正式加入，并发表《第九届亚欧首脑会议主席声明》和《关于加强和平与发展伙伴关系的万象宣言》，进一步提升了亚欧会议的国际地位和影响，规划了亚欧会议未来发展。

10. 温家宝总理出席东亚领导人系列会议

2012年11月19～21日，国务院总理温家宝出席了在柬埔寨金边举行的第15次中国—东盟（10+1）领导人会议、东盟与中日韩（10+3）合作15周年纪念峰会和第七届东亚峰会。

在中国—东盟领导人会议上，温家宝总理提出双方关系发展的重要指导原则：坚持互尊互信、睦邻友好，加强在安全和战略领域对话与合作；本着协商一致、照顾彼此关切的精神，妥善处理分歧和矛盾；同舟共济，应对国际金融危机，促进本地区实现更长时期、更高水平、更好质量发展。温家宝总理还就深化中国—东盟自由贸易区建设、加强科技合作、推进互联互通合作、密切社会人文交流提出重要倡议。

东盟国家领导人高度评价东盟—中国关系发展，赞同中国提出的新合作倡议，感谢中国坚定支持东盟一体化，认为东盟—中国合作对促进本地区和平、稳定与发展至关重要，希望同中国进一步增强睦邻友好，深化各领域务实合作，推动双方战略伙伴关系不断取得新进展。

在东盟与中日韩（10+3）合作15周年纪念峰会上，温家宝总理表示，10+3合作从无到有，不断成长，经受住了地区和世界风云变幻考验，取得显著成就。东盟各国和中日韩要继续从国家根本利益和各国共同利益出发，不断增强内部凝聚力，继续聚焦发展问题，携手应对挑战，坚定不移地致力于东亚持久和平与共同繁荣。

温家宝总理就10+3合作下一阶段发展提出四项倡议：进一步增强应对危机的能力；着力推动地区经济一体化进程；全面开展互联互通合作；创造稳定安全友好的社会人文环境。

其他国家领导人积极评价10+3合作成果，赞赏中国发挥的重要作用，一致认为10+3国家应加强团结合作，推进区域贸易自由化和经济一体化，维护金融、能源和粮食安全，加强基础设施互联互通，扩大人文交流，携手应对危机和挑战，继续保持本地区经济强劲增长，促进平衡、可持续发展。

会议通过了《关于纪念10+3合作15周年的领导人联合声明》和《关于10+3互联互通伙伴关系的领导人声明》。

在第七届东亚峰会上，温家宝总理表示，国际社会对世界经济复苏势头放缓、不稳定不确定因素增多普遍感到忧虑。各国应携手努力，向世界传递信心和希望。中国历来倡导互尊互谅、讲信修睦，愿为东亚和平、稳定、发展继续发挥负责任大国作用。温家宝总理呼吁各方抓住区域一体化进程的新机遇，办好本国的事情，加强团结合作，营造对话、协商、共赢的合作氛围，制定更有力的政策措施，应对国际金融危机。温家宝总理还就地区形势和南海问题阐述了中方立场，强调中国坚持奉行睦邻友好政策，有关问题应由当事国通过直接对话和协商妥善处理。

其他与会领导人表示，当前，国际金融危机仍在持续，世界经济不景气、一些欧美国家财政和债务危机给亚太地区带来不容忽视的负面影响，金融、能源、粮食安全等问题是各国面临的共同挑战。各国要通力合作，推动区域贸易自由化和经济一体化，加强基础设施互联互通，扩大人文交流，共创发展机遇，携手应对挑战，维护地区和平、稳定与繁荣。

会议通过了《东亚峰会金边发展宣言》和《东亚峰会疟疾防控和应对疟疾抗药性区域合作宣言》。会议期间还举行了东盟十国及中、日、韩、印（度）、澳、新参加的“区域全面经济伙伴关系”谈判启动仪式。

11. 中国—中东欧国家合作开局良好

2012年4月26日，国务院总理温家宝在波兰华沙出席首次中国—中东欧国家领导人会晤和第二届中国—中东欧国家经贸论坛并分别发表重要讲话。温家宝总理提出了中国关于促进与中东欧国家友好合作的12项举措，强调中国发展同中东欧国家的关系，是促进中欧关系的重要组成部分，将为中欧合作注入新的活力，符合各方的共同利益。与会中东欧16国领导人对温家宝总理提出的倡议和举措予以高度评价，认为这充分显示了中方对加强与中东欧国家合作的高度重视和务实态度，为各领域互利合作注入强大动力，必将有力促进彼此发展和地区合作。中国和16国领导人一致同意以战略眼光、从长远角度发展合作，本着相互尊重、平等互利的原则，建立面向未来、共同发展的友好伙伴关系。

会晤后发表了新闻公报，中国和16国领导人高度评价此次会晤和经贸论坛，强调高层交往对国与国关系发展的引领和推动作用，认为拓展和深化相互关系符合中国与中东欧各国人民的共同愿望和根本利益，表示愿继续深化在贸易、投资、财金等领域的务实合作，密切人文交流，并就重大国际和地区问题加强沟通协调，共同应对挑战。

华沙会晤后，中国与中东欧16国保持密切沟通与协作，共同推进落实“12项举措”等会晤成果。

8月14日，中国外交部在北京举办了地方和企业参与中国—中东欧国家合作座谈会，中东欧16国驻华使节和外交官、中国11个省区市外办负责人、数十家企业及银行代表出席。16国驻华外交官分别介绍了本国投资环境。中国地方和企业界对中国—中东欧国家合作表达了浓厚兴趣，提出了各自参与合作的意见和建议。

9月6日，中国—中东欧国家合作秘书处成立大会暨首次国家协调员会议在北京举行。温家宝总理会见了出席会议的外方代表。会议由中国外交部副部长、秘书处秘书长宋涛主持。中方秘书处成员单位代表以及中东欧16国国家协调员或代表、驻华使节共同出席会议。此次会议的召开标志着中国—中东欧国家合作工作网络的建立。

11月15日，在上海中国国际旅游交易会期间，中国—中东欧国家合作秘书处与中国国家旅游局共同举办了中东欧国家旅游产品专场推介会。中国外交部副部长、秘书处秘书长宋涛和国家旅游局有关领导共同会见了参加专场推介会的中东欧国家政府旅游部门负责人和驻华使节。此次活动为中国与中东欧国家旅游业界建立直接联系、加强合作搭建了平台，并为下步成立中国—中东欧国家旅游促进联盟打下基础。

在“100亿美元专项贷款”项下，中国与中东欧有关国家企业签署了黑山散货船增购协议、波黑斯坦纳里火电站建设项目协议、罗马尼亚电力通信骨干传输项目排他性合作协议。中国和中东欧国家企业还就在基础设施等领域更多合作项目进行协商。“合建经济技术园区”工作稳步推进，中国商务部已与匈牙利国家经济部、克罗地亚企业和手工业部签署了关于开展合建经济技术园区可行性研究的备忘录。中国商务部委托中国对外承包工程商会成立了“中国—中东欧交通网络建设专家咨询委员会”中方专家咨询委员会。2012年5月起，中方向中东欧国家派出60多个经贸促进团组，达成诸多合作意向。中国同中东欧国家学术交流渐趋活跃。中国社会科学院成立了中国欧洲学会中东欧研究分会，北京外国语大学成立了中东欧研究中心。“中国—中东欧国家关系研究基金”定于2013年正式实施。

在华沙会晤共识的指引下，中国—中东欧国家合作势头强劲，中国同中东欧16国双边关系取得新发展。

12. 杨洁篪外长出席中阿合作论坛第五届部长级会议

2012年5月31日，中国—阿拉伯国家合作论坛（简称“中阿合作论坛”、“论坛”）第五届部长级会议在突尼斯哈马迈特举行。突尼斯总统蒙塞夫·马尔祖基出席会议开幕式，外交部长杨洁篪、突尼斯外交部长拉菲格·阿卜杜赛拉姆、阿盟秘书长纳比勒·阿拉比共同主持会议，杨洁篪外长在会上发表主旨演讲。工业和信息化部、商务部、文化部、卫生部、国家质量监督检验检疫总局、国家能源局、中国国际贸易促进委员会、中国人民对外友好协会等单位代表及20位阿拉伯国家外长、政府部长或代表（其中17位部长级以上官员，2位副部长，1位大使级代表）共约200人出席会议。

会议以“深化全面合作，促进共同发展”为主题，双方围绕“论坛”第四届部长级会议以来中阿关系发展、中阿合作论坛建设以及共同关心的国际和地区形势等议题进行了广泛、深入的讨论，取得重要成果。会议通过了《中国—阿拉伯国家合作论坛第五届部长级会议公报》和《中国—阿拉伯国家合作论坛2012年至2014年行动执行计划》。双方有关部门还签署了《中华人民共和国工业和信息化部与阿拉伯工业发展和矿业组织合作谅解备忘录》、《中华人民共和国卫生部和阿拉伯国家联盟秘书处关于建立中阿卫生领域合作机制的谅解备忘录》、《中华人民共和国国家质量监督检验检疫总局与阿拉伯工业发展和矿业组织合作谅解备忘录》。

开幕式上，突尼斯总统马尔祖基发表讲话，积极评价中国的发展成就，感谢中方为突经济社会过渡和发展提供的真诚帮助和对开展与阿拉伯国家集体合作、加强“论坛”建设的高度重视，高度赞赏中方长期以来在巴勒斯坦问题上的公正立场和坚定支持，希望中国在地区问题上发挥更大作用，推动中东地区早日实现公正、持久和平。马尔祖基表示，在当前国际和地区形势发生深刻复杂变化的背景下，双方应以本届部长级会议为契机，携手合作，密切在重大国际和地区问题上的沟通与协调，充分发挥互补优势，扩大投资和贸易规模，拓展在可再生能源、新闻、农业、人文、旅游、环保、科技和高等教育等领域的合作，不断提升阿中合作水平，为阿中战略合作关系奠定坚实基础，共同推动国际秩序朝更加公正、多元和稳定的方向发展。

外交部长杨洁篪发表题为《深化战略合作　促进共同发展》的主旨讲话，高度评价“论坛”对中阿双方开展集体对话与合作所发挥的平台作用，回顾了双方2010年在“论坛”框架下确立战略合作关系以来中阿政治、经贸、人文等各领域合作所取得的成果。杨洁篪外长阐述了中方对中东地区形势变化的政策立场和主张，强调中方将继续坚定支持阿拉伯民族的正义事业。杨洁篪外长指出，中阿战略合作关系的建设更应紧紧围绕“深化战略合作，促进共同发展”两大主题展开，并对2012年至2014年“论坛”建设提出四点建议：第一，充分发挥“论坛”各项磋商与联络机制，凝聚共识、维护团结；第二，认真办好“论坛”框架下各项机制性活动，为推动中阿关系的进一步发展调动更多资源；第三，通过经贸、能源、教育、科技、卫生等多个领域的具体合作项目，切实让双方人民享受到更多实实在在的好处；第四，对“论坛”机制发展过程中的有益经验进行总结，对“论坛”机制未来的发展方向作出规划，将中阿合作论坛打造成跨文明交流以及南南合作的典范。杨洁篪外长还宣布了中方为推动中阿务实合作将在今后两年内努力完成的具体举措，包括2014年中阿贸易额达到3000亿美元，邀请

100名阿拉伯青年精英访华，2012年至2014年为阿拉伯国家培训5000名各类人才，创建卫生、质检、工业等领域新的合作机制等。

阿方对中阿合作成果表示满意，认为中阿合作已经成为南南合作的典范。阿方高度重视对华关系，钦佩中国发展建设成就，赞赏中国在国际和地区问题上的作用，希望与中方进一步加强各领域合作，稳定推进“论坛”机制建设。

会议期间，杨洁篪外长分别会见了摩洛哥外交与合作大臣萨杜丁·欧斯曼尼、苏丹外交部长阿里·艾哈迈德·库尔提、约旦外交大臣纳赛尔·朱达、阿曼外交事务主管大臣尤素福·本·阿拉维·本·阿卜杜拉、科威特副首相兼外交大臣萨巴赫·哈立德·哈马德·萨巴赫、埃及外交部长穆罕默德·阿姆鲁、科摩罗外交部长穆罕默德·巴克里·本·阿卜杜勒—法塔赫·谢里夫、巴勒斯坦外交部长利雅得·马立基、阿尔及利亚外交部长穆拉德·梅德西。

本届会议是2010年中阿双方在“论坛”框架下建立战略合作关系以来召开的首届部长级会议，对新时期进一步拓展和深化中阿战略合作关系、加强“论坛”建设起到了重要的引领和推动作用。

13. 杨洁篪外长出席第67届联合国大会一般性辩论

2012年9月24～29日，外交部长杨洁篪出席第67届联合国大会一般性辩论。与会期间，杨洁篪外长共开展30多场外交活动，在联大一般性辩论中发言，出席安理会中东和平与安全问题部长级会议、金砖国家外长会晤等多边活动，并举行了一系列双边会见。

在联大一般性辩论发言中，杨洁篪外长全面介绍中方对当前国际形势和重大国际地区问题的看法及主张。杨洁篪外长表示，当今世界冷战思维和零和博弈不合时宜，同舟共济、合作共赢才是各国正确的相处之道。中方主张在国际关系中倡导平等民主，在发展进程中寻求合作共赢，在全球治理中实现公正实效，在多元文明中推动共同进步，在相互依存中谋求普遍安全。杨洁篪外长表示，中国始终不渝走和平发展道路，既通过争取和平国际环境发展自己，又通过自身发展维护世界和平、促进共同发展。杨洁篪外长阐述了中方在钓鱼岛问题上的严正立场，指出钓鱼岛及其附属岛屿自古以来就是中国固有领土，中方对此拥有无可争辩的历史和法理依据；揭露日本政府采取所谓“购岛”等单方面行动严重侵犯中国主权，是对世界反法西斯战争胜利成果的公然否定，是对战后国际秩序和《联合国宪章》宗旨和原则的严重挑战；敦促日方立即停止一切损害中国领土主权的行为，以实际行动纠正错误，回到谈判解决争议的轨道上来。

在安理会中东和平与安全问题部长级会议上，杨洁篪外长指出，当前中东地区正经历重大变化，引起国际社会广泛关注。国际社会应尊重中东地区的宗教和文明特性，重视倾听地区国家和人民的声音，敦促有关各方通过包容性政治进程达成妥善解决方案，以实现中东地区的持久和平和共同繁荣。杨洁篪外长还阐述了中方对巴勒斯坦、叙利亚、伊朗核等中东地区热点问题的看法。

杨洁篪外长在金砖国家外长会晤中表示，金砖国家在重大国际和地区问题上加强沟通协调，不断推进各领域务实合作，提高了自身影响力，扩大了共同利益，合作的民意和社会基础不断巩固。下一步，金砖国家要抓住机遇，以筹备金砖国家领导人第五次会晤为中心，推动金砖国家合作迈上新台阶。

与会期间，杨洁篪外长还与一些国家、国际和地区组织负责人就重大国际和地区问题以及其他共同关心的问题交换了看法。

14. 中非合作论坛第五届部长级会议成功举行

2012年7月19～20日，中非合作论坛第五届部长级会议在北京举行。此次会议是继论坛北京峰会后再一次在华举行的论坛重要会议，受到中非双方和国际社会广泛关注。国家主席胡锦涛、南非总统雅各布·祖马、贝宁总统托马·博尼·亚伊、赤道几内亚总统特奥多罗·奥比昂·恩圭马·姆巴索戈、吉布提总统伊斯梅尔·奥马尔·盖莱、尼日尔总统穆罕默杜·伊素福、科特迪瓦总统阿拉萨内·德拉马内·瓦塔拉、佛得角总理若泽·马里亚·佩雷拉·内韦斯、肯尼亚总理拉伊拉·阿莫洛·奥廷加、埃及总统特使阿姆鲁和联合国秘书长潘基文等出席开幕式，胡锦涛主席和部分非洲国家领导人及联合国秘书长发表讲话，埃及总统特使宣读贺词。中国和50个论坛非洲成员国的外交部长和主管对外经济合作事务的部长或代表以及非洲联盟委员会主席与会，部分非洲地区组织列席会议。

胡锦涛主席在开幕式上发表题为《开创中非新型战略伙伴关系新局面》的重要讲话，全面回顾了北京峰会召开六年来中非关系取得的重大进展，并从增强政治互信、拓展务实合作、扩大人文交流、密切在国际事务中的协调和配合、加强论坛建设等方面提出了开创中非新型战略伙伴关系新局面的重要建议。

为进一步深化中非合作，胡锦涛主席代表中国政府宣布了在五大重点领域支持非洲和平与发展、推进中非新型战略伙伴关系的一系列新举措：

第一，扩大投资和融资领域合作，为非洲可持续发展提供助力。中国将向非洲国家提供200亿美元贷款额度，重点支持非洲基础设施、农业、制造业和中小企业发展。第二，继续扩大对非援助，让发展成果惠及非洲民众。中国将适当增加援非农业技术示范中心，帮助非洲国家提高农业生产能力；实施“非洲人才计划”，为非洲培训3万名各类人才，提供政府奖学金名额1.8万个，并为非洲国家援建文化和职业技术培训设施；深化中非医疗卫生合作，中方将派遣1500名医疗队员，同时继续在非洲开展“光明行”活动，为白内障患者提供相关免费治疗；帮助非洲国家加强气象基础设施能力建设和森林保护与管理；继续援助打井供水项目，为民众提供安全饮用水。第三，支持非洲一体化建设，帮助非洲提高整体发展能力。中国将同非方建立非洲跨国跨区域基础设施建设合作伙伴关系，为项目规划和可行性研究提供支持，鼓励有实力的中国企业和金融机构参与非洲跨国跨区域基础设施建设；帮助非洲国家改善海关、商检设施条件，促进区域内贸易便利化。第四，增进中非民间友好，为中非共同发展奠定坚实民意基础。中国倡议开展“中非民间友好行动”，支持和促进双方民间团体、妇女、青少年等开展交流合作；在华设立“中非新闻交流中心”，鼓励中非双方新闻媒体人员交流互访，支持双方新闻机构互派记者；继续实施“中非联合研究交流计划”，资助双方学术机构和学者开展100个学术研究、交流合作项目。第五，促进非洲和平稳定，为非洲发展创造安全环境。中国将发起“中非和平安全合作伙伴倡议”，深化同非盟和非洲国家在非洲和平安全领域的合作，为非盟在非开展维和行动、常备军建设等提供资金支持，增加为非盟培训和平安全事务官员和维和人员数量。与以往相比，这些举措领域更广、力度更大，必将为中非关系更好更快发展注入新的强劲动力。

非洲国家对胡锦涛主席讲话反响热烈，一致表示，非中合作是建立在相互尊重、平等互利基础上的，中国是非洲人民可信赖的朋友，高度称赞中方措施真诚、务实，希望同中国加强合作，实现共同发展。

在部长会上，中非双方代表紧紧围绕“继往开来，开创中非新型战略伙伴关系新局面”的会议主题，进行了坦诚、热烈、深入的交流。外交部长杨洁篪就论坛第四届部长会后续行动落实情况及对未来三年中非合作的设想作报告，商务部长陈德铭就论坛第四届部长会经贸举措落实情况作报告。会议审议通过了《中非合作论坛第五届部长级会议北京宣言》和《中非合作论坛第五届部长级会议北京行动计划（2013年至2015年）》两个成果文件，为未来三年中非各领域合作绘制了美好蓝图。

会议期间，胡锦涛主席为出席会议并访华的非洲国家元首分别举行了欢迎仪式和会谈，国务院总理温家宝、全国政协主席贾庆林、国家副主席习近平、国务院副总理李克强、国务委员戴秉国等分别会见了来华与会的非洲国家领导人、联合国秘书长以及非盟委员会主席。中非双方领导人就中非关系、中国同有关国家双边关系、中非合作论坛建设及共同关心的国际和地区问题进行了友好充分交流，达成广泛共识。

作为部长会配套活动，第二届中非民间论坛和第四届中非企业家大会分别于7月10～11日和7月18～19日在江苏苏州和北京举行。习近平副主席出席中非民间论坛开幕式，并发表题为《推进中非新型战略伙伴关系新发展》的主旨讲话。论坛启动了“中非民间友好伙伴计划”，规划了中非民间组织未来三年在非洲合作开展的八项民生活动。温家宝总理出席中非企业家大会开幕式，并作题为《深化务实合作　促进共同发展》主旨发言。赤道几内亚总统奥比昂、尼日尔总统伊素福、佛得角总理内韦斯、肯尼亚总理奥廷加以及近千名中非企业家代表出席大会。大会通过《中非企业家大会——中国企业社会责任宣言》，并签署了八个投资和经济合作协议，项目总金额3.41亿美元。此外，2012年上半年还举行中非文化部长论坛、中非金融合作论坛、中非青年领导人论坛等活动，充分体现了论坛框架下中非合作的丰富内涵，也为部长会召开营造了良好气氛。

此次中非合作论坛部长级会议是中非团结与合作的又一次盛会，再次向外界展示出中非双方坚定不移深化新型战略伙伴关系、坚定不移推进发展中国家团结合作的决心，将有力推动新时期中非各领域友好合作不断迈上新台阶，造福双方人民，并将对世界和平与发展产生积极的影响。

15. 中国积极推动叙利亚问题的政治解决

2012年，叙利亚问题持续升温。中国政府为维护《联合国宪章》的宗旨、原则及国际关系基本准则，维护叙利亚人民的长远和根本利益，维护中东地区的和平与稳定，积极推动叙利亚问题的政治解决。

提出关于政治解决叙利亚问题的主张和倡议。2月，中国外交部负责人向媒体阐述中方关于政治解决叙利亚问题的有关立场。3月，中国提出政治解决叙利亚问题的“六点主张”。6月，中国外交部长杨洁篪在出席叙利亚问题“行动小组”日内瓦外长会议时，阐述中方关于政治解决叙利亚问题的四点主张。10月，外交部长杨洁篪与访华的联合国—阿盟叙利亚问题联合特别代表普拉希米会谈期间，中国提出关于推进叙利亚问题政治解决进程的“四点倡议”。中方强调通过政治途径解决叙利亚问题是唯一现实出路；叙利亚有关各方应立即停火止暴，开启政治对话和政治过渡进程；国际社会应在叙利亚问题上发挥积极和建设性作用。

维护《联合国宪章》的宗旨、原则及国际关系基本准则。中方主张尊重叙利亚的独立、主权、统一和领土完整，尊重叙利亚人民自主选择政治制度和发展道路的权利，反对外部干预特别是军事干预，反对强行推动“政权更迭”。2月和7月，中国在联合国安理会两次行使否决权，反对由西方国家等提出的暗含“政权更迭”、对叙利亚实施制裁等内容的决议草案。

平衡做叙利亚政府和反对派的劝和促谈工作。2月和3月，中国政府特使、外交部副部长翟隽和外交部长杨洁篪的代表李华新大使分别访问叙利亚。4月和8月，中国先后接待叙利亚外交部长瓦立德·穆阿利姆和总统特使、总统政治与新闻顾问夏班访华。中国与叙利亚国内外反对派组织保持接触和联系，先后接待叙利亚“全国民主变革力量民族协调机构”、“叙利亚全国委员会”等反对派组织代表团访华。中方强调在叙利亚问题上秉持客观、公正立场，不庇护任何人，对任何为叙利亚有关各方普遍接受的解决方案均持积极和开放态度。

积极支持国际外交斡旋努力。中国政府全力支持联合国—阿盟叙利亚危机联合特使安南、联合国—阿盟叙利亚问题联合特别代表普拉希米的斡旋努力。3月，中国接待安南特使访华，国务院总理温家宝会见，外交部副部长张志军与其会谈。4月，中国对有关支持安南特使斡旋、向叙利亚派遣联合国监督团的安理会第2042、2043号决议投了赞成票。中国还派员参加了该监督团。6月，外交部长杨洁篪出席叙利亚问题“行动小组”日内瓦外长会议，积极推动有关各方就政治解决叙利亚问题达成共识并发表公报。10月，中国接待普拉希米联合特别代表访华，外交部长杨洁篪与其会谈。杨洁篪外长还多次与安南特使、普拉希米联合特别代表见面或通话，就政治解决叙利亚问题交换意见。

与国际社会有关各方保持沟通。3月，外交部部长助理张明以中国政府特使身份访问沙特和埃及，此后访问法国，就叙利亚问题与各方交换意见。中国中东问题特使吴思科等也多次访问有关地区国家。中国国家领导人、外交部主要官员、有关驻外机构负责人等还通过会见、磋商、通话、致函等方式，与国际社会有关各方保持密切沟通，积极推动叙利亚问题的公正、和平、妥善解决。

中国关注叙利亚人道主义状况，呼吁国际社会加大对叙利亚人民的人道主义救援力度，同时主张人道主义问题不应被政治化、人道主义救援不应被军事化。中国政府通过双边渠道和有关国际组织向叙利亚人民包括境外难民提供了紧急人道主义援助。

16. 钓鱼岛"购岛"风波

钓鱼岛及其附属岛屿自古以来就是中国的固有领土，中国对此拥有无可争辩的主权。1895年甲午战争末期，日本非法窃取钓鱼岛。第二次世界大战后，钓鱼岛作为台湾的附属岛屿同台湾一起回归中国。但20世纪50年代，美国擅自将钓鱼岛纳入其托管范围，70年代美国将钓鱼岛"施政权""归还"日本。1972年中日邦交正常化和1978年缔结和平友好条约时，两国老一辈领导人着眼大局，就"钓鱼岛问题放一放，留待以后解决"达成重要谅解和共识。

2012年9月，日本政府不顾中方强烈反对，对钓鱼岛、南小岛和北小岛实施所谓"国有化"，严重侵犯中国领土主权，中日关系遭受邦交正常化40年来最严重的冲击。

"购岛"事件始作俑者是时任日本东京都知事石原慎太郎。4月16日，石原在美国华盛顿发表演讲时称，东京都政府拟"购买"钓鱼岛及南小岛、北小岛。7月7日，日本首相野田佳彦和外相玄叶光一郎公开表示，为保持对有关岛屿的平稳、稳定管理，日本政府正同岛屿"所有者"等有关方面接触，进行综合研究。中方多次就此向日方提出严正交涉。

9月9日，国家主席胡锦涛在符拉迪沃斯托克亚太经合组织领导人非正式会议期间同野田首相交谈时指出，中方在钓鱼岛问题上的立场是一贯的、明确的。日方采取任何方式"购岛"都是非法的、无效的，中方坚决反对。中国政府在维护领土主权问题上立场坚定不移，日方必须充分认识事态的严重性，不要作出任何错误决定。

9月10日，日本政府召开内阁会议，正式决定"购岛"。9月11日，日本政府与"所有者"签订"购岛"合同。

日本政府对中方警告置若罔闻，一意孤行，迈出侵犯中国领土主权的严重升级步骤，激起了中国人民的强烈愤慨，中方不得不采取坚决措施，捍卫国家领土主权。

外交上，中国主要领导人表明严正立场，外交部发表声明并召见日本驻华大使提出严正交涉和强烈抗议，驻日大使向日方交涉并递交抗议照会。中日双方于9月25日正式启动副外长级钓鱼岛问题磋商，中方在磋商中全面阐明中国政府在钓鱼岛问题上的严正立场和维护国家领土主权的坚定意志，敦促日方正视历史和现实，为妥善处理有关问题作出切实努力。

法理上，中国政府公布钓鱼岛领海基点基线并向联合国交存，宣布对钓鱼岛及其附属岛屿开展常态化监视监测，公布钓鱼岛及其部分附属岛屿地理坐标，宣布向大陆架界限委员会提交东海外大陆架划界案，出版《钓鱼岛是中国的固有领土》白皮书。

在海上，中方公务船和公务飞机赴钓鱼岛海域进行巡航执法。

中国政府上述举措有效维护了国家领土主权，向国际社会有力宣示了中方立场主张。

中国政府和人民有决心、有能力捍卫国家主权和领土完整。在钓鱼岛问题上，中方一贯主张通过双边对话磋商妥善处理和解决有关分歧。

17. 中国政府发表《钓鱼岛是中国的固有领土》白皮书

中华人民共和国国务院新闻办公室2012年9月25日发表中、英、日文版《钓鱼岛是中国的固有领土》白皮书。这是中国政府在钓鱼岛主权问题上基本立场的权威宣示，集中反映了中国在钓鱼岛领土主权问题上的立场、观点以及历史和法理依据，同时也体现了中国政府和人民维护钓鱼岛主权的坚定意志和决心。

白皮书以详实的历史文献和法理依据充分证明钓鱼岛是中国的固有领土。对日本提出的所谓拥有钓鱼岛主权的错误观点给予了严厉驳斥，使国际社会进一步了解钓鱼岛主权的归属以及中日之间的钓鱼岛争议的来龙去脉，认清日本非法“窃占”钓鱼岛、侵犯中国主权以及日本肆意挑战、践踏世界反法西斯战争胜利成果的事实，对宣示和巩固中国在钓鱼岛主权问题上的立场，争取国际社会最广泛的理解和支持具有重要的意义。

白皮书全文约7000字，分为7部分，全面阐释了钓鱼岛是中国固有领土、日本窃取钓鱼岛、美日对钓鱼岛私相授受非法无效、日本主张钓鱼岛主权毫无依据、中国为维护钓鱼岛主权进行坚决斗争等内容。

白皮书重申，钓鱼岛及其附属岛屿是中国领土不可分割的一部分。无论从历史、地理还是法理的角度来看，钓鱼岛都是中国的固有领土，中国对其拥有无可争辩的主权。首先，中国最先发现、命名和利用钓鱼岛。早在14、15世纪中国就已经发现并命名了钓鱼岛。钓鱼岛海域是中国的传统渔场，中国渔民世世代代在该海域从事渔业生产活动。其次，中国对钓鱼岛实行了长期管辖。早在明朝初期，中国就将钓鱼岛列入防区。清朝不仅沿袭了明朝的做法，继续将钓鱼岛等岛屿列入中国海防范围内，而且明确将其置于台湾地方政府的行政管辖之下。此外，大量中外地图标绘钓鱼岛属于中国。

白皮书回顾了日本窃取钓鱼岛的全过程，指出日本在1879年吞并琉球后不久，便开始密谋侵占钓鱼岛，并于甲午战争末期将钓鱼岛秘密“编入”版图。随后，日本又迫使中国签订不平等的《马关条约》，割让台湾全岛及包括钓鱼岛在内的所有附属各岛屿。

白皮书认为，第二次世界大战后，依据《开罗宣言》、《波茨坦公告》和《日本投降书》，钓鱼岛作为台湾附属岛屿应与台湾一并归还中国。但20世纪50年代，美国擅自将钓鱼岛纳入其托管范围，并于70年代私自将钓鱼岛“施政权”“归还”日本。美日对钓鱼岛进行私相授受，严重侵犯了中国的领土主权，是非法的、无效的，没有也不能改变钓鱼岛属于中国的事实。

白皮书有力驳斥了日本对钓鱼岛主权归属问题的有关主张。钓鱼岛属于中国，根本不是“无主地”。日本所谓依据“先占”原则将钓鱼岛作为“无主地”编入版图，是侵占中国领土的非法行为，不具有国际法效力。日本试图侵占钓鱼岛，实质是对《开罗宣言》和《波茨坦公告》等法律文件所确立的战后国际秩序的挑战，严重违背了日本应承担的国际法义务。美国擅自扩大“旧金山和约”所规定的托管范围，非法将中国领土钓鱼岛纳入其中，后将钓鱼岛“施政权”“归还”日本，都没有任何法律依据，在国际法上没有任何效力。对于美日上述非法行径，中国政府和人民历来是明确反对的。

白皮书指出，中国为维护钓鱼岛的主权进行了长期的坚决斗争。中国政府采取积极措施，以各种方式有力回击日本侵犯中国钓鱼岛主权的非法行径。中国通过国内立法明确规定钓鱼岛属于中国，始终在钓鱼岛海域保持经常性的存在，并进行管辖。钓鱼岛自古以来就是中国的固有领土，这是全体中华儿女的共同立场。港澳台同胞和海内外广大华侨华人纷纷开展各种形式的活动，维护钓鱼岛领土主权，强烈表达了中华民族维护国家主权和领土完整的正义立场和坚定决心。

白皮书最后强烈敦促日本尊重历史和国际法，立即停止一切损害中国领土主权的行为，重申中国政府捍卫国家领土主权的决心和意志是坚定不移的，有信心、有能力捍卫国家主权，维护领土完整。

18. 完善机制，打造平台，全方位推进公共外交工作

2012年，外交部加强统筹协调，有效提升公共外交工作专业化、科学化水平。密切关注国际涉华舆情动向，重视倾听国内民意、汲取民智，充分发挥全社会的力量，促进中国与世界的相互认知，深化中国同世界的关系，推动中国与世界的良性互动和共同发展。

国际社会积极评价中国发展成就、发展道路和大国作用，客观、理性成分有所增加，对中国承担更多国际责任的期待上升。广大发展中国家学习借鉴中国发展经验之声更加强劲。国内民众更加关心国际事务和国家外交，民族自豪感和自信心上升。党的十八大报告明确提出：“我们将扎实推进公共外交和人文交流”。这是党和政府站在国家发

展的战略高度，顺应时代潮流和中国与世界关系的历史性变化作出的战略决策，为全面推进新时期中国公共外交工作指明了方向。

2012年，外交部和驻外使领馆做好党的十八大精神对外宣介，展现中国发展成就、道路和理念以及外交方针政策。围绕国家领导人出访、外国政要来访，以及上海合作组织北京峰会等重大外交活动，精心安排公共外交活动，发出中国声音，展示中国形象。

公共外交标志性品牌影响不断扩大。成功举办以上海合作组织峰会和组织未来发展、新形势下中非合作、新形势下的中国外交为主题的“蓝厅论坛”。论坛紧扣时代主题和国内外主要关切，及时发出权威声音，已成为宣介中国外交政策的高端平台。各级外交官深入中国高校、地方，与国内民众就外交政策和外交工作进行交流，就中共十八大、钓鱼岛、南海等议题向国际社会介绍情况，阐明中方政策主张，赢得国内民众支持和国际社会理解。实现部网站升级改版，以部网站群、“外交小灵通”微博、“外交·大家谈”网络访谈为主要平台与公众开展线上线下互动。“外交小灵通”微博在新浪、腾讯、人民网三家网站粉丝量超过600万，荣获“2012年十大最具影响力政务微博”称号。外交部“公众开放日”、“外交服务站”广播节目践行“外交为民”理念，社会影响力日益扩大。

加强公共外交调研。了解各国公共外交先进经验和做法，与美国、俄罗斯、墨西哥等国外交部门举行新闻与公共外交磋商，加强交流互鉴。

中国驻外外交机构与驻在国开展深入交流。各级外交官进一步深入外国社会各界，在公共外交和人文交流活动中讲述中国故事，增进中外相互了解与友谊。

19. 坚定维护中国公民、法人在海外合法权益

2012年，受国际金融危机持续发酵、部分地区局势动荡等多重因素影响，海外安全形势复杂多变，涉及海外中国公民和法人的安全事件频发，社会民众对此关注度不断上升，领事保护工作与国际政治经济形势、中外双边关系的关联性进一步凸显。

海外中国公民和法人的权益保护问题不仅是个人和企业的事，也是维护国家利益的重要内容，中国政府始终把这项工作放在重要位置。2012年，中国依靠优越的中国特色社会主义制度，依靠独立自主的和平外交政策，依靠全国人民和有关国家政府及友好人士的大力支持，坚定维护海外中国公民和法人的安全与合法权益，以实际行动诠释“以人为本、外交为民”理念。一年来，中国政府努力办亲民、利民、为民的实事：构建中央、地方、驻外使领馆、企业和公民个人“五位一体”的境

外安全保护联动网络；通过传统媒体和新媒体及时发布海外安全信息，提供动态预警服务；下地方、进企业、入校园，坚持不懈地帮助各类人群提高海外安全风险意识和防范能力，夯实并拓展了领事保护屏障。面对中国公民在苏丹等国被绑架、遭索马里海盗劫持、商铺被清查等等一系列重大突发事件，中国政府始终心系同胞，千方百计统筹资源实施营救、救援或救助等行动，广大海外中国公民深深感受到祖国的温暖和强大。

20. 坚持一个中国原则，促进两岸关系和平发展

2012年，两岸关系继续保持和平发展的良好势头。中国政府了解台湾同胞对参与国际活动的需求和感受，重视解决与之相关的问题，主张两岸在涉外事务中避免不必要的内耗，在不造成“两个中国”、“一中一台”的前提下，继续通过务实协商处理台参与国际活动问题。在此原则基础上，2012年，中国政府妥善处理台参与亚太经合组织领导人非正式会议、世界卫生大会等问题。与此同时，台湾方面连续第四年未在世界卫生大会和联合国大会推动涉台提案。事实证明，两岸协商处理台湾对外活动问题有利于增进中华民族的整体利益，也得到台湾民众的欢迎和肯定。

同时，台湾方面仍继续单方面寻求扩大参与国际活动，包括推动他国支持其加入国际民航组织、《联合国气候变化框架公约》等仅限主权国家参加的联合国专门机构和国际公约，推动与美国重启贸易暨投资框架协定谈判、与欧盟等商签经济合作协定，企图加入“跨太平洋战略经济伙伴关系协定”等。台湾方面继续推动向美购武，谋求与一些国家的经贸关系政治化、民间关系官方化。上述举动不利于两岸通过协商处理相关问题，也与两岸关系和平发展的气氛不协调。

中国政府在台湾问题上继续广泛并有针对性地做国际社会工作，争取理解和支持。积极宣介对台大政方针，向国际社会表明中国政府致力于两岸关系和平发展的诚意及努力；强调无论两岸关系发生什么变化，中国政府坚持一个中国原则、反对“一中一台”和“两个中国”、反对“台独”的立场没有也不会改变，要求各国继续坚持一个中国原则，慎重处理涉台问题，以实际行动支持两岸关系和平发展。中国政府坚决反对美对台出售F—16C/D战机等先进武器。

中国政府十分关心台湾同胞在海外的经济、民生、安全问题。各驻外使领馆加强同台湾同胞的联系，切实采取措施，努力做好涉台领事保护与服务工作，维护台胞在海外合法权益，照顾台胞福祉，诚心诚意帮助他们解决实际困难，赢得台湾民众的赞誉。2012年7月，在中国政府的努力下，

被海盗劫持的台湾“旭富一号”渔船全体26名船员获救，其中包括一名台湾船员。全体船员搭载中国“常州”号军舰顺利抵达坦桑尼亚，并得到妥善安置。

2012年中共十八大报告指出，大陆和台湾虽然尚未统一，但两岸同属一个中国的事实从未改变，国家领土和主权从未分割、也不容分割。两岸双方应恪守反对“台独”、坚持“九二共识”的共同立场，增进维护一个中国框架的共同认知，在此基础上求同存异。报告还指出，希望双方共同努力，探讨国家尚未统一特殊情况下的两岸政治关系，作出合情合理安排；商谈建立两岸军事安全互信机制，稳定台海局势；协商达成两岸和平协议，开创两岸关系和平发展新前景。

21. 大力开展安全外交，维护国家主权和安全

2012年，中国政府大力开展安全外交工作，与境外反华势力进行坚决斗争，反对一切形式的恐怖主义，有力维护了国家主权、安全和发展利益。

（1）积极开展涉藏外交

“藏独”分子利用“3·10”、“3·14”、12月10日“国际人权日”等时间节点和藏区自焚事件，纠集人员在20余个国家进行滋事，对近30个中国驻外使领馆进行滋扰。达赖年内窜访8个国家共11次。西方反华势力继续纵容、支持达赖集团分裂活动，借涉藏问题干涉中国内政。

中国政府积极主动开展涉藏外交工作，向国际社会阐明中国在涉藏问题上的原则立场，巩固国际社会关于西藏是中国一部分的共识。大力宣传西藏自治区和四川、云南、甘肃、青海四省藏区经济社会发展情况和宗教文化保护成就，推动国际社会加深对西藏和四省藏区真实情况的了解。

中国政府指出达赖和“西藏流亡政府”及其头目的反华分裂本质，要求有关国家从双边关系大局出发，谨慎处理涉藏问题，不允许达赖集团头目窜访，不安排官方和政要与其进行任何形式的接触。中国政府针对少数国家在涉藏问题上的错误立场进行坚决斗争，对个别国家官方和政要会见达赖提出严正交涉，要求其停止纵容、支持“藏独”分裂活动。

（2）大力开展涉疆外交

境外“东突”势力打着“民族”、“宗教”旗号，加剧反华分裂和滋扰活动，拓展国际活动空间，图谋破坏新疆发展稳定。

中国政府大力开展涉疆外交工作，广泛并有针对性地做国际社会工作，

阐述在涉疆问题上的原则立场，揭露“东突”势力反华分裂、宗教极端和暴力恐怖本质，强调涉疆问题事关中国主权和领土完整，涉及中国核心利益，敦促有关国家在涉疆问题上谨言慎行，要求其采取措施，不允许“东突”势力利用其领土从事反华分裂活动，确保中国驻外机构和人员安全。对于日本允许“世界维吾尔大会”在其国内召开所谓“第四次代表大会”提出严正交涉。同时，加强双边和地区安全合作，签署《上海合作组织成员国打击恐怖主义、分裂主义和极端主义2013年至2015年合作纲要》，维护地区稳定。

国务院总理温家宝和来自欧亚地区9个国家的外国领导人及前政要出席在新疆举行的第二届中国—亚欧博览会，55个国家和地区的企业和采购商参会，实现对外经济贸易成交总额62.41亿美元。中国政府还通过高层互访等渠道推动新疆对外交流合作和与周边国家互联互通等基础设施建设。中国政府邀请土耳其等外国领导人访问新疆。中哈（萨克斯坦）霍尔果斯国际边境合作中心正式投入运营。

（3）积极开展国际反恐合作

国际社会继续致力于打击恐怖主义，取得一定进展，但国际反恐形势依然复杂严峻。“基地”组织一批头目陆续被击毙，但“基地”分支不断壮大并调整策略，趁西亚北非等地区局势动荡迅速发展。南亚恐怖极端势力针对军政目标的暴恐活动增多，中亚地区一些宗教极端势力活跃，西亚北非国家成为新的恐怖活动“重灾区”，伊斯兰极端势力蔓延。美欧本土恐怖威胁持续增加，“独狼式”恐怖袭击时有发生。当前中国经济发展，社会稳定，但“东突”恐怖势力仍不断加紧活动，策划和煽动袭击中国境内外目标，中国海外利益面临的恐怖威胁上升，反恐形势仍然严峻。

中国反对一切形式的恐怖主义，主张国际社会应遵守《联合国宪章》和其他公认的国际法和国际关系准则，采取政治、经济、社会、外交、法律等措施综合治理，努力消除恐怖主义滋生的土壤。中方反对将恐怖主义与特定的国家、民族或宗教相联系，主张加强不同文明间对话，反对在反恐问题上持双重标准。

中国高度重视国际反恐合作，先后同法国、英国、印度、日本、韩国、俄罗斯举行了双边反恐磋商，与日、韩举行三方反恐磋商，就国际和地区反恐形势，各自反恐举措及反恐合作等问题深入交换意见和看法。以打击“东突”恐怖势力为重点，开拓进取，积极开展双多边国际反恐合作。积极参与联合国各项反恐工作，支持加强安理会反恐委员会、反恐执行局和联合国反恐中心工作，支持其帮助发展中国家提高反恐能力。推动上海合作组织深化反恐合作机制，共同制定未来三年打击“三股势力”合作方向和具体措施等文件。积极参与“全球反恐论坛”等多边机制的反恐合作，参与各种反恐问题研讨会，宣传中国反恐政策和举措，借鉴各国反恐经验，不断提高自身反恐能力。

通过上述工作，中国政府扩大了同有关国家在反恐问题上的利益汇合点，深化了同有关国家的务实反恐合作。特别是在打击“东突”恐怖势力方面，赢得了国际社会的更多支持与配合，有效挤压了“东突”恐怖势力的生存空间，挫败了其对中国境内外目标发动恐怖袭击的图谋，有效维护了国家主权、安全和发展利益，同时也为促进国际反恐合作，维护地区和全球和平与稳定作出了积极贡献。

第三章

中国与各建交国家的关系

阿富汗
(Afghanistan)

2012年，中华人民共和国与阿富汗伊斯兰共和国的关系取得历史性进展。双方建立战略合作伙伴关系，中国政府支持阿富汗和平重建进程，并继续提供力所能及的帮助。

两国高层实现互访。6月，阿富汗总统哈米德·卡尔扎伊访华并出席上海合作组织北京峰会，国家主席胡锦涛会见，双方发表《中华人民共和国与阿富汗伊斯兰共和国关于建立战略合作伙伴关系的联合宣言》。9月，阿富汗第二副总统穆罕默德·卡里姆·哈利利来华出席第二届中国—亚欧博览会，国务院总理温家宝会见。9月，中共中央政治局常委、中央政法委书记周永康访问阿富汗。这是中国国家领导人46年来首次访阿。双方签署了《中华人民共和国政府与阿富汗伊斯兰共和国政府关于落实战略合作伙伴关系联合宣言的行动计划》以及经贸、安全等合作协议。

两国经贸合作续有加强，双边贸易保持增长势头。

中方积极参与阿富汗经济重建。2012年，中国继续向阿富汗项目建设提供力所能及的帮助。6月，中国石油天然气有限公司在阿富汗投资的阿姆河盆地油田开发项目顺利开工。

两国在国防、安全等领域合作良好。7月，阿富汗国防部长阿卜杜勒·拉希姆·瓦尔达克将军访华。阿富汗奉行一个中国政策，在台湾、涉藏、涉疆等问题上一直予以中国坚定和宝贵支持。

两国在地区和国际事务中的合作进一步加强。6月，上海合作组织北京峰会吸收阿富汗为观察员，外交部副部长傅莹出席阿富汗问题伊斯坦布尔进程喀布尔会议。中国、阿富汗、巴基斯坦三方对话启动，并分别于2月和11月在北京和伊斯兰堡举行第一、二次会议。中方还派员出席了阿富汗问题东京会议、第五届阿富汗区域经济合作会议及阿富汗问题国际联络组会议等涉阿会议。

阿尔巴尼亚
(Albania)

2012年，中华人民共和国与阿尔巴尼亚共和国友好合作关系保持稳定发展。

两国高层交往不断。4月，国务院总理温家宝在华沙会见出席中国—中东欧国家领导人会晤的阿尔巴尼亚副总理兼外交部长埃德蒙德·哈吉纳斯托。3月，中共中央政治局委员、中共北京市委书记刘淇访问阿尔巴尼亚，与阿尔巴尼亚民主党主席、总理萨利·贝里沙，社会党议员团主席格拉莫兹·鲁奇，副议长纳米克·多克莱，地拉那市市长卢尔齐姆·巴沙分别会见会谈。10月，全国政协副主席张榕明对阿尔巴尼亚进行友好访问，分别与阿尔巴尼亚总统布亚尔·尼沙尼、议长约泽菲娜·托帕利、副议长阿德里安·图尔库会见。8月，阿尔巴尼亚外交部长埃德蒙德·帕纳里蒂访华，国务院副总理李克强、外交部长杨洁篪分别会见会谈。

两国经贸、军事、教育等领域交流不断，党际、地方交往取得积极进展。9月，中国人民武装警察部队副司令员戴肃军中将访问阿尔巴尼亚。4月，阿尔巴尼亚教育和科学部长米切雷姆·塔法伊访华。6月，阿尔巴尼亚地拉那市市长巴沙来华出席“2012城市可持续发展北京论坛”并对北京进行友好访问。8月和10月，阿尔巴尼亚民主党、社会党干部代表团分别来华考察。

阿尔巴尼亚积极参与中国—中东欧国家合作。9月，中国—中东欧国家合作阿尔巴尼亚国家协调员、阿尔巴尼亚外交部副部长塞利姆·贝洛尔塔亚来华出席中国—中东欧国家合作秘书处成立大会暨首次国家协调员会议。

阿尔及利亚
(Algeria)

2012年，中华人民共和国与阿尔及利亚民主人民共和国战略合作关系继续保持良好发展势头，各领域务实合作不断取得新进展。

双方高层领导人保持经常性接触。7月，国家主席胡锦涛致电阿尔及利亚总统阿卜杜勒—阿齐兹·布特弗利卡，祝贺阿尔及利亚独立50周年。8月，布特弗利卡总统致电胡锦涛主席，就中国多地发生洪水灾害表示慰问。11月，布特弗利卡总统致函习近平，祝贺其当选中共中央总书记。两国政治交往频繁。11月，全国人大常委会副委员长、全国妇联主席陈至立访问阿尔及利亚。5月，中国人民解放军副总参谋长马晓天空军上将访问阿尔及利亚。6月，阿尔及利亚全国经济及社会理事会主席穆罕默德·塞戈伊尔·巴拜斯访华。12月，阿尔及利亚外交部负责非洲和马格里布事务部长级代表阿卜杜勒卡德尔·梅萨赫勒访华。两国在中阿、中非合作论坛框架下进行了良好的合作。5月，阿尔及利亚外交部长穆拉德·梅德西出席中阿合作论坛第五届部长级会议，外交部长杨洁篪与梅德西会见。6月，阿尔及利亚文化部长赫丽达·图米来华参加中非合作论坛—文化部长论坛。7月，阿尔及利亚外交部部长级代表梅萨赫勒来华出席中非合作论坛第五届部长级会议。两国在国际和地区事务中保持着密切磋商和协调。9月，杨洁篪外长出席第67届联合国大会一般性辩论期间会见梅德西外长。1月和7月，外交部部长助理张明在非盟第20届部长执行理事会会议和非盟第19届首脑会议期间两次会见阿尔及利亚外交部部长级代表梅萨赫勒。

经贸合作继续取得新进展。双边贸易额持续增长，中国已成为阿尔及利亚第一大进口商品来源国，阿尔及利亚仍为中国在非洲最大的工程承包市场。2月，两国签署《中华人民共和国与阿尔及利亚民主人民共和国经济技术合作协定》。5月，中国机电商会组团参加第45届阿尔及尔国际博览会。11月，中国援阿歌剧院项目举行奠基仪式并开工。

两国文化、教育、新闻等领域的交流与合作蓬勃发展。中国派出三名团体操编导赴阿尔及利亚协助排演阿尔及利亚独立50周年庆典活动，受到阿尔及利亚政府和民众的高度评价。中国中央歌剧院交响乐团受邀参加第四届阿尔及尔国际交响乐节。中国三名汉语教师在阿尔及利亚教授汉语，十名留学生赴阿尔及利亚进修法语和阿拉伯语。5月，中国中央电视台与阿尔及利亚国家电视台签署了新闻合作协议。5～11月，阿尔及利亚多家主流媒体记者访华，报道中国改革开放和经济发展成就，访华记者人数之多、层次之高创历年之最。

安道尔
(Andorra)

2012年，中华人民共和国与安道尔公国的关系稳定发展。

两国政治互信牢固，在国际事务中保持良好配合与协调。3月，中国驻西班牙大使兼驻安道尔大使朱邦造应邀赴安道尔出席宪法日活动，并拜会安道尔外交大臣希尔韦特·萨沃亚·苏涅。朱邦造表示，中方高度赞赏并感谢安方在重大国际问题上一贯支持中方，愿继续积极发展与安道尔在各领域的友好合作关系。萨沃亚表示，安道尔高度重视发展对华关系，愿进一步深化并拓宽两国在国际和地区事务中的协调与配合，为安中关系注入新的活力。此后，萨沃亚回访朱邦造大使，就进一步推动有关合作交换意见。7月，中央机构编制委员会办公室代表团访问安道尔，受到安道尔政府热情接待。

两国人文交流蓬勃发展。“欢乐春节”系列活动首次走进安道尔。其中，中国新春音乐会充分展示了中华文化的独特魅力，吸引安道尔社会各界代表观看，赢得了积极广泛的社会反响，激发了安道尔民众进一步了解中国和中华文化的浓厚兴趣。

安哥拉
(Angola)

2012年，中华人民共和国与安哥拉共和国战略伙伴关系继续向前发展。

两国各层次交往密切。11月7日和22日，安哥拉人民解放运动政治局书记处分别致函中国共产党中央委员会，祝贺中国共产党第十八次全国代表大会召开和习近平当选中共中央总书记。

3月19～21日，中共中央政治局委员、北京市委书记刘淇率中国共产党代表团对安哥拉进行友好访问，分别与安哥拉总统若泽·爱德华多·多斯桑托斯、安哥拉人民解放运动总书记儒利昂·马特乌斯及安人运中央政治局委员、罗安达省委第一书记兼省长本托会见、会谈。4月3～6日，最高人民检察院检察长曹建明访问安哥拉，这是中国最高人民检察院检察长首次访问安哥拉。其间，曹建明检察长分别与安哥拉总统多斯桑托斯、司法部长吉列尔米娜·普拉塔、最高法院院长克里斯蒂安诺·安德烈、总检察长若昂·德索萨会见、会谈，双方签署了《关于加强中华人民共和国最高人民检察院与安哥拉共和国总检察院合作谅解备忘录》。6月6～8日，全国政协副主席、前澳门特别行政区行政长官何厚铧访问安哥拉，分别与安哥拉国民议会代议长洛伦索、国务部长兼经济协调部长曼努埃尔·多明戈斯·维森特、外交部长乔治斯·希科蒂、贸易部长玛丽亚·瓦伦特、农业部长阿丰索·佩德罗·坎加会见、会谈。4月24～27日，安哥拉内政部长塞巴斯蒂昂·马丁斯访华，分别与国务委员兼公安部长孟建柱、公安部副部长孟宏伟会见、会谈，双方签署了《中华人民共和国公安部和安哥拉共和国内政部关于维护公共安全和社会秩序的合作协议》。

年内，商务部副部长李金早、财政部副部长李勇、商务部部长助理李荣灿访问安哥拉。安哥拉财政部长卡洛斯·洛佩斯，贸易部长玛丽亚·瓦伦特，地质、矿产和工业部长若阿金·戴维，审计法院院长儒利昂·安东尼奥，纳米贝省省长坎迪多·席尔瓦等来华。计划部长安娜·洛伦索和外交部国务秘书甘博娅联合率团出席在北京举行的中非合作论坛第五届部长级会议。

两国经贸务实合作稳步发展。双边贸易额保持较快增长，两国互惠贷款合作进展顺利。安哥拉是中国在非洲第二大贸易伙伴和重要承包工程市场及石油供应国。两国签署了《中华人民共和国政府和安哥拉共和国政府经济技术合作协定》。中非合作论坛、中国—葡语国家经贸合作论坛有关举措涉安项目深入落实，双方签署了关于安哥拉95%输华产品免关税、中方为安方举办双边培训班等换文，以及《中华人民共和国政府和安哥拉共和国政府关于中国援助安哥拉农业技术示范中心合作议定书》。中国企业在安哥拉承建的本格拉铁路修复工程、洛比托港修复和扩建工程、安中国际物流商贸园区、社会住房等项目顺利推进。

两国其他领域交流与合作不断丰富。7月，双方签署了两国文化合作协定2012～2014年执行计划。2月，中国残疾人艺术团在安哥拉首都罗安达成功举行“我的梦”大型文艺演出。7～8月，中安警方在安哥拉采取联合行动，摧毁了一批侵害在安中国公民合法权益的违法犯罪团伙。年内，由在安哥拉中资企业全额资助在华学习的数十名安哥拉留学生学成回国。安哥拉国家航空公司增加了两国首都间直航航班班次。

安提瓜和巴布达
(Antigua and Barbuda)

2012年，中华人民共和国与安提瓜和巴布达友好关系进一步加强，经贸合作成果丰硕，在国际事务中保持密切沟通与配合。

两国政治关系保持发展势头。6月，中共中央政治局委员、天津市委书记张高丽过境安提瓜和巴布达。9月，安巴外交部常秘桑德拉·约瑟夫来京出席中国和加勒比建交国外交部间第五次磋商。

经贸合作继续加强。3月，商务部国际贸易谈判代表兼副部长高虎城访问安提瓜和巴布达。中方援建的巴布达社区中心、排污泵站维修项目先后竣工并交付使用，机场航站楼项目进展顺利。

文化、军事等领域交往不断深入。8月，中国人民解放军军乐团赴安提瓜和巴布达访演。10月，国防部外事办公室副主任慈国巍少将率中国人民解放军外事代表团访问安巴。

阿根廷
(Argentina)

2012年是中华人民共和国与阿根廷共和国建交40周年，两国战略伙伴关系进一步深化，各领域交流合作持续发展。

两国高层交往密切，政治互信不断加强。2月，国家主席胡锦涛同阿根廷总统克里斯蒂娜·费尔南德斯·德基什内尔就两国建交40周年互致贺电。6月，国务院总理温家宝对阿根廷进行正式访问，同克里斯蒂娜总统举行会谈，宣布启动两国政府共同行动计划制定工作，就进一步加强产业、贸易、农业、基础设施、能源、金融、人文等领域友好合作及共同关心的问题深入交换意见。两国政府发表联合声明，双方签署多项合作文件。温家宝总理还分别会见阿根廷副总统兼参议长阿马多·布杜和众议长胡利安·多明格斯，同克里斯蒂娜总统出席中阿建交40周年庆祝活动，并与阿根廷各界友好人士举行座谈。访问期间，温家宝总理同南方共同市场轮值主席国阿根廷总统克里斯蒂娜及巴西总统迪尔玛·罗塞芙、乌拉圭总统何塞·穆希卡共同出席中国与南方共同市场领导人视频会议。12月，全国政协主席贾庆林对阿根廷进行正式友好访问，分别会见克里斯蒂娜总统、布杜副总统兼参议长和众议院第一副议长诺尔玛·马塔拉佐，就双边关系及共同关心的问题广泛交换意见，并出席了在阿中资企业座谈会。全国政协副主席万钢、郑万通先后访问阿根廷。

国家发展与改革委员会副主任张晓强、商务部副部长陈健、国家质量监督检验检疫总局局长支树平先后访问阿根廷。阿根廷农牧渔业部长诺尔韦托·亚乌哈尔和联邦计划、公共投资与服务部长胡利奥·德维多先后访华。上述互访推动两国经贸合作稳步发展。截至2012年中国是阿根廷全球第二大贸易伙伴，阿根廷是中国在拉美第五大贸易伙伴。

两国司法、教育文化交往增强，相互了解进一步加深。教育部副部长李卫红和最高法院副院长景汉朝先后访问阿根廷。阿根廷国防部长阿图罗·普里切利访华。两国围绕建交40周年举行一系列丰富多彩的人文交流活动。

亚美尼亚
(Armenia)

2012年，中华人民共和国与亚美尼亚共和国友好合作关系保持积极发展势头，各领域交流与合作不断深化。

政治关系健康平稳发展。4月6日，国家主席胡锦涛与亚美尼亚总统谢尔日·萨尔基相就中亚建交20周年互致贺电。亚总统、亚美尼亚共和党主席萨尔基相在习近平当选中共中央总书记当日来信祝贺。6月9～12日，最高人民检察院检察长曹建明访亚，与亚总统萨尔基相会见，与亚总检察长阿格万·奥夫谢皮扬会谈。6月25～27日，最高人民法院副院长江必新访亚，与亚总统萨尔基相会见，与亚上诉法院院长阿尔曼·姆克尔图米扬会谈。9月26～29日，亚公众院主席瓦兹根·马努基扬访华，全国政协副主席、中国经济社会理事会主席王刚与马努基扬会见。10月26日，国务委员孟建柱会见来华出席国际会议的亚国家安全会议秘书阿尔图尔·巴格达萨良。两国在联合国等多边场合保持沟通与协调。

双方经贸合作持续发展。亚美尼亚白兰地等酒类产品对华出口增幅扩大。3月，中方向亚无偿援助的249辆公交车交付使用，受到亚美尼亚社会各界好评。

双方在人文、教育等领域加强交流与合作。两国举办建交20周年系列庆祝活动，社会反响热烈。亚埃里温国立语言大学孔子学院运转良好，办学规模扩大。10月，“中国文化日”活动在亚美尼亚举行并取得圆满成功。

澳大利亚
(Australia)

2012年是中华人民共和国与澳大利亚联邦建交40周年，两国互利共赢的全面合作关系继续保持良好发展势头。

双方高层交往频繁。国家主席胡锦涛3月出席韩国首尔核安全峰会、6月出席墨西哥洛斯卡沃斯二十国集团峰会期间，同澳大利亚联邦政府总理朱莉娅·吉拉德简短寒暄。11月，国务院总理温家宝在柬埔寨金边出席第七届东亚峰会期间会见澳总理吉拉德。12月，中共中央政治局委员、国务委员刘延东访澳，并出席澳总理吉拉德举行的中澳建交40周年大型庆祝晚宴。6月，中共中央政治局委员、广东省委书记汪洋访澳。3月，全国政协副主席、中央统战部部长杜青林访澳。9月，全国政协副主席厉无畏访澳。10月，全国人大常委会副委员长周铁农访澳。

7月，澳副总理兼国库部长韦恩·斯旺访华。9月，澳大利亚外交部长鲍勃·卡尔就中国云南、贵州交界地区发生地震致函外交部长杨洁篪表示慰问。11月，澳执政党工党全国书记乔治·赖特、全国副书记尼克·马丁以及反对党国家党领袖沃伦·特拉斯、自由党副领袖朱丽·毕晓普、绿党领袖克里斯汀·米尔恩分别来函祝贺中国共产党召开第十八次全国代表大会。

其他重要双边交往有：2月，澳大利亚高等教育、技能、科研部长克里斯托弗·埃文斯访华。4月，商务部长陈德铭访澳，澳气候变化和能源效率、工业与创新部长格雷格·康比特访华。5月，澳外交部长卡尔访华。6月，澳资源、能源和旅游部长马丁·弗格森访华。7月，澳反对党领袖托尼·阿博特访华。8月，国土资源部长徐绍史访澳。12月，澳艺术及地区发展、地方政府事务部长西蒙·克林访华，澳自由党—国家党联盟代表团访华。

双边贸易额继续稳步增长，经贸合作取得新进展。据澳方统计，中国是澳大利亚第一大贸易伙伴、出口市场和进口来源地。3月，中国人民银行与澳大利亚储备银行签署了规模为2000亿元人民币的本币互换协议，澳是目前与中国签署此类协议的最大发达经济体。同月，中澳举行第18轮双边自由贸易协定谈判。5月，澳贸易和竞争力部长克雷格·埃默森来华出席首届中国（北京）国际服务贸易交易会，并与中方举办首届中澳服务贸易促进论坛。

双边对话和磋商机制有序推进。双方举行中澳议会定期交流机制第四次会议、中澳论坛第二次会议、第20次外交部官员政治磋商和第14次人权对话、中澳气候变化第四次部长级对话等。

中澳建交40周年系列纪念活动成功举行，两国在文化、旅游、科技、教育等人文领域的友好交流和互利合作成果丰硕，民间交往活跃。6月，"中国文化年"在澳大利亚悉尼市闭幕，中澳互办文化年活动圆满结束。12月，中共中央政治局委员、国务委员刘延东访澳期间，双方签署《中华人民共和国科技部与澳大利亚工业、创新、科研与高等教育部关于共建联合研究中心的声明》、《中国国家图书馆与澳大利亚国家图书馆合作备忘录》、《中华人民共和国教育部与澳大利亚工业、创新、科研与高等教育部及澳大利亚教育、就业和劳资关系部关于教育、培训与高等教育研究的合作谅解备忘录》以及《中华人民共和国教育部与澳大利亚科工组织关于科学与技术合作的谅解备忘录》。截至2012年底，中国已在澳开设13家孔子学院，两国已建立84对友好省州和城市关系。澳塔斯马尼亚州、南澳大利亚州、新南威尔士州、西澳大利亚州、维多利亚州等地方领导人先后访华。

两军交往密切。6月，澳大利亚国防部长斯蒂芬·史密斯访华。7月，澳国防军副司令马克·宾斯金空军中将访华。10月，中国、澳大利亚、新西兰三国军队在澳首次共同举行"合作精神—2012"三边人道主义救援减灾联合演练。12月，澳国防军司令戴维·赫尔利上将访华，与中国人民解放军总参谋长房峰辉上将共同主持中澳第15次战略磋商。由中国人民解放军海军第12批护航编队中三艘舰艇组成的出访编队在结束亚丁湾护航任务后访澳。

奥地利
(Austria)

2012年中华人民共和国与奥地利共和国关系总体进一步发展，但受到了涉藏问题的严重干扰。

两国经贸、科技、司法、人文等领域交流与合作取得新进展。3月和12月，中国与奥地利经贸联委会第23次会议和中奥科技联委会第10次会议先后在北京召开。4月，民政部长李立国访奥。4月，奥司法部长贝阿特里克斯·卡尔访华，中共中央政治局常委、中央政法委书记周永康会见了卡尔一行。6月29日至7月1日，中国国家大剧院大型原创史诗京剧《赤壁》在奥地利维也纳演出。

两国地方交往取得新成果。5月，海南省委副书记、省长蒋定之访问奥地利萨尔茨堡州。3月，萨尔茨堡州州长加比·布格施塔勒访华，中共中央政治局委员、全国政协副主席王刚和国务委员戴秉国分别会见。3月，黑龙江省与奥地利萨尔茨堡州签署《中华人民共和国黑龙江省与奥地利萨尔茨堡州建立友好省州关系协议书》。截至2012年底，两国已建立18对友好省州（市）关系。

1月26日和8月28日，奥地利新任驻华大使艾琳娜和中国新任驻奥大使赵彬分别到任。

5月，奥总理维尔纳·法伊曼和副总理兼欧洲和国际事务部长（外交部长）米夏埃尔·施平德勒格不顾中方多次严正交涉，执意分别会见达赖，对中奥关系产生消极影响。

阿塞拜疆
(Azerbaijan)

2012年，中华人民共和国与阿塞拜疆共和国友好合作关系稳步健康发展。

双方保持高层交往，政治互信继续深化。1月，国家主席胡锦涛与阿塞拜疆总统伊利哈姆·阿利耶夫互致贺电，庆祝中阿建交20周年。11月，中共中央书记处书记、全国政协副主席杜青林率中共代表团出席在巴库举行的亚洲政党国际会议第七届大会并访阿。12月，全国政协副主席白立忱访阿。9月，全国人大外事委员会主任委员李肇星访阿。

阿塞拜疆政府奉行一个中国政策，在涉及中方核心利益的重大问题上支持中方立场。两国在联合国等国际组织中保持良好沟通和协调。

中阿经贸合作发展顺利。两国在能源、通信、电力、建材、民航等领域合作取得积极进展。6月，阿塞拜疆经济发展部长沙欣·穆斯塔法耶夫访华，双方签署《中国商务部同阿塞拜疆经济发展部合作备忘录》，并在广州举办中国—阿塞拜疆经贸论坛。

两国人文领域交流与合作成果显著。双方隆重庆祝两国建交20周年，举行纪念招待会、发行纪念邮封。7月，双方在巴库签署中阿教育部2012～2015年教育合作协议。阿巴库国立大学孔子学院运营良好。10月，中国国际问题研究所、国务院发展研究中心等机构学者赴阿出席第二届巴库国际人文论坛。12月，“中国文化日”活动在巴库成功举行。

巴哈马
(The Bahamas)

2012年，中华人民共和国与巴哈马国友好合作关系继续深入发展，各领域合作成效显著。

两国保持各层级交往，政治互信进一步加深。2012年是中巴建交15周年，两国分别举行了一系列庆祝活动。5月，国务院总理温家宝致电祝贺巴哈马新当选总理佩里·克里斯蒂就任。9月，巴外交部副常秘玛里琳·佐尼克尔来北京出席中国和加勒比建交国外交部间第五次磋商。年内，卫生部副部长尹力、商务部副部长姜增伟分别访巴。

两国经贸合作顺利发展，双边合作项目有序推进。2月，中国政府援建的巴哈马国家体育场项目举行隆重启用仪式。中国建筑工程总公司带资承包的巴哈马大型海岛度假村项目、巴哈马政府使用中国优惠贷款建设的拿骚国际机场高速公路项目实施进展顺利。两国政府还签署了巴方利用中国政府优惠贷款实施北阿巴科岛港口和桥梁项目的框架协议。

两国地方和人文交流不断。年内，上海市政协主席冯国勤率团访问巴哈马。天津华夏少儿艺术团、西安音乐学院四重奏演出团访巴演出。巴哈马音乐协会和由42名团员组成的巴国家合唱团分别访华演出和参加中国国际合唱节。10月，巴哈马学院孔子课堂正式升级为孔子学院，成为加勒比地区第二所孔子学院，中方继续为巴哈马留学生提供奖学金到中国学习，巴哈马政府派官员和技术人员到中国参加各种培训班。

巴 林
(Bahrain)

2012年，中华人民共和国与巴林王国友好合作关系继续稳步发展。

两国保持良好政治交往。12月，巴林众议院代表团访华。中方多次表态支持巴林维护国家稳定的努力。

7月3日，中国新任驻巴林特命全权大使李琛向巴林国王哈马德·本·伊萨·阿勒哈利法递交国书。

两国经贸、人文、地方等领域交流活跃。2月，宁夏回族自治区副主席李锐访巴。3月，文化部副部长王文章访巴。11月，宁夏回族自治区党委副书记崔波访巴。9月，巴林财政大臣艾哈迈德·本·穆罕默德·阿勒哈利法来华出席第三届中阿经贸论坛。首相经济顾问萨勒曼来华出席天津夏季达沃斯论坛。双方签署2012～2016年度文化执行计划，中阿合作论坛第二届中国艺术节在巴林举办。

孟加拉国
(Bangladesh)

2012年，中华人民共和国与孟加拉人民共和国更加紧密的全面合作伙伴关系继续深入发展，各领域交流与合作进一步深化。

两国高层交往频繁，政治互信水平提高。10月，中共中央政治局常委李长春对孟进行正式友好访问，广泛接触孟政要和社会各界，就推进中孟关系全面发展达成多项共识。9月，孟议长阿卜杜尔·哈米德赴成都出席第13届中国西部国际博览会，全国人大常委会委员长吴邦国会见。7月，在柬埔寨金边东盟地区论坛外长会期间，外交部长杨洁篪同孟外交部长迪布·莫尼简短会见。

两国政党、军队、地方交流活跃。10月，孟加拉国最大的反对党孟加拉民族主义党主席、前总理卡莉达·齐亚访华，国家副主席习近平会见。11月，博鳌亚洲论坛中方首席代表、国务院前副总理曾培炎访孟。福建省委副书记陈文清、吉林省政协副主席别胜学等分别访孟。孟外长迪布·莫尼、财政部长阿布·马尔·阿卜杜尔·穆希特等来华出席有关活动。11月，孟空军参谋长穆哈迈德·埃纳穆尔中将来华参加珠海航展。2012年中方接受100多名孟军官来华培训，安排3名中国军事留学生赴孟学习。

两国经贸合作成果丰硕。中方向孟加拉国帕德马水厂项目提供优惠贷款。沙迦拉化肥厂和友谊七桥项目相继开工，中孟友谊展览中心项目取得积极进展，3G网络项目正式投入商业运营。

两国文化交流不断深入，人员往来稳步增加。“欢乐春节”系列活动、“中孟友谊”青少年绘画比赛、“汉语桥”大学生中文比赛等品牌文化活动继续进行。36名孟加拉国学生获得中国政府奖学金。两国民间往来日益频繁，驻孟使馆发放各类来华签证逾2万个。

巴巴多斯
(Barbados)

2012年，中华人民共和国与巴巴多斯友好关系保持良好发展势头。

两国高层往来不断。6月，国家主席胡锦涛向巴巴多斯新任总督埃利奥特·贝尔格雷夫致电祝贺。6月，中共中央政治局委员、天津市委书记张高丽对巴进行友好访问。3月，商务部国际贸易谈判代表兼副部长高虎城访巴。9月，巴外交和外贸部副常务秘书戴维·布尔布利亚来北京出席中国和加勒比建交国外交部间第五次磋商。

5月10日，中国新任驻巴大使徐宏向巴巴多斯代总督贝尔格雷夫递交国书。

两国经贸合作续有进展。8月，双方签署《中华人民共和国政府和巴巴多斯政府经济技术合作协定》。

两国地方和人文交流活跃。3月，中国—拉丁美洲和加勒比友好协会会长成思危访问巴巴多斯。10月，巴巴多斯—中国友协主席理查德·西利来华参加国际少林武术节。12月，江苏省副省长史和平率经济友好代表团访巴。5月和8月，深圳爱华艺术团和解放军军乐团先后赴巴访演。6月，中国教育交流代表团访巴。

5月30日是中国巴巴多斯建交35周年纪念日，国务院总理温家宝和巴巴多斯总理弗罗因德尔·斯图亚特、外交部长杨洁篪和巴外交和外贸部长玛克辛·麦克林分别互致贺电，两国举行了一系列庆祝活动。

白俄罗斯
(Belarus)

2012年，中华人民共和国与白俄罗斯共和国关系健康稳定发展，各领域务实合作成果丰硕。

双方高层交往频繁，政治互信增强。1月20日，国家主席胡锦涛与白俄罗斯总统亚历山大·卢卡申科就中白建交20周年互致贺电。白总统卢卡申科在“神舟九号”飞船发射成功后第一时间致信胡锦涛主席表示祝贺，在习近平当选中共中央总书记当日来信致贺。5月20～23日，全国人大常委会副委员长路甬祥访白，分别会见白总统卢卡申科、总理米哈伊尔·米亚斯尼科维奇，与白国民会议代表院主席弗拉基米尔·安德烈琴科、国民会议共和国院主席阿纳托利·鲁比诺夫会谈。7月11～14日，中央军委副主席徐才厚上将访白，分别会见白总统卢卡申科、总理米亚斯尼科维奇，与国防部长尤里·扎多宾会谈。6月3～9日，时任白总统办公厅主任弗拉基米尔·马克伊访华，全国政协主席贾庆林、外交部长杨洁篪、中共中央对外联络部部长王家瑞分别会见。6月20日，杨洁篪外长与时任白外交部长谢尔盖·马丁诺夫在里约热内卢出席联合国可持续发展大会期间举行会晤。9月12～14日，中白外交部磋商在北京举行。中白在涉及对方核心利益的问题上相互支持，在国际组织中保持密切协作。

两国务实合作深入推进。10月30日，中白政府间经贸合作委员会第13次会议在明斯克举行。中国企业在白承建的明斯克2号、5号电站改造工程圆满完成，两条水泥生产线点火达产。中白工业园、“北京饭店”等项目进展顺利。广东省、内蒙古自治区、河南省、辽宁省、山东省、北京市等多个地方团组访白，推动双方地方务实合作取得显著成果。

两国文化、教育、科技、军事等领域交流与合作活跃。两国各界举办一系列庆祝中白建交20周年活动，社会反响热烈。5月，成立中白政府间高科技合作委员会。11月，白俄罗斯在北京举办“白俄罗斯文化日”活动。12月，白国防部长扎多宾访华。

比利时
(Belgium)

2012年，中华人民共和国与比利时王国关系发展顺利，各领域交流与合作进一步深化。

双方高层互访频繁，政治互信增强。9月20日，国务院总理温家宝对比利时进行正式友好访问，与比首相埃利奥·迪吕波会谈，就深化双边关系达成一系列重要共识。5月1～2日，国务院副总理李克强访问比利时，与首相迪吕波会谈，分别会见比国王阿尔贝二世和副首相兼外交、外贸和欧洲事务大臣迪迪埃·雷德尔斯。4月，国务委员刘延东访问比利时，分别会见首相迪吕波、王储菲利普和联邦众议长安德烈·弗拉奥。6月，比利时副首相兼外交、外贸和欧洲事务大臣雷德尔斯访华，国务院副总理李克强会见，外交部长杨洁篪与雷德尔斯举行会谈。

经贸务实合作加速发展。6月，商务部长陈德铭访问比利时。比利时成为中国在欧盟的第六大贸易伙伴。双方中小企业合作势头旺盛，高科技导向性增强。武汉东湖高新技术创业中心同新鲁汶大学签署合作协议，共建中国第一个海外企业孵化器。中关村科技园在布鲁塞尔开设办事处。双向投资增长迅速。两国在微电子研究、通讯技术、金融服务等领域合作成果显著。

人文、教育、科技等领域合作深入推进。2月，文化部长蔡武访问比利时。中国4所孔子学院在比利时落户，比学习汉语人数超过3000人。4月，教育部长袁贵仁随国务委员刘延东访问比利时期间，两国签署了中比（弗拉芒区）教育交流与合作协议。6月，中比（弗拉芒区）2012年科技联委会在布鲁塞尔召开。年内中国工程院、中国检验检疫科学院等多个代表团访问比利时，深化拓展了两国科技交流与合作。

此外，中国和比利时地方交往不断扩大。年内，四川省、湖北省、广东省、浙江省代表团分别访问比利时。6月，比利时瓦隆大区首席大臣鲁迪·德莫特访华。

贝　宁
(Benin)

2012年是中华人民共和国与贝宁共和国复交40周年，两国友好合作关系继续深入发展，各领域交流合作稳步推进。

两国高层交往频繁。7月，贝宁总统托马·博尼·亚伊来华出席中非合作论坛第五届部长级会议开幕式并访华，国家主席胡锦涛和国家副主席习近平分别会谈、会见，双方就两国关系和共同关心的问题交换意见。11月，贝宁国民议会议长马蒂兰·纳戈访华，全国人大常委会委员长吴邦国会见。11月，亚伊总统致函祝贺习近平当选中共中央总书记；贝宁执政联盟“贝宁崛起贝壳力量”写信祝贺中国共产党第十八次全国代表大会顺利召开。12月，胡锦涛主席和亚伊总统以及外交部长杨洁篪和贝宁外交、非洲一体化、法语国家和侨民事务部长纳西鲁·阿里法里·巴科分别就中贝复交40周年互致贺电。

务实合作不断取得新进展。4月，贝宁政府行政办公楼封顶。8月，阿卡萨托—博希孔公路首段4公里紧急整修项目交付贝方。

人文交流丰富多彩。1月、8月，重庆艺术团两次赴贝宁访问演出，为“欢乐春节”、贝宁国庆等活动助兴添彩。11月，为庆祝中贝复交40周年，天津艺术团赴贝宁访问演出。

玻利维亚
(Bolivia)

2012年，中华人民共和国与多民族玻利维亚国友好合作关系继续平稳发展。

两国保持高层交往。11月，玻利维亚总统胡安·埃沃·莫拉莱斯致函祝贺习近平当选中共中央总书记。12月，玻参议长加布列拉·蒙塔尼奥访华，吴邦国委员长会见。8月，玻副外长胡安·卡洛斯·阿鲁拉尔德和副外长阿尔弗雷多·拉达联合访华，两国外交部举行第八次政治磋商和第三次领事磋商。10月，玻发展规划部长埃尔瓦·比维安娜·卡罗、国防部长鲁文·萨阿韦德拉访华。

两国经贸、科技、人文等领域交流与合作日益增多。中玻“图帕克·卡塔里”卫星合作项目顺利推进，计划于2013年底发射升空。

两国就联合国事务、气候变化等重大国际问题保持密切沟通与配合。

波斯尼亚和黑塞哥维那
(Bosnia and Herzegovina)

2012年，中华人民共和国与波斯尼亚和黑塞哥维那友好合作关系稳步发展。

政治关系发展顺利。4月，国务院总理温家宝在华沙会见出席中国—中东欧国家领导人会晤的波斯尼亚和黑塞哥维那部长会议主席弗耶科斯拉夫·贝万达。3月，国务院副总理回良玉过境波黑期间，会见波黑部长会议主席贝万达。

经贸、人文、司法等领域合作发展顺利。11月，商务部副部长兼国际贸易谈判副代表钟山赴波黑举行两国经贸混委会第四次例会。2月，中国民间体育艺术剪纸展在萨拉热窝举行。南京民乐团赴波黑参加“萨拉热窝之冬”艺术节并举行专场音乐会。6月，上海市友协代表团访问波黑期间，举办《上海之窗》人文图片展。10月，新华社常驻波黑记者站正式启动工作。12月，波黑司法部长巴里沙·乔拉克访华。

波黑积极参与中国—中东欧国家合作。9月，中国—中东欧国家合作波黑国家协调员、部长会议主席顾问萨沙·马里奇来华出席中国—中东欧国家合作秘书处成立大会暨首次国家协调员会议。11月，波黑对外贸易和经济关系部副部长埃尔米娜·萨尔基切维奇—迪兹达雷维奇来华出席在上海举办的2012中国国际旅游交易会中国—中东欧国家旅游产品专场推介会。

博茨瓦纳
(Botswana)

2012年，中华人民共和国与博茨瓦纳共和国友好合作关系继续深入发展。

两国保持高层交往。4月，全国人大常委会副委员长桑国卫访问博茨瓦纳，与博国民议会议长玛格丽特·纳莎举行会谈，并会见博副总统蒙帕蒂·梅拉费。7月，外交部部长助理张明访问博茨瓦纳，双方举行两国外交部第三次政治磋商。6月，博总统事务与公共管理部长莫克格威茨·马西西率博内阁减贫工作委员会代表团访华，国务院副总理回良玉予以会见，国务院扶贫办主任范小建与马西西举行会谈。7月，博外交与国际合作部长潘杜·斯凯莱马尼来华出席中非合作论坛第五届部长级会议。

两国经贸合作稳步推进。中非合作论坛第四届部长级会议援非新八项举措涉博项目落实工作进展良好，农村小学和太阳能项目签署换文。4月，国家税务总局局长肖捷访问博茨瓦纳，双方签署《中华人民共和国政府与博茨瓦纳共和国政府对所得避免双重征税和防止偷漏税的协定》。

两国政党、人文等领域的交流与合作不断加强。中央党史研究室主任欧阳淞访问博茨瓦纳。由46名队员组成的中国第13批援博医疗队到博开展工作。中国福建省艺术团到博访演，反响热烈。博酋长院主席哈博罗内参加“非洲传统领导人考察团”访华。博青年、体育与文化部长肖·卡蒂来华出席中非合作论坛—文化部长论坛。博方派员来华出席第二届中非青年领导人论坛和中非民间论坛。

巴　西
(Brazil)

2012年，中华人民共和国与巴西联邦共和国关系迈上新台阶，各领域合作继续扩大。

两国高层交往频繁，政治互信加深。3月，国家主席胡锦涛在出席金砖国家领导人第四次会晤期间同巴西总统迪尔玛·罗塞芙就双边关系、新兴大国合作等深入交换意见。6月，国务院总理温家宝出席在里约热内卢举行的联合国可持续发展大会并对巴西进行正式访问，同罗塞芙总统共同宣布将中巴关系提升为“全面战略伙伴关系”，两国领导人签署两国政府《十年合作规划》，双方发表联合声明，并决定建立外长级全面战略对话。6月，巴西众议长马尔科·马亚访华，全国人大常委会委员长吴邦国、国务院总理温家宝分别会见，全国人大与巴西众议院正式启动定期交流机制。

2月，国务院副总理王岐山赴巴西主持召开中国—巴西高层协调与合作委员会第二次会议。中共中央政治局委员、全国人大常委会副委员长王兆国，全国政协副主席、致公党主席、科技部长万钢，全国政协副主席郑万通、阿不来提·阿不都热西提、张梅颖，中央军委委员、空军司令员许其亮上将年内分别访巴。巴西发展工业和贸易部长费尔南多·皮门特尔、科技部长马尔科·茹普及多位州长分别访华。

两国在联合国、二十国集团、金砖国家、“基础四国”等国际组织和多边机制中就国际金融体系改革、气候变化、欧债危机、新兴大国合作等重大国际和地区问题保持良好沟通与协调。5月，温家宝总理与罗塞芙总统就联合国可持续发展大会有关问题通电话。外交部长杨洁篪和巴西外交部长安东尼奥·帕特里奥塔两次通电话，就双边关系、金砖国家领导人会晤、联合国可持续发展大会、叙利亚问题等交换意见。两国外交部先后举行外交政策、非洲事务、拉美事务和中东事务磋商。

中巴务实合作稳步推进。中国—巴西高层协调与合作委员会经贸分委会、财金分委会、质检分委会、工业和信息分委会年内分别举行会议，推动相关领域务实合作。中国继续保持巴西第一大贸易伙伴和出口对象国地位，并成为巴西第一大进口来源国。温家宝总理访巴期间，双方签署涉及贸易、金融、海关、农业、质检、航空等领域的合作文件。

两国科技、人文合作取得新进展。温家宝总理访问巴西期间，双方决定互设文化中心；教育部与巴西教育部、科技与创新部签署《关于在中国实施“科学无国界—中国子项目”的谅解备忘录》；两国科技部就建立气象卫星联合中心和中巴生物技术中心签署相关合作文件。科技部长万钢访巴期间，中巴纳米技术联合研究中心和中巴农业科技联合实验室巴方代表处揭牌。

文　莱
(Brunei Darussalam)

2012年，中华人民共和国与文莱达鲁萨兰国关系发展顺利，各领域友好交流与合作进一步加强。

两国高层交往密切。9月，国家主席胡锦涛在出席亚太经合组织第20次领导人非正式会议期间，同文莱苏丹哈桑纳尔·博尔基亚举行会晤。4月，全国政协主席贾庆林对文莱进行正式友好访问。分别会见了文莱苏丹哈桑纳尔和立法会议长佩欣·达图·哈吉·阿旺·伊萨；广泛做文莱各界友好工作，有力推动了中国文莱友好合作关系发展。8月，外交部长杨洁篪对文莱进行正式访问。5月，文莱外交与贸易部第二部长佩欣·达图·林玉成和文首相府能源部长达图·斯里·穆罕默德·亚斯敏访华。

两国经贸、能源合作不断深化。中文双边贸易额13.1亿美元。文莱工业与初级资源部长佩欣·达图·叶海亚·宾·帕都卡和发展部长佩欣·达图·苏约伊·宾·奥斯曼出席第九届中国—东盟博览会。中国海洋石油总公司开始为文莱方面培训油气技术人员。

双方各领域的交流与合作进一步加强。4月，中国新疆木卡姆艺术团在文莱举办了“文化中国·魅力新疆”专场文艺演出。11月，中国海军“郑和”号训练舰访问文莱。12月，中方首批援文莱青年志愿者赴文工作。

保加利亚
(Bulgaria)

2012年，中华人民共和国与保加利亚共和国的友好合作关系顺利发展，各领域交往增多。

两国保持各级别往来。11月5日，国务院总理温家宝在万象出席第九届亚欧首脑会议期间会见保加利亚总统罗森·普列夫内利埃夫。4月26日，国务院总理温家宝在华沙出席中国—中东欧国家领导人会晤期间会见保加利亚副总理兼财政部长西美昂·迪扬科夫。5月，中共中央政治局委员、中共中央政法委副书记王乐泉访问保加利亚，会见保加利亚副总统马尔加里塔·波波娃、国民议会议长采茨卡·察切娃。5月，全国政协副主席林文漪访问保加利亚，会见保加利亚国民议会议长察切娃。9月，全国人大常委会副委员长陈至立访问保加利亚，会见保加利亚总统罗森·普列夫内利埃夫、国民议会议长察切娃、副议长阿纳斯塔斯·阿纳斯塔索夫。11月，保加利亚国民议会副议长门达·斯托扬诺娃来华并分别会见全国人大常委会副委员长韩启德、全国政协副主席张榕明。

经贸领域合作成果显著。3月，商务部副部长蒋耀平率中国政府经贸代表团访问保加利亚。10月，中国海关总署副署长吕滨率团访问保加利亚。中国企业在保加利亚投资合作稳步开展。保加利亚利泰克斯公司长城汽车生产厂正式开业，浙大网新科技股份有限公司如期完成马里查电站烟气脱硫项目，天津农垦集团在保加利亚投资项目稳步推进，中建材公司承建德弗尼亚水泥厂项目进展顺利，比亚迪汽车公司在保加利亚投资设厂生产电动大巴。11月，保加利亚在上海设立投资贸易促进中心。

保加利亚积极在中国—中东欧国家合作框架内对华开展合作。9月，保加利亚外交部常务秘书伊万·锡拉科夫来华出席中国—中东欧国家合作秘书处成立大会暨首次国家协调员会议。11月，保加利亚经济、能源和旅游部长戴里安·多布雷夫，总统经济顾问艾夫根尼·安格洛夫访华并率团赴上海参加中东欧国家旅游专场推介会并出席保加利亚投资环境推介会。

两国议会、党际交往日益扩大。7月，全国人大外事委员会副主任委员查培新访问保加利亚；9月，全国党建研究会会长虞云耀访问保加利亚；12月，全国政协副主席、中国国际交流协会副会长王志珍在保加利亚过境。2月，保加利亚"斯拉夫人"基金会主席扎哈里·扎哈里埃夫访华；6月，振兴保加利亚民主党主席伊万·科斯托夫、争取欧洲进步公民党干部考察团分别访华。

两国文化、教育、军事等领域合作不断加深。中国戏剧日、网上电影周、《脉动中国》图片展、《中国原创》大型文化展示等中保文化合作项目取得良好效果。两国文艺团体互访受到好评。保加利亚第二所孔子学院正式揭牌，大中小学汉语教学点扩大至15个。保加利亚汉语和中国文化教育联盟成立，两国互换奖学金名额增加至35个。5月，解放军总装备部副部长刘胜中将率团访问保加利亚。8月，中国海军"烟台"号护卫舰访问保加利亚。9月，中国人民武装警察代表团访问保加利亚。

其他领域及地方交往不断扩大。国家审计署、当代世界研究中心、中国国电集团等代表团相继访问保加利亚。5月，中保科技合作委员会第13届例会在中国举行。河南省、黑龙江省、云南省、浙江省丽水市等代表团分别访问保加利亚。2012年，黑龙江省与洛维奇大区、重庆市南江区与蒙塔纳市结为友好省市，截至2012年年底，两国共有10对友好城市。

布隆迪
(Burundi)

2012年，中华人民共和国与布隆迪共和国的友好合作关系继续稳步发展。

两国政治交往密切。6月，国家主席胡锦涛特使、文化部长蔡武出席布隆迪独立50周年庆典。5月，布隆迪第二副总统热尔韦·鲁菲基里访华。7月，布隆迪对外关系与合作部长洛朗·卡瓦库雷来华出席中非合作论坛第五届部长级会议。8月，布隆迪第一副总统泰朗斯·西农古鲁扎来华出席第二届中非地方政府合作论坛。9月，布隆迪参议长加布里埃尔·恩蒂塞泽拉纳访华。同月，布隆迪执政党保卫民主全国委员会—保卫民主力量主席帕斯卡尔·尼亚邦达率团来华考察。

两国经贸合作进展顺利。6月，中国援建的太阳能项目完工。11月，职业技术学校项目正式开工。

文化、教育交流合作不断推进。6月，布隆迪青年、体育和文化部长让·雅克·尼耶尼米加博来华出席中非合作论坛—文化部长论坛。同月，中国河南艺术团赴布隆迪访问演出。7月，布隆迪大学孔子学院举行揭牌仪式。

柬埔寨
(Cambodia)

中华人民共和国与柬埔寨王国自1958年建交以来，双边关系发展顺利。2010年，两国建立全面战略合作伙伴关系。2012年，两国各领域务实合作富有成效。

两国政治交往密切。3月，国家主席胡锦涛对柬埔寨进行国事访问，这是中国国家元首时隔12年首次访问柬埔寨。访问期间，胡锦涛主席分别会见了柬埔寨国王诺罗敦·西哈莫尼、参议院主席谢辛、国会主席韩桑林和首相洪森。双方发表联合声明，决定将2013年定为中柬友好年，全面推进人文和青年交流，扩大经贸、农业、基础设施建设等领域合作，到2017年实现双边贸易额翻一番达到50亿美元，加强在地区事务中的协调与合作，促进中国与东盟关系、东亚合作健康稳定发展。11月，国务院总理温家宝赴金边出席东亚领导人系列会议期间，对柬埔寨进行正式访问。其间，吊唁柬埔寨太皇诺罗敦·西哈努克并会见太后莫尼列和国王诺罗敦·西哈莫尼，同首相洪森举行会谈。中共中央政治局常委、中央纪律检查委员会书记贺国强，国务委员刘延东，国务委员兼国防部长梁光烈上将，全国人大常委会副委员长路甬祥，全国人大常委会副委员长华建敏，全国政协副主席、中国人民争取和平与裁军协会副会长厉无畏分别访柬。外交部长杨洁篪出席东盟地区论坛外长会期间会见柬埔寨副首相兼外交国际合作部大臣贺南洪。8月，柬埔寨国王诺罗敦·西哈莫尼访问河南省。9月，首相洪森来华出席第二届中国—亚欧博览会，温家宝总理会见。副首相兼外交国际合作部大臣贺南洪、副首相涅本才分别访华，国务大臣兼商业部大臣占蒲拉西出席第九届中国—东盟博览会。

中柬传统友谊深厚。国务院总理温家宝、国务委员戴秉国分别看望长期在京休养的柬埔寨太皇诺罗敦·西哈努克夫妇。10月15日，诺罗敦·西哈努克太皇在北京逝世。国家主席胡锦涛、副主席习近平、全国人大常委会委员长吴邦国、国务院总理温家宝、全国政协主席贾庆林等党和国家领导人分别前往吊唁、看望、送别。柬埔寨国王诺罗敦·西哈莫尼、首相洪森来华迎请灵柩。国务委员戴秉国护送灵柩返柬。

两国经贸合作不断深化。中国政府提供无偿援助和优惠贷款支持柬埔寨公路、桥梁及水利、水电等基础设施项目建设，取得良好经济社会效益。

双方党际交流频繁，中国共产党与柬埔寨人民党和奉辛比克党按照双方商定的计划派团互访。两国文化、教育部门保持密切交往，在文化遗产保护等方面合作稳步推进。两国执法部门在执法能力建设、禁毒、打击电信诈骗和恐怖活动等领域合作进展顺利。

喀麦隆
(Cameroon)

2012年，中华人民共和国与喀麦隆共和国的友好合作关系继续深入发展。

11月，喀麦隆人民民主联盟主席、总统保罗·比亚致函习近平，祝贺其当选中共中央总书记。7月，喀麦隆对外关系部长皮埃尔·穆科科·姆邦乔来华出席中非合作论坛第五届部长级会议。

12月7日，中国新任驻喀麦隆大使沃瑞棣向喀总统比亚递交国书。

两国在经贸领域合作成果丰硕。中国向喀麦隆移交援赠的一架新舟60飞机，援建杜阿拉妇儿医院基本完工，杜阿拉中等职业技术学校等项目稳步推进。使用中国优惠性质贷款实施的林贝和巴富桑两座小型体育场、默坎水电站、1500套社会住房、杜阿拉供水二期等项目进展顺利。

双方在文教、新闻领域交往密切。4月和11月，喀麦隆旅游和娱乐国务部长贝洛·布巴·迈加里先后来华出席第八届中国出境旅游交易会和第14届中国国际旅游交易会。

加拿大
(Canada)

2012年，中华人民共和国与加拿大关系发展势头良好。

两国高层交往密切。9月9日，国家主席胡锦涛在俄罗斯亚太经济合作组织领导人非正式会议期间会见加拿大总理斯蒂芬·哈珀，并共同出席中加投资保护协定签字仪式。2月7～11日，加拿大总理斯蒂芬·哈珀对中国进行正式访问，国家主席胡锦涛、全国人大常委会委员长吴邦国、国务院总理温家宝分别会见、会谈，国务院副总理李克强与哈珀总理会见并共同出席第五届中加经贸合作论坛。两国领导人就中加关系、双边务实合作及重大国际地区问题深入交换了意见，达成重要共识。双方重申致力于加强中加战略伙伴关系，同意继续按照中加联合声明精神，本着相互尊重、平等互利的原则，保持密切高层交往，增进政治互信，拓展务实合作，扩大人文交流，加强在国际地区问题上的磋商与合作。访问期间，双方发表联合成果清单，有关部门和企业签署了涉及经贸、能源、教育、科技等领域的多项合作协议。除北京外，哈珀还访问了广州和重庆。2月16日，国务院副总理王岐山过境温哥华，会见加拿大不列颠哥伦比亚省省长简蕙芝。3月27～29日，全国政协副主席孙家正访加，会见加拿大参议长诺埃尔·金塞拉。4月18～21日，中共中央政治局常委李长春访加，会见加总督戴维·约翰斯顿、总理哈珀和外交部长约翰·贝尔德。12月5～6日，中共中央政治局委员李源潮过境多伦多，会见安大略省省长道尔顿·麦坚迪。

两国各级别交往频繁。7月12日，外交部长杨洁篪在柬埔寨东盟地区论坛外长会期间会见加拿大外交部长贝尔德。7月19～22日，加拿大外长贝尔德非正式访华，并与国家能源局局长刘铁男签署中加和平利用核能合作协定议定书。卫生部长陈竺、商务部长陈德铭、农业部副部长张桃林、国家发展与改革委员会副主任孙志刚、水利部副部长李国英等分别访加。加交通部长德尼·勒贝尔、环境部长彼得·肯特等内阁部长分别访华。

双方各领域务实合作取得新进展。双边贸易和投资持续增长，贸易总额达历史新高。中国是加拿大第二大贸易伙伴和第七大投资来源国。双方签署中加投资保护协定、中加和平利用核能合作协定议定书，发布中加经济互补性联合研究报告。加拿大政府批准中国海洋石油总公司以151亿美元收购尼克森能源公司，中国石油天然气集团公司以22亿美元收购加拿大能源公司位于阿尔伯塔省都沃内的页岩气项目49.9%权益。双方举行中加议会交流机制第15次和16次会议、中加司法和执法合作第四轮磋商暨中加返还和分享被没收财产协定首轮谈判、中加能源合作联合工作组第四次会议、中加经贸联委会第23次会议。中国海军“郑和”号训练舰抵达哈利法克斯港进行友好访问。双方在联合国改革、二十国集团等重大国际地区问题上保持密切沟通。

两国地方交往活跃。2012年2月，加拿大驻重庆领事馆升格为总领事馆。9月13～21日，加拿大联邦理事会组织七省区省长联合访华，成员包括诺瓦斯科舍省省长达雷尔·得克斯特、新布伦瑞克省省长戴维·爱华德、曼尼托巴省省长格雷格·塞林格和省督李绍麟、爱德华王子岛省省长罗伯特·吉兹、阿尔伯塔省省长艾莉森·雷福德、西北地区省长鲍勃·麦克劳德、育空地区省长达雷尔·帕斯罗斯基，国务院副总理王岐山集体会见。两国友好省市增至54对。

佛得角
(Cape Verde)

2012年，中华人民共和国与佛得角共和国双边关系继续平稳顺利发展，各领域交往与合作进一步加强。

两国高层交往频繁。7月，佛得角政府总理若泽·马里亚·佩雷拉·内韦斯以执政党佛得角非洲独立党党主席身份访华，并以总理身份出席中非合作论坛第五届部长级会议开幕式，国务院总理温家宝、全国政协主席贾庆林分别予以会见，两国领导人就进一步加强双边关系和党际交往达成广泛共识。9月，佛得角国民议会议长巴西利奥·莫索·拉莫斯率议会代表团访华，全国人大常委会委员长吴邦国、副委员长陈至立分别予以会见。此外，佛得角财政和计划部长克里斯蒂娜·杜阿尔特，高等教育、科学和创新部长安东尼奥·席尔瓦，文化部长马里奥·索萨等年内先后访华。

11月16日和21日，佛得角争取民主运动主席卡洛斯·韦加和佛得角政府总理、佛得角非洲独立党主席内韦斯分别致函习近平，祝贺其当选中共中央总书记。

两国经贸合作持续发展。中非合作论坛、中国—葡语国家经贸合作论坛有关举措在佛稳步落实。6月，中国国际贸易促进委员会、澳门贸易投资促进局与佛得角投资推广署联合在佛得角举办第八届中国与葡语国家企业经贸合作洽谈会。

人文领域交流活跃。佛得角首都普拉亚市市长若泽·席尔瓦来华出席中非地方政府论坛并访问济南市。中国三亚市代表团访问萨尔市。上海艺术团应邀赴佛得角访演，取得圆满成功。佛得角民间组织佛得角与中国友好协会分别与中国人民对外友好协会、中国教育国际交流协会、中国对外文化交流协会建立合作关系。

11月，中国新任驻佛得角大使苏健向佛得角总统若热·卡洛斯·德阿尔梅达·丰塞卡递交国书。

中　非
(Central African Republic)

2012年，中华人民共和国与中非共和国的友好合作关系继续发展。

双方保持友好交往。9月，中非总统弗朗索瓦·博齐泽·杨古翁达来华出席2012年中国（宁夏）国际投资贸易洽谈会暨第三届中国—阿拉伯国家经贸论坛和第16届中国国际投资贸易洽谈会，国务院副总理李克强和国务委员马凯分别会见。7月，中非外交和侨民事务部长安托万·甘比来华出席中非合作论坛第五届部长级会议。

11月，中非执政党劳动党创始主席、总统博齐泽，总书记路易·奥盖尔·恩盖库蒙分别来函祝贺中国共产党第十八次全国代表大会召开。12月，恩盖库蒙总书记代表博齐泽总统致函习近平，祝贺其当选中共中央总书记。

两国经贸、军事、新闻等领域合作进展顺利。12月，中国国投国际贸易有限公司中非轧花厂投产；中国援建中非的农技示范中心开工。6月，中非负责国防、老战士、战争受害者和军队重组的总统府部长级代表让·弗朗西斯·博齐泽上校访华，中央军委副主席郭伯雄上将会见，国务委员兼国防部长梁光烈上将与其会谈。8月，新闻和民主与公民责任感传播部长阿尔弗莱德·达伊恩加·保罗科来华出席首届中非媒体合作论坛。

乍　得
(Chad)

2012年，中华人民共和国与乍得共和国友好合作关系进一步发展。

双方保持友好往来。8月，中国政府非洲事务特别代表钟建华访问乍得，会见乍总理埃马纽埃尔·纳丁加尔和乍得外交和非洲一体化部长穆萨·法基·穆罕默德。7月，乍得外长法基来华出席中非合作论坛第五届部长级会议，外交部长杨洁篪与其举行会谈。11月，乍得执政党爱国拯救运动总书记阿德里安·贝永·马洛致函中国共产党中央委员会，代表爱国拯救运动创始主席、总统伊德里斯·代比·伊特诺祝贺中国共产党第十八次全国代表大会召开。

9月7日，中国新任驻乍得大使胡志强向代比总统递交国书。

两国经贸领域交流与合作进一步发展。中国乍得石油上下游一体化项目稳步推进。11月，中国援建的妇女培训中心项目奠基。

智　利
(Chile)

2012年，中华人民共和国与智利共和国关系迈上新台阶。

两国高层交往频繁。9月，在出席俄罗斯符拉迪沃斯托克亚太经合组织领导人非正式会议期间，国家主席胡锦涛同智利总统塞瓦斯蒂安·皮涅拉出席《中华人民共和国政府和智利共和国政府自由贸易协定关于投资的补充协定》签字仪式。该协定的签署标志着中智自由贸易区全面建成。6月，国务院总理温家宝对智利进行正式访问，同智利总统皮涅拉举行会谈，宣布两国建立战略伙伴关系，并就提升两国务实合作水平及共同关心的问题深入交换意见。两国政府发表联合声明，双方签署多项合作文件。温家宝总理还分别会见参议长卡米洛·埃斯卡洛纳和众议长尼古拉斯·蒙克贝格。3月，全国人大常委会副委员长王兆国访问智利。3月，智利众议长帕特里西奥·梅莱罗访华。

两国各领域交流密切。国家发展与改革委员会副主任张晓强和外交部部长助理乐玉成等先后访智；智利公共工程部长劳伦斯·戈尔博内、交通和通信部长佩德罗·巴布罗·埃拉苏莉兹、空军司令豪尔赫·罗哈斯空军上将等先后访华。

两国经贸合作继续深化。双边贸易稳步增长，产品结构更趋优化。中国保持智利第一大贸易伙伴、第一大出口目的地国和铜的最大买主地位，智利是中国在拉美第三大贸易伙伴。双方在矿产、能源、农业、质检、基础设施建设等领域互利合作不断深入。

两国人文交流蓬勃开展。山西歌舞艺术团、北京舞蹈学院巡演团先后赴智利演出。

哥伦比亚
(Colombia)

2012年，中华人民共和国与哥伦比亚共和国友好合作关系稳步发展。

双方政治交往密切，高层交往频繁。6月，国家主席胡锦涛与哥伦比亚总统胡安·曼努·埃尔·桑托斯·卡尔德龙在出席二十国集团洛斯卡沃斯峰会期间简短交谈。5月，哥总统桑托斯对中国进行国事访问，胡锦涛主席与桑托斯总统举行会谈，就双边关系和共同关心的问题深入交换意见，达成广泛共识。双方签署了涉及经济、农业、能源等领域的九个双边文件。全国人大常委会委员长吴邦国、国务院总理温家宝、副总理李克强分别会见。4月，中共中央政治局常委李长春访哥，分别会见哥总统桑托斯，国会代主席、第一副参议长安东尼奥·格拉·德拉埃斯普列拉，执政联盟五党领导人。2月，全国政协副主席白立忱访哥，会见哥副总统安赫利诺·加尔松，与哥国会主席兼参议长胡安·曼努埃尔·科尔索·罗曼举行会谈。2月，哥外交部长玛丽亚·安赫拉·奥尔古因访华，李克强副总理会见，外交部长杨洁篪主持工作会谈。

两国经贸合作继续深化。中国已成为哥伦比亚第二大贸易伙伴和第二大进口来源国。7月，中哥关于促进和保护投资的双边协定正式生效。10月，商务部长陈德铭率政府经贸代表团访哥，与哥代外长帕蒂·隆多尼奥举行会谈，并与哥贸易、工业和旅游部长赛尔西奥·迪亚斯·格拉纳多斯共同主持中哥政府间经贸混委会第八次会议。

两国军事、党际等领域交流日趋活跃。国防大学校长王喜斌上将、中国人民解放军总参谋长助理陈勇中将、中国法学会常务副会长刘飏等相继访问哥伦比亚。哥伦比亚信息技术和通讯部长迭戈·埃内斯托·莫拉诺、执政联盟干部考察团先后访华。

科摩罗
(Comoros)

2012年，中华人民共和国与科摩罗联盟友好合作关系继续稳步发展。

两国交往保持良好势头。11月，科摩罗总统伊基利卢·杜瓦尼纳就习近平当选中共中央总书记致贺函。5月，科摩罗外交、合作、海外侨民、法语区和阿拉伯国家关系部长穆罕默德·巴克里·谢里夫出席中阿合作论坛第五届部长级会议期间会见外交部长杨洁篪。7月，科摩罗副总统兼财政、经济、预算、投资、外贸和私有化部长穆罕默德·阿里·萨利赫与巴克里外长共同来华出席中非合作论坛第五届部长级会议。

中科经贸合作进展顺利。两国签署了中国给予科摩罗95%输华产品零关税待遇的换文。援科医院和三所小学项目先后开工。中方援建的科摩罗国家旅游局办公楼完工并交付科方。

双方文教、卫生等领域合作发展势头良好。2012年科方人员来华参加各类研修班达104人次。广州中医药大学主办的快速灭疟疾项目在昂儒昂岛启动。

6月，科摩罗发生洪涝灾害，中国向科摩罗提供23万美元紧急现汇援助。

刚果共和国
(Congo)

2012年，中华人民共和国与刚果共和国［简称“刚果（布）”］的友好合作关系继续稳步发展。

两国交往频繁，政治互信不断增强。12月，刚果（布）执政党刚果劳动党主席、总统德尼·萨苏—恩格索致函习近平，就中国共产党第十八次全国代表大会胜利召开以及他当选中共中央总书记表示祝贺。

9月，国务院副总理回良玉访问刚果（布），会见刚果（布）总统萨苏，并与萨苏总统共同出席了中国援刚果（布）农业技术示范中心揭牌仪式。

访问期间，双方还签署了《中华人民共和国政府和刚果共和国政府经济技术合作协定》等合作文件。6月，中国经济社会理事会副主席杨崇汇访问刚果（布）。7月，刚果（布）外交与合作部长巴西勒·伊奎贝率团来华出席中非合作论坛第五届部长级会议，并赴青海玉树出席刚果（布）援建的中刚友谊小学竣工仪式。

5月31日，中国新任驻刚果（布）大使关键向萨苏总统递交国书。

两国经贸合作进展顺利。5月，中国路桥公司承建的刚果（布）国家2号公路一期工程竣工。

两国文教领域合作不断加强。6月，刚果（布）恩古瓦比大学孔子学院举行揭牌仪式。同月，刚果（布）文化与艺术部长让—克洛德·加科索来华出席中非合作论坛—文化部长论坛。

库克群岛
(Cook Islands)

2012年是中华人民共和国与库克群岛建交15周年，两国友好合作关系继续稳定向前发展。

5月，全国人大常委会委员长吴邦国就库克群岛议长杰弗里·亨利逝世向库总理亨利·普那致唁电。6月，吴邦国委员长致电库克群岛议长尼基·拉特尔，祝贺其就任。11月，库克群岛总理普那致函祝贺习近平当选中共中央总书记。2月，中国—太平洋岛国论坛对话会特使李强民访问库克群岛，分别会见库总理普那、副总理兼外交和移民、交通、矿产、自然资源部长汤姆·马斯特斯等。8月，外交部副部长崔天凯在库克群岛阿瓦鲁阿出席第24届太平洋岛国论坛会后对话会期间会见库总理普那，并出席库副总理兼外交和移民、交通、矿产、自然资源部长马斯特斯举行的庆祝中库建交15周年晚宴。10月，库克群岛教育、海洋资源、旅游、珍珠管理、国家人力资源发展部长泰纳·毕晓普非正式访华。

两国人文领域的交流合作稳步扩大。7月，深圳市艺术团赴库克群岛演出，并参加库“宪法日”庆祝活动。10月，广东省医疗代表团赴库拉罗汤加岛短期巡诊。

哥斯达黎加
(Costa Rica)

2012年是中华人民共和国与哥斯达黎加共和国建交五周年，两国各领域务实合作继续全面深入发展。

两国高层互访频繁。12月，全国政协主席贾庆林对哥斯达黎加进行正式友好访问，分别会见总统劳拉·钦奇利亚·米兰达、立法大会主席维克托·埃米利奥·格拉纳多斯，出席立法大会全会并发表题为《加强友好合作　促进共同发展》的演讲。8月，钦奇利亚总统对华进行国事访问，国家主席胡锦涛与其举行会谈，全国人大常委会委员长吴邦国、国务院总理温家宝和国家副主席习近平分别会见。双方签署了涉及经贸、农业、卫生、民航、能源等领域的合作文件。年内，中共中央政治局委员、天津市委书记张高丽，全国政协副主席、中共中央统战部部长杜青林等访哥。哥斯达黎加最高法院院长路易斯·保利诺·莫拉、前总统奥斯卡·阿里亚斯·桑切斯等访华，副总统路易斯·利伯曼·金斯伯格来华出席天津夏季达沃斯论坛。

两国共同庆祝建交五周年。胡锦涛主席、外交部长杨洁篪分别同钦奇利亚总统、外交和宗教事务部长何塞·恩里克·卡斯蒂略互致贺电，双方举办了图片展，共同出版了纪念画册。

两国经贸合作深入发展。2012年双边贸易额保持增长，两国在基础设施建设等领域的合作项目顺利推进。

两国人文等领域交流密切。中哥首次科技混委会在哥斯达黎加举行。钦奇利亚总统访华期间，中方宣布未来五年内将向哥方提供各类奖学金名额400人次。“四海同春”艺术团访哥并举行文艺演出，受到当地民众好评。

科特迪瓦
(Cote d’Ivoire)

2012年，中华人民共和国与科特迪瓦共和国关系发展顺利，经贸等领域合作稳步推进。

两国高层交往密切，政治互信进一步巩固。7月，科特迪瓦总统阿拉萨内·德拉马内·瓦塔拉来华出席中非合作论坛第五届部长级会议开幕式并访华，国家主席胡锦涛与其会谈，全国政协主席贾庆林予以会见。胡锦涛主席表示，中方高度重视中科关系，愿同科方加强高层交往，深化经贸合作，加强人文交流，推动中科友好不断取得新成果。瓦塔拉总统表示，发展科中友好关系是科特迪瓦坚定不移的政策，作为西非国家经济共同体轮值主席国，愿积极推动西非国家同中国关系发展。1月，外交部长杨洁篪访问科特迪瓦，会见了科总统瓦塔拉和总理索罗·基格巴福里·纪尧姆，并与外交国务部长达尼埃尔·卡布兰·敦坎举行会谈，双方签署了两国政府经济技术合作协定等合作文件。3月，科特迪瓦新一届国民议会和新政府成立后，全国人大常委会委员长吴邦国、国务院总理温家宝、外交部长杨洁篪分别向科国民议会议长索罗·基格巴福里·纪尧姆、总理兼掌玺和司法部长让诺·夸迪奥·阿胡苏、外交国务部长敦坎致就职贺电。11月科特迪瓦新政府成立后，国务院总理温家宝、外交部长杨洁篪分别向科特迪瓦政府总理达尼埃尔·卡布兰·敦坎和外交国务部长夏尔·科菲·迪比致就职贺电。2月，中国新任驻科大使张国庆向瓦塔拉总统递交了国书。

两国经贸合作有序推进，项目合作进展顺利。3月，中国国际贸易促进委员会副会长于平率企业家代表团访问科特迪瓦。8月，中国企业家代表团访科，瓦塔拉总统会见。中科两国政府年内分别签署了技术合作和人员培训等项目的换文。

两国媒体、地方等领域交流活跃。8月，科特迪瓦新闻部长苏莱曼·科蒂·迪亚基特来华出席中非媒体合作论坛。12月，中国人民对外友好协会副会长冯佐库访问科特迪瓦。

克罗地亚
(Croatia)

2012年，中华人民共和国与克罗地亚共和国共同庆祝建交20周年，两国全面合作伙伴关系发展顺利。

双方高层交往密切。4月，国务院总理温家宝在华沙会见出席中国—中东欧国家领导人会晤的克罗地亚总理佐兰·米拉诺维奇。5月，全国人大常委会委员长吴邦国对克罗地亚进行正式友好访问，与克罗地亚总统伊沃·约西波维奇、议长鲍里斯·什普雷姆、总理佐兰·米拉诺维奇分别会见会谈，出席萨格勒布大学孔子学院揭牌仪式及中克建交20周年招待会，考察康查尔集团变压器厂。

经贸、国防等领域合作深入开展，党际和地方交往活跃。商务部国际贸易谈判代表兼副部长高虎城、中共中央对外联络部副部长陈凤翔、北京市人民对外友好协会会长赵家骐、浙江省常务副省长龚正先后访问克罗地亚。克罗地亚国防部长安特·科特罗马诺维奇、内务部长兰科·奥斯托伊奇访华，中小企业部长戈尔丹·马拉斯来华出席第七届中国与中东欧国家农业经贸合作论坛。

克罗地亚积极参与中国—中东欧国家合作。9月，中国—中东欧国家合作克罗地亚国家协调员、克罗地亚海洋、交通和基础设施部长西尼沙·哈伊达什·东契奇以及外交和欧洲事务部副部长约什科·克利索维奇、财政部副部长鲍里斯·拉洛瓦茨来华出席中国—中东欧国家合作秘书处成立大会暨首次国家协调员会议。11月，克罗地亚代表出席在上海举办的2012中国国际旅游交易会中国—中东欧国家旅游产品专场推介会。

两国外交部合作顺畅。9月，外交部副部长宋涛会见来华出席中国—中东欧国家合作秘书处成立大会暨首次国家协调员会议的克罗地亚外交和欧洲事务部副部长克利索维奇。10月，宋涛副部长赴克罗地亚进行两国外交部磋商，与克罗地亚总统约西波维奇，外交和欧洲事务部长韦斯娜·普西奇，海洋、交通和基础设施部长东契奇分别会见，同外交和欧洲事务部副部长克利索维奇会谈。

古　巴
(Cuba)

2012年，中华人民共和国与古巴共和国互利友好合作关系持续深入发展，各领域交流与合作不断扩大。

两国政治互信不断加深，各层级交往日益频繁。7月，古巴国务委员会主席兼部长会议主席劳尔·卡斯特罗·鲁斯对华进行国事访问。11月，古巴共产党中央委员会致函中共中央，祝贺中国共产党第十八次全国代表大会召开，古共中央第一书记劳尔致函祝贺习近平当选中共中央总书记。12月，习近平总书记特使、中共中央政治局委员李源潮赴古巴通报中共十八大情况。此外，中方访古的主要有：全国政协副主席、中国社会科学院院长陈奎元，全国政协副主席、全国工商联主席黄孟复，全国政协副主席、科技部长万钢，全国人大农业与农村改革委员会副主任委员房凤友，水利部长陈雷，商务部长陈德铭，内蒙古自治区党委书记胡春华，解放军副总参谋长戚建国中将，国家宗教事务局局长王作安等。古方访华的主要有：劳尔第一书记特使、古巴部长会议副主席、《经济社会政策纲领》落实和改进常设委员会主席马里诺·穆里略·豪尔赫，古共中央书记处书记维克多·高特，革命武装力量部副部长华金·金塔斯，外贸外资部第一副部长奥尔兰多·埃尔南德斯·纪廉，拉美和加勒比国家共同体“三驾马车”代表团成员、古巴外交部副部长罗赫略·谢拉·迪亚斯，共产主义青年联盟第一书记柳德米拉·阿拉莫等。外交部长杨洁篪在出席第67届联大会议期间会见拉美和加勒比国家共同体“三驾马车”代表团成员、古巴外交部长布鲁诺·罗德里格斯·帕里利亚。

8月和9月，劳尔主席分别就北京暴雨灾害和云贵地震灾害致函国家主席胡锦涛表示慰问。10月，古巴遭受“桑迪”飓风袭击后，胡锦涛主席和杨洁篪外长分别致电劳尔主席和罗德里格斯外长表示慰问。中国政府和红十字会分别向古巴政府和红十字会提供40万美元、5万美元紧急现汇救灾援助和一批紧急救灾物资援助，并派包机运至古巴。

中古在国际事务中互相支持。中国在第67届联大连续第21次投票支持古巴提出的要求美国取消封锁的议案。双方在多边组织竞选中，在人权、气候变化等问题上相互配合，密切协作。

两国经贸合作进展顺利。截至2012年，中国是古巴第二大贸易伙伴，古巴是中国在加勒比地区第一大贸易伙伴。双方在数字电视、农业、生物科技、基础设施等领域合作稳步推进。两国投资贸易促进机构通过中国国际投资贸易洽谈会、进出口商品交易会、哈瓦那国际博览会、双边企业家理事会等重要平台不断促进双方企业的相互了解和沟通。古巴在华采购散货船、港口吊机等项目进展顺利。9月，中古经贸混委会第25次会议在哈瓦那召开。

两国在文教、卫生、科技等领域积极开展交流与合作。第12届中国文化节、新中国60周年版画展、中国传统画展在古巴举办。深圳福永杂技团参加哈瓦那夏季国际杂技节并获最高奖。重庆文化代表团在古巴举行“欢乐春节”专场演出。古巴国家芭蕾舞团来华参加第12届“相约北京”艺术节，并赴上海、广州巡演。古巴民间舞蹈团来华参加鄂尔多斯国际那达慕艺术节。上海国际电影节期间举办古巴电影周。第二届“汉语桥”比赛在古巴举行，当地“汉语热”持续升温。中古政府间科技合作混委会第九次会议在哈瓦那召开。

古巴国务委员会主席兼部长会议主席劳尔·卡斯特罗·鲁斯访华

7月4～7日，古巴国务委员会主席兼部长会议主席劳尔·卡斯特罗·鲁斯对华进行国事访问。其间，国家主席胡锦涛同劳尔主席会谈，全国人大常委会委员长吴邦国、国务院总理温家宝、国家副主席习近平和国务院副总理李克强分别会见。双方有关部门签署了经贸、海关、农业等领域共八项合作文件。

会谈时，胡锦涛主席表示，古巴是第一个同新中国建交的拉美国家。当前，中古两国都处在重要发展阶段，面临相似的发展任务，进一步巩固和发展中古关系，有利于共同发展，也有利于促进中拉友好合作。为此，胡锦涛主席对中古关系的下一步发展提出四点建议：第一，两国高层和各层次保持密切交往，充分发挥党际和政府间各对话机制作用，加强治党治国经验交流。第二，扩大经贸合作，促进共同发展。双方要创新合作方式，优化贸易结构，加强经贸、能源、基础设施建设、农业、生物技术等领域合作，鼓励双向投资。第三，拓展文化、教育、新闻、媒体等领域交流合作，加强两国人民特别是青年友好交往，为中古友好事业培养更多人才。第四，加强在联合国改革、气候变化、可持续发展等重大问题上的协调配合。胡锦涛主席赞扬古巴在社会主义建设事业中取得的成就，表示中方始终支持古巴维护国家主权，探索具有本国特色的社会主义道路。

劳尔主席赞同中方对发展两国关系的主张。他表示，古中两党、两国关系历久弥坚，彼此友谊日益加深，互利合作不断加强，古巴人民对此感到自豪。当前，古巴党和政府正在贯彻古巴共产党第六次全国代表大会精神，加强党的建设，稳步推进改革进程，探索走符合自身国情的发展道路，促进经济社会全面协调发展。古方愿同中方保持密切交往，扩大经贸、投资、可再生能源等领域合作，使古中关系取得更丰硕成果。

通过此访，两国领导人为今后一个时期中古关系的发展指明了方向，这对新形势下推动中古关系全面深入发展具有重要意义。

塞浦路斯

(Cyprus)

2012年，中华人民共和国与塞浦路斯共和国双边关系保持良好发展势头，政治互信不断增强，各领域交流合作进一步深化。

双方各级别人员往来密切，政党交往加强。4月，国务委员刘延东对塞浦路斯进行正式访问，分别会见塞浦路斯总统季米特里斯·赫里斯托菲亚斯、外交部长艾拉多·高扎库—玛尔古丽、教育与文化部长乔治·德莫塞努斯等政要，进一步巩固和加强两国政治关系，积极拓展双方在经贸和教育领域交流合作。中方对塞浦路斯的重要访问还有：全国政协副主席陈宗兴、中共中央直属机关工作委员会常务副书记孟学农、外交部副部长宋涛、中共中央对外联络部副部长于洪君等。塞浦路斯访华的主要政要有：塞浦路斯劳动人民进步党总书记安德罗斯·基普里亚努、民主大会党主席尼科斯·阿纳斯塔西亚迪斯。

两国经贸往来稳中有升，中国从塞浦路斯进口有较大幅度增长。两国教育、文化、卫生等领域合作深入开展。双方签署了《中华人民共和国教育部和塞浦路斯共和国教育与文化部高等教育与科学研究合作协议》。中国教育部教育涉外监管信息网将塞浦路斯三所大学列入国别学校名单。5月，塞浦路斯卫生部长斯达夫罗斯·马拉斯访华，卫生部长陈竺会见，双方就积极推进两国在地中海贫血防治、医疗机构合作和传统医药领域进一步交流合作交换意见。

捷　克
(Czech)

2012年，中华人民共和国与捷克共和国关系保持发展。

4月26日，国务院总理温家宝在华沙出席中国—中东欧国家领导人会晤期间会见捷克总理彼得·内恰斯；11月，温家宝总理在老挝万象出席第九届亚欧首脑会议期间同捷克总统瓦茨拉夫·克劳斯寒暄。3月，捷克州长协会主席、南摩拉维亚州州长、捷克社会民主党第一副主席米哈尔·哈谢克率友好人士代表团访华，全国人大常委会副委员长严隽琪、外交部副部长宋涛、中共中央对外联络部副部长陈凤翔分别会见；7月，捷克总统夫人丽维娅·克劳索娃来华出席文化活动，全国人大常委会副委员长、中华全国妇女联合会主席陈至立会见。

双方在经贸、科技、文化、教育、地方等领域保持交往。截至2012年，捷克是中国在中东欧地区第二大贸易伙伴。

捷克积极在中国—中东欧国家合作框架内对华开展合作。9月，捷克外交部非欧洲国家总司总司长丹尼尔·科什托瓦尔来华出席中国—中东欧国家合作秘书处成立大会暨首次国家协调员会议。11月，捷克地方发展部长卡米尔·扬科夫斯基来华出席中国国际旅游交易会。

丹　麦
(Denmark)

2012年，中华人民共和国与丹麦王国全面战略合作伙伴关系继续深入发展。

高层交往频繁。6月，国家主席胡锦涛对丹麦进行国事访问，这是中丹建交62年来中国国家主席首次访丹。胡锦涛主席分别与丹麦女王玛格丽特二世、议长莫恩斯·吕克托夫特、首相赫勒·托宁—施密特会见、会谈，并与托宁—施密特首相共同出席了《中华人民共和国政府和丹麦王国政府对所得避免双重征税和防止偷税漏税的协定》、《中华人民共和国商务部与丹麦王国外交部关于在中丹经济、工业与技术合作联委会项下设立贸易与投资领域能源、环境与可持续城市化工作组的谅解备忘录》、《中国国家能源局与丹麦气候、能源和建筑部关于建立中丹可再生能源伙伴关系的谅解备忘录》等11项政府间合作协议的签字仪式。访问期间，双方还签署了20项商业合同，总金额达33.5亿美元。此访全面深化了两国各领域合作，将中丹关系带入新的历史时期。9月，丹麦首相托宁—施密特来华出席天津夏季达沃斯论坛年会，国务院总理温家宝、副总理王岐山、中共天津市委书记张高丽分别会见。3月和12月，丹麦女王丈夫亨里克亲王、王储腓特烈分别非正式访华。

立法机构交往密切。9月，全国人大常委会副委员长严隽琪访丹，分别与丹麦议长吕克托夫特、副议长贝特尔·霍德会见、会谈。丹麦议会外交政策委员会时隔八年再度访华。

外交部间继续保持密切沟通与协调。5月，外交部副部长宋涛赴丹麦磋商，与丹麦外交部欧洲事务大臣尼古拉·瓦门、常务秘书克劳斯·格鲁伯分别会见、会谈。10月，丹麦外交部欧洲事务大臣瓦门来华，并参访北京、厦门、哈尔滨。在京期间，外交部副部长翟隽、部长助理乐玉成分别会见。12月，丹麦外交大臣维利·瑟芬达尔来华进行正式访问，中共中央政治局委员、全国人大常委会副委员长兼秘书长李建国会见，外交部长杨洁篪及部长助理乐玉成、中共中央对外联络部副部长艾平分别与瑟芬达尔外交大臣会谈、会见。

经贸合作持续深化，各领域务实合作发展顺利。第20次中丹经贸联委会和第18届中丹科技联委会成功举行。由丹麦参与提供资助的中国可再生能源中心在北京成立。中国国家能源局派团出席丹麦与韩国发起的第二届“全球绿色增长论坛”并成为论坛伙伴国。中丹积极筹建生态园和中丹可再生能源、能效及智能电网联合创新中心。

人文交流取得新进展。1月，第11届“欢乐春节”品牌活动在丹麦举办，广受当地民众欢迎。6月，两国签署互设文化中心谅解备忘录，全球第一所音乐孔子学院在丹麦皇家音乐学院揭幕。10月，《北京的恭王府》展览在丹麦国家历史博物馆成功举办。

部门间和地方交流活跃。全年中方30多位省部级官员访丹，丹麦10位内阁大臣及多位副部级官员访华。11月，丹麦驻重庆领事馆正式升格为总领事馆。

5月，新任驻丹麦大使李瑞宇向丹麦女王玛格丽特二世递交国书。

吉布提
(Djibouti)

2012年，中华人民共和国与吉布提共和国友好合作关系继续保持良好发展势头。

两国高层交往密切，政治互信不断加深。7月，吉布提总统伊斯梅尔·奥马尔·盖莱来华出席中非合作论坛第五届部长级会议开幕式并访华，国家主席胡锦涛、全国政协主席贾庆林分别与其会谈、会见。双方高度评价两国关系，就双边各领域务实合作和其他共同关心的问题交换了意见，达成广泛共识。

5月，吉外交和国际合作部部长马哈茂德·阿里·尤素福出席在突尼斯哈马麦特举行的中阿合作论坛第五届部长级会议。12月，吉执政党争取进步人民联盟总书记伊利亚斯·穆萨·达瓦莱率团访华。

两国经贸合作稳步推进。2月和11月，双方分别签订《中华人民共和国政府和吉布提共和国政府经济技术合作协定》。7月，双方签订《中华人民共和国政府和吉布提共和国政府关于成立经济、贸易和技术合作联合委员会的协定》。中方援建的科研中心大楼、阿尔塔医院先后举行启用仪式，外交部培训中心和人民宫修缮项目进展顺利。

其他领域的交流与合作日益密切。4月，吉武装部队总参谋长法蒂·艾哈迈德·侯赛因少将率团访华。中国海军第10、11、12、13批护航编队先后停靠吉布提港补给休整。7月，吉文化、通讯和邮电部长兼政府发言人阿卜迪·侯赛因·艾哈迈德来华出席中非合作论坛—文化部长论坛。

多米尼克
(Dominica)

2012年，中华人民共和国与多米尼克国友好关系持续稳定发展，各领域务实合作不断深化。

两国保持各级别交往势头。9月，国家主席胡锦涛向多米尼克新当选总统埃利厄德·威廉斯致贺电。7月，全国人大常委会副委员长陈昌智访多，分别会见多威廉斯总统、总理罗斯福·斯凯里特，同多议长阿利克斯·博伊德—奈茨举行会谈。9月，多外交部代常秘露丝·奥尔波特来北京出席中国和加勒比建交国外交部间第五次磋商。

两国经济技术合作进展顺利。中国援建的罗索新桥及罗索至朴茨茅斯公路修复项目如期竣工并投入使用。多米尼克利用中方优惠贷款实施的国立大学和国宾馆项目扎实推进。双方农业、医疗和体育场技术合作等项目有序开展。

两国文教交流日趋多元。中国政府继续向多米尼克学生提供赴华奖学金名额。2月，中国元素方阵首次亮相多米尼克年度狂欢节。5月，中国驻多使馆和多教育部联合举办“我看中国”征文比赛，广受当地民众关注和好评。

朝鲜民主主义人民共和国
(DPRK)

2012年，中华人民共和国与朝鲜民主主义人民共和国的传统友好合作关系继续稳步发展。

两国继续保持高层交往势头，政治关系进一步发展。11月7日，朝鲜劳动党中央委员会致电祝贺中国共产党第十八次全国代表大会召开。11月15

日，朝鲜劳动党第一书记、国防委员会第一委员长金正恩致电祝贺习近平当选中共中央总书记、中共中央军委主席。4月11日，中共中央总书记胡锦涛致电祝贺金正恩被推举为朝鲜劳动党第一书记。4月13日，国家主席胡锦涛致电祝贺金正恩被推举为朝鲜国防委员会第一委员长。

11月29～30日，中共中央政治局委员、全国人大常委会副委员长兼秘书长李建国率中共代表团访朝，朝鲜劳动党第一书记、国防委员会第一委员长金正恩会见，朝鲜劳动党中央政治局委员、中央书记金己男会谈。7月30日至8月3日，中共中央对外联络部部长王家瑞率中联部代表团访朝，朝鲜劳动党第一书记、国防委员会第一委员长金正恩会见，朝鲜劳动党中央政治局候补委员、中央书记、国际部部长金永日会谈。

8月13～18日，朝鲜劳动党中央委员、行政部部长张成泽访华并出席中朝两个经济区开发合作联合指导委员会第三次会议，中共中央总书记、国家主席胡锦涛，国务院总理温家宝分别会见。7月24～28日，朝鲜劳动党中央政治局委员、人民保安部部长李明洙访华，中共中央政治局常委周永康会见，国务委员、公安部长孟建柱会谈。4月21～24日，朝鲜劳动党中央政治局候补委员、中央书记、国际部部长金永日访华，中共中央总书记、国家主席胡锦涛和中共中央政治局委员、中央书记处书记、中央组织部部长李源潮分别会见。

7月11日，外交部长杨洁篪在柬埔寨金边出席东盟地区论坛系列外长会期间会见朝鲜外务相朴义春。

两国经贸关系不断发展。两国贸易投资规模持续扩大，双边贸易额再创新高。中国保持朝鲜最大贸易伙伴地位，双边互利合作稳步推进。“两个经济区”合作项目取得稳步进展。

两国人文领域交流与合作活跃。中国人民解放军总政治部歌舞团赴朝参加平壤“四月之春”艺术节，朝鲜经典歌剧《卖花姑娘》来华巡演，均广受欢迎。两国农业、科技、教育、卫生、地震、气象、园林等领域交流合作发展良好。

刚果民主共和国
(D. R. Congo)

2012年，中华人民共和国与刚果民主共和国［简称“刚果（金）”］的友好合作关系继续平稳发展。

两国保持友好交往。11月，刚果（金）争取重建与民主人民党总书记博夏卜致函国家主席胡锦涛，祝贺中国共产党第十八次全国代表大会召开。7月，刚果（金）计划与实施现代化革命后续行动部长塞莱斯坦·武纳班迪、国际与地区合作副部长迪斯马·马格本古来华出席中非合作论坛第五届部长级会议。9月，刚果（金）争取重建与民主人民党总书记埃瓦里斯特·博夏卜访华，中共中央政治局常委、中央政法委书记周永康，中共中央对外联络部部长王家瑞分别会见。

11月，刚果（金）东部反政府武装“3月23日运动”占领刚果（金）东部重镇戈马后，中方对地区安全和人道主义形势表示关切，希望有关各方在尊重和维护刚果（金）主权和领土完整的基础上通过对话解决彼此分歧。

两国经贸合作取得进展。5月，中国水电建设集团承建的宗戈水电站二期正式开工。7月，中国援建的农业技术示范中心举行奠基仪式。9月，中国政府和刚果（金）政府签署中方给予刚果（金）95%输华产品免关税待遇换文。

厄瓜多尔
(Ecuador)

2012年，中华人民共和国与厄瓜多尔共和国友好合作关系发展顺利。

双方保持高层交往。12月，厄瓜多尔总统拉斐尔·科雷亚致函祝贺习近平当选中共中央总书记。2月，全国政协副主席白立忱访问厄瓜多尔，分别会见科雷亚总统和副总统莱宁·莫雷诺，并与厄国民代表大会主席费尔南多·科尔德罗举行会谈。9月，厄国民代表大会第二副主席罗西奥·德尔卡门·巴拉莱索访华，中共中央政治局常委、全国政协主席贾庆林会见。

其他重要互访有：商务部长陈德铭、全国政协港澳台侨委员会主任陈云林访问厄瓜多尔；厄生产、就业和竞争力协调部长圣地亚哥·莱昂，文化部长艾里卡·席尔瓦访华。

12月17日，厄新任驻华大使何塞·玛丽亚·博尔哈向国家主席胡锦涛递交国书。

两国经贸合作日益加强。4月，两国政府间经贸混合委员会第12次会议在北京举行。12月，国家开发银行与厄瓜多尔财政部正式签署石油贸易与融资三期合作协议。圣弗朗西斯科水电站工程顺利启动，工商银行、中石油还就太平洋炼油厂项目与厄战略协调部共同签署合作意向书。

厄瓜多尔政府在台湾、涉藏问题上坚持一个中国立场。两国在国际和地区事务中相互支持和配合。

埃　及
(Egypt)

阿拉伯埃及共和国是第一个同新中国建交的阿拉伯、非洲国家。2012年，中埃关系继续平稳发展。

两国政治交往频繁。6月，国家主席胡锦涛向新当选的埃及总统穆罕默德·穆尔西致贺电。1月，全国人大常委会委员长吴邦国向埃及新任人民议会议长萨阿德·卡塔特尼致贺电。3月，全国政协主席贾庆林向埃及新任协商会议主席艾哈迈德·法赫米致贺电。8月，穆尔西总统对中国进行国事访问。胡锦涛主席与穆尔西总统举行会谈，两国领导人一致同意，秉承友好传统，加强全方位合作，推动中埃战略合作关系迈上新台阶。胡锦涛主席表示，中方支持埃及人民自主选择符合本国国情的政治制度和发展道路，一向把埃及视为中国在阿拉伯世界和非洲大陆的战略合作伙伴，愿与埃方共同开创新时期中埃关系新局面，并提出深化政治关系、促进经贸合作、扩大人文交流、加强多边合作等建议。穆尔西总统表示，埃及人民视中国为好兄弟、好朋友、好伙伴。埃方感谢中国坚持奉行对埃友好政策，希望借鉴中国改革开放的成功经验，加强对华合作，共同开辟两国关系的美好未来。吴邦国委员长、国务院总理温家宝、国家副主席习近平分别会见穆尔西总统。访问期间，中埃双方发表了联合新闻公报，签署了经济技术、农业、信息通信、环境、旅游等领域的合作协定。3月，埃及外交部长穆罕默德·阿姆鲁访华。习近平副主席、外交部长杨洁篪分别与阿姆鲁会见、会谈。11月，埃及自由与正义党、新华夫脱党等致函祝贺中国共产党第十八次全国代表大会召开。

两国在重大国际和地区问题上保持密切沟通协调，共同维护两国和广大发展中国家利益，在中阿合作论坛和中非合作论坛建设上保持良好合作。5月、9月，杨洁篪外长分别在中阿合作论坛第五届部长级会议和联合国大会一般性辩论期间会见阿姆鲁外长。7月，埃及总统特使、外长阿姆鲁来华出席中非合作论坛第五届部长级会议开幕式，与杨洁篪外长共同主持会议，胡锦涛主席会见阿姆鲁。杨洁篪外长与阿姆鲁外长多次就地区局势等通电话。1月，中国中东问题特使吴思科访问埃及，与埃方就地区局势等交换看法。3月，中国政府特使、外交部部长助理张明访埃，与埃方就叙利亚问题等交换看法。张明部长助理还在出席非盟有关会议期间与埃及外交部部长助理穆娜·欧麦尔就共同关心的问题交换意见。

两国其他领域交流、合作稳步推进。2012年双边贸易额继续增长，由中国公司承建的埃及目前最大的水泥生产企业阿里什水泥厂竣工，苏伊士经贸合作区、阿达比亚港干散货码头、汽车生产线、玻璃纤维等合作项目进展顺利。中国—埃及商务论坛在北京召开。“第二届中阿文明对话——语言文化国际研讨会”在开罗举行。

赤道几内亚
(Equatorial Guinea)

2012年，中华人民共和国与赤道几内亚共和国友好合作关系持续平稳健康发展。

两国政治交往密切，互信不断增强。7月，赤道几内亚总统特奥多罗·奥比昂·恩圭马·姆巴索戈出席中非合作论坛第五届部长级会议开幕式并访华，国家主席胡锦涛、国务院副总理李克强分别与奥比昂会谈、会见。11月，赤几总统、民主党主席奥比昂就中国共产党召开第十八次全国代表大会向胡锦涛主席致函祝贺，并致函祝贺习近平同志当选中共中央总书记。7月，赤几外交与合作部长阿加皮托·姆巴·莫库伊来华出席中非合作论坛第五届部长级会议。9月，外交部长杨洁篪在美国纽约出席第67届联合国大会一般性辩论期间会见姆巴外长。

两国各领域合作进展顺利。双方经贸合作特殊安排框架协议稳步实施。中方继续为赤道几内亚培训各类人员。4月，赤几外交、国际合作和法语国家事务部长帕斯托尔·米查·翁多·比莱来华与商务部副部长李金早共同主持召开中国和赤几经济和贸易混合委员会第四次会议。6月，赤几文化和旅游部长吉列米娜·莫库伊·姆巴·奥博诺来华出席中非合作论坛—文化部长论坛。

厄立特里亚
(Eritrea)

2012年，中华人民共和国与厄立特里亚国友好合作关系进一步加强。

两国保持友好交往，政治互信不断深化。7月，外交部长杨洁篪与来华出席中非合作论坛第五届部长级会议的厄立特里亚外交部长奥斯曼·萨利赫举行会晤。年内，厄立特里亚教育部长塞梅雷·鲁索姆、公共工程部长阿布拉哈·阿斯法哈、劳动与社会福利部长萨勒玛·哈桑、财政部长贝尔哈内·阿布雷赫、能源与矿产部长艾哈迈德·哈吉·阿里等多位高级官员访华或来华参加会议等活动。厄立特里亚执政党人民民主和正义阵线（简称“人阵党”）来函祝贺中国共产党第十八次全国代表大会召开，人阵党主席、厄立特里亚总统伊萨亚斯·阿费沃基来电祝贺习近平当选中共中央总书记。

两国经贸合作稳步推进。中厄签署厄立特里亚输华95%税目商品免关税待遇换文和中国援建厄立特里亚科技学院换文。中国援厄立特里亚中非友好小学开工在即，奥罗特医院维修扩建项目和电信二期升级改造项目实施顺利，太阳能路灯项目和涉农工厂正准备开工兴建。中资公司参与厄立特里亚拉扎金矿等勘探和开发取得积极进展。

两国人文交流不断增多。中国驻厄立特里亚使馆与厄立特里亚人阵党文化局联合举办第六届中国与厄立特里亚电影周活动。中国河南艺术团赴厄立特里亚成功访演，厄立特里亚国家艺术团首次来华演出。

爱沙尼亚
(Estonia)

2012年，中华人民共和国与爱沙尼亚共和国关系续有发展。

两国保持政治交往。4月，国务院总理温家宝在华沙出席首次中国—中东欧国家领导人会晤期间会见爱沙尼亚总理安德鲁斯·安西普。11月，爱沙尼亚副外长托尼斯·萨尔访华，外交部副部长宋涛会见。

4月，中国新任驻爱沙尼亚大使曲喆向爱沙尼亚总统托马斯·亨德里克·伊尔维斯递交国书。10月，爱沙尼亚新任驻华大使罗克向国家主席胡锦涛递交国书。

经贸合作不断深入。9月，爱沙尼亚经济通信部长尤汉·帕茨来华出席天津夏季达沃斯论坛年会。11月，两国政府间经贸合作委员会在爱沙尼亚首都塔林举行第八次例会。

埃塞俄比亚
(Ethiopia)

2012年，中华人民共和国与埃塞俄比亚联邦民主共和国全面合作伙伴关系持续深入发展，各领域合作不断加强。

两国高层交往频繁，政治互信不断加深。1月27～29日，全国政协主席贾庆林赴埃塞俄比亚首都亚的斯亚贝巴出席非洲联盟第18届首脑会议开幕式，并对埃塞俄比亚进行正式友好访问。访问期间，贾庆林主席会见了埃塞俄比亚总统吉尔马·沃尔德·乔治斯，并与总理梅莱斯·泽纳维举行会谈，双方签署了《中华人民共和国政府和埃塞俄比亚联邦民主共和国政府经济技术合作协定》等多项经贸合作文件。6月17日，国家主席胡锦涛在出席二十国集团洛斯卡沃斯峰会期间会见埃塞俄比亚总理梅莱斯，双方主要就中埃关系、发展问题等深入交换看法。7月19日，外交部长杨洁篪会见来华出席中非合作论坛第五届部长级会议的埃塞俄比亚副总理兼外交部长海尔马里亚姆·德萨莱尼。8月20日，埃塞俄比亚总理梅莱斯去世。8月22日，国家主席胡锦涛、国务院总理温家宝分别向埃塞俄比亚总统吉尔马、代总理海尔马里亚姆致唁电;8月28日，中共中央政治局常委李长春赴埃塞俄比亚驻华使馆吊唁;9月2～3日，国务院副总理回良玉赴埃塞俄比亚出席梅莱斯总理葬礼，并会见代总理海尔马里亚姆。

两国政党、政府部门交往不断增多。12月4～6日，海南省委副书记李宪生率中国共产党友好代表团访问埃塞俄比亚，与埃塞俄比亚人民革命民主阵线（简称“埃革阵”）中央书记处负责人雷德万·侯赛因·拉迈托举行会谈，并会见埃塞俄比亚副总理级协调人兼通讯和信息技术部长德布雷齐翁·加布雷米卡埃尔。埃革阵高级干部研修班、党校代表团先后访华。11月7日，埃革阵中央书记处负责人雷德万致函中国共产党中央委员会，祝贺中国共产党第十八次全国代表大会召开。11月19日，埃革阵主席、埃塞俄比亚政府总理海尔马里亚姆致函习近平，祝贺其当选中共中央总书记。

两国经贸合作稳步推进。双边贸易额持续增长。中非合作论坛第四届部长级会议成果在埃塞俄比亚全面落实。中国公司积极参与埃塞俄比亚“经济增长与转型五年计划”。中国已成为埃塞俄比亚最大贸易合作伙伴和最大外资来源国之一。

两国其他领域交流与合作深入发展。中国军事代表团、妇女代表团、新闻代表团分别访问埃塞俄比亚。两国首个政府间科技合作协定正式生效。两国政府有关部门签署关于应对气候变化物资赠送的谅解备忘录，举行民商事司法协助条约谈判并草签条约。两国还就埃塞俄比亚在上海设立总领事馆达成协议，进一步促进了中埃人员交流和地方政府合作。

斐　济
(Fiji)

2012年，中华人民共和国与斐济共和国的友好合作关系全面深入发展。

双方高层交往密切。9月，全国人大常委会委员长吴邦国访问斐济。农业部副部长陈晓华，商务部长陈德铭，中共中央宣传部副部长申维辰，国家发展和改革委员会副主任解振华，全国人大常委会副委员长、中国红十字会会长华建敏，中国—太平洋岛国论坛对话会特使李强民先后访斐。6月，斐总理乔萨亚·沃伦盖·姆拜尼马拉马访问浙江并出席第14届浙江投资贸易洽谈会开幕式。7月，斐大法官盖茨访华。9月，斐社会福利、妇女和扶贫部长吉科·卢维尼赴长春出席第八届“中国吉林·东北亚投资贸易博览会”。10月，斐外交和国际合作部长伊诺凯·昆布安博拉访问上海。12月，斐警察总监奈法卢拉访华。

双方经贸、人文等各领域务实合作取得新成果。山东信发集团投资的斐济北岛铝土矿顺利投产，中方援建的纳务瓦医院、索摩索摩小水电站、海岸防护工程等项目稳步实施。两国警方合作侦办电信诈骗等案件，掀开共同打击跨国犯罪新篇章。斐济—中国友好协会2月在斐成立。南太平洋大学孔子学院9月正式揭牌。中国赴斐游客快速增长。中国红十字会就斐济遭受洪灾、飓风灾害提供紧急救灾援助。

芬　兰
(Finland)

2012年，中华人民共和国与芬兰共和国关系稳步推进，各领域合作取得新进展。

两国高层交往保持良好势头。5月，全国人大常委会副委员长路甬祥对芬兰进行正式访问，与芬第一副议长佩卡·拉维会谈，并会见芬议长埃罗·海内卢奥马、总理于尔基·卡泰宁、外交部长埃尔基·图奥米奥亚、议会芬中友好小组副主席桑纳·劳丝拉赫蒂，并被坦佩雷科技大学授予名誉博士学位。农业部长韩长赋、全国政协民族和宗教委员会主任田聪明、国家知识产权局局长田力普、中国气象局局长郑国光、国土资源部副部长徐德明、国家质量监督检验检疫总局纪检组长王炜、海关总署副署长孙毅彪、中国证监会执行副会长李小雪等分别访芬。外交部副部长宋涛赴芬与芬外交部国务秘书佩蒂·托尔斯蒂拉举行双边政治磋商，其间还会见了芬外长埃尔基·图奥米奥亚、总统府秘书长特姆·坦内尔、欧洲事务与外贸部长亚历山大·斯图布。芬教育科学部长尤卡·古斯塔夫松、就业与经济部长于里·哈卡梅斯分别访华。

两国经贸、农业、科技、创新等各领域务实合作取得可喜进展。4月，国家知识产权局与芬专利注册委员会签署《中华人民共和国国家知识产权局与芬兰专利注册委员会谅解备忘录》。5月，芬兰航空公司开通赫尔辛基至重庆的直航航线。6月，中芬科技联委会举行第15届会议。9月，两国农业部签署中芬农业部关于进一步深化农业合作的谅解备忘录。10月，“芬兰革新设计周”活动在上海举办，是2012年芬在华举行规模最大的活动。11月，中芬纳米创新中心在苏州工业园成立。12月，华为技术有限公司在芬兰成立研发中心。

人文、军事交流积极活跃。2月，中国春节品牌活动“欢乐春节——赫尔辛基中国春节庙会”首次从赫尔辛基推广至芬五个城市，在芬掀起一股“中国文化热”。芬首家孔子学院庆祝成立五周年。解放军第二炮兵政委张海洋上将访芬，解放军军事五项队赴芬参赛并取得优异成绩。芬国防军副参谋长安特罗·卡鲁马海军少将、芬国防部常务秘书阿托·雷蒂中将分别访华。

地方交往活跃。东芬兰地区行政长官艾丽·阿托宁访华。天津市副市长李文喜、陕西省副省长郭迎光、吉林省副省长王守臣、内蒙古自治区副主席刘新乐、河南省政协副主席王训智、黑龙江省政协党组书记赵克非等分别访芬。

法　国
(France)

2012年，中华人民共和国与法兰西共和国双边关系继续健康稳步发展。

两国高层保持密切交往。6月18日，国家主席胡锦涛在墨西哥出席二十国集团洛斯卡沃斯峰会期间会见法国新任总统弗朗索瓦·奥朗德。双方就增进政治互信，加强经贸务实合作，扩大人文交流，加强国际和地区事务中的沟通和协调，深化中法全面战略伙伴关系达成重要共识。11月6日，国务院总理温家宝在老挝万象出席第九届亚欧首脑会议期间会见奥朗德总统，双方就两国关系、务实合作、欧债问题等交换看法。9月29日，国务委员戴秉国与法国总统外事顾问燕保罗在北京举行磋商，国务院副总理李克强会见燕保罗。

两国外交部保持频繁接触。3月14～16日，外交部部长助理张明访问法国。5月，外交部副部长宋涛赴法国举行政治磋商。10月，中方二十国集团事务协调人、外交部副部长崔天凯赴法国磋商。7月9～11日，法国外交部长洛朗·法比尤斯对中国进行正式访问，国务院总理温家宝、副总理李克强、国务委员戴秉国分别会见，外交部长杨洁篪与其会谈。双方就中法关系、中欧关系以及叙利亚、伊朗核等国际热点问题深入交换意见。

中法经贸合作水平续有提升。受世界经济下行和欧债危机蔓延影响，2012年中法双边贸易略有下降，但总体规模未受根本影响，法国仍是中国在欧盟内第四大贸易伙伴，贸易结构更趋平衡，相互投资稳中有升，共同研发等新型合作方式增多。核电、航空等传统大项目合作进展顺利，中法核能合作迎来30周年，天津空客A320总装厂第100架飞机下线。环保、金融等新兴领域合作取得进展。3月26～29日，法国参议院副议长、前总理让-皮埃尔·拉法兰率团来华出席第18届中法经济研讨会，国务院副总理王岐山会见。9月，拉法兰访问四川省并出席第13届中国西部国际博览会。

两国文化、卫生、政党、议会、军队和地方交流活跃。中法语言年活动顺利进行，全年举办活动300多场。1月15日，中法大熊猫合作项目框架下两只大熊猫圆仔和欢欢抵达巴黎，入住圣埃尼昂市博瓦尔动物园。10月，第二届中法新发传染病研讨会在武汉市召开，国家副主席习近平在北京会见与会的法国梅里埃基金会主席阿兰·梅里埃。

2月，法国执政党人民运动联盟总书记让—弗朗索瓦·科佩访华，中共中央政治局常委、中央纪委书记贺国强，中共中央政治局委员、中央书记处书记李源潮分别会见。

2月，法国前参议长克里斯蒂昂·蓬斯莱访华，全国人大常委会副委员长兼秘书长李建国会见。8月和11月，中法议会（参议院）定期交流机制第二次会议与中法议会（国民议会）定期交流机制第三次会议分别在中国和法国举行。8月底，全国政协副主席万钢访问法属波利尼西亚。

3月5日，中国人民解放军副总参谋长马晓天空军上将与法国三军副总参谋长菲利普·孔贝海军中将在北京共同主持中法第11次国防部战略对话。8月，中方“郑和”号训练舰访问法属波利尼西亚。

12月，第七届“中法市长圆桌会议”在法国波尔多市举办。截至2012年年底，中法两国共有友好城市和省区77对，其中2012年新增7对。

加　蓬
(Gabon)

2012年，中华人民共和国与加蓬共和国的友好合作关系稳步发展。

双方友好交往密切。11月，加蓬民主党主席、总统阿里·邦戈·翁丁巴致函习近平，祝贺其当选中共中央总书记。6月，加蓬参议长罗丝·芙朗辛·罗贡贝来华出席哈尔滨国际经济贸易洽谈会。

10月，中共中央对外联络部副部长艾平率中共友好代表团访问加蓬，会见加蓬总理雷蒙·恩东·西马，并与加蓬民主党总书记福斯坦·布库比举行会谈。7月，加蓬外交、国际合作、法语国家事务、非洲发展新伙伴计划和地区一体化部长埃马纽埃尔·伊索泽·恩贡戴来华出席中非合作论坛第五届部长级会议。4月，加蓬民主党总书记布库比率团访华，全国政协副主席王刚会见。

1月6日，加蓬新任驻华大使让—罗贝尔·古隆加纳向国家主席胡锦涛递交国书。8月10日，中国新任驻加蓬大使孙继文向加蓬总统邦戈递交国书。

两国经贸、文教、军事、新闻等领域合作取得积极进展。利用中方优惠性质贷款实施的利伯维尔排水渠整治、首都电网安全升级改造、布巴拉水电站等项目进展顺利。5月，中国武术代表团赴加蓬出席加第21届“武术之夜”活动。6月，中国人民解放军副总参谋长孙建国海军上将率军事代表团访问加蓬。8月，加蓬数字经济、通讯与邮政部长布莱兹·卢恩贝来华出席首届中非媒体合作论坛。

格鲁吉亚
(Georgia)

2012年，中华人民共和国与格鲁吉亚关系稳步发展。

双方举行了中国与格鲁吉亚建交20周年系列庆祝活动。1月，国家主席胡锦涛与格鲁吉亚总统米哈伊尔·萨卡什维利就两国建交20周年互致贺电。9月，全国人大外事委员会主任委员李肇星、中国国际贸易促进委员会会长万季飞先后访格。同月，格文化和古迹保护部部长尼科洛兹·鲁鲁阿访华。

两国在联合国等国际组织中保持良好沟通。格鲁吉亚在世界卫生组织、联合国消除妇女歧视委员会、万国邮政经营理事会等国际组织竞选中支持中方。

经贸合作续有进展。7月，中格政府间经贸混委会第五次会议在格首都第比利斯举行。中方企业在格实施的基础设施建设、资源开发等项目顺利推进。

人文交流较前活跃。格鲁吉亚成为中国公民组团出境旅游目的地。双方签署中格文化合作2012～2015年度交流计划。格第比利斯自由大学孔子学院运营良好。5月，第11届“汉语桥”世界大学生中文比赛格鲁吉亚赛区决赛顺利举行。12月，“中国文化日”在格举行。中方还在格举办了“格鲁吉亚人看中国”摄影展、“汉字的故事”讲座等活动。

德　国
(Germany)

2012年是中华人民共和国与德意志联邦共和国建交40周年，两国高层交往频繁，议会、政党、财经、科技、文教、军事、法律、地方等各领域交流与合作不断深化，双边关系得到进一步发展。

两国高层接触频繁、沟通密切。国家主席胡锦涛于6月18日在出席二十国集团洛斯卡沃斯峰会期间会见德国联邦总理安格拉·默克尔，就中德关系和世界及欧洲经济形势等交换意见。12月5日，中共中央总书记习近平致信默克尔祝贺其连任德国基督教民主联盟主席。国务院总理温家宝于4月18日应约与默克尔总理通话，就欧债形势、国际货币基金组织增资等问题交换意见；并于4月赴德出席汉诺威工业博览会开幕式及中国伙伴国活动，并发表讲话，其间两次与默克尔小范围会谈，就双边关系、欧债问题、中国发展及国际热点问题深入交换意见。默克尔总理年内两次访华。2月2～4日访问期间，胡锦涛主席、全国人大常委会委员长吴邦国分别会见默克尔，温家宝总理与默克尔进行小、大范围会谈。两国领导人就双边关系、欧债问题及国际和热点问题深入、坦诚交换意见。温家宝总理还与默克尔在广州共同参观了德国企业、与中德企业家座谈。8月30～31日访问期间，胡锦涛主席、吴邦国委员长、国家副主席习近平、国务院副总理李克强分别会见默克尔。温家宝总理与默克尔进行小范围会谈，随后共同主持第二轮中德政府磋商、共同会见记者，双方发表《展望未来的中德战略伙伴关系》联合声明。31日，两国总理赴天津访问，与中德企业家代表座谈，并参观了空客公司。第二轮中德政府磋商有13个中方部委及9个德方联邦部的正副部长参加，共签署13项政府间文件及5份商业合同。11月，默克尔总理致函祝贺习近平当选中共中央总书记。中国政府代表、全国政协副主席、科技部长万钢于11月出席中欧论坛汉堡峰会第五届会议并发表主旨演讲。此外，国际行动理事会名誉主席、德国前总理赫尔穆特·施密特于5月来华出席国际行动理事会第30届年会，温家宝总理、朱镕基分别会见，习近平副主席集体会见施密特等国际行动理事会成员。

两国外交部保持良好合作与沟通。外交部长杨洁篪3月陪同胡锦涛主席出席首尔核安全峰会、9月出席第67届联合国大会一般性辩论和11月陪同温家宝总理出席第九届亚欧首脑会议期间分别与德国外交部长古多·韦斯特维勒举行会见。10月，两国外长在北京举行第三轮中德外长级战略对话，签署两国外交部《关于全面加强合作的共同意向声明》，共同出席由中国人民对外友好协会和德国驻华使馆举办的中德建交40周年招待会及音乐会并致辞。李克强副总理会见了韦斯特维勒。外交部副部长张志军于2月出席第48届慕尼黑安全政策会议。外交部副部长宋涛于3月赴柏林与德国外交部国务秘书艾米莉·哈珀尔共同主持中德外交部副外长级政治磋商。

两国立法机构和政党交往深化。5月，中共中央对外联络部副部长李进军对德国进行工作访问。7月，全国人大外事委员会副主任委员马文普会见到访的德国联邦议院外事委员会副主席汉斯—乌尔里希·克洛泽。12月，全国政协副主席王刚会见到访的德国联邦议院社会民主党议会党团外交政策发言人罗尔夫·米策尼希。

中德经贸、财政、科技领域合作不断加强。国务院副总理王岐山6月陪同胡锦涛主席出席二十国集团洛斯卡沃斯峰会期间会见德国联邦财政部长沃尔夫冈·朔伊布勒，8月再次会见来华出席第二轮中德政府磋商的朔伊布勒。受欧债危机等影响，2012年中德双边贸易额同比略有下降，但贸易结构更加优化、质量不断提高。中德经贸合作继续领跑中欧经贸合作。中国对德国投资增长迅速。中国是2012年汉诺威工业博览会伙伴国。6月，商务部副部长蒋耀平访德，与德国联邦经济和技术部国务秘书安娜·露特·海尔克斯就落实两国总理“一揽子大规模合作”共识、加强双向投资和技术贸易合作等交换意见。同月，首届中德循环经济论坛在青岛举行，国家发展和改革委员会副主任解振华出席开幕式。8月，中德政府间科技合作联委会第22次会议在北京举行。

两国文化、教育领域交流成果突出。“中国文化年”系列活动贯穿2012年全年，以前所未有的规模在德国30余个城市举行。1月，文化部长蔡武与中国驻德国大使吴红波、德国外交部国务部长科尔内莉亚·皮珀尔等共同出席“中国文化年”开幕式。7月，文化部党组成员李洪峰率团访德并出席石荷州音乐节中国主宾国活动开幕音乐会。10月，德国作为主宾国参加2012中国国际教育展，德国外交部国务部长皮珀尔出席开幕式。此外，德国在华举办的“启蒙的艺术”展览于3月闭幕，皮珀尔国务部长出席闭幕式。

两国军事、安全、法律、青年、媒体、地方等各领域合作稳步推进。4月，德国国防部国务秘书吕迪格尔·沃尔夫访华，中央军委副主席郭伯雄上将会见。5月，“中德未来之桥”青年领导者交流营活动在北京、杭州举办。6月，首届中德青年领导者会议在北京举行。同月，公安部副部长孟宏伟与德国联邦内政部国务秘书克劳斯—迪特·弗里奇在北京举行双方第四次副部级年度会晤，就反恐、打击跨国犯罪和非法移民、空警合作等交换意见。7月，中德法治国家对话第12届法律研讨会在德国慕尼黑举行，国务院法制办公室主任宋大涵、国务院新闻办公室副主任钱小芊和德国司法部长扎比内·洛伊特豪泽尔—施纳伦贝格等出席，主题是数字时代的公民权利和国家立法。同月，第二届中德对话论坛第三次会议在上海举行，论坛中方主席徐匡迪、德方主席布鲁诺·O.布劳恩、上海市副市长屠绍光、外交学会会长杨文昌等出席，外交部副部长宋涛举行欢迎晚宴并致辞。9月，由中国环球时报社和德国博世基金会主办的第三届中德媒体论坛在成都举行。同月，由中共中央对外联络部和德国科尔伯基金会主办的第151届“山村对话”国际研讨会在安徽黄山举行，全国政协副主席、中国和平发展基金会理事长、中国文联主席孙家正出席并致辞。10月，中德第十次人权对话在德国举行。12月，由国务院新闻办公室和德国外交部主办的第二届中德媒体对话在北京举行，国务院新闻办公室主任王晨与德国驻华大使施明贤共同主持。此外，德国巴伐利亚州议会议长巴尔巴拉·施塔姆、德国巴登—符腾堡州副州长尼尔斯·施密德分别于4月和10月访华，全国政协副主席兼秘书长钱运录均予会见。

根据中国人民对外友好协会统计，截至2012年12月底，中德两国已建立69对友好省州（市）关系，较2011年新增2对。

8月，中国新任驻德国大使史明德向德国联邦总统约阿希姆·高克递交国书。

加　纳
(Ghana)

2012年，中华人民共和国与加纳共和国友好合作关系深入发展，经贸等领域合作成果丰硕。

两国高层交往频繁。12月，国家主席胡锦涛、副主席习近平分别致电祝贺加纳总统约翰·德拉马尼·马哈马、副总统奎西·贝科·阿米萨—阿瑟当选。8月，胡锦涛主席特使、民政部长李立国赴加纳出席加纳总统约翰·埃文斯·阿塔·米尔斯葬礼，并会见马哈马总统。11月，马哈马总统致电胡锦涛主席祝贺中国共产党第十八次全国代表大会成功召开。5月，加纳前总统杰里·约翰·罗林斯来华出席国际行动理事会第30届年会。7月，加纳议会第一副议长爱德华·多伊·阿贾霍访华，全国政协主席贾庆林、副主席李兆焯和全国人大常委会副委员长周铁农分别会见；加纳前总统约翰·阿吉耶库姆·库福尔来华出席中非民间论坛；同月，加纳外交与地区一体化部长穆罕默德·穆穆尼、贸易与工业部长汉娜·特塔赫率团出席中非合作论坛第五届部长级会议。

两国经贸合作进一步加强。中国公司承建的加纳布维水电站和中方援建的加纳外交部办公大楼等项目进展顺利。4月，加纳财政部与中国国家开发银行在北京签署30亿美元贷款主协议下两个项目子协议，加纳时任副总统马哈马出席签字仪式。

两国人文交流合作取得新进展。3月，加纳大学孔子学院设立。宁夏回族自治区与加纳沃尔特省友好省际关系继续顺利发展。

希　腊
(Greece)

2012年，中华人民共和国与希腊共和国全面战略伙伴关系保持健康稳定发展。

建交40周年庆祝活动巩固政治互信、夯实民意基础。6月5日，国家主席胡锦涛、国务院总理温家宝、外交部长杨洁篪分别同希腊总统卡罗洛斯·帕普利亚斯、看守政府总理帕纳约蒂斯·皮克拉梅诺斯和外交部长彼得·莫利维亚蒂斯互致贺电，一致肯定双边关系发展现状，认为应继续挖掘潜力，拓展各领域务实合作，提升全面战略伙伴关系水平，共创中希友好的美好未来。一年来，双方在北京和雅典分别举办庆祝建交40周年招待会、出版纪念专刊及邮封，希腊青年政治家代表团访华，《魅力北京》图片展、"中国文化艺术之夜"演出活动等一系列丰富多彩的公共外交活动在希腊深入民心，两国民众对彼此的了解和好感进一步增强。

双边经贸合作逆势而上，成绩斐然。中国希腊经贸混委会第11次会议于11月在北京召开，商务部副部长钟山与希腊外交部副部长迪米特里斯·古尔古拉斯共同主持并发表会议纪要。希腊政府和社会各界欢迎中国资本参与希腊私有化项目，第二届中希经贸论坛暨企业洽谈会在雅典举行。希腊大理石以及橄榄油、葡萄酒等优质农产品对华出口保持快速增长势头。海运合作亮点突出，中国远洋运输总公司比雷埃夫斯港集装箱码头吞吐量仅前三季度达156万箱，超该港吞吐量历史记录，被国际媒体誉为外国在希腊投资项目的成功典范；中希船舶发展专项资金累计承诺贷款8亿美元，希腊船东投资的172艘新船在华建造；中国成为第23届波塞冬国际海事展参展企业规模最大的国家。

科教、人文领域交流与合作进一步深化。全国政协副主席、中国社会科学院院长陈奎元访问希腊。两国科技部门展开欧盟框架内科研合作，总出资1000万欧元，分期分批资助25个项目。中国科学技术协会与联合国教科文组织在雅典共同举办"中国科技史及其与希腊文明的相互影响"国际会议。中华医学会外科学分会和国际外科、消化科及肿瘤科协会在雅典召开第18届国际研讨会。中国敦煌研究院院长樊锦诗在希腊贝纳基博物馆举行《中国的世界文化遗产：敦煌莫高窟》专题讲座。新疆维吾尔自治区侨务办公室"亲情中华"海外慰问艺术团和北京大学生艺术团分别在希腊部分城市举行专场演出。希腊学者、记者代表团应国务院新闻办公室邀请访问西藏，增进了对西藏人文历史的了解。

地方友好交往活跃。江苏省无锡市与希腊佩特雷市就建立友好城市关系达成初步意向。北京、上海、天津、广东、四川、浙江等省市代表团分别访问希腊，推动对口交流与合作，友好省际、城际关系续有发展。

格林纳达
(Grenada)

2012年，中华人民共和国与格林纳达友好关系稳步发展。

两国保持高层交往，政治互信不断加深。7月，全国人大常委会副委员长陈昌智访问格林纳达。9月，格林纳达外交部常秘伊丽莎白·亨利—格里尼奇来北京出席中国和加勒比建交国外交部间第五次磋商。

经贸、文化、军事等领域交往保持良好势头。1月，天津华夏未来少儿艺术团赴格林纳达访演。5月，国防部外事办公室主任钱利华少将率中国人民解放军外事代表团访格。11月，国家发展和改革委员会向格林纳达政府赠送应对气候变化物资。格方积极派员来华参加各种培训和研讨班，中方援格汉语教学项目进展顺利。

几内亚
(Guinea)

2012年，中华人民共和国与几内亚共和国传统友好合作关系稳步发展。

两国各领域交往密切。11月，几内亚总统阿尔法·孔戴致电习近平，祝贺其当选中共中央总书记。10月，几内亚政府改组后，外交部长杨洁篪致电几内亚外交和海外侨民国务部长弗朗索瓦·隆塞尼·法尔，向其就职表示祝贺。7月8～10日，国家发展和改革委员会副主任张晓强访问几内亚，会见了孔戴总统，双方就双边经贸合作等问题交换意见。9月，几内亚总统孔戴就云南省发生地震灾害向国家主席胡锦涛致电慰问。7月19～20日，几内亚外交与海外侨民部长爱德华·尼昂科耶·拉马、国际合作部长穆斯塔法·库图布·萨诺来华出席中非合作论坛第五届部长级会议。8月

23～25日，几内亚新闻部长迪鲁斯·迪亚莱·多雷来华出席中非媒体合作论坛。

两国经贸、卫生等领域合作稳步推进。中方援建的科纳克里团结体育场竣工并移交。中非合作论坛框架下的打井、农村小学等项目进展顺利。中几两国政府签署了经济技术合作协定等合作文件。中国援几医疗队顺利轮换。

几内亚比绍
(Guinea—Bissau)

2012年，中华人民共和国与几内亚比绍共和国关系保持平稳发展。

11月15日和19日，几内亚比绍过渡政府总理鲁伊·巴罗斯和几内亚比绍社会革新党主席昆巴·亚拉分别致函习近平，祝贺其当选中共中央总书记。

7月，几内亚比绍过渡政府外交、国际合作和侨务部长福斯蒂诺·因巴利来华出席中非合作论坛第五届部长级会议。9月，几比过渡政府渔业和水产资源国务秘书奥斯卡·巴尔代来华出席双边渔业混委会会议。中方向几比提供了一批抗疟药品。

10月，几内亚比绍新任驻华大使马兰·桑布向国家主席胡锦涛递交了国书。

圭亚那
(Guyana)

2012年，中华人民共和国与圭亚那共和国友好关系顺利发展，双边互利合作取得积极进展。

两国政治交往不断。6月，中共中央政治局委员、天津市委书记张高丽访问圭亚那。9月，圭亚那外交部总司长伊丽莎白·安妮·哈珀来北京出席中国和加勒比建交国外交部间第五次磋商。

12月10日，中国新任驻圭亚那大使张利民向圭总统唐纳德·拉莫塔递交国书。

两国经贸、人文、卫生等领域交流与合作取得积极进展。双边贸易额持续增长。3月，商务部副部长钟山率中国政府经贸代表团访问圭亚那。5月，深圳艺术学校民乐小组赴圭亚那访演。6月，第十期中国援圭亚那医疗队抵圭。9月，中国中铁一局集团有限公司同圭亚那政府、美国赛德全球电力公司签署圭艾美拉水电站工程总承包合同。

6月27日是中圭建交40周年纪念日。国家主席胡锦涛和圭亚那总统唐纳德·拉莫塔、外交部长杨洁篪和圭外交部长卡罗琳·罗德里格斯—伯基特分别互致贺电，两国举行了一系列庆祝活动。圭亚那文化、青年和体育部长弗兰克·安东尼来华出席有关庆祝活动。

匈牙利
(Hungary)

2012年，中华人民共和国与匈牙利*友好合作伙伴关系保持良好发展势头，各领域务实合作不断深化。

高层交往密切，政治互信增强。4月26日，国务院总理温家宝在华沙出席中国—中东欧国家领导人会晤期间会见匈牙利总理欧尔班·维克多。4月30日至5月1日，国务院副总理李克强正式访问匈牙利，分别会见匈牙利代总统格维尔·拉斯洛、副总理兼行政与司法部长纳夫拉奇赤·蒂博尔，并与匈牙利总理欧尔班举行会谈。访问期间，中匈双方签署七项政府和企业间合作文件，涵盖中小企业、农业、金融、通讯、基础设施等合作领域。5月29日至6月2日，全国政协副主席林文漪访问匈牙利，分别会见匈牙利国会副主席劳多尔曹伊·亚诺什、国会副主席乌伊海伊·伊什特万。

两国外交部保持良好合作。4月，外交部副部长宋涛同匈牙利外交部副国务秘书霍瓦里·亚诺什在匈牙利举行两国副外长级政治磋商，会见匈牙利外长马尔托尼·亚诺什。

中国—中东欧框架下合作等领域不断加强。9月，匈牙利外交部副国务秘书道卡奇·萨博尔奇来华出席中国—中东欧国家合作秘书处成立大会暨首次国家协调员会议。

双方在经贸、人文、军事、司法、地方等领域交流与合作蓬勃开展。商务部国际贸易谈判代表兼副部长高虎城、中共中央宣传部副部长翟卫华、

* 自2012年1月1日起匈牙利共和国（The Republic of Hungary）更名为匈牙利（Hungary）。

国务院发展研究中心主任李伟、中国社会科学院副院长李慎明、中华全国归国华侨联合会主席林军、全国政协外事委员会副主任刘京、中国人民解放军第二炮兵政委张海阳上将、中国法学会副会长李清林、国务院国有资产监督委员会副主任黄丹华、中共中央财经领导小组副主任刘鹤、国务院研究室副主任韩文秀、国家质量监督检验检疫总局副局长杨刚、监察部副部长郝明金等分别访问匈牙利。匈牙利国会副主席乌伊海伊分别出席2012年中国（宁夏）国际投资贸易洽谈会暨第三届中国—阿拉伯国家经贸论坛和第14届中国国际高新技术成果交易会、匈牙利国家经济发展部长马托尔奇·捷尔吉出席第14届中国国际高新技术成果交易会。匈牙利前总理麦杰希·彼得、匈牙利行政司法部副国务秘书毛焦尔·比洛分别访华。

匈牙利青年代表团、中学生代表团、禅武联盟学员代表团等分别访华。匈牙利包尔绍德—奥包乌伊—曾普伦州、佐拉州、诺格拉德州、沃什州、布达佩斯市等地方代表团分别访华。2012年，河南省与索尔诺克州、江西省与包尔绍德—奥包乌伊—曾普伦州、江苏省徐州市与伊尔德市、山东省临沂市与布达佩斯第15区及福建省漳州市与格德勒市结为友好省市，截至2012年两国共有23对友好城市。

冰　岛
(Iceland)

2012年，中华人民共和国与冰岛共和国合作关系发展顺利。

两国政治关系保持良好势头。4月20～22日，国务院总理温家宝访问冰岛，这是两国建交以来中国总理首次访冰，访问全面推动两国关系和各领域合作。温家宝总理分别与冰岛总统奥拉维尔·拉格纳·格里姆松、总理约翰娜·西于尔扎多蒂会见、会谈，与联合国大学地热项目师生座谈，参观赫利舍迪地热电站并走访冰农户。访问期间，两国签署中冰政府间北极合作框架协议、中冰部门间海洋和极地研究合作谅解备忘录以及地热和地学合作谅解备忘录等多份合作协议。11月，冰岛外交部常秘埃纳尔·贡纳尔松来华举行副部级政治磋商，分别与外交部副部长张志军、宋涛会见、会谈。

两国经贸领域合作取得新进展。温家宝总理访问冰岛后，中冰重启自由贸易协议谈判。12月，中冰自贸协议第五轮谈判在冰岛雷克雅未克举行，取得重要进展。

两国在人文、极地等领域的交流与合作持续发展。5月，全国妇联副主席甄砚访问冰岛，签署《中华全国妇女联合会与冰岛福利部合作谅解备忘录》。8月，“雪龙”号科考船访冰，两国举行了第二届中冰北极研讨会，中国极地研究中心分别与冰岛研究中心和冰岛大学签署了《中国极地研究中心与冰岛研究中心关于中冰北极研究合作谅解备忘录》和《中国极地研究中心与冰岛大学科学研究院中冰联合极光观测台科学合作协议》。

印　度
(India)

2012年是“中印友好合作年”。双方面向和平与繁荣的战略合作伙伴关系保持健康稳定发展，两国高层往来频繁，经贸纽带增强，人员往来密切，在重大国际问题上保持协商与合作。

双方高层交往频繁。3月，国家主席胡锦涛赴印度出席金砖国家领导人第四次会晤期间，同印度总理曼莫汉·辛格举行双边会见。双方共同宣布并启动“中印友好合作年”。6月、11月，国务院总理温家宝分别在联合国可持续发展大会和东亚峰会期间，与印度总理辛格举行双边会见。1月，国务委员戴秉国赴印出席中印边界问题特别代表第15次会晤。2月，印度外交部长索马·克里希纳来华出席印驻华使馆新馆开馆仪式。外交部长杨洁篪对印正式访问。6月，国务院副总理李克强在北京会见率团出席上海合作组织峰会的印度外交部长克里希纳。9月，国务委员兼国防部长梁光烈上将访问印度。12月，全国人大常委会委员长吴邦国会见访华的印度国家安全顾问希夫香卡尔·梅农。

两国间其他重要交往有：2月，中共青海省委副书记、省长骆惠宁率中共代表团访印。4月，全国人大常委会副委员长周铁农率团访印，会见了印度议会联邦院副议长拉赫曼·汗。7月，中印跨境河流第六次专家会议在新德里举行。8月，中共中央对外联络部副部长艾平率中共友好代表团访问印度，会见了印主要政党领导人，就中印关系、党际交往等交换看法。9月，全国政协副主席厉无畏访印。印度人民党（团结派）主席夏拉德·亚达夫率团访华，中共中央政治局委员、全国政协副主席王刚会见亚达夫一行。11月，中国国际友好联络会会长李肇星率团访印。

中印边界问题谈判稳步推进。1月，中印边界问题特别代表第15次会晤在新德里举行。双方建立中印边境事务磋商和协调工作机制并分别于3月、

11月召开两次会议。12月，中印边界问题特别代表非正式对话在北京举行。

两国外交部门保持密切沟通与协调。3月，中印举行第五次反恐事务磋商。5月，中印外交政策磋商在印举行。6月和8月，印度外交部官员团、印度高级外交官代表团分别访华。7月，中印外交部首次举行西亚北非事务磋商。11月，中印非洲事务磋商、外交官员磋商在印举行。此外，两国还建立了海上合作对话、中亚事务磋商、外交部发言人互访等机制。

中印经贸合作持续扩大，中国是印第一大贸易伙伴，印是中国在南亚第一大贸易伙伴。印是中国重要的海外工程承包市场。中国对印非金融类直接投资主要领域有电信、机械制造、冶金和家用电器等。印来华非金融类投资主要领域有金融、冶金、软件、电子、医药和化工等。

8月，中印第九次经贸科技联合委员会部长级会议在印举行。商务部长陈德铭和印商工及纺织部长阿南德·夏尔玛共同主持会议，并就扩大双边经贸合作达成重要共识。11月，第二次中印战略经济对话在新德里举行。会议由国家发展和改革委员会主任张平和印度计划委员会副主任蒙泰克·辛格·阿鲁瓦利亚共同主持。辛格总理会见中方代表团成员。与会双方就中印加强全面合作，促进宏观经济政策沟通与协调，深化与拓展在投资、基础设施、高技术、节能环保和能源等领域的务实合作展开对话与交流。11月，博鳌亚洲论坛与印度工商联合会首次在孟买举行亚洲金融合作会议，共同探讨如何寻求创新、开发和监管的亚洲式平衡。论坛副理事长、国务院原副总理、中方联席会议首席代表曾培炎率团出席。

两国在军事领域的交流与合作进一步发展。5月，中国海军“郑和”号训练舰停靠印科钦港。6月，印海军“拉纳”号导弹驱逐舰等四艘舰船组成的舰艇编队访问上海。9月，国务委员兼国防部长梁光烈上将访印期间，与印方就两军关系、国际和地区安全形势等问题深入交换意见，达成多项共识，发表了联合公报。

两国人文领域的交流与合作不断扩大。2月，中国500名青年代表团访印。印总统普拉蒂巴·帕蒂尔会见代表团成员。7月和11月，中印百人青年团互访。8月，国家宗教事务局副局长张乐斌、新疆维吾尔自治区政府副主席贾帕尔·阿比布拉率中国伊斯兰事务代表团访印。国家汉办与印度驻华使馆签署《国家汉办与印度中等教育委员会谅解备忘录》，进一步明确了双方在教育领域的合作机制。9月，驻印使馆与国家旅游局在新德里联合举办“走进中国—2012中国欢乐健康游”大型主题活动。截至2012年，两国间已开通北京、上海、广州、成都、昆明、深圳、三亚至新德里、孟买、班加罗尔、加尔各答等城市的直航航线，每周飞行约45个班次。

中印在重大国际和地区事务中有着广泛的共识，保持良好的合作。两国在联合国、二十国集团、金砖国家、基础四国、中印俄等组织和机构框架下保持密切沟通与配合，就国际金融危机、气候变化、能源和粮食安全、西亚北非局势等国际和地区问题协调立场，共同维护广大发展中国家权益。

印度尼西亚
(Indonesia)

2012年，中华人民共和国与印度尼西亚共和国战略伙伴关系继续保持良好发展态势。

高层交往频繁。国家主席胡锦涛、国务院总理温家宝分别在多边场合同印度尼西亚总统苏希洛·班邦·尤多约诺举行会晤。3月22～24日，苏希洛总统对中国进行国事访问。访问期间，胡锦涛主席同苏希洛总统举行会谈，全国人大常委会委员长吴邦国和温家宝总理分别会见苏希洛总统，中共中央政治局常委李长春与苏希洛总统共同会见两国青年代表，双方还发表了《中华人民共和国和印度尼西亚共和国联合声明》，并签署了海上、执法、贸易、档案、旅游等领域合作文件。此访有力地推动了中国印尼战略伙伴关系深入发展。4月，中共中央政治局常委李长春、国务院副总理回良玉分别访问印尼。8月，外交部长杨洁篪访问印尼，同印尼外交部长马尔迪·纳塔勒加瓦共同主持中国印尼政府间双边合作联合委员会第二次会议。2月，印尼政治法律安全统筹部长佐戈·苏延多来华访问，国务委员戴秉国同其共同主持中国印尼副总理级对话机制第三次会议。

经贸合作成效显著。中国印尼双边贸易额实现快速增长，中国对印尼直接投资增长迅速。中国企业积极参与印尼基础设施等重点领域建设。双方在能源、资源、制造业、农业等领域合作取得可喜进展。中方向印尼提供的优惠出口买方信贷稳步落实。

防务、海上、航天等领域合作加快拓展。印尼国防部长布尔诺默·尤斯吉安多罗来华访问，两国陆军特种部队成功举行第二次反恐联合训练。两国签署《中华人民共和国政府与印度尼西亚共和国政府海上合作谅解备忘录》，成立中国印尼海上合作委员会和中国印尼海上合作基金。12月，中国印尼海上合作委员会首次会议举行。双方航天领域合作取得积极进展。

人文交流日益扩大。两国青年百人团互访。两国赴对方国家留学生人数继续上升，中国向印尼派遣汉语教师志愿者，印尼六所孔子学院运作良好。双方在旅游、宗教、智库、媒体等领域交流与合作不断扩大。

伊　朗
(Iran)

2012年，中华人民共和国与伊朗伊斯兰共和国各领域友好合作关系稳步发展。

两国高层交往频繁。9月，全国人大常委会委员长吴邦国访问伊朗，分别与伊朗总统马哈茂德·艾哈迈迪内贾德、第一副总统穆罕默德·礼萨·拉希米会见，并与伊朗议长阿里·拉里贾尼会谈，就两国关系、议会交往及重大国际地区问题深入交换看法，达成广泛共识。访问期间，双方还签署了中伊移管被判刑人条约和中伊引渡条约。

6月，伊朗总统艾哈迈迪内贾德来华出席上海合作组织成员国元首理事会第12次会议，并正式访华，国家主席胡锦涛、全国人大常委会委员长吴邦国、国务院总理温家宝分别会谈、会见。双方就双边关系和共同关心的地区和国际问题交换意见。

12月，全国政协副主席白立忱率团访问伊朗，会见了伊朗议长阿里·拉里贾尼。4月，伊朗副总统兼环保组织主席穆罕默德·贾瓦德·穆罕默迪扎德来华出席博鳌亚洲论坛2012年年会，国务院副总理李克强会见。同月，伊朗负责人力资源和发展管理事务副总统陆特夫阿拉·伏鲁赞德·德赫卡尔迪访华，中共中央政治局委员、中央书记处书记、中央组织部部长李源潮会见。5月，伊朗副总统兼环保组织主席穆罕默德·贾瓦德·穆罕默迪扎德再度访华，中共中央政治局常委、中央纪委书记贺国强会见。

两国各级别交往密切。1月和12月，伊朗最高国家安全委员会副秘书阿里·巴盖里来华进行工作访问。2月，外交部部长助理马朝旭访问伊朗，会见伊朗最高国家安全委员会秘书萨义德·贾利利、副秘书阿里·巴盖里和伊朗外交部副部长阿訇扎德。12月，伊朗外交部副部长萨义德·阿巴斯·阿拉格齐来华与外交部副部长翟隽共同举行两国外交部第11轮政治磋商。

此外，全国人大、人力资源和社会保障部、司法部、全国妇联、全国人民对外友好协会等部门和团体赴伊访问或出席国际会议；新疆、内蒙古、云南、宁夏、吉林、广东等省、市和自治区也派团赴伊开展双边省市友好交流。

两国经贸合作总体上发展态势良好。双边工程承包合作总体进展顺利。

两国文化领域交流与合作不断取得进展。2月，中国—伊朗文化联委会第一次会议在北京召开。6月，伊朗文化和伊斯兰指导部长赛义德·穆罕默德·侯赛尼率团出席上海合作组织成员国文化部长第九次会议。9月，国家宗教局局长王作安访问伊朗。此外，双方民间艺术团体也积极开展文化交流与互动。

伊拉克
(Iraq)

2012年，中华人民共和国与伊拉克共和国友好合作关系继续稳步发展。

两国保持良好政治交往。6月，外交部长杨洁篪在日内瓦出席叙利亚问题“行动小组”外长会议期间会见伊拉克外交部长霍西亚尔·兹巴里。5月，外交部部长助理马朝旭率团出席在巴格达举行的伊朗核问题对话会期间，会见伊拉克外长兹巴里。伊拉克公共工程和市政部长阿迪勒·穆胡德尔·马利基、通讯部长穆罕默德·陶菲克·阿拉维分别访华。

两国政党交往密切。6月，伊拉克库尔德斯坦爱国联盟、库尔德斯坦民主党新闻负责人考察团访华。10月，伊拉克伊斯兰最高委员会党主席助理、外事委员会主席里德·贾瓦德·塔基访华。

两国经贸、能源领域合作稳步推进。中国企业在伊拉克承建的能源、工程项目进展顺利。两国在教育、文化等领域合作持续发展。

爱尔兰
(Ireland)

2012年，中华人民共和国与爱尔兰建立互惠战略伙伴关系，双边关系提升至新高度，各领域互利合作成果丰富。

两国高层交往频繁。2月18～20日，国家副主席习近平成功访问爱尔兰，与爱总理恩达·肯尼举行会谈，分别会见爱总统迈克尔·希金斯、众议长肖恩·巴雷特、参议长帕迪·伯克，并出席了一系列经贸、文化活动。3月，爱总理肯尼访华，中爱发表关于建立互惠战略伙伴关系的联合声明。5月和8月，全国政协副主席王刚和阿不来提·阿不都热西提分别访爱。

经贸合作逆势增长。中爱贸易克服国际金融危机和欧洲主权债务问题不利影响，合作机制不断完善，领域日益拓宽。10月，商务部副部长陈健访问爱尔兰，并召开中爱经贸混委会第12次会议及双边投资促进工作组首次会议。中爱在种马、海产品、奶制品等各领域实现广泛合作，成果丰硕。

各领域交流密切。5月，农业部副部长高鸿宾访问爱尔兰。6月，中共中央宣传部副部长翟卫华、水利部副部长周英及国家质量检验检疫总局副局长魏传忠分别访爱。9月，全国政协民族和宗教委员会主任田聪明访爱，国务院侨务办公室率领“文化中国·中华美食”厨艺团赴爱交流。爱教育和技能部国务部长夏兰·卡农，农业、海洋和食品部长西蒙·科文尼，卫生部长詹姆斯·赖利分别访华。中爱多对省市达成友好省（城市）合作意向。

以色列
(Israel)

2012年是中华人民共和国与以色列国建交20周年。中以关系保持良好发展势头，各领域交流合作顺利开展。

双边交往频繁。11月，以色列总统西蒙·佩雷斯致信祝贺习近平当选中共中央总书记和中共中央军委主席。4月，全国人大常委会副委员长、国际交流协会会长周铁农访以，分别会见以色列议会副议长拉勒博·马加德勒、议会以中友好小组主席大卫·罗特姆和副总理兼外交部长阿维格多·利伯曼。6月，全国政协副主席、国际交流协会副会长陈宗兴访以并出席以色列第四届总统会议，分别会见以色列总统佩雷斯和议会副议长施洛莫·莫拉。8月，中国海军第11批护航编队访问以色列海法港。2月、5月和10月，中国中东问题特使吴思科三次访以。此外，中国教育部等多个团组访以。3月，以色列副总理兼外交部长利伯曼对中国进行正式访问，国家副主席习近平、外交部长杨洁篪分别会见、会谈。以色列国防军总参谋长本尼·甘茨中将，交通、国家基础设施和道路安全部长伊斯雷尔·卡茨，工业、贸易和劳动部长沙洛姆·辛鸿，公安部长伊扎克·阿罗诺维奇等访华。

10月9日，国家主席胡锦涛接受以色列新任驻华大使马腾递交国书。

两国经贸、科技、投资等领域合作稳步推进。4月，以色列议会批准以色列工业、贸易和劳动部与中国科技部于2010年签订的中以两国政府产业研发合作协议。5月，中以太阳能发电合作项目启动。7月，第二届以色列—中国商务论坛在以色列拉马特甘市举行。9月，中以高科技投资峰会在以色列海法市举行。11月，中国企业家代表团在以色列参加“Go—for—Israel”系列活动，并拜会以色列总统佩雷斯和以色列银行行长费舍尔。

两国文化、民间交流蓬勃开展。以色列“冰雕世界”展览，“中国电影周”，“功夫诗·九卷”演出，“犹太难民与上海”展览，“南京日”、汉语桥比赛等文化交流活动相继举行。5月，黑龙江省与以色列希弗谷区建立友好省区关系。8月，云南省保山市与以色列塔玛市缔结友好城市关系。9月，深圳市与以色列海法市缔结友好城市关系。

意大利
(Italy)

2012年，中华人民共和国与意大利共和国全面战略伙伴关系持续深入发展，各领域交流与合作稳中有进。

两国高层交往势头良好。3月，国家主席胡锦涛出席韩国首尔核安全峰会期间会见意大利总理马里奥·蒙蒂。3月30日至4月2日，蒙蒂总理对中国进行正式访问。在北京期间，国务院总理温家宝与蒙蒂总理举行会谈。此外，蒙蒂总理赴海南出席博鳌亚洲论坛2012年年会开幕式并致辞，李克强副总理予以会见。11月，国务院总理温家宝出席老挝万象亚欧首脑会议期间同蒙蒂总理会见。11月27日至12月3日，全国政协主席贾庆林对意大利进行正式访问。

中方其他重要访问主要有：全国人大常委会副委员长乌云其木格，全国政协副主席、中国国际交流协会副会长陈宗兴，环境保护部长周生贤等。意方主要有：经济发展、基础设施与运输部长科拉多·帕塞拉，环境、领土与海洋保护部长科拉多·克里尼。

两国议会、政党交流活跃。全国人大常委会法制工作委员会、预算工作委员会、财经委员会，全国政协京昆室、教科文卫体委员会代表团等访问意大利。9月，全国人大代表团出席在罗马举行的2012年世界电子议会大会。意大利自由人民党、民主党、众议院国防委员会以及议会对华友好小组代表团分别访华。

两国外交部保持密切交往与磋商。6月，外交部副部长宋涛赴意大利进行政治磋商，其间会见意大利外交部长朱利奥·泰尔齐·迪圣阿加塔，与外交部副部长斯塔凡·德米斯图拉会谈。

受欧债问题以及全球经济不振的影响，中意双边贸易额出现下滑态势。意大利在不同场合对中国支持其应对主权债务问题的努力表示感谢，愿同中国进一步加强经济、金融合作。3月，中意经贸合作混委会第十次会议在罗马召开，商务部副部长蒋耀平率团参加。中意相互投资和中小企业合作进一步加强。1月，山东重工潍柴集团收购意大利第二大游艇制造商法拉帝游艇公司75%的股权。

科技创新合作更趋成熟，新闻领域交流逐渐增多。中意两国分别在北京和米兰互办设计展。11月，第二届中意创新合作高层论坛在那不勒斯召开。国务院新闻办公室副主任崔玉英访问意大利。中国国际广播电台主办的中文和意大利语双语杂志问世。

文化交流空前活跃。“中国文化年”闭幕式暨第二届罗马人民广场“欢乐春节”活动受到意大利公众热烈欢迎。7月，《佛罗伦萨与文艺复兴名家名作展》在中国国家博物馆举办并产生轰动效应。9月24日至10月7日，中国中央歌剧院首访意大利并演出《图兰朵》获得成功。

两军关系继续稳步发展。3月，第七次中意总参谋部工作对话在北京举行。5月，意大利空军参谋长朱塞佩·博纳迪斯中将访华。6月，中国远洋航海训练舰“郑和”号对意大利进行友好访问，并在塔兰托军港举办公众开放日活动。

贾庆林政协主席访问意大利

11月27日至12月3日，全国政协主席贾庆林对意大利进行正式访问，分别会见意大利总统乔治·纳波利塔诺、参议长雷纳托·朱塞佩·斯基法尼、众议长詹弗兰科·菲尼、总理蒙蒂和外长泰尔齐，与蒙蒂总理共同出席六项经贸合作协议签字仪式，涉及金额12.73亿美元。访问罗马期间，贾庆林主席出席了中意工商晚宴并发表主旨演讲。此后，全国政协主席贾庆林赴托斯卡纳和西西里大区访问，分别会见两大区政府主席恩里科·罗西和罗萨里奥·克罗切塔。

会见时，全国政协主席贾庆林表示，近年来，两国高层往来频繁，政治互信加深，经贸合作成果丰硕，双边各领域交流与合作不断取得新进展。双方相互理解和支持彼此重大关切，在重大国际和地区问题上保持密切沟通协调。新形势下，继续加强中意关系符合双方根本利益。意大利是欧盟重要国家，在发展对华关系方面走在欧盟国家前列，希望意方为推动中欧关系健康稳定发展作出更大贡献。意方表示，相互尊重、理解和友谊是意中关系发展的重要基础。意中两国国情不同，但都有悠久的文明，这有助于双方超越分歧差异，加强合作。意方愿同中方进一步加强各领域合作，将继续为推动欧中关系进一步发展发挥积极作用。意大利高度评价中国共产党第十八次全国代表大会，并对中国在过去几十年里取得的巨大发展成就表示赞赏。

全国政协主席贾庆林访问意大利，深化了中意务实合作，增进了中欧政治互信，进一步推动了中欧中意全面战略伙伴关系顺利发展。

牙买加
(Jamaica)

2012年，中华人民共和国与牙买加“共同发展的友好伙伴关系”进一步巩固。

两国高层往来势头良好。商务部副部长高虎城、李金早和农业部副部长张桃林分别率团访问牙买加。9月，牙外交部常秘保罗·罗伯森来北京出席中国和加勒比建交国外交部间第五次磋商。10月，牙工业投资和商业部长安东尼·希尔顿访华。

两国经贸交往活跃，双边合作不断深入。牙买加企业家积极参加中国广交会等贸易洽谈会。双边合作项目取得积极进展，双方积极探讨在牙扩大投资事宜。中资企业承建的牙买加全国路网、机场高速公路和经济适用房等项目进展顺利，中国企业收购的牙买加国有糖厂项目生产经营正常。

双方人文等领域交流活跃。年内，中国重庆歌舞团、江苏省木偶剧团赴牙买加访问演出，受到热烈欢迎。西印度大学孔子学院学员学习汉语热情高涨。中国继续为牙留学生提供奖学金到中国学习，牙政府派官员和技术人员到中国参加各种培训班。

11月21日是中牙建交40周年纪念日。国务院总理温家宝和牙买加总理波西娅·辛普森—米勒、外交部长杨洁篪和牙买加外交和外贸部长阿诺德·尼科尔森分别互致贺电，两国举行了一系列庆祝活动。

日　本
(Japan)

日本国是中华人民共和国的重要近邻，双方致力于发展战略互惠关系。2012年是中日邦交正常化40周年，上半年两国各领域务实合作扎实推进，同时日本在对华关系上消极动向明显增多。9月11日，日本政府不顾中方坚决反对，非法对钓鱼岛采取“国有化”措施，使中日关系受到严重冲击，中方采取坚决措施捍卫国家领土主权。中国政府高度重视中日关系，始终根据中日四个政治文件的原则和两国领导人共识，敦促日方从长远和大局出发，妥善处理有关问题，在此基础上加强各领域对话、交流与合作，努力推动中日关系回到正常发展轨道。

上半年政治层面保持密切交往，9月11日日本政府非法“购买”钓鱼岛后，双方政治交往基本处于停滞状态。

9月9日，国家主席胡锦涛在俄罗斯符拉迪沃斯托克出席亚太经合组织领导人非正式会议期间同日本首相野田佳彦进行交谈。

5月13～14日，日本首相野田佳彦来华出席中日韩领导人会议，国家主席胡锦涛集体会见，国务院总理温家宝同其举行会晤。

5月3～6日，日本众议院议长横路孝弘访华，全国人大常委会委员长吴邦国同其举行会谈，国家副主席习近平会见。

4月7日，外交部长杨洁篪在宁波出席中日韩外长会议期间，同日本外相玄叶光一郎举行会晤。4月14日，杨洁篪外长应约同日本外相玄叶光一郎通电话。7月11日，杨洁篪外长在柬埔寨金边出席东盟地区论坛系列外长会议期间，同日本外相玄叶光一郎举行会晤。

1月16日，中国全国人大与日本国会众议院合作委员会第七次会议在北京举行。3月22日，中国全国人大与日本国会参议院定期交流机制第五次会议在东京举行。3月24日，中国共产党与日本民主党交流机制第四次会议在北京举行。6月10～11日，外交部副部长张志军与日本常务副外长佐佐江贤一郎在东京举行第13次中日战略对话。

1月11日，日本创价学会副理事长池田博正访华，国务院副总理李克强会见。

2月17日，日中友好七团体会长访华，全国政协主席贾庆林会见。

3月23日，日本前首相鸠山由纪夫访华，国家副主席习近平会见。

4月24日，日本国际贸易促进协会会长、前众议院议长河野洋平访华，国家副主席习近平会见。

5月3～5日，日中友好议员联盟会长、日本前外相高村正彦率团访华，国家副主席习近平，中共中央政治局委员、中央书记处书记、中央组织部部长李源潮分别会见。

5月9日，日本前首相福田康夫来华出席国际行动理事会第30次会议，国务院总理温家宝会见。

5月25日，日本前首相鸠山由纪夫访华，国务院副总理李克强会见。

7月3日，日本关西经济联合会会长森详介、大阪商工会议所会长佐藤茂雄率团访华，国家副主席习近平会见。

9月27日，日本国际贸易促进协会会长、前众议长河野洋平率日本各界友好人士代表团访华，全国政协主席贾庆林会见。

经贸等务实合作前期扎实推进，后期呈收缩态势。

年初日本获准购买650亿元人民币中国国债。6月1日，日元与人民币实现直接兑换。受世界金融危机及钓鱼岛问题影响，2012年日本从中国第四大贸易伙伴降为第五大贸易伙伴。日本对华投资总额73.8亿美元，同比增长16.3%（2011年为55%）。

人文交流由热转冷。

2012年是“中日国民交流友好年”。2月16日，“中日国民交流友好年”日方开幕式在北京举行，国务委员刘延东和日本首相特使、前经济产业大臣直嶋正行出席。4月10日，“中日国民交流友好年”中方开幕式在东京举行，中国政府特使、文化部长蔡武，日本内阁官房长官藤村修出席。中日双方纪念活动达600余项。

受日本政府非法“购买”钓鱼岛影响，9月起中日人文交流热度急转直下，双方人员往来骤然减少，包括中日邦交正常化40周年大型招待会在内的众多交流活动被延期或取消。2012年，中日人员往来548万人次，比2011年微增20万人次，低于年初预期。截至2012年年底，中日间缔结友好城市共250对。

日本政府非法“购买”钓鱼岛，中方采取坚决措施捍卫国家领土主权。

钓鱼岛及其附属岛屿自古以来就是中国的固有领土，中国对此拥有无可争辩的主权。2012年9月，日本政府不顾中方强烈反对，对钓鱼岛、南小岛和北小岛实施所谓“国有化”，严重侵犯中国领土主权，中日关系遭受邦交正常化40年来最严重的冲击。中方采取坚决措施，捍卫国家领土主权。中央主要领导亲自表明严正立场，外交部发表声明并召见日本驻华大使提出严正交涉和强烈抗议，驻日大使向日方交涉并递交抗议照会。中日双方于9月25日正式启动副外长级钓鱼岛问题磋商，中方在磋商中全面阐明中国政府在钓鱼岛问题上的严正立场和维护国家领土主权的坚定意志，敦促日方正视历史和现实，为妥善处理有关问题作出切实努力。中国政府公布钓鱼岛领海基点基线并向联合国交存，宣布对钓鱼岛及其附属岛屿开展常态化监视监测，公布钓鱼岛及其部分附属岛屿地理坐标，宣布向大陆架界限委员会提交东海外大陆架划界案，中国政府发表《钓鱼岛是中国的固有领土》白皮书。中方公务船赴钓鱼岛海域进行常态化巡航执法。

中国政府上述举措有效维护了国家领土主权，向国际社会有力宣示了中方立场主张。中国政府和人民有决心、有能力捍卫国家主权和领土完整。在钓鱼岛问题上，中方一贯主张通过双边对话磋商妥善处理和解决有关分歧。

约　旦
(Jordan)

2012年是中华人民共和国与约旦哈希姆王国建交35周年，中约关系进一步发展，各领域友好交流合作取得新进展。

两国高层交往持续不断，政治互信进一步深化。5月，国务院总理温家宝致电祝贺约旦首相法伊兹·塔拉瓦纳履新。同月，中共中央政治局委员、全国政协副主席王刚访问约旦，会见约旦国王阿卜杜拉二世·本·侯赛因、首相塔拉瓦纳。2月，全国人大常委会副委员长韩启德访约，会见约旦国王阿卜杜拉二世、首相奥恩·哈萨瓦纳、参议长塔希尔·米斯里、众议长阿卜杜·凯利姆·杜格米等约旦领导人。3月14日，外交部长杨洁篪就地区问题和双边关系与约旦外交大臣纳赛尔·朱达通电话。5月，杨洁篪外长在中阿合作论坛第五届部长级会议期间会见外交大臣朱达。2月和5月，中东问题特使吴思科两度访约。5月，约旦前首相阿卜杜·萨拉姆·马贾利来华出席在天津举行的国际行动理事会第30届年会。9月，约旦参议长助理兼参议院约中友好委员会主席阿瓦德·哈里法特访华。11月，外交部副部长翟隽会见来北京出席有关国际会议的约旦亲王哈桑·本·塔拉勒。5月，新任约旦驻华大使叶海亚·卡拉莱向国家主席胡锦涛递交国书。

中约经贸往来密切。9月，约旦前首相马贾利出席2012年中国（宁夏）国际投资贸易洽谈会暨第三届中阿经贸论坛。同月，第九届中国商品展在约旦首都安曼举行，超过500家中国企业参展。

两国在人文、教育、新闻、军事等领域交流合作更加活跃。9月，国家宗教局局长王作安访问约旦。中华全国新闻工作者协会、中国中央电视台、中国作家协会代表团等相继访约。第三届“长城—佩特拉杯”中文比赛在约举行。约旦费城大学孔子学院正式运作。河北省杂技团参加第27届杰拉什艺术节。5月，解放军总装备部科技委员会主任兼副部长李安东上将一行出席第九届约旦特种作战部队装备展。中国人民解放军军事科学院等代表团访约。

哈萨克斯坦
(Kazakhstan)

2012年，中华人民共和国与哈萨克斯坦共和国全面战略伙伴关系进一步深入发展。

两国高层交往密切。3月27日，国家主席胡锦涛在出席首尔核安全峰会期间同哈萨克斯坦总统努尔苏丹·纳扎尔巴耶夫简短寒暄。12月7日，国务院副总理王岐山赴哈萨克斯坦出席中哈合作委员会第六次会议，同哈萨克斯坦副总理凯拉特·克利姆别托夫会谈，并会见哈萨克斯坦总统纳扎尔巴耶夫、总理谢里克·阿赫梅托夫。1月9日，国家主席胡锦涛特使、全国人大常委会副委员长陈至立访问哈萨克斯坦并出席中哈建交20周年庆祝活动，分别会见哈萨克斯坦总统纳扎尔巴耶夫和哈萨克斯坦议会上院议长凯拉特·马米。

6月5～7日，哈萨克斯坦总统纳扎尔巴耶夫来华访问并出席上海合作组织北京峰会。国家主席胡锦涛、国务院总理温家宝、国家副主席习近平分别同纳扎尔巴耶夫总统会见，双方全面回顾了建交20年来双边关系发展历程和主要成果，决定进一步发展全面战略伙伴关系，充实两国关系内涵。两国元首签署并发表了《中华人民共和国和哈萨克斯坦共和国联合声明》。3月30日至4月2日，哈萨克斯坦总理卡里姆·马西莫夫来华访问并出席中哈总理第一次定期会晤。国务院总理温家宝主持会谈，双方签署了中哈总理第一次定期会晤联合公报。9月2日，国务院总理温家宝在乌鲁木齐会见出席第二届中国—亚欧博览会的哈萨克斯坦总理马西莫夫。12月5日，国务院总理温家宝在比什凯克出席上海合作组织成员国总理会议期间与哈萨克斯坦新任总理阿赫梅托夫举行双边会见。4月1日，国务院副总理李克强在海南会见出席博鳌亚洲论坛2012年年会的哈萨克斯坦总理马西莫夫。4月11日，国务委员孟建柱在北京会见来华出席上海合作组织成员国安全会议秘书会议的哈萨克斯坦总统助理、安全会议秘书马拉特·塔仁。4月24日，国务委员兼国防部长梁光烈上将在北京会见来华出席上海合作组织成员国国防部长会议的哈萨克斯坦国防部长阿季利别克·贾克瑟别科夫。5月11日，外交部长杨洁篪在北京会见来华出席上海合作组织外长理事会会议的哈萨克斯坦外交部长叶尔让·卡济汉诺夫。

两国经贸合作成果显著。能源、非资源、互联互通等领域合作不断取得新进展。中国成为哈萨克斯坦第二大贸易伙伴、第二大进口国和最大出口市场。

两国人文合作不断扩大。双方举办系列庆祝活动，纪念两国建交20周年。

两国国际协作密切。哈萨克斯坦支持中国主办上海合作组织北京峰会。国家主席胡锦涛就亚洲相互协作与信任措施会议（简称“亚信”）机制成立20周年向哈萨克斯坦总统纳扎尔巴耶夫致贺电，中国申请并获任亚信2014～2016年主席国。双方在联合国安理会改革、叙利亚、阿富汗等国际和地区热点问题上保持良好的沟通和协调。

肯尼亚
(Kenya)

2012年，中华人民共和国与肯尼亚共和国友好合作关系持续深入发展。

两国高层交往密切。7月，肯尼亚总理拉伊拉·阿莫洛·奥廷加来华出席中非合作论坛第五届部长级会议开幕式，国务院总理温家宝、国家副主席习近平分别会见。3月，中共中央政治局委员、北京市委书记刘淇对肯尼亚进行友好访问，分别会见了肯尼亚总统姆瓦伊·齐贝吉、副总统斯蒂芬·卡隆佐·穆西约卡和总理奥廷加。4月，全国人大常委会副委员长华建敏对肯尼亚进行友好访问，会见了肯尼亚总统齐贝吉，与肯尼亚国民议会议长肯尼斯·马伦德举行会谈。5月，肯尼亚副总统穆西约卡来华出席首届中国（北京）国际服务贸易交易会开幕式，国家副主席习近平会见。在中国共产党第十八次全国代表大会召开之际，肯尼亚总统齐贝吉、总理奥廷加、副总统穆西约卡分别代表所属政党向中国共产党表示祝贺。

两国各部门交往持续发展。商务部副部长陈健、中国地震局局长陈建民、司法部副部长郝赤勇等先后访肯。肯尼亚环境与矿产资源部长齐拉劳·阿里·姆瓦奎雷、外交部长萨姆森·凯格奥·翁盖里、劳动部长约翰·基永加·穆尼耶斯、高等教育与科技部长玛格丽特·卡马尔、新闻与通讯部长塞缪尔·波吉西奥、医疗服务部长彼得·阿尼扬·尼翁戈、外交部常秘塞缪尔·图伊塔·姆万吉等来华。

两国地方政府交往频繁。辽宁省政协副主席高鹏、福建省副省长陈桦、四川省人大常委会副主任王宇坤、江西省人大常委会副主任陈安众、安徽省人大常委会常务副主任臧世凯、内蒙古自治区副主席布小林、福建省政协副主席郭振家、陕西省政协副主席李晓东、福建省人大常委会副主任张健、广西壮族自治区人大常委会主任覃瑞祥、云南省副省长孔垂柱、宁夏回族自治区人大常委会副主任马瑞文等先后访肯。

两国在经贸、文化、教育、卫生等领域的交流与合作进一步深化。中方向肯方提供优惠贷款实施的内罗毕南环公路等项目开工。1月，中国中央电视台非洲分台在肯尼亚正式开播。6月，中国教育展在肯尼亚内罗毕大学举行。7月，中非传媒会议在内罗毕多媒体大学举行。8月，“中非关系可持续发展的路径”研讨会在内罗毕举行。12月，《中国日报非洲版》在内罗毕创刊发行。

科威特
(Kuwait)

2012年，中华人民共和国与科威特国各领域友好合作关系继续稳步发展。

两国政治交往密切。10月，全国政协副主席孙家正作为国家主席胡锦涛特别代表出席在科威特举办的亚洲合作对话首次首脑会议。5月，外交部长杨洁篪出席在突尼斯举行的中阿合作论坛第五届部长级会议期间，与科威特副首相兼外交大臣萨巴赫·哈立德·哈马德·萨巴赫会见。外交部副部长翟隽访科。11月，宁夏回族自治区党委副书记崔波访科。

科威特埃米尔萨巴赫·艾哈迈德·贾比尔·萨巴赫、王储纳瓦夫·艾哈迈德·贾比尔·萨巴赫、首相贾比尔·穆巴拉克·哈马德·萨巴赫、时任国民议会议长贾西姆·穆罕默德·胡拉菲及副首相兼外交大臣萨巴赫·哈立德·哈马德·萨巴赫分别致函国家主席胡锦涛、全国人大常委会委员长吴邦国和外交部长杨洁篪，对中国云南彝良发生地震灾害表示慰问。

两国经贸、能源、财政、基础设施建设等领域合作成果显著。中科广东炼化一体化项目稳步推进。科威特阿拉伯经济发展基金会向中国提供2500万美元优惠贷款。中国工商银行在科威特开设分行。

两国文化、卫生等领域交流不断丰富。中国在科威特成功举办文化展览。5月，科威特文化与艺术国家委员会代表团访华。

吉尔吉斯斯坦
(Kyrgyzstan)

2012年，中华人民共和国与吉尔吉斯共和国睦邻友好合作关系健康稳定发展，各领域合作不断深入。

两国高层交往频繁，政治互信进一步加深。12月4～5日，国务院总理温家宝赴吉尔吉斯斯坦出席上海合作组织比什凯克总理会议并对吉进行正式访问，同吉尔吉斯斯坦总统阿尔马兹别克·阿塔姆巴耶夫、总理让托罗·萨特巴尔季耶夫分别举行会见、会谈。9月2日，国务院总理温家宝同来华出席第二届中国—亚欧博览会的吉尔吉斯斯坦总统阿塔姆巴耶夫举行双边会见。6月5～7日，吉尔吉斯斯坦总统阿塔姆巴耶夫访华并出席上海合作组织北京峰会，国家主席胡锦涛、国务院总理温家宝、全国政协主席贾庆林、国务院副总理王岐山、国务委员孟建柱分别会谈、会见。两国领导人全面回顾和总结了中吉建交20年来两国关系发展成果和经验，并就两国关系未来发展作出新的规划和部署。9月9～11日，国务院副总理回良玉对吉进行正式访问，同吉总统阿塔姆巴耶夫、议长阿西尔别克·热恩别科夫、总理萨特巴尔季耶夫分别举行会见、会谈。1月，全国人大常委会副委员长陈至立作为国家主席胡锦涛特使赴吉参加中吉建交20周年庆祝活动。4月11日，国务委员孟建柱会见来华出席上海合作组织成员国第七次安全会议秘书会议的吉尔吉斯斯坦国防会议秘书布苏尔曼苏尔·塔巴尔季耶夫。

两国经贸合作进展顺利。双边贸易额持续增长，中吉乌公路修复项目建设完工，吉南部电网改造项目顺利实施，双方在农产品改良、畜产品养殖等方面建立起合作关系。

两国人文交流不断扩大。5月，中共中央政治局委员、中央书记处书记、中央宣传部部长刘云山，全国人大常委会副委员长、全国妇联主席陈至立分别同来华访问的吉尔吉斯斯坦前总统萝扎·奥通巴耶娃会见。此访期间，奥通巴耶娃出席在浙江桐乡举办的中国—中亚合作论坛。1月，全国人大常委会副委员长陈至立访吉期间，中吉双方签署2012～2015年文化合作计划，商定进一步加强在互派文艺团组、丝路申遗、互办展览等领域的合作。11月，吉尔吉斯斯坦主流媒体记者随中亚联合记者团访华。

老　挝

(Laos)

2012年，中华人民共和国与老挝人民民主共和国的全面战略合作伙伴关系发展顺利。

两国高层互访频繁。11月，国务院总理温家宝出席第九届亚欧首脑会议并对老挝进行正式访问。访老期间，温家宝总理分别同老挝人民革命党中央总书记、国家主席朱马里·赛雅颂和政府总理通邢·塔马冯举行会见会谈，就深化中老全面战略合作伙伴关系达成重要共识。6月，中共中央政治局常委、中央纪律检查委员会书记贺国强访老。7月，国务委员、公安部部长孟建柱访老。9月，国务委员兼国防部长梁光烈上将访老。5月和9月，老挝总理通邢·塔马冯分别来华出席首届中国（北京）国际服务贸易交易会并顺访和出席第九届中国—东盟博览会。

中国老挝经贸合作发展顺利。两国经贸和技术合作委员会继续加强对双边经贸合作的规划和指导。中老经济和技术合作规划顺利实施。近年来双边贸易额保持较快增长。中国在对老挝投资的国家和地区中稳居前列。

中国老挝其他领域友好合作取得新进展。中国共产党和老挝人民革命党在干部培训和理论交流等领域合作日益密切。双方在卫星等高科技领域合作进展顺利。两国文化、教育、卫生、交通等部门团组互访频繁，务实合作日趋深入。两国地方省区友好交流和务实合作更加密切。

拉脱维亚

(Latvia)

2012年，中华人民共和国与拉脱维亚共和国关系继续稳步发展。

高层及各级别保持往来。4月，国务院总理温家宝在华沙会见出席首次中国—中东欧国家领导人会晤的拉脱维亚总理瓦尔蒂斯·托姆布洛夫斯基斯。9月，托姆布洛夫斯基斯总理来华出席2012天津夏季达沃斯论坛，温家宝总理会见。11月，拉脱维亚团结党、“和谐”社会民主党领导人来函祝贺中国共产党第十八次全国代表大会召开和习近平当选中共中央总书记。拉脱维亚议会外委会主席欧亚尔斯·埃里克斯·卡尔宁斯访华。

经贸、地方等领域合作续有发展。2月，中拉经贸联委会第八次会议在北京召开。10月，商务部副部长陈健率中国政府经贸代表团访问拉脱维亚，并出席拉脱维亚投资发展署举办的“中拉商务研讨会”。11月，第八届环球中国商务会议在里加举行，拉脱维亚总理托姆布洛夫斯基斯和经济部长丹尼尔斯·帕夫鲁兹出席，中国工业经济联合会执行副会长路耀华率团与会。此外，辽宁省政协主席岳福洪、国家药典委员会副主任委员邵明立、农业部副部长牛盾、卫生部副部长张茅、人力资源和社会保障部副部长杨志明分别访问拉脱维亚，里加市长尼尔斯·乌沙科夫斯访华。

军事领域合作取得新进展。5月，国务委员兼国防部长梁光烈上将访问拉脱维亚，会见拉脱维亚总统安德里斯·贝尔津什、议长索尔维塔·阿波尔金娜和外交部长艾德加斯·林克维奇斯，与国防部长阿提斯·帕布里克斯会谈。11月，拉脱维亚国防部长帕布里克斯访华，国务委员兼国防部长梁光烈上将会谈，中共中央军事委员会副主席范长龙上将、外交部长杨洁篪等分别会见。

黎巴嫩
(Lebanon)

中华人民共和国与黎巴嫩共和国1971年建交后，双边关系发展平稳，各领域友好合作不断扩大。

2012年，两国政治关系进一步深化。3月，全国政协外事委员会副主任赵进军访问黎巴嫩。5月，外交部副部长翟隽访黎，分别会见了黎总统米歇尔·苏莱曼、议长纳比·贝里、总理纳吉布·米卡提，并与黎外交与侨民事务部长阿德南·曼苏尔举行会谈。黎巴嫩“阿迈勒”运动、“未来阵线”等政党致信祝贺中国共产党第十八次全国代表大会召开。中黎两国在共同关心的国际和地区问题上保持着良好的沟通与合作。12月，中方向黎方提供了一批集束弹药受害者救助器材。隶属于联合国驻黎巴嫩维和部队的中国工兵分队及医疗分队继续在黎执行维和使命。

两国人文、新闻等领域交流、合作顺利开展。国家汉办主任、孔子学院总部总干事长许琳，中华全国新闻工作者协会代表团等访黎。黎新闻部长瓦利德·达欧格访华。中方在黎举办“欢乐春节”等文化活动。黎方巴尔贝克、毕卜鲁斯等艺术节负责人联合出席第14届上海国际艺术节。

莱索托
(Lesotho)

2012年，中华人民共和国与莱索托王国友好合作关系继续保持稳定发展。

两国政治关系密切，在国际事务中保持密切协调与配合。11月，莱索托民主大会党总书记凯凯措·兰措致函祝贺中国共产党第十八次全国代表大会召开。莱索托首相、全巴索托大会党领袖莫措阿哈·塔巴内向习近平同志致函，祝贺其当选中共中央总书记。7月，莱索托外交大臣莫拉比·采科阿与财政大臣莱泰凯泰·凯措来华出席中非合作论坛第五届部长级会议。9月，莱索托国民议会议长塞菲里·莫塔尼亚内出席在长春举行的第二届世界产业领袖大会。两国在联合国等国际组织中继续保持相互支持与配合。

两国经贸合作成果丰硕，双边合作项目进展顺利。中国援建的莱索托议会大厦已经交付使用，中莱土地利用和城镇规划技术合作项目等其他合作和援助项目进展顺利。双方还签署了两项经济技术合作协定。

两国其他领域交流与合作不断深化。2月，由中国文化部和北京市人民政府组派的“欢乐春节·魅力北京”中国杂技艺术团应邀对莱索托进行访问演出。4月，卫生部代表团访问莱索托。中方为莱方开展的陶艺技术人员培训也在年内顺利结业。

利比里亚
(Liberia)

2012年，中华人民共和国与利比里亚共和国友好合作关系持续深入发展。

两国政治交往密切。1月，国家主席胡锦涛特使、人力资源和社会保障部长尹蔚民赴利比里亚出席利总统埃伦·约翰逊·瑟利夫连任就职典礼。11月，瑟利夫总统致函习近平，祝贺其当选中共中央总书记。7月，国家发展和改革委员会副主任张晓强访问利比里亚。同月，利比里亚外交部长奥古斯丁·佩赫·恩加富安、财政部长阿马拉·科内来华出席中非合作论坛第五届部长级会议。利比里亚信息、文化和旅游部长刘易斯·布朗，农业部副部长希泽·苏巴，参议院外事委员会主席丹·莫瑞斯和众议院外事委员会主席亨利·范布也分别访华。

两国经贸、人文等领域合作成果显著。中非合作论坛涉及利比里亚举措得到稳步落实。1月，中方援建的利比里亚卫生部办公楼竣工移交。2月，厦门大学学生艺术团赴利演出。6月，中利双方签署《中华人民共和国政府和利比里亚共和国政府文化合作协定2013～2016年执行计划》。

利比亚
(Libya)

2012年，中华人民共和国与利比亚关系发展平稳顺利，各领域合作逐步恢复。

两国政治交往进一步发展。8月，全国人大常委会委员长吴邦国致电利比亚国民大会新任议长穆罕默德·尤素福·马格里夫，向其就职表示祝贺。11月，国务院总理温家宝致电利比亚新任总理阿里·扎伊丹，向其就职表示祝贺。1月，外交部部长助理张明在埃塞俄比亚出席非洲联盟部长级会议期间会见利比亚外交与国际合作部部长阿舒尔·本·海亚勒。5月，外交部亚非司司长访问利比亚，会见利比亚外交与国际合作部部长阿舒尔·本·海亚勒。同月，利比亚外交与国际合作部部长阿舒尔·本·海亚勒率团出席中阿合作论坛第五届部长级会议。6月，利比亚外交与国际合作部部长阿舒尔·本·海亚勒访华，国家副主席习近平会见，外交部长杨洁篪、商务部长陈德铭分别与其会谈。

经贸、文化、教育等领域合作发展势头良好。双边贸易额与2011年相比出现大幅增长。两国有关部门正就重新签署中国与利比亚文化合作协定进行协商。利比亚—中国友好协会在利比亚成立。中国向利比亚提供3个政府奖学金名额。

列支敦士登
(Liechtenstein)

2012年，中华人民共和国与列支敦士登公国关系发展良好。

8月，中国国家邮政局派团出席列支敦士登发行首枚邮票100周年纪念活动，列王储阿洛伊斯·菲利普·玛丽亚会见代表团。10月31日至11月2日，列元首汉斯—亚当二世应湖南杂交水稻研究中心主任袁隆平院士邀请对湖南杂交水稻种植研究中心进行私人访问。

立陶宛
(Lithuania)

2012年，中华人民共和国与立陶宛共和国关系发展顺利，各领域合作日益深化。

两国高层保持接触。4月，立陶宛总理安德留斯·库比留斯赴华沙出席首次中国—中东欧国家领导人会晤，国务院总理温家宝会见。9月，立陶宛总理库比留斯来华出席2012天津夏季达沃斯论坛，温家宝总理会见。

立法机构间交往不断。9月，全国人大常委会副委员长严隽琪访问立陶宛。5月，立陶宛副议长埃里卡斯·塔马绍斯卡斯率立陶宛中国议员小组代表团访华。

经贸、交通、文化、农业等领域合作进一步加强。5月，农业部派团参加在立陶宛举办的“2012年波罗的海地区国际农业与食品业展览会”。6月，农业部副部长牛盾访问立陶宛，双方签署中立2012～2013年农业领域合作行动计划。9月，最高人民法院大法官张建南访问立陶宛。10月，商务部副部长陈健访问立陶宛。6月，立陶宛交通和通讯部长埃利吉尤斯·马修利斯来华参加在上海举行的“第五届中国国际物流、交通运输及远程信息处理博览会”。9月，立陶宛经济部长利曼塔斯·日留斯来华出席厦门第16届中国国际投资贸易洽谈会并访问山东省。

军事领域交流取得新进展。7月，中共中央政治局委员、中央军事委员会副主席徐才厚上将访问立陶宛，分别与立陶宛议长伊莲娜·德古婕涅、总理库比留斯及国防部长拉萨·尤克涅维切涅会见会谈。3月，立陶宛国防部长尤克涅维切涅访华，双方签署《中华人民共和国国防部与立陶宛共和国国防部防务合作协议》。

卢森堡
(Luxembourg)

2012年是中华人民共和国与卢森堡大公国建交40周年，两国友好关系稳步向前发展。

双方高层往来密切。11月26日，国家主席胡锦涛与卢森堡大公亨利、外交部长杨洁篪与卢副首相兼外交大臣让·阿瑟伯恩分别互致贺电，庆祝两国建交40周年。5月22～23日，全国人大常委会委员长吴邦国对卢森堡进行正式友好访问，会见卢大公亨利和首相让—克洛德·容克，与议长洛朗·莫萨会谈，增强了两国政治互信。9月，国务院副总理回良玉过境卢森堡，会见首相容克。2月，外交部副部长张志军对卢森堡进行工作访问，与卢森堡副首相兼外交大臣阿瑟伯恩举行会谈。11月，卢森堡大公储纪尧姆和经济与外贸大臣埃蒂安·施耐德率经贸代表团访华并出席两国建交40周年庆祝活动，全国人大常委会副委员长陈昌智会见。

经贸合作富有成效，相互投资步伐加快。11月，卢森堡经贸代表团50多名企业家先后访问北京、上海、天津、重庆，有力推动了两国经贸互利合作发展。卢森堡已成为中国在欧盟第一大投资目的地国。中国建设银行宣布将在卢森堡开设分行。

文教、体育交流不断扩大。卢森堡民间对学习中文和了解中国文化的热情持续升温。12月，中国民办教育代表团访问卢森堡。4月，国家体育总局代表团访问卢森堡，与卢奥委会商谈合作事宜。

马其顿
(Macedonia)

2012年，中华人民共和国与马其顿共和国友好合作关系平稳发展。

两国高层交往不断。4月，国务院总理温家宝在华沙会见出席中国—中东欧国家领导人会晤的马其顿总理尼古拉·格鲁埃夫斯基。3月，国务院副总理回良玉对马其顿进行正式访问，与马其顿总统格奥尔盖·伊万诺夫、总理格鲁埃夫斯基、副总理弗拉迪米尔·佩舍夫斯基分别会见会谈。5月，马其顿总理格鲁埃夫斯基来华举办商务推介活动期间，温家宝总理会见。9月，马其顿副总理佩舍夫斯基来华出席第13届中国西部博览会，吴邦国委员长会见。

两国经贸、卫生、体育等领域合作持续开展，地方交往不断加强。卫生部副部长、国家中医药管理局局长王国强，国家体育总局副局长冯建中，四川省常务副省长魏宏，成都市人大常委会主任王东洲访问马其顿。马其顿副总理兼财政部长佐兰·斯塔夫莱斯基、副总理佩舍夫斯基、交通和通讯部长米莱·亚纳基埃斯基访华，在华期间同中国进出口银行和交通部就两国基建合作交换意见。

马其顿积极参与中国—中东欧国家合作。9月，中国—中东欧国家合作马其顿国家协调员、马其顿外交部国务秘书弗拉多·米萨伊洛夫斯基来华出席中国—中东欧国家合作秘书处成立大会暨首次国家协调员会议。11月，马其顿旅游发展署署长约尔丹·特拉伊科夫来华出席在上海举办的2012中国国际旅游交易会中国—中东欧国家旅游产品专场推介会。

马达加斯加
(Madagascar)

2012年，中华人民共和国与马达加斯加共和国关系继续平稳发展。

两国保持友好交往。7月，马达加斯加外交部长皮埃罗·拉乔纳里韦卢来华出席中非合作论坛第五届部长级会议，马达加斯加文化和遗产部长埃莉萨·拉扎菲通布·阿利贝纳来华出席中非合作论坛—文化部长论坛。8月，新华社总编辑何平访马。10月，国务院侨务办公室“文化中国”艺术小组赴马达加斯加访问演出。

3月15日，中国新任驻马达加斯加大使沈永祥向马达加斯加过渡期总统安德里·尼里纳·拉乔利纳递交国书。

双边务实合作继续推进。中方援建的国际会议中心、体育馆技术合作项目顺利进行，中非合作论坛框架下有关合作项目稳步开展。7月，中国红十字会就马达加斯加飓风灾害向马达加斯加提供5万美元现汇援助。

马拉维
(Malawi)

2012年是中华人民共和国与马拉维共和国建交五周年，两国关系继续顺利发展，各领域交流合作不断扩大。

双方高层保持交往，政治互信增强。4月，国家主席胡锦涛特使、民政部长李立国赴马拉维出席总统宾古·瓦·穆塔里卡葬礼，会见了继任总统乔伊丝·班达。3月，外交部外交政策咨询委员会委员、前副部长吉佩定访马。4月，全国人大常委会副委员长蒋树声前往马驻华使馆吊唁穆塔里卡总统。7月，马拉维外交部长伊弗雷姆·姆甘达·丘梅、经济规划与发展部长阿图佩莱·穆卢奇来华出席中非合作论坛第五届部长级会议。

中国在马拉维援建项目进展顺利，双边务实合作稳步推进。国际会议中心暨商务宾馆项目顺利交接。马拉维科技大学项目和中学项目、卡隆加—奇提帕公路项目于年内竣工。中马双边贸易额较2011年同期大幅增长，两国签署免除马95%输华商品关税协议。

中马体育、文化、旅游、妇女等领域交流合作日益密切。5月，马拉维国家足球队来华同中国国家二队举行友谊赛。6月，马拉维旅游与文化部长丹尼尔·利温比来华出席中非合作论坛—文化部长论坛。10月，两国签署《中华人民共和国国家旅游局和马拉维共和国旅游与文化部关于中国旅游团队赴马拉维共和国旅游实施方案的谅解备忘录》。10月，马拉维妇女部长阿妮塔·卡林德访华。

马来西亚
(Malaysia)

2012年，中华人民共和国与马来西亚关系发展顺利，中马战略性合作得到进一步巩固和深化。

两国高层往来频繁。9月，全国人大常委会委员长吴邦国过境访问马来西亚。11月，国务院总理温家宝在金边出席东亚领导人系列会议期间同马总理达图·斯里·穆罕默德·纳吉布会晤。4月，全国政协主席贾庆林过境访问马来西亚。4月，马总理纳吉布来华出席中马钦州产业园区开园仪式。5月，马前总理敦·阿卜杜拉·宾·哈吉·艾哈迈德·巴达维来华出席国际行动理事会第30届年会。6月，中共中央政治局常委、中央纪律检查委员会书记贺国强对马进行正式友好访问。8月，外交部长杨洁篪对马进行正式访问。同月，中马举行第二轮战略磋商。9月，马副总理丹斯里·穆希丁·宾·亚辛来华出席第九届中国—东盟博览会。10月，国务委员孟建柱对马进行正式访问。11月，中共代表、中央编制办公室副主任何建中应邀赴马出席巫统党代会。

两国在经贸、金融、执法等领域的合作成果显著。马来西亚继续成为中国在东盟国家中的最大贸易伙伴。2月，中国人民银行与马来西亚国家银行续签双边货币互换协议，将互换规模提高到1800亿元人民币。4月，中马钦州产业园区正式启动。6月，中马签署《中华人民共和国政府和马来西亚政府关于马中关丹产业园合作的协定》。8月，中马两国政府签署关于打击跨国犯罪的谅解备忘录。

两国在其他领域的交流与合作进展顺利。6月，两国签署关于开展大熊猫保护合作研究的协议。12月，马来西亚亚洲航空公司开通沙巴至广州航线。

马尔代夫
(Maldives)

2012年是中华人民共和国与马尔代夫共和国建交40周年，两国睦邻友好关系继续深入健康发展。

双方高层交往频繁。9月，马尔代夫总统穆罕默德·瓦希德来华出席第二届中国—亚欧博览会并访问上海，国务院总理温家宝会见，双方签署了经济技术合作协定等三个合作文件。10月，中共中央政治局常委李长春访问马尔代夫，分别会见马总统瓦希德和议长阿卜杜拉·沙希德，双方签署经贸、环保等领域合作文件。11月，国家主席胡锦涛与瓦希德总统互致贺电，庆祝两国建交40周年。11月，全国人大常委会副委员长、全国妇联主席陈至立访问马尔代夫，分别会见马总统瓦希德和议长沙希德。12月，马国防部长穆罕默德·纳兹姆访华，国务委员兼国防部长梁光烈上将与其举行会谈，中共中央军委副主席许其亮上将会见。

经贸合作进展顺利。中国政府继续在力所能及的范围内向马尔代夫提供帮助。中方承建的马尔代夫住房项目一期工程顺利完工。

人文、旅游和地方交流与合作成果丰硕。全国政协外事委员会主任委员赵启正、国家宗教事务局副局长张乐斌等访问马尔代夫。两国首次合作发行纪念中马建交40周年邮票。中国赴马游客全年达23万人次，继续保持马第一大客源国地位。

马　里
(Mali)

2012年，中华人民共和国与马里共和国传统友好合作关系平稳发展。

两国保持各层次友好往来。9月13日和10月9日，马里过渡期总统迪翁昆达·特拉奥雷分别就中国云南省遭遇山体滑坡和地震灾害向国家主席胡锦涛致电慰问。11月16日，特拉奥雷总统致函祝贺习近平当选中共中央总书记。10月，中国政府非洲事务特别代表钟建华访问马里并出席非盟“马里问题支持与后续行动小组”会议。6月，马里手工业、文化和旅游部长迪亚洛·法迪玛·杜尔来华出席中非合作论坛—文化部长论坛。7月，马里国务部长、外交和国际合作部长萨迪奥·拉明·索乌来华出席中非合作论坛第五届部长级会议，外交部长杨洁篪和商务部副部长李金早分别予以会见。

中马经贸合作持续发展。12月，中马两国政府签署了经济技术合作协定等合作文件。年内，中方还向马方提供了一批紧急粮食援助。

马耳他
(Malta)

2012年，中华人民共和国与马耳他共和国传统友好关系稳中有升，各领域交流与合作不断深化。

两国高层保持交往。1月，国家主席胡锦涛、国务院总理温家宝和外交部长杨洁篪分别与马耳他总统乔治·阿贝拉、总理劳伦斯·冈奇和副总理兼外交部长托尼奥·博奇互致贺电，庆祝中马建交40周年。9月，马议长迈克尔·弗南多访华，进一步促进了中马议会间交往。6月，全国政协副主席陈宗兴访马，与马总统乔治·阿贝拉会见。年初，外交部长杨洁篪过境马耳他，与马总理劳伦斯·冈奇、副总理兼外长托尼奥·博奇会见会谈。6月，外交部副部长宋涛赴马进行两国外交部部际磋商。

双方金融经贸合作平稳发展。5月，中国银行业监督管理委员会副主席郭利根访问马耳他，与马金融局主席乔·拜内斯特会见会谈，就进一步落实双方合作谅解备忘录交换意见。6月，中国国企在马设点实现零的突破，中石油成功在马开设办事处。

中马党际、卫生、体育、文化、教育等领域交流取得新进展。8月，中共中央对外联络部副部长刘结一访问马耳他，分别与马国民党总书记保罗·奥利维尔，国民党副领袖、副总理兼外长托尼奥·博奇和反对党领袖约瑟夫·穆斯卡特会见会谈，就党际和两国关系深入交换意见。10月，国家体育总局副局长肖天访马，与马青年体育事务国务秘书克莱德·普利、体育理事会主席伯纳德·瓦萨罗及马奥委会主席利诺·萨科会见会谈，就加强双方体育交流合作交换看法。9月，马卫生、老年和社区关怀部长乔·凯萨访华，与中国卫生部签署中医药领域合作议定书。5月，湖北省京剧院代表团成功赴马访演。

毛里塔尼亚
(Mauritania)

2012年，中华人民共和国与毛里塔尼亚伊斯兰共和国友好关系继续平稳发展，各领域交流与合作取得积极成果。

两国保持各层次友好交往。11月，毛里塔尼亚总统穆罕默德·乌尔德·阿卜杜勒·阿齐兹在中国共产党第十八次全国代表大会召开之际致函国家主席胡锦涛表示祝贺。1月，外交部部长助理张明在埃塞俄比亚出席非盟第20届部长执行理事会期间会见毛里塔尼亚外交与合作部长哈马迪·乌尔德·哈马迪。5月，毛里塔尼亚外交与合作部长哈马迪出席中阿合作论坛第五届部长级会议。7月，毛里塔尼亚外交与合作部长哈马迪、经济事务与发展部长西迪·乌尔德·塔赫来华参加中非合作论坛第五届部长级会议。

两国经贸合作继续稳步发展。双边贸易额持续增长，中国继续保持毛里塔尼亚第一大贸易伙伴国地位。两国在渔业、基础设施建设、矿业等领域的互利合作不断深化。中国政府援建的友谊港扩建项目进展顺利。9月，毛里塔尼亚派团出席在宁夏举行的“2012中国（宁夏）国际投资贸易洽谈会暨第三届中国—阿拉伯国家经贸论坛”。

双方在文化、教育、新闻等领域的交流与合作取得新进展。6月，毛里塔尼亚文化、青年与体育部长西塞·明特·鲍伊德来华出席中非合作论坛—文化部长论坛并应邀访华。此外，在毛里塔尼亚汉语教学推广工作续有发展，中国国际广播电台阿拉伯语、法语两套节目在毛正式落地开播。

毛里求斯
(Mauritius)

2012年是中华人民共和国与毛里求斯共和国建交40周年，在两国政府和人民的共同努力下，中毛友好互利合作关系进一步得到拓展和深化。

两国高层交往保持良好势头，政治互信不断加强。11月，毛里求斯总理、执政党工党领袖纳文钱德拉·拉姆古兰向新当选的中共中央总书记习近平和中共中央政治局常委李克强致函祝贺。全国人大常委会副委员长桑国卫于4月访问毛里求斯，会见毛里求斯代总统莫妮克·贝勒波、总理拉姆古兰，与国民议会议长拉杰克斯瓦尔·普里亚格举行会谈，并出席了中国驻毛里求斯使馆举办的庆祝中毛建交40周年招待会。同月，桑国卫副委员长还在北京出席了毛里求斯驻华使馆举办的庆祝中毛建交40周年招待会。

经贸与务实合作稳步推进。双边贸易持续稳定增长，根据毛方统计，2012年中国继续保持毛里求斯第三大贸易伙伴和第二大进口来源国地位。7月，中国经贸代表团访问毛里求斯，双方举行了经济、技术和贸易合作混合委员会第九次会议。中非合作论坛第五届部长级会议确定的五个重点领域中涉及毛里求斯的有关项目正在积极落实中，拉姆古兰国际机场扩建等项目进展顺利。中国向毛里求斯派出的第三批十名青年志愿者圆满完成任务回国。

政党、司法、文化、教育、旅游等领域的交流与合作全面开展。7月，毛里求斯工党派员来华出席第二届中非青年领导人论坛。12月，中国法学会与毛里求斯最高法院在毛共同举办第三届中非法律论坛。为庆祝中毛建交40周年，双方邮政部门联合发行了建交纪念封。中国杂技和少儿艺术团分别赴毛里求斯访演。2012～2013年度，中方向毛方提供了26个中国政府奖学金留学名额。毛方还举办了第三届世界华人大会。

墨西哥
(Mexico)

中华人民共和国与墨西哥合众国1972年建交，2003年建立战略伙伴关系。2012年是中国墨西哥建交40周年，两国关系总体保持积极发展势头，各领域交流与合作不断深化。

两国保持密切政治交往。6月，国家主席胡锦涛同墨西哥总统费利佩·卡尔德龙在出席二十国集团洛斯卡沃斯峰会期间举行会见，双方就双边关系和共同关心的重大国际问题深入交换看法，达成重要共识。7月，胡锦涛主席向墨西哥当选总统恩里克·培尼亚致贺电，培尼亚复函感谢。12月，胡锦涛主席特使、全国人大常委会副委员长路甬祥赴墨西哥出席总统权力交接仪式，并会见培尼亚总统。4月，墨外交部长帕特里西亚·埃斯皮诺萨访华，与外交部长杨洁篪共同主持中墨政府间两国常设委员会第五次会议。5月，墨西哥副参议长弗朗西斯科·阿罗约访华并出席第二届中墨议会对话论坛。

墨西哥各界高度关注中国共产党第十八次全国代表大会召开。11月，卡尔德龙总统致函胡锦涛主席，培尼亚当选总统致函中共中央总书记习近平，民主革命党主席赫苏斯·桑布拉诺·格里哈尔瓦、总书记亚历杭德罗·桑切斯·卡马乔和国际关系书记胡利奥·蒂诺科联名致函胡锦涛主席，革命制度党主席佩德罗·科德韦尔、国家行动党国际关系书记罗德里戈·科尔特斯分别致函中共中央，祝贺中共十八大胜利召开。

双方重要团组互访频繁。全国政协副主席白立忱、阿不来提·阿不都热西提，商务部长陈德铭等分别访问墨西哥。墨西哥财政和公共信贷部长何塞·梅阿德，环境和自然资源部长胡安·埃尔维拉，农业、畜牧业、农村发展、渔业及食品部长弗朗西斯科·马约尔加和副外长玛丽亚·德洛德斯·阿兰达等访华。

两国在多边领域继续保持协调与合作。双方就气候变化、二十国集团峰会、核不扩散等重大全球性问题保持密切沟通。

经贸合作不断扩大。中国是墨西哥第二大贸易伙伴，墨西哥是中国在拉美第二大贸易伙伴。4月，商务部长陈德铭率中国政府贸易投资促进团访墨，并出席“中国—墨西哥贸易投资促进论坛”。两国有关部门签署《中华人民共和国政府和墨西哥合众国政府关于海关行政互助与合作的协定》和

《中华人民共和国国家林业局与墨西哥合众国环境和自然资源部关于林业合作的谅解备忘录》。

人文、科技、军事及地方交流活跃。两国有关部门签署《中华人民共和国政府和墨西哥合众国政府关于保护、保存、返还和追索文化财产及防止盗窃、盗掘和非法进出境文化财产的协定》和《中华人民共和国科学技术部和墨西哥合众国国家科技理事会科技合作协议》。中国国际商会文化产业委员会和墨“福克斯中心”等共同举办“中国节”系列活动。中国人民武装警察部队副司令员薛国强中将访墨。墨西哥城当选市长米格尔·曼塞拉访华。

中墨两国隆重庆祝建交40周年。2月14日，国家主席胡锦涛、外交部长杨洁篪和部长助理张昆生分别同墨西哥总统卡尔德龙、外交部长埃斯皮诺萨和副部长玛丽亚·德洛德斯·阿兰达互致贺电。全国政协副主席白立忱赴墨西哥出席有关庆祝活动。两国共同发行纪念画册。

密克罗尼西亚
(Micronesia, F.S.)

2012年，中华人民共和国与密克罗尼西亚联邦关系继续健康、稳定发展。

两国保持高层和各级别交往。9月，密克罗尼西亚总统伊曼纽尔·曼尼·莫里赴银川出席中国（宁夏）国际投资贸易洽谈会并访问西安，国务院副总理李克强予以会见。9月，密中友好协会名誉主席、莫里总统夫人艾玛·莫里率团访华。密联邦科斯雷州、波纳佩州和丘克州代表团分别访问山东省、浙江省和广东省。

经贸、人文、卫生等领域交流合作不断扩大。中方援密克罗尼西亚客货两用船维修项目完成移交，第八期援密克示范农场项目启动，上海市京剧院派团赴密克访问演出，广东省医疗代表团赴密克巡诊，受到密克方好评。6～7月，中方在密克罗尼西亚专属经济区海域成功进行“蛟龙”号载人潜水器7000米海试，开辟了双方交流合作的新领域。

摩尔多瓦
(Moldova)

2012年，中华人民共和国与摩尔多瓦共和国关系继续健康稳定发展。

双方隆重庆祝中摩建交20周年。1月，国家主席胡锦涛与摩尔多瓦代总统、议长马里安·卢普互致贺电。双方发行纪念邮封，举办庆祝招待会、图片展、音乐会等活动。

两国政治交往积极发展。6月18～19日，中共中央政治局委员、天津市委书记张高丽率中共代表团出访期间过境经停摩首都基希讷乌，会见摩总理弗拉迪米尔·菲拉特。10月26～28日，全国政协副主席张榕明访摩，与摩总统尼古拉·蒂莫夫蒂、议长卢普分别会见。4月8～13日，摩议会对华友好小组主席约尼查·韦亚切斯拉夫访华。9月10～15日，摩国防部长维塔利亚·马里努策访华，会见中央军委副主席郭伯雄上将和国务委员兼国防部长梁光烈上将。10月17～19日，外交部副部长程国平和摩外交部副部长波波夫在北京举行中摩外交部磋商。中摩在涉及彼此核心利益的问题上相互支持，在联合国等多边场合保持沟通与协调。

两国党际交往活跃。5月，摩尔多瓦社会民主党主席维克多·舍林访华。6月，摩尔多瓦自由民主党副主席、议会党团主席瓦列里·斯特列莱茨率团访华。7月，摩尔多瓦共产党人党中央政治委员会执行委员马克·特卡丘克率团访华。

两国务实合作扩大。双边贸易额增加，基础设施建设、电信、葡萄酒贸易等领域合作积极开展。3月23～26日，摩农业与食品工业部长瓦西里·布马科夫访华，会见中国农业部副部长陈晓华。4月30日至5月1日，中国国际贸易促进委员会会长万季飞率团访摩，会见摩总理菲拉特。

摩纳哥
(Monaco)

2012年，中华人民共和国与摩纳哥公国关系稳步发展，两国政治、经贸等各领域合作保持良好势头。

9月，摩纳哥国务大臣米歇尔·罗杰出席中华人民共和国成立63周年国庆招待会，高度评价中国发展成就。双边贸易额保持增长，中国成为摩纳哥第四大进口国。4月，中国海军测量船“钱三强”号出席在摩纳哥举行的第18届国际海道测量大会，实现中国海军船舰首访摩纳哥。两国在国际事务中继续保持良好合作，摩纳哥支持中方竞选连任万国邮联邮政经营理事会理事国、世界卫生组织总干事、世界自然保护联盟理事会主席、联合国消除妇女歧视委员会委员。

1月，国家主席胡锦涛接受摩纳哥新任驻华大使凯瑟琳·福特里埃递交国书。

蒙　古
(Mongolia)

2012年，中华人民共和国与蒙古国关系发展顺利。两国战略伙伴关系在各个领域不断得到丰富和发展。

双方高层交往频繁。6月6～7日，蒙古总统查黑亚·额勒贝格道尔吉来华出席上海合作组织峰会，国家主席胡锦涛、国务院副总理李克强分别同额勒贝格道尔吉会谈会见。

5月9～12日，中共中央政治局委员、中央军委副主席徐才厚上将访蒙，蒙总统额勒贝格道尔吉、总理阿勒坦呼雅格分别会见，蒙国防部长恩赫巴亚尔同徐才厚副主席会谈。8月22～25日，国务委员戴秉国访蒙，蒙总统额勒贝格道尔吉、国家大呼拉尔主席（议长）恩赫包勒德、总理阿勒坦呼雅格、国家大呼拉尔副主席巴雅尔朝格特分别会见，蒙副总理特尔比希达格瓦同戴秉国国务委员举行会谈。

1月11～15日，蒙古对外关系与贸易部长赞登沙特尔访华。中共中央政治局常委、中央政法委书记周永康会见，外交部长杨洁篪同赞登沙特尔会谈。

12月5日，国务院总理温家宝在吉尔吉斯斯坦出席上海合作组织成员国总理会议期间会见蒙古总理阿勒坦呼雅格。

两国经贸合作继续发展。中国继续保持蒙古最大贸易伙伴和投资国地位。11月27～30日，第12次中蒙经贸科技联委会工作组会议在乌兰巴托举行。

两国人文领域交流日益活跃。中蒙相互举办“文化月活动”。两国青少年交流进一步机制化，由中国60名青年组成的青年代表团访蒙。蒙古主流媒体考察团访华。

黑　山
(Montenegro)

2012年，中华人民共和国与黑山友好合作关系发展顺利。

两国高层交往密切。4月，国务院总理温家宝在华沙会见出席中国—中东欧国家领导人会晤的黑山总理伊戈尔·卢克希奇。3月，国务院副总理回良玉对黑山进行正式访问，与黑山总统菲利普·武亚诺维奇、议长兰科·克里沃卡皮奇、总理卢克希奇、副总理兼信息社会和电信部长武伊察·拉佐维奇分别会见会谈。双方签署《中华人民共和国农业部与黑山农业和农村发展部关于农业合作的谅解备忘录》、《中华人民共和国文化部与黑山文化部2012年至2016年文化合作执行计划》。8月，回良玉副总理会见来华出席中国出口黑山远洋货轮交船仪式的黑山总理卢克希奇。

经贸合作不断扩大。商务部国际贸易谈判代表兼副部长高虎城访问黑山，并举行中国和黑山政府间经贸联委会第四次例会。中国向黑山出口的两艘远洋货轮交付使用。黑山议长克里沃卡皮奇、总理卢克希奇先后来华出席交船仪式。

司法、科技等领域合作密切，党际和地方交往活跃。最高法院副院长奚晓明、中共中央对外联络部副部长陈凤翔、监察部副部长兼国家预防腐败局局长屈万祥访问黑山。黑山社会主义者民主党主席米洛·久卡诺维奇访华。中国和黑山科学技术合作委员会第一届例会在北京举行。黑山科托尔市市长玛丽娅·查多维奇赴西安出席2012“丝绸之路”城市市长会晤。

黑山积极参加中国—中东欧国家合作。9月，中国—中东欧国家合作黑山国家协调员、副总理顾问托米察·帕奥维奇来华出席中国—中东欧国家合作秘书处成立大会暨首次国家协调员会议。

摩洛哥
(Morocco)

2012年，中华人民共和国与摩洛哥王国友好合作关系进一步深化发展。

两国各层次交往密切。6月，国务院总理温家宝过境摩洛哥卡萨布兰卡。2月，外交部副部长翟隽访问摩洛哥。5月，全国人大常委会预算工作委员会副主任冯淑萍访问摩洛哥。6月，全国政协民族和宗教委员会副主任马庆生，黑龙江省委常委、黑龙江省对外友好协会副会长徐泽洲访问摩洛哥。4月，摩洛哥外交与合作部大臣级代表尤素福·阿姆拉尼访华。7月，摩洛哥外交与合作大臣萨杜丁·欧斯曼尼、工业、贸易与新技术大臣阿卜杜勒卡德尔·阿马拉来华出席中非合作论坛第五届部长级会议。9月，摩洛哥众议院第一副议长穆罕默德·耶提姆来华出席"2012中国（宁夏）国际投资贸易洽谈会暨第三届中国—阿拉伯国家经贸论坛"。12月，摩洛哥外交与合作部秘书长纳塞尔·布里达访华，举行两国外交部政治磋商。摩方继续在中方关切问题上给予中方宝贵支持。

两国经贸关系继续稳步发展。双边贸易额持续增长，在渔业、通信、工程承包等领域的互利合作成果显著，在金融领域的合作逐步展开。

两国在卫生、文化、体育、教育、新闻、旅游等领域的交流与合作不断扩大。3月，文化部副部长王文章访问摩洛哥。6月，摩洛哥文化大臣穆罕默德·阿米内·斯比希来华出席首届中非合作论坛—文化部长论坛，并与文化部副部长、国家文物局局长励小捷签署了《中国国家文物局与摩洛哥文化部关于在苏维腊创办茶博物馆的协议》。5月，上海金皇民乐团赴摩洛哥访问演出。10月，中国在摩洛哥哈桑二世大学开设孔子学院。

莫桑比克
(Mozambique)

2012年，中华人民共和国与莫桑比克共和国友好合作关系进一步推进。

两国各部门、各层级交往密切。6月24～28日，中共中央宣传部副部长、国家广电总局局长蔡赴朝率中共代表团赴莫桑比克出席莫桑比克解放阵线党建党50周年庆典，会见了莫解阵党主席、总统阿曼多·埃米利奥·格布扎，并与解阵党总书记菲利佩·帕温德举行工作会谈，其间双方还签署了有关中央电视台与莫国家电视台新闻合作的协议。11月21～23日，外交部副部长翟隽访问莫桑比克，会见了格布扎总统、外交与合作部长奥尔德米罗·巴洛伊，并与外交与合作部副部长爱德华多·科洛马举行两国外交部第三次政治磋商，其间双方还签署了关于中方向莫方派遣高级农业专家、为莫方举办外交官研修班等换文。5月16～21日，莫桑比克解阵党总书记帕温德访华，中共中央政治局常委李长春、中共中央对外联络部副部长艾平分别与其会见。5月29日至6月3日，莫桑比克国防部长菲利佩·纽西访华，中央军委副主席徐才厚上将、国务委员兼国防部长梁光烈上将分别与其会见、会谈。11月16日，莫解阵党主席、总统格布扎致函祝贺习近平当选中共中央总书记。

年内，国务院扶贫办主任范小建，农业部副部长牛盾，商务部部长助理李荣灿，外交部外交政策咨询委员会委员吉佩定，广东省委常委、纪委书记黄先耀，浙江省副省长郑继伟以及海南、山东、安徽政协代表团先后访问莫桑比克。莫财政部长曼努埃尔·郑和外交与合作部副部长科洛马联合率团出席在北京举行的中非合作论坛第五届部长级会议，总检察长奥古斯托·保利诺、文化部长阿曼多·阿图尔·若昂、矿业资源部长埃斯佩兰萨·比亚斯等先后来华访问或参会。

两国经贸合作深入发展。双边贸易保持较快增长，中国对莫桑比克投、融资合作规模显著提升。中非合作论坛第四届部长级会议有关举措涉莫项目得到全面落实。双方合作建设的马普托国际机场改扩建项目二期工程提前竣工交接，马普托环城路、马普托—卡腾贝跨海大桥等一批重大基础设施项目开工。

两国其他领域交流往来不断扩大。中国海军舰艇编队首次对莫桑比克进行友好访问。莫总理艾雷斯·阿里来华度假。莫前总统若阿金·阿尔贝托·希萨诺、国家广播电台台长、马普托市市长和加扎省省长等分别来华出席第二届中非民间论坛、首届中非媒体合作论坛及中非地方政府合作论坛。莫政府27名部级官员分别来华参加经济发展、民生和社会发展、政府管理和国际合作等主题的研修班。中国人民对外友好协会和莫桑比克对外友好团结协会实现互访。中国残疾人艺术团赴莫访演获得热烈反响。莫桑比克蒙德拉内大学孔子学院年内正式成立。中国第19期援莫医疗队抵莫，与第18期医疗队顺利交接。

缅　甸
(Myanmar)

2012年，中华人民共和国与缅甸联邦共和国全面战略合作伙伴关系不断发展，两国在政治、经济、人文等各领域交流合作日益深化。

两国高层保持频繁接触。9月，全国人大常委会委员长吴邦国对缅甸进行正式友好访问，分别会见缅甸总统吴登盛和联邦议会议长兼民族院议长吴钦昂敏，同人民院议长吴瑞曼举行会谈。此系两国建交以来，中国首位全国人大常委会委员长访缅，双方就进一步促进两国议会间交流、加强互利合作、推动中缅全面战略合作伙伴关系发展达成重要共识。5月，中共中央政治局委员、全国政协副主席王刚率中国共产党代表团对缅甸进行友好访问。7月，国务委员兼公安部长孟建柱访缅。9月，吴登盛总统来华出席在广西南宁举办的第九届中国—东盟博览会，国家副主席习近平同吴登盛总统举行会谈，双方同意在更高层次、更广领域拓展和推进中缅睦邻友好合作。吴登盛总统还访问了西安市和深圳市。2月，缅甸联邦议会人民院议长吴瑞曼率团访华，全国人大常委会委员长吴邦国同吴瑞曼议长举行会谈，全国政协主席贾庆林会见。6月，缅甸外交部长吴温纳貌伦访华，国务院副总理李克强会见，外交部长杨洁篪同吴温纳貌伦外长举行会谈。

两国经贸合作不断深化。2012年中缅双边贸易额保持连续增长，双方在农业、交通、能源、金融等领域合作不断深化，进一步丰富了全面战略合作伙伴关系内涵。

两国加强宗教、文化、体育等领域交流合作。中国杂技团、中国新疆歌舞团等赴缅演出，在缅甸成功举办中国电影周，增进了两国人民之间的“胞波”情谊。

纳米比亚
(Namibia)

2012年，中华人民共和国与纳米比亚共和国友好合作关系继续保持良好发展势头，各领域交流与合作取得新成果。

两国政治交往频繁，友好与互信不断加深。1月，外交部长杨洁篪访问纳米比亚。3月，全国人大副委员长华建敏访纳。4月，国务院副总理回良玉访纳。访问期间，双方签署《中华人民共和国政府和纳米比亚共和国政府经济技术合作协定》、《中华人民共和国农业部和纳米比亚共和国渔业与海洋资源部渔业合作谅解备忘录》等合作协议。5月，中共中央政治局委员、全国政协副主席王刚率中国共产党代表团访纳。纳米比亚外交部长乌托尼·努乔马，纳米比亚执政党西南非洲人民组织（简称“人组党”）总书记彭杜克妮·伊武拉—伊塔纳，开国总统萨姆·努乔马，青年、国家服务、体育与文化部长卡泽南博·卡泽南博，地方政府、住房与农村发展部长杰里·埃坎乔分别来华出席中非合作论坛第五届部长级会议、第二届中非青年领导人论坛、中非合作论坛—文化部长论坛和首届中非地方政府合作论坛。

两国在国际和地区事务中保持密切协调配合，在涉及彼此核心和重大利益的问题上相互支持。在联合国安理会改革和气候变化等问题上保持密切磋商，共同维护发展中国家利益。10月，纳米比亚政府特使、国防部长查尔斯·纳莫洛访华，双方就气候变化和绿色气候基金等问题交换看法。

两国经贸合作取得积极进展，双边贸易保持平稳增长。商务部副部长钟山访问纳米比亚。纳全国委员会主席阿瑟·卡佩雷、工程与运输部长埃尔基·恩吉姆蒂纳等来华出席国际经贸会议。中国广东核电集团联合中非发展基金有限公司组成的中方联合体成功收购纳湖山（原称罗辛南）铀矿项目。

两国政党、文教、卫生、科技等领域交流迈出新步伐，人民之间的了解与友谊与日俱增。5月，中国共产党与纳人组党在北京成功举办第二届中非青年领导人论坛。11月7日，人组党总书记伊塔纳代表人组党中央委员会政治局致函中国共产党中央委员会，预祝中国共产党第十八次全国代表大会胜利召开。

10月17日，中国新任驻纳米比亚大使忻顺康向纳总统希菲凯普涅·波汉巴递交国书。

尼泊尔
(Nepal)

2012年，中华人民共和国与尼泊尔联邦民主共和国关系继续健康、稳定向前发展。2012年是“中尼友好交流年”，两国世代友好的全面合作伙伴关系保持积极发展势头，各领域友好交流与合作不断深化。

两国高层交往密切。1月14日，国务院总理温家宝正式访问尼泊尔，会见尼泊尔总统拉姆·巴兰·亚达夫，与总理巴布拉姆·巴特拉伊举行会谈。这是中国政府总理时隔十年再次访问尼泊尔。访问期间，双方共同签署了中尼联合声明、中尼文化合作协定、中尼边境口岸及其管理制度协定和中尼边民过界放牧协定等八份文件。4月，全国人大常委会副委员长、全国妇联主席陈至立率中国妇女代表团访问尼泊尔。9月，尼泊尔副总理兼外交、能源部长纳拉扬·卡基·施雷斯塔来华出席“尼泊尔文化节活动”，中共中央政治局常委、中央政法委书记周永康会见，外交部长杨洁篪与其会谈，外交部副部长傅莹与施雷斯塔共同出席文化节开幕式。

两国政府、政党和军队交流紧密。4月，尼泊尔军队参谋部长高拉夫·施姆舒·琼·巴哈杜尔·拉纳中将访华。6月，中共中央对外联络部副部长艾平率中共友好代表团访尼。7月，尼泊尔内政部秘书苏希尔·琼·巴哈杜尔·拉纳访华，与公安部副部长陈智敏共同出席中尼第二次边境执法合作会晤。7月，联合尼泊尔共产党（毛主义）主席基兰访华。8月，外交部副部长傅莹率团访问尼泊尔，与尼泊尔外交部秘书杜尔加·普拉萨德·巴特拉伊举行中尼第九轮磋商。8月，尼泊尔总检察长穆克吉·纳拉扬·普拉丹访华，这是尼泊尔总检察长历史上首次访华。

两国经贸合作持续发展。中国继续向尼经济社会发展提供力所能及的帮助。中方援尼沙拉公路项目完成交接，援尼塔托巴尼边检站正式开工。

两国人文交流活跃。两国青年互访机制运行顺畅。5月，尼百名青年代表团访华。8月，尼泊尔主流媒体代表团。11月，两国签署关于在尼泊尔设立中国文化中心的谅解备忘录。

尼泊尔在台湾、涉藏等问题上继续给予中国坚定支持，承诺不允许任何势力利用尼领土从事任何反华活动。两国在国际和地区事务中保持密切沟通和配合。

荷　兰
(Netherlands)

2012年是中华人民共和国与荷兰王国正式建立大使级外交关系40周年。两国以此为契机，进一步深化政治、经贸、人文等各领域合作，取得丰硕成果。

高层往来频繁，政治互信进一步增强。5月15～17日，全国人大常委会委员长吴邦国正式访问荷兰，分别会见荷兰女王贝娅特丽克丝·威廉敏娜·阿姆加德、首相马克·吕特，并与议会一院议长弗雷特·德赫拉夫和二院议长赫迪·弗贝特举行联合会谈，两国领导人就进一步深化双边关系达成一系列重要共识。9月27日，吴邦国委员长向荷兰议会二院新任议长阿努奇卡·范米尔腾伯格致贺电。10月8～9日，荷兰外交大臣乌里·罗森塔尔访华，全国政协主席贾庆林会见，外交部长杨洁篪与其会谈，双方就双边关系及共同关心的国际问题深入交换了看法。9月，荷兰前首相扬·彼得·鲍肯内德来华出席第二届亚欧博览会，国务院总理温家宝会见。11月

5日，荷兰新政府成立，温家宝总理、杨洁篪外长分别向荷兰首相吕特和外交大臣弗朗斯·蒂莫曼斯致贺电。

5月18日是中荷两国正式建交40周年纪念日。国家主席胡锦涛与贝娅特丽克丝女王、杨洁篪外长与罗森塔尔外交大臣互致贺电。中国驻荷使馆和荷兰驻华使馆分别举办招待会、图片展、文艺演出等系列庆祝活动，在当地引起热烈反响。

经贸合作发展顺利，相互投资持续增长。尽管受欧债危机影响，下半年中荷贸易额增幅有所放缓，但下滑幅度远低于中欧平均降幅，荷兰有望连续十年保持中国在欧盟的第二大贸易伙伴。双方贸易结构进一步优化，中国成为荷兰最大的高科技产品供应国。中国同时是荷兰第二大投资来源国和荷在欧盟外最大贸易伙伴。两国经贸、金融、环保、能源等领域主管部门和企业交流频繁，合作领域和方式不断拓展。9～10月，“中荷企业商务峰会”、中荷“绿色经贸”研讨会相继在荷成功召开。

文化、教育、科学、媒体、旅游等领域交流方兴未艾。5月，全国政协副主席张梅颖赴荷出席2012年荷兰世界园艺博览会“中国馆日”活动。年内，水利部长陈雷、国家税务总局局长肖捷等访问荷兰，荷兰公共卫生大臣埃迪斯·希佩斯、农业国务秘书汉克·布勒克访华。1月，国务院批准荷属阿鲁巴为中国公民组团出境旅游目的地。中国赴荷游客人数达21万，在亚洲国家中排名第一。在荷两所孔子学院办学效果良好，赴荷中国留学生人数不断增加。荷兰皇家音乐厅管弦乐团和鹿特丹交响乐团来华演出，中国杂技团、中国画家代表团等赴荷展演。

地方交往活跃。北京市、广东省、江苏省、湖北省、新疆生产建设兵团等省市代表团访荷，荷兰南荷兰省、北荷兰省、阿姆斯特丹市代表团访华。金坛市与荷兰克伊克市、成都市与马斯特里赫特市建立友好城市关系。

新西兰
(New Zealand)

2012年是中华人民共和国与新西兰建交40周年，两国互利共赢的全面合作关系保持良好发展势头。

两国高层交往频繁。11月，国务院总理温家宝在柬埔寨金边出席第七届东亚峰会期间会见新西兰总理约翰·基。4月，全国政协主席贾庆林访问新西兰，分别同新总督杰里·迈特帕里、代总理比尔·英格利希、议长洛克伍德·史密斯、反对党工党领袖戴维·希勒会见、会谈。12月，中共中央政治局委员、国务委员刘延东访新，分别会见新总理约翰·基、科学与创新部长史蒂文·乔伊斯、教育部长海基亚·帕拉塔、反对党工党领袖戴维·希勒。6月，中共中央政治局委员、广东省委书记汪洋访新。5月，全国政协副主席、中国—大洋洲友好协会会长廖晖访新。11月，新西兰国家党主席彼得·古德费洛、反对党工党领袖戴维·希勒分别致函祝贺习近平当选中共中央总书记。

其他重要双边交往有：3月，新西兰贸易部长蒂姆·格罗泽访华。4月，新外交部长默里·麦卡利访华。4月，新移民部长内森·盖伊访华。6月，新毛利事务部长皮塔·沙普尔斯访华。6月，新少数民族事务部长朱迪丝·柯林斯访华。8月，"新西兰—中国关系促进委员会"主席、新前副总理兼外长、前英联邦秘书长唐纳德·麦金农访华。

经贸关系日益紧密。中国—新西兰自由贸易协定和《中国人民银行与新西兰储备银行双边本币互换协议》实施顺利，中国继续保持新西兰第二大贸易伙伴和出口市场地位，并跃升为新第一大进口来源地。11月，中国—新西兰自由贸易区联委会第四次会议在惠灵顿举行。

教育、旅游、科技、文化等人文领域的交流与合作不断扩大。新西兰是中国公民出国留学的主要目的国之一。2012年，中国在新西兰各类留学人员约4.74万人，是新最大的留学生来源国。中国是新西兰第二大海外游客消费市场。2012年，中国公民首站赴新旅游14.1万人次，新西兰公民来华旅游12.8万人次。4月，中国—新西兰科技合作联委会第三次会议在杭州举行。12月，双方签署《中华人民共和国科技部和新西兰商业、创新与就业部关于加强和支持科技研究合作的联合声明》。双方围绕中新建交40周年的主题举行了足球友谊赛、互办展览等一系列庆祝活动。

两军交往密切。4月，中国人民解放军总参谋长助理戚建国中将访新。10～11月，中国、新西兰、澳大利亚在布里斯班联合举行"合作精神—2012"三边人道主义救援减灾联合演练。12月，中国人民解放军副总参谋长戚建国中将与新西兰国防军副司令蒂莫西·基廷少将在北京共同举行中新两军第五次战略对话。

尼日尔
(Niger)

2012年，中华人民共和国与尼日尔共和国友好合作关系顺利健康发展，各领域务实合作稳步推进。

两国高层交往密切，政治互信不断深化。7月，尼日尔总统穆罕默杜·伊素福来华出席中非合作论坛第五届部长级会议开幕式并访华，国家主席胡锦涛和国务院副总理李克强分别会谈、会见，双方就两国关系和共同关心的国际和地区问题广泛交换意见。11月，伊素福总统、尼日尔执政党争取民主和社会主义党代主席、外交、合作、非洲一体化和侨民国务部长穆罕默德·巴祖姆以及国民议会议长哈马·阿马杜致电祝贺习近平当选中共中央总书记，习近平总书记致函复谢。1月，外交部长杨洁篪访问尼日尔，会见尼日尔总统伊素福，与尼日尔外交国务部长巴祖姆举行会谈，双方并签署了两国经济技术合作文件。

1月，尼日尔新任驻华大使当比纳·巴瓦向胡锦涛主席递交国书。9月，中国新任驻尼日尔大使石虎向伊素福总统递交国书。4月，尼日尔任命英国籍香港永久居民夏加利为尼日尔驻港名誉领事。

双边经贸等领域合作不断深化。1月和4月，中国分别向尼日尔提供1000万元人民币和100万美元紧急粮食援助。9月，中国向尼日尔提供600万元人民币紧急救灾物资援助。10月，中国援建的中尼友谊大桥公路延长线项目竣工移交。两国在能源资源领域的互利合作稳步开展，阿泽里克铀矿项目进入全面试生产阶段，阿加德姆石油上下游一体化项目顺利推进。

人文交流与合作继续加强。6月，中国与尼日尔签署两国政府文化协定2012～2015年执行计划。9月，中国两部影片参加尼日尔“国际人权电影节”。10月，第17批中国援尼医疗队赴尼工作。

尼日利亚
(Nigeria)

2012年，中华人民共和国与尼日利亚联邦共和国战略伙伴关系继续稳步发展。

两国高层交往密切。11月，尼日利亚总统古德勒克·乔纳森致信祝贺习近平当选中共中央总书记。9月，尼日利亚众议长阿米努·瓦兹里·坦布瓦尔来华出席在长春举行的世界产业领袖大会。7月，尼日利亚外交部长奥卢本加·阿希鲁、国家计划委员会主任沙姆舒丁·奥斯曼出席在北京举行的中非合作论坛第五届部长级会议；尼日利亚前总统奥卢塞贡·奥巴桑乔来华参加中非民间论坛和中非金融合作论坛，江泽民同志会见。11月，尼日利亚前国家元首阿卜杜萨拉米·阿布巴卡尔来华参加中非合作圆桌会议，全国政协副主席厉无畏会见。年内，尼日利亚财政和经济协调部长恩戈齐·奥孔乔—伊瓦拉、文化和旅游部长埃德姆·杜克、矿业和钢铁发展部长穆萨·萨达、内政部长阿巴·莫罗、农业和自然资源部长阿金文米·阿德西纳等也访华或来华出席国际会议，商务部副部长李金早、国家海洋局副局长陈连增、黑龙江省政协主席杜宇新等分别访问尼日利亚。

两国经贸合作成果丰富。中尼签署尼日利亚阿布贾城铁和政府信息通讯骨干网两个项目的融资合作协议。中方援建的综合医院项目完成，医院设备物资及疟疾诊疗设备援助正在执行。

两国科技和文化合作亮点纷呈。中国为尼日利亚成功发射的通讯卫星一号替代星运行正常。中国“大洋一号”科考船首次在西非海域开展科学考察活动，中尼科学家顺利完成联合海洋科考。3月，中尼签署《中华人民共和国政府和尼日利亚联邦共和国政府关于互设文化中心的协定》。5月，北京尼日利亚文化中心成立。11月，天津艺术团访问尼日利亚并参加阿布贾国际嘉年华活动。

纽 埃
(Niue)

2012年是中华人民共和国与纽埃建交五周年，两国友好合作关系继续稳步发展。

10月，国务院总理温家宝致电纽埃总理托克·塔拉吉，祝贺纽埃宪法日。12月，塔拉吉总理致函祝贺习近平当选中共中央总书记。9月，外交部副部长崔天凯在库克群岛阿瓦鲁阿出席第24届太平洋岛国论坛会后对话会期间会见纽埃总理塔拉吉。

挪威
(Norway)

2012年，中挪之间无高级别官方交往，各领域合作相对停滞。

阿曼
(Oman)

2012年，中华人民共和国与阿曼苏丹国友好合作关系继续稳步发展。

两国保持高层互访。全国人大常委会副委员长韩启德访问阿曼，分别会见阿曼内阁事务副首相法赫德·本·马哈迈德·阿勒赛义德、国家委员会主席叶海亚·蒙泽里和协商会议主席哈立德·马瓦利等。5月，阿曼外交事务主管大臣尤素福·阿拉维率团出席在突尼斯举行的中阿合作论坛第五届部长级会议，并与外交部长杨洁篪会见。

两国经贸合作发展顺利。5月，阿曼交通通信大臣艾哈迈德·弗泰西来华出席中国为阿建造的两艘38万吨级超大型矿砂船的命名和交接仪式。

两国在文化和教育等领域交往日益增多。2月，中国春节民族音乐会、文化部“欢乐春节”中外名曲音乐会和安徽省杂技团先后访问阿曼。阿曼军事参谋和指挥学院、马斯喀特大学等院校先后组织两批学员到中国访问学习。

中国海军护航编队继续在阿曼萨拉拉港实施综合补给和人员休整，阿方提供大力支持。

巴基斯坦
(Pakistan)

2012年，中华人民共和国与巴基斯坦伊斯兰共和国更加紧密的战略合作伙伴关系得到进一步发展，各领域交流合作全面深化。

中巴高层交往频繁，政治互信加深。6月，巴基斯坦总统阿西夫·阿里·扎尔达里来华访问并出席上海合作组织成员国元首理事会第12次会议，国家主席胡锦涛与其会谈，国家副主席习近平会见。4月，巴总理优素福·拉扎·吉拉尼来华出席博鳌亚洲论坛年会，国务院副总理李克强会见。9月，巴总理拉贾·佩尔韦兹·阿什拉夫来华参加世界经济论坛2012新领军者年会，国务院总理温家宝会见。10月，中共中央政治局常委李长春访巴，会见扎尔达里总统、巴基斯坦穆斯林联盟（谢里夫派）领导人米安·穆罕默德·纳瓦兹·谢里夫等。两国外交部保持紧密接触。5月，外交部长杨洁篪访问巴基斯坦，同巴外交部长希娜·拉巴尼·哈尔举行会谈，会见扎尔达里总统。11月，巴外交秘书贾利尔·吉拉尼与外交部副部长傅莹举行第五轮战略对话。

两国政党、地方交流活跃。旁遮普省省督夏巴兹·谢里夫、巴基斯坦正义运动党主席伊姆兰·汗访华。

两国务实合作稳步推进，在农业、能源、金融、基础设施等重点领域合作得到深化。6月，两国航天机构签署《2012～2020年中国国家航天局与巴基斯坦空间和外大气层研究委员会航天合作大纲》。11月，北斗导航定位系统赴巴应用推广活动成功举行。双方举行首次中巴合作跨部门磋商。

两军交流发展顺利。1月，巴陆军参谋长阿什法克·佩尔韦兹·基亚尼访华，国务院总理温家宝、国务委员梁光烈上将、解放军总参谋长陈炳德上将分别会见。4月，巴海军参谋长穆哈迈德·阿西夫·桑迪拉访华，国务委员梁光烈上将会见。5月，巴基斯坦空军参谋长塔希尔·拉菲克·巴特访华，国务委员梁光烈上将会见。9月，解放军副总参谋长马晓天上将访问巴基斯坦并出席第九届中巴防务安全磋商。

中巴人文交流继续深化。5月，中国青年百人团成功访问巴基斯坦。10月，中国国际广播电台中巴友谊调频台在巴开播。

两国在地区和国际事务中的合作进一步加强。巴基斯坦在东盟地区论坛外长会、亚欧首脑会议上就南海问题表态支持中方立场。中国、阿富汗、巴基斯坦三方对话启动，于2月和11月分别在北京和伊斯兰堡举行第一、二次会议。

巴勒斯坦
(Palestine)

中华人民共和国是最早支持巴勒斯坦解放组织和承认巴勒斯坦国的国家之一。2012年，中巴友好合作关系保持健康、稳定发展。

2012年，中巴政治交往密切，中国继续坚定支持巴勒斯坦的正义事业。5月，外交部长杨洁篪在突尼斯哈马迈特出席中阿合作论坛第五届部长级会议期间，会见巴勒斯坦民族权力机构外交事务部长利雅得·马立基。2月、5月、10月，中国中东问题特使吴思科三次访问巴勒斯坦，会见巴勒斯坦国总统、巴勒斯坦民族权力机构主席马哈茂德·阿巴斯、巴勒斯坦首席谈判代表萨伊卜·埃雷卡特、巴勒斯坦外长马立基等巴方领导人。11月，巴勒斯坦总统特使、巴勒斯坦人民党总书记巴萨姆·萨利希访华，外交部长杨洁篪、外交部副部长张志军分别会谈、会见。11月29日，第67届联合国大会通过决议，授予巴勒斯坦联合国观察员国地位，中国参与联署有关决议草案并投了赞成票。

中方继续向巴方提供力所能及的援助，并在11月巴以（色列）加沙冲突期间向巴方提供紧急人道主义援助。中国援建的巴勒斯坦外交部大楼项目一期工程顺利竣工。中方对巴勒斯坦人员培训达400多人次。

中巴在文化、教育、新闻、审计等领域的交往也取得进一步发展。

巴布亚新几内亚
(Papua New Guinea)

2012年，中华人民共和国与巴布亚新几内亚独立国关系保持积极发展态势。

两国高层交往频繁。11月，全国人大常委会副委员长周铁农访问巴布亚新几内亚，会见巴新总理彼得·奥尼尔和议长西奥多·佐伦诺克。2月，中国—太平洋岛国论坛对话会特使李强民访问巴新。8月，外交部副部长崔天凯在库克群岛出席第24届太平洋岛国论坛会后对话会期间会见巴新总理奥尼尔。9月，巴新总理奥尼尔来华出席中国（宁夏）国际投资贸易洽谈会，国务院副总理李克强予以会见。

两国在经贸、能源资源、卫生等领域合作取得新进展。双边贸易持续增长。中国冶金科工集团与巴布亚新几内亚方面合作开发的拉姆镍钴矿项目正式投产。中国援建的巴新国际会议中心项目正式破土动工，尤一亚公路项目顺利通过中期验收。中国援巴新第六批医疗队积极开展工作，广东省医疗团访问巴新并进行义诊，受到巴新民众欢迎。

秘　鲁
(Peru)

2012年，中华人民共和国与秘鲁共和国战略伙伴关系深入发展，各领域务实合作富有成效。

双方保持高层交往。全国政协副主席、中央统战部部长杜青林，全国政协副主席阿不来提·阿不都热西提，全国政协副主席张梅颖分别于3月、11月和12月访秘。7月，秘鲁前总统阿兰·加西亚来北京出席“世界和平论坛”。10月，秘鲁总统奥扬塔·乌马拉致函预祝中国共产党第十八次全国代表大会胜利召开。

两国经贸合作不断深化。截至2012年中国已成为秘鲁第一大贸易伙伴和重要投资来源国。8月，商务部副部长李金早访秘。7月，秘鲁国会主席丹尼尔·阿布加塔斯、经济和财政部长米格尔·卡斯蒂利亚以及外贸和旅游部长何塞·路易斯·席尔瓦等率政府和企业代表团在香港和上海举办投资促进“路演”活动；中秘自由贸易委员会首次会议在秘鲁首都利马召开。

两国在人文、军事、司法等领域的交流与合作不断发展。11月，秘鲁武装力量联合指挥部司令何塞·奎托来华出席首届中拉高级防务论坛。中方多个军方团组访问秘鲁。11月，秘鲁最高法院院长塞萨尔·圣马丁访华。5月25日，《中华人民共和国和秘鲁共和国关于民事和商事司法协助的条约》正式生效。

菲律宾
(Philippines)

2012年，中华人民共和国与菲律宾共和国关系因南海问题和黄岩岛事件面临困难，双方友好合作受到影响。中方从维护两国关系大局出发，对菲方挑衅保持高度克制，为妥善处理有关问题作出巨大努力。下半年，黄岩岛海域局势渐趋缓和，双边关系呈现回暖势头。

1月，外交部部长助理刘振民同菲律宾外交部副部长埃尔·琳达·巴西里奥在北京共同主持中菲第17次外交磋商。3月，中国政府特使、农业部副部长牛盾率团访菲并出席2012～2013年“中菲友好交流年”菲方启动仪式。4月初，菲众议院外委会主席阿尔·弗朗西斯·比查拉来华出席“中菲友好交流年”中方启动仪式。4月10日，菲军舰到中国黄岩岛海域袭扰正常作业的中国渔船渔民，双边关系陷入紧张。

5月至8月，菲律宾总统贝尼尼奥·西米恩·阿基诺派特使多次访华。8月下旬，菲外交部长阿尔韦特·德尔罗萨里奥来华探望因病住院的菲驻华大使索妮亚·布蕾迪并同外交部长杨洁篪举行会晤。9月，国家副主席习近平在广西南宁会见了来华出席第九届中国—东盟博览会的菲总统特使、内政部长曼努埃尔·罗哈斯二世。10月，外交部副部长傅莹访菲并举行中菲第18次外交磋商。11月中旬，杨洁篪外长在亚欧首脑会议期间会见菲外交部长德尔罗萨里奥。

两国经贸领域合作继续发展。双方在自然灾害面前相互提供支持和援助。10月，菲律宾政府就云南、贵州地区发生地震灾害向中方捐款20万美元。12月，中国政府就菲南部地区遭受风灾向菲方提供20万美元现汇紧急救灾援助。

波　兰
(Poland)

2012年，中华人民共和国与波兰共和国战略伙伴关系全面发展，各领域合作富有成果。

两国领导人交往频繁。4月25～27日，国务院总理温家宝正式访问波兰，与波兰总理多纳德·图斯克举行会谈，就建立两国总理定期会晤机制、成立中国波兰政府间合作委员会等达成共识。温家宝总理还分别会见波兰总统布罗尼斯瓦夫·科莫罗夫斯基、众议长艾娃·科帕奇和参议长博格丹·博鲁塞维奇，就进一步发展双边关系深入交换意见。访问期间，温家宝总理出席在华沙举行的首次中国—中东欧国家领导人会晤和第二届中国—中东欧经济贸易论坛，宣布促进中国与中东欧国家友好合作的12项举措，并同与会国家领导人举行双边会见。与会领导人共同发表了会晤新闻公报。11月，第九届亚欧首脑会议期间，温家宝总理与图斯克总理简短寒暄。此外，中共中央政治局委员、中共中央政法委副书记王乐泉，国务委员兼国防部长梁光烈上将，全国政协副主席黄孟复、王志珍分别访问波兰。

立法机构、政府部门和政党间交流继续加强。全国人大财政经济委员会副主任委员韩寓群、环境与资源保护委员会副主任委员袁驷、国家知识产权局局长田力普、国有资产管理委员会副主任姜志刚、国土资源部副部长张少农、中共中央对外联络部副部长于洪君、海关总署副署长孙毅彪、国家质量监督检验检疫总局副局长杨刚、卫生部副部长黄杰夫等分别访问波兰。波兰总统夫人安娜·科莫罗夫斯卡，最高监察院院长雅采克·耶杰尔斯基，运输、建设与海洋经济部长斯瓦沃米尔·诺瓦克，国家银行行长马莱克·贝尔卡，卫生部长巴尔托什·阿尔乌科维奇，人民党代表团，民主左翼联盟代表团等分别访华。

两国外交部保持密切合作。3月，外交部副部长宋涛赴波兰举行中波首轮副外长级战略对话。9月，波兰外交部长拉多斯瓦夫·西科尔斯基正式访华，中共中央政治局常委、中央纪律检查委员会书记贺国强会见，外交部长杨洁篪会谈。

双边经贸合作取得新进展。4月，温家宝总理访问波兰期间，两国有关政府部门分别签署了《中华人民共和国政府和波兰共和国政府关于加强基础设施领域合作协定》、《中华人民共和国商务部和波兰共和国经济部关于促进中小企业交流与合作谅解备忘录》等合作文件。5月，波兰副总理兼经济部长瓦尔德马尔·帕夫拉克、经济部副部长伊罗娜·安托妮什—克里克来华出席中波经济联委会第15次会议，国务院副总理王岐山会见。11月，商务部副部长蒋耀平率贸易投资促进团访问波兰。双边贸易额再创新高，波兰保持中国在中东欧地区最大贸易伙伴地位。中国银行、中国工商银行在华沙先后设立分行。

人文交流和地方交往持续扩大。波兰航空公司重启华沙至北京直航航线。第二届中波大学校长论坛、首届中波旅游论坛在华沙举行。首届中国文化季、中国西藏文化周在波兰成功举办。福建省与波兰奥波莱省建立友好省关系，两国结友好省市达22对。

葡萄牙
(Portugal)

2012年，中华人民共和国与葡萄牙共和国全面战略伙伴关系继续平稳较快发展，各领域务实合作不断深化。

两国各级别人员往来频繁。6月，全国政协副主席何厚铧对葡萄牙进行友好访问，拜会葡萄牙总统卡瓦科·席尔瓦和总理帕索斯·科埃略，双方就两国经贸关系交换看法。同月，全国政协副主席兼科技部长万钢访问葡萄牙，会见科埃略总理，与葡萄牙教育、高教与科学部长努诺·克拉托会谈。7月，葡萄牙国务部长兼外交部长保罗·波尔塔斯访华，国务院副总理李克强、商务部长陈德铭和国务院国有资产监督管理委员会主任王勇等会见，外交部长杨洁篪会谈，双方就双边关系以及共同关心的问题交换意见。同月，葡萄牙国务部长兼财政部长维托尔·加斯帕尔访华，财政部长谢旭人会见。

两国政党交流密切。中国共产党第十八次全国代表大会成功召开后，葡萄牙共产党总书记热罗尼姆·德索萨、社会民主党总书记罗萨、社会党总书记塞古罗、社会党主席罗塞拉致函祝贺习近平当选中共中央总书记。波尔塔斯外长访华时首次以人民党主席身份与中共中央对外联络部部长王家瑞会面，实现了两党关系的突破。9月，山东省委常委、纪委书记李法泉作为中国共产党代表出席葡萄牙共产党《前进报》节。11月，中共中央直属机关工作委员会常务副书记孟学农作为中国共产党代表出席葡萄牙共产党第19次全国代表大会。

两国务实合作取得新进展。中国企业积极参与葡萄牙国有企业私有化进程。中国长江三峡集团公司以26.9亿欧元中标葡萄牙电力公司21.35%的股份，国家电网公司以3.87亿欧元收购葡萄牙国家能源网公司25%的股份，成为两家企业最大股东。华为技术有限公司在葡萄牙投资设立研发中心。

两国科技、文化、教育等领域合作进一步加强。两国科技部签署了合作谅解备忘录，进一步深化和拓宽科技领域合作。中国国际广播电台节目在葡萄牙落地，中央电视台电影频道、中央人民广播电台节目也进入葡萄牙文化市场。葡萄牙博蒂卡斯、英雄港等城市先后举办中国图片展、青铜器展、国际汉学论坛和中国文化月等活动，《中国风景》和《土楼幻境》纪录片在葡萄牙多个电影艺术旅游节获奖。

两军继续保持交往。11月，中国人民解放军副总参谋长侯树森上将访问葡萄牙，会见葡萄牙国防部长若泽·佩德罗·阿吉亚尔·布兰科、葡萄牙军队总参谋长路易斯·阿劳诺上将。

卡塔尔
(Qatar)

2012年，中华人民共和国与卡塔尔国双边关系进一步巩固和发展。

两国各层次往来密切。1月，国务院总理温家宝访问卡塔尔，这是两国建交后中国总理首次访问卡塔尔。期间温家宝总理会见卡塔尔埃米尔哈马德·本·哈利法·阿勒萨尼，与首相兼外交大臣哈马德·本·贾西姆·本·贾布尔·阿勒萨尼举行会谈。9月，全国人大常委会副委员长司马义·铁力瓦尔地访问卡塔尔，分别会见卡塔尔王储塔米姆·本·哈马德·阿勒萨尼和首相兼外交大臣哈马德，并与协商会议主席穆罕默德·胡莱菲举行会谈。11月，国家发展与改革委员会副主任解振华率团出席在多哈召开的联合国气候变化大会。5月，卡塔尔首相兼外交大臣哈马德赴华出席第一届中国（北京）国际服务贸易交易会开幕式并与温家宝总理会晤。4月，卡塔尔能源与工业大臣穆罕默德·萨利赫·萨达访华。9月，联合国气候变化多哈会议主席、卡塔尔行政监察署署长阿卜杜拉·本·哈马德·阿提亚应邀来华，国务院副总理李克强会见。

11月12日，中国新任驻卡塔尔大使高有祯向卡塔尔埃米尔哈马德递交国书。

两国经贸、能源等领域务实合作进展顺利。双边贸易额大幅增长。卡塔尔是中国主要的液化天然气供应国之一。中国企业在卡塔尔承建的机场、港口、通信等工程项目稳步推进。中卡浙江台州炼化一体化项目取得进展。

两国人文领域交流不断扩大。中卡专家学者、智库间交流频繁，“欢乐春节”中外经典曲目演唱会在卡塔尔获得良好反响。

大韩民国
(ROK)

2012年，中华人民共和国与大韩民国的战略合作伙伴关系进一步得到巩固与发展，以中韩建交20周年和“中韩友好交流年”为契机，两国各领域交流合作不断深化。

两国高层交往频繁，政治互信不断加强。1月9～11日，韩国总统李明博对中国进行国事访问，国家主席胡锦涛、全国人大常委会委员长吴邦国、国务院总理温家宝分别会谈、会见，双方就中韩关系和共同关心的国际与地区问题深入交换意见。

3月2日，外交部长杨洁篪访问韩国，分别与韩国总统李明博、外交通商部长官金星焕会见、会谈。6月27～29日，国务院副总理王岐山赴韩国出席丽水世博会中国国家馆日活动。7月12～14日，国务委员孟建柱访问韩国，分别与韩国总统李明博、外交通商部长官金星焕、国家情报院院长元世勋、法务部长官权在珍、大检察厅长韩相大、警察厅长金基用、济州道知事禹瑾敏会见、会谈，就双边关系、两国执法安全合作等交换了意见。9月2～5日，全国人大常委会副委员长陈至立赴韩国出席中韩议会定期交流机制第七次会议，并分别与韩国会议长姜昌熙、总理金滉植、新国家党总统候选人朴槿惠、济州特别自治道知事禹瑾敏会见、会谈。

5月30日至6月3日，韩国监查院院长梁建访华，国务委员马凯、监察部部长马馼分别会见、会谈。10月28～30日，韩国统一部长官柳佑益作为韩国驻华使馆客人来华，前国务委员唐家璇、外交部长杨洁篪、外交部副部长张志军分别会见。11月26～28日，韩国外交通商部第一次官安豪荣来华，外交部副部长张志军与其共同举行第五次中韩外交部门高级别战略对话，外交部长杨洁篪会见。

双方在国际多边场合保持密切接触。3月26日，国家主席胡锦涛出席首尔核安全峰会期间会见李明博总统。3月26日，外交部长杨洁篪陪同出席首尔核安全峰会期间会见韩国外交通商部长官金星焕。4月7日，外交部长杨洁篪出席第六次中日韩外长会议期间会见韩国外交通商部长官金星焕。5月12～14日，韩国总统李明博来华出席第五次中日韩领导人会议，国家主席胡锦涛、国务院总理温家宝分别会见。7月11～12日，外交部长杨洁篪出席东盟地区论坛外长会议期间分别会见朝鲜外务相朴义春、韩国外交通商部长官金星焕。9月24日，外交部长杨洁篪出席联合国大会期间会见韩国外交通商部长官金星焕。11月19日，国务院总理温家宝出席东亚领导人系列会议期间会见韩国总统李明博。

两国经贸合作势头良好。中国继续是韩国最大贸易伙伴、最大出口市场、最大进口来源国，韩国是中国第三大贸易伙伴国。5月，两国宣布启动中韩自贸协定政府间谈判，目前已进行了四轮谈判。

两国人文领域交流活跃。为庆祝建交20周年及“中韩友好交流年”，两国共同举办了一系列丰富多彩的纪念活动。国家副主席习近平和韩国议长姜昌熙分别出席了在北京和首尔举行的建交20周年纪念招待会。两国已有142对省市建立友好关系。在韩孔子学院总数达17家，另有5家孔子课堂。韩在华留学生约6.3万名，中国在韩留学生约6.6万名，均居对方国家外国留学生人数之首。

两国议会、军事等领域友好合作持续发展。7月，中韩第二次国防战略对话在中国举行。9月，中韩议会定期交流机制第七次会议在韩国举行。

罗马尼亚
(Romania)

2012年，中华人民共和国与罗马尼亚全面友好合作伙伴关系继续得到巩固与发展，各领域务实交流与合作富有成效。

两国高层交往密切，政治互信不断加深。4月26日，国务院总理温家宝在华沙出席中国—中东欧国家领导人会晤期间，会见罗马尼亚总理米哈伊·温古雷亚努。5月，中共中央政治局委员、中共中央政法委副书记王乐泉对罗马尼亚进行友好访问，分别会见罗马尼亚参议长瓦西里·布拉加、政府总理兼社会民主党主席维克多·蓬塔。10月，罗马尼亚外交部长蒂图斯·科尔勒采恩访华，国务院副总理李克强、外交部长杨洁篪、中共中央对外联络部部长王家瑞分别会见、会谈。

两国经贸关系发展良好，在中国—中东欧国家合作框架内的合作稳步推进。5月，罗马尼亚经济、贸易和商业环境特派部长，政府对华经贸合作部际工作组负责人卢奇安·伊萨尔访华。9月，罗马尼亚国家协调员，经济、贸易和商业环境特派部长米哈伊·沃伊库来华出席中国—中东欧国家合作秘书处成立大会暨首次国家协调员会议。10月，商务部副部长蒋耀平访问罗马尼亚，与罗马尼亚商业环境特派部长沃伊库共同主持召开中罗政府间经济合作联委会第22次会议，并签署中罗两国政府基础设施合作协定。中国国际贸易促进委员会副会长于平、国家开发银行副行长李吉平分别访问罗马尼亚。

两国在文教、科技、军事、地方等各领域合作取得新进展。1月，两国政府签署《中华人民共和国教育部与罗马尼亚教育、研究、青年和体育部2011～2014年教育合作协议》。5月，科技部副部长曹健林访问罗马尼亚并主持召开中罗科技合作委员会第41届例会。7月，两国农业与科研机构共同签署在罗马尼亚创建中罗农业科技园的协议；中国海军护卫舰首次访问罗马尼亚。全国政协常委、外事委员会主任赵启正，全国社会保障基金理事会副理事长王忠民，国家民族事务委员会副主任吴仕民，中国国际广播电台台长王庚年，总参二部部长陈友谊少将，最高人民法院副院长江必新，中国人民对外友好协会副会长李建平，海关总署副署长孙毅彪，全国党的建设研究会会长虞云耀，农业科学院副院长王韧等先后访问罗马尼亚。

罗马尼亚审计法院院长尼古拉·沃克罗尤，农业和乡村发展部长达尼埃尔·康斯坦丁，地方发展和旅游部国务秘书克里斯蒂安·伯尔赫列斯库，奥委会主席奥克塔维安·莫拉留，国家电视台台长亚历山德鲁·勒泽斯库，国防大学校长特奥多尔·弗伦泽蒂中将，罗马尼亚欧洲议员、欧洲议会对华关系代表团第一副团长维克托·博什蒂纳鲁等分别访华。

2012年，河南省南阳市与斯洛博齐亚市结为友好城市，截至2012年年底，两国共有27对友好城市。

俄罗斯
(Russia)

2012年，中华人民共和国与俄罗斯联邦全面战略协作伙伴关系继续保持积极的发展势头。两国政治互信进一步深化，务实合作和人文交流取得新进展，战略协作更加密切。

两国继续保持密切的高层互访。3月28日，国家主席胡锦涛在印度新德里出席金砖国家领导人第四次会晤期间，同俄罗斯总统德米特里·梅德韦杰夫举行双边会见。两国元首就双边关系及共同关心的重大国际和地区问题深入交换意见，达成重要共识。9月7日，胡锦涛主席出席在俄罗斯符拉迪沃斯托克举行的亚太经合组织第20次领导人非正式会议期间，同俄总统弗拉基米尔·弗拉基米罗维奇·普京举行会见。两国元首就双边关系、务实合作及亚太安全合作等问题深入交换意见。12月5～6日，国务院总理温家宝赴俄罗斯举行中俄总理第17次定期会晤并正式访俄，分别与普京总统、梅德韦杰夫总理举行会见会谈。两国总理签署并发表中俄总理第17次定期会晤联合公报。

6月5～6日，俄罗斯总统普京对中国进行国事访问。访问期间，国家主席胡锦涛、全国人大常委会委员长吴邦国、国务院总理温家宝、国家副主席习近平、国务院副总理李克强分别与普京总统举行会谈会见。两国元首签署并发表《关于进一步深化平等信任的中俄全面战略协作伙伴关系的联合声明》。9月5～8日，俄联邦委员会主席瓦莲京娜·马特维延科访华，与全国人大常委会委员长吴邦国举行会谈，并共同出席中国全国人大与俄罗斯联邦委员会合作委员会第六次会议。温家宝总理会见马特维延科主席。

4月26～30日，国务院副总理李克强对俄罗斯进行正式访问，分别同俄当选总统、总理普京，总统梅德韦杰夫，联邦委员会主席马特维延科和国家杜马主席谢尔盖·纳雷什金举行会谈会见；会见俄工商界领袖，出席中俄贸易和投资促进会议开幕式并致辞；在莫斯科大学发表重要演讲；会见俄总统驻伏尔加河沿岸联邦区全权代表米哈伊尔·巴比奇，并与巴比奇共同主持中俄地方领导人座谈会。6月18～23日，中共中央政治局常委、中央纪律检查委员会书记贺国强对俄罗斯进行正式友好访问，分别会见了俄总统普京、联邦委员会主席马特维延科、国家杜马主席纳雷什金、国家杜马第一副主席伊万·梅利尼科夫，与“统一俄罗斯”党领导人举行会谈，代表中国政府出席第16届圣彼得堡国际经济论坛并发表演讲。8月19～22日，国务委员戴秉国在莫斯科与俄联邦安全会议秘书尼古拉·帕特鲁舍夫举行中俄第七轮战略安全磋商，会见普京总统和外交部长谢尔盖·拉夫罗夫。9月19～21日，全国人大常委会副委员长司马义·铁力瓦尔地率全国人大代表团访俄，会见俄国家杜马第一副主席亚历山大·茹科夫和联邦委员会副主席斯韦特兰娜·奥尔洛娃。11月21～23日，全国人大常委会副委员长、全国妇联主席陈至立率中国妇女代表团访俄并出席第七届中俄妇女文化周和第五届中俄妇女论坛，会见俄联邦委员主席马特维延科和国家杜马副主席柳德米拉·什维佐娃。12月4～6日，国务委员刘延东在莫斯科与俄副总理奥莉加·戈洛杰茨举行中俄人文合作委员会第13次会议，会见俄国家杜马第一副主席、委员会前俄方主席茹科夫，会见并宴请中俄人文合作俄方积极分子和友好人士代表，与戈洛杰茨副总理共同出席莫斯科中国文化中心揭牌仪式。12月4～7日，国务院副总理王岐山在莫斯科与俄副总理德米特里·罗戈津、副总理阿尔卡季·德沃尔科维奇分别举行中俄总理定期会晤委员会第16次会议和中俄能源谈判代表第九次会晤，会见俄总统能源发展战略和生态安全委员会秘书长、俄石油公司总裁伊戈尔·谢钦，与罗戈津副总理共同出席第七届中俄工商界高峰论坛。

3月23～25日，俄罗斯副总理、中俄“旅游年”俄方组委会主席弗拉基斯拉夫·苏尔科夫访华，与国务院副总理、中俄“旅游年”中方组委会主席王岐山共同出席中国“俄罗斯旅游年”开幕式，习近平副主席、王岐山副总理和北京市市长郭金龙分别会见会谈。4月26～27日，俄副总理罗戈津访华，与国家副主席习近平、中央军委副主席郭伯雄上将、国务委员戴秉国分别会见会谈。6月1日，俄副总理德沃尔科维奇来华与王岐山副总理共同举行中俄能源谈判代表第八次会晤。5月10～11日，俄外长拉夫罗夫访华并出席上海合作组织外长理事会会议，习近平副主席会见。11月20～21日，俄国防部长谢尔盖·绍伊古访华并与中央军委副主席许其亮上将共同举行中俄军技合作混委会第17次会议。4月11日，俄联邦安全会议第一副秘书弗拉基米尔·布拉温来华出席上海合作组织安全会议秘书会议，国务委员孟建柱会见。3月20～23日，俄总统事务管理局局长弗拉基米尔·科任访华，李克强副总理会见。4月1日，俄联邦麻醉品监管总局局长维克托·伊万诺夫访华，孟建柱国务委员会见。12月19日，俄罗斯“统一俄罗斯党”最高委员会主席鲍里斯·格雷兹洛夫来华举行中俄执政党对话机制第三次会议，习近平总书记会见。

两国外长多次在国际场合会晤，相互通话和互致函电，就重大国际和地区问题进行磋商，协调立场。

在涉及国家主权、安全和领土完整等核心利益问题上的相互支持更加牢固。中方支持俄方打击恐怖主义，维护国家主权和安全。俄方支持中方在涉及台湾、西藏、新疆等问题上的原则立场，禁止“法轮功”反动宣传品在俄传播。

务实合作进一步扩大和深化，成果丰硕。两国贸易额快速增长，再创历史新高。双方积极推进经济现代化领域合作，加快筹建多支投资基金。能源合作全面推进，双方正通过上中下游一体化合作、项目和融资相结合等方式商谈天然气项目，年对华供油1500万吨的中俄原油管道顺利运营，核能合作取得重要成果，双方签署合作建设田湾核电站3、4号机组的议定书，中俄直流背靠背联网供电工程投入商业运行。煤炭、电力、新能源合作不断扩大。联合研制、联合生产等战略性大项目合作顺利开展。双方启动为期三年的联合研制远程宽体客机前期论证工作，积极商谈联合研制重型直升机项目。科技合作进一步扩大，中国科技部“火炬”中心、中关村科技园区分别与俄斯科尔科沃基金会签署合作协议，商定在科技园区、孵化器、技术转移和创新融资等领域开展交流合作，并将研发成果商业化。地方合作向全方位格局发展，双方建立中俄地方领导人定期会晤机制。跨境基础设施建设稳步推进，同江铁路桥项目建设有望尽快动工，双方积极商谈开设西部边境口岸。边境地区环保合作成果突出。

人文合作亮点纷呈，交流活动丰富多彩。双方成功举办中国“俄罗斯旅游年”，共举行200多项活动，正积极筹备2013年中国旅游年。8月，俄莫斯科国立大学300名学生来华研修，分别赴陕西、四川和北京开展了丰富多彩的活动，并与中国大学生进行了友好联谊。9月，中国中学生代表团48人应邀赴俄“海洋”儿童中心访问联谊。12月，莫斯科中国文化中心正式揭牌。

战略协作更加密切，富有成效。双方在联合国、二十国集团、世界贸易组织、金砖国家、上海合作组织、东亚峰会和其他多边机制下的协作进一步深化，在安理会改革、国际经济金融治理机制改革、可持续发展、防扩散、信息安全、反导、防止外空武器化和外空军备竞赛等问题上加强磋商与协调，在朝核、叙利亚、伊朗核、阿富汗等重大热点问题上保持密切沟通与配合，有力维护了两国的共同利益，为促进世界和地区的和平与稳定，推动建立公正合理的国际政治经济新秩序作出重要贡献。

卢旺达
(Rwanda)

2012年，中华人民共和国与卢旺达共和国的友好合作关系继续稳步发展。

两国高层往来频繁。1月，中共中央政治局委员、中央书记处书记、中央组织部部长李源潮访问卢旺达，会见卢旺达总统保罗·卡加梅，与卢旺达执政党爱国阵线总书记弗朗索瓦·恩加兰贝举行会谈。12月，中央组织部副部长王秦丰率中国共产党代表团出席卢旺达爱国阵线成立25周年庆典。5月，卢旺达外交与合作部长路易丝·穆希基瓦博访华。7月，卢旺达财政与经济计划部长约翰·卢旺戈姆布瓦来华出席中非合作论坛第五届部长级会议。9月，卡加梅总统来华出席天津夏季达沃斯论坛，国务院总理温家宝予以会见。温家宝总理表示，中国政府鼓励本国企业到卢旺达同当地企业共同发展，转让先进实用技术，培养人才，探索开发新的产品和市场。卡加梅总统表示，卢旺达愿全面深化与中国的关系，加强在国际和地区事务中的协调配合，为推动非中关系发挥积极作用。

经贸领域合作进展顺利。中国援建的农业技术示范中心正式启动，马萨卡综合医院项目二期竣工，职业技术学校、市政道路等项目取得积极进展。

人文交流保持良好势头。1月，中国"欢乐春节"艺术团到卢旺达访演。6月，卢旺达体育和文化部长普罗泰斯·米塔利来华出席中非合作论坛—文化部长论坛。

萨摩亚
(Samoa)

2012年，中华人民共和国与萨摩亚独立国关系继续保持良好发展势头。

两国高层交往频繁。4月，商务部长陈德铭访问萨摩亚。5月底6月初，中国政府特使、民政部副部长罗平飞出席萨独立50周年庆典。7月，国家发展和改革委员会副主任解振华访萨。8月，外交部副部长崔天凯在库克群岛出席第24届太平洋岛国论坛会后对话会期间会见萨总理图伊拉埃帕·萨伊莱莱·马利埃莱额奥伊。5月，萨议长拉乌利·莱瓦蒂亚·波拉塔伊瓦奥作为团长来华参加太平洋岛国政治家联合考察团。同月，萨副总理兼工商劳工部长福诺托·皮埃尔·拉沃福出席在北京举行的中国国际服务贸易交易会。

两国经贸、人文、卫生等领域交流与合作稳步发展。利用中国优惠贷款建设的萨摩亚国家医疗中心一期项目进展顺利，国家医疗中心二期项目和国家宽带通信网项目正在积极筹备中。中萨合作在萨建设的地震监测站项目和小学校项目稳步推进，农业、医疗和游泳馆等技术合作项目顺利实施。重庆市歌舞团赴萨访问演出，广东省医疗团访萨并进行义诊，受到萨民众欢迎。

12月，国务院总理温家宝就萨摩亚遭受飓风灾害向萨总理图伊拉埃帕致慰问电，中国政府和中国红十字会分别向萨提供紧急现汇援助。

圣马力诺
(San Marino)

2012年，中华人民共和国与圣马力诺共和国双边关系发展势头良好。

两国始终坚持相互尊重、平等互利，积极发展双边关系，成为大小国家之间和谐相处、相互支持的典范。双方在国际组织中保持密切沟通协调。

7月，圣马力诺外交、政治、电信和交通部长安东内拉·穆拉罗尼对中国进行正式访问。访问期间，外交部长杨洁篪与穆拉罗尼举行了会谈，就双边关系和共同关心的问题深入交换意见，达成广泛共识。杨洁篪外长表示，两国始终坚持相互尊重、平等互利原则，积极发展双边关系。中方愿与圣方不断深化传统友谊，加强务实合作，扩大人文交流，加强在国际事务中的协调与配合，推动双边关系迈上新台阶。穆拉罗尼赞赏中方在联合国等国际组织中坚持大小国家一律平等的原则，赞赏中方在国际舞台上的重要作用，愿与中方扩大经贸、投资、旅游等合作，不断深化友好关系。穆拉罗尼一行还访问了大连。

沙特阿拉伯
(Saudi Arabia)

2012年，中华人民共和国与沙特阿拉伯王国战略性友好关系继续稳步发展，各领域合作顺利推进。

两国政治交往密切。1月，国务院总理温家宝访问沙特，这是中国总理时隔20年后首次访沙，两国发表联合声明，决定在战略框架下进一步提升双边关系水平。访问期间，温家宝总理会见了沙特国王兼首相阿卜杜拉·本·阿卜杜勒阿齐兹·阿勒沙特，并共同出席双边能源、文化等领域合作文件的签字仪式，与王储兼副首相、内政大臣纳伊夫·本·阿卜杜勒阿齐兹·阿勒沙特举行会谈，并会见了沙特协商会议主席阿卜杜拉·本·穆罕默德·阿勒谢赫，赴沙中友协会长阿卜杜拉赫曼·阿里·杰里西庄园做客并与沙中商工理事会成员座谈。在沙特期间，温家宝总理还分别会见了伊斯兰合作组织秘书长埃克麦尔丁·伊赫桑奥卢和海湾合作委员会秘书长阿卜杜拉提夫·扎耶尼。2月，全国人大常委会副委员长韩启德出席在利雅得举行的第三届二十国集团议长大会。3月，中国政府特使、外交部部长助理张明访沙特。6月，国家主席胡锦涛特使、全国人大常委会副委员长司马义·铁力瓦尔地赴沙特吊唁纳伊夫·本·阿卜杜勒阿齐兹·阿勒沙特王储逝世。9月，司马义·铁力瓦尔地副委员长访问沙特。4月，沙特调查与起诉署署长穆罕默德·本·法赫德·阿勒阿卜杜拉、协商会议沙中友好委员会主席萨利姆·本·拉希德·阿勒马里先后访华。11月，沙特伊斯兰教事务、宗教基金和宣教指导部次大臣阿卜杜勒阿齐兹·本·阿卜杜拉·阿马尔率团访华。

两国经贸、能源合作发展良好，双边贸易额持续增长。沙特继续保持中国全球第一大原油供应国和在西亚非洲地区第一大贸易伙伴地位。3月，商务部副部长李金早访沙，会见沙特财政大臣易卜拉欣·阿卜杜勒阿齐兹·阿萨夫和次大臣苏莱曼·图尔基。3月，中国国家标准化管理局与沙特标准计量质检局签署两国标准化技术合作协议。

两国人文、青年、教育、体育等领域交流与合作顺利开展。9月，沙特外交部经济文化事务次大臣助理费萨尔·哈希姆率沙特青年代表团访华，与中华全国青年联合会共同举办第三届中沙青年论坛活动。11月，“中阿合作论坛研究中心”顾问杨福昌大使率中国专家学者代表团访沙。年内，两国签署政府间体育合作协议。

两国地方交往增多。2月，宁夏回族自治区主席王正伟率经贸代表团访沙，分别会见沙特利雅得省省长萨塔姆·本·阿卜杜勒阿齐兹·阿勒沙特、商工理事会主席阿卜杜拉·穆卜提、沙中商工理事会会长杰里西等，并出席“沙特宁夏经贸周”开幕式。4月，沙特文化新闻副大臣阿卜杜勒阿齐兹·本萨拉马赫出席在广州举办的第三届中阿新闻合作论坛活动。

2012年，中国有组织赴沙特朝觐穆斯林人数约1.4万人。

塞内加尔
(Senegal)

2012年，中华人民共和国与塞内加尔共和国友好关系平稳健康发展，各领域合作稳步推进。

两国交往密切。3月，国家主席胡锦涛致电祝贺马基·萨勒当选塞内加尔新总统。4月，国务院总理温家宝、外交部长杨洁篪分别向塞内加尔政府新任总理阿卜杜勒·姆巴耶和新任外交和海外侨民部长阿利翁·巴达拉·西塞致就职贺电。11月，塞内加尔政府改组后，外交部长杨洁篪向塞内加尔新任外交和海外侨民部长曼克尔·恩迪亚耶致就职贺电。7月5～7日，外交部部长助理张明访问塞内加尔，会见了塞总理姆巴耶，与塞代理外长、内政部长姆巴耶·恩迪亚耶举行会谈。10月18～20日，中共中央对外联络部副部长艾平访问塞内加尔，会见了萨勒总统。7月19～20日，塞内加尔外交和海外侨民部长西塞来华出席中非合作论坛第五届部长级会议，外交部长杨洁篪会见。

两国经贸合作取得积极进展。中方援建的儿童医院项目竣工并移交。在中非合作论坛框架下，中方向塞方提供了一批抗疟疾药品，太阳能示范项目已完工。

两国其他领域交流活跃。6月11～13日，中国人民解放军副总参谋长孙建国上将访问塞内加尔，会见了塞军总参谋长阿卜杜拉耶·法勒。12月3～5日，中国人民对外友好协会会长李小林赴塞内加尔出席第六届非洲城市峰会，并会见了萨勒总统。6月18～19日，塞内加尔文化和旅游部长优素·恩杜尔来华出席中非文化部长论坛，并与文化部长蔡武共同签署了《中华人民共和国政府和塞内加尔共和国政府文化合作协定2012年至2015年执行计划》。在此框架下，两国艺术团年内进行了互访交流。8月23～25日，塞内加尔新闻、电信和信息通讯技术部长阿布·洛来华出席中非媒体合作论坛。8月27～28日，塞内加尔领土整治和地方行政部长谢赫·邦巴·迪耶来华出席首届中非地方政府合作论坛。

塞尔维亚
(Serbia)

2012年，中华人民共和国与塞尔维亚共和国战略伙伴关系持续发展，各领域合作不断丰富。

两国保持高层交往。4月，国务院总理温家宝在华沙会见出席中国—中东欧国家领导人会晤的塞尔维亚总理米尔科·茨韦特科维奇。10月，全国政协副主席张榕明对塞尔维亚进行友好访问，与塞尔维亚议长奈博伊沙·斯特法诺维奇、总理兼内务部长伊维察·达契奇、第一副总理兼国防部长阿莱克桑达尔·武契奇、副议长奈纳德·波波维奇分别会见。3月，塞尔维亚外交部长武克·耶雷米奇来华出席博鳌亚洲论坛2012年年会。7月，第67届联合国大会候任主席、塞尔维亚外交部长耶雷米奇访华，国家副主席习近平、外交部长杨洁篪分别会见会谈。

双方经贸合作不断扩大。11月，商务部副部长兼国际贸易谈判副代表钟山访问塞尔维亚。中国企业承建的塞尔维亚贝尔格莱德跨多瑙河大桥建设进展顺利，科斯托拉茨电站正式动工。

两国卫生、人文等领域合作继续发展，地方交往日益密切。卫生部副部长、国家中医药管理局局长王国强，人力资源和社会保障部高级专员袁彦鹏，重庆市政协副主席彭永辉，吉林省人大常委会副主任王云岫，广东省政协副主席徐尚武等先后访问塞尔维亚。塞尔维亚伏伊伏丁那自治省省长博扬·帕伊蒂奇访问广东省。

塞尔维亚积极参加中国—中东欧国家合作。9月，中国—中东欧国家合作塞尔维亚国家协调员，教育、科学和技术发展部长扎尔科·奥布拉多维奇来华出席中国—中东欧国家合作秘书处成立大会暨首次国家协调员会议。11月，塞尔维亚财政和经济部国务秘书戈兰·佩特科维奇出席在上海举办的2012中国国际旅游交易会中国—中东欧国家旅游产品专场推介会。

塞舌尔
(Seychelles)

2012年，中华人民共和国与塞舌尔共和国友好合作关系保持稳定发展。

两国高层、政治往来频繁。1月、4月，中共中央政治局委员、中央书记处书记、中央组织部部长李源潮，国务院副总理回良玉先后过境塞舌尔。7月，中国人民解放军副总参谋长马晓天上将访问塞舌尔，其间会见塞舌尔总统詹姆斯·阿里克斯·米歇尔。7月，塞舌尔外交部长让—保罗·亚当来华出席中非合作论坛第五届部长级会议。

双边经贸合作不断加强。中方援建的塞舌尔司法大楼及中非合作论坛项下的小学校、太阳能等项目进展顺利。中方还向塞方提供了10辆公交车、5辆救护车。

两国文化、卫生、旅游等合作取得新的成果。中央电视台与塞方签署了新闻合作协议和转播协议。塞政府赠送的一对亚达伯拉象龟落户北京动物园。宁夏艺术团赴塞舌尔访演。山西摄影家协会在太原举办塞舌尔风情展。中方向塞方派出第14批医疗队及18名青年志愿者。152名中国游客首次乘包机抵塞旅游。在塞旅游和文化部主办下，19对中国新人在塞举行集体婚礼。2012年全年，中国赴塞舌尔游客突破2000人，同比增长111%。

两国在打击索马里海盗问题上相互支持。5月，中塞签署关于移交海盗及武装劫船嫌疑人及其财产的谅解备忘录。

塞拉利昂
(Sierra Leone)

2012年，中华人民共和国与塞拉利昂共和国友好合作关系持续稳步向前发展。

两国政治交往密切。11月，塞拉利昂总统欧内斯特·巴伊·科罗马致电习近平，祝贺其当选中共中央总书记。6月，塞拉利昂旅游与文化事务部长维多利亚·赛义杜·卡马拉访华。7月，塞拉利昂外交与国际合作部长约瑟夫·班达布拉·达乌达、财政与经济发展部长萨姆拉·卡马拉来华出席中非合作论坛第五届部长级会议。

两国在经贸等领域合作取得丰硕成果。9月，中方向塞拉利昂提供一批抗霍乱药品，帮助塞抗击霍乱疫情。

5月，塞拉利昂新任驻华大使阿布巴卡尔·穆尔蒂—卡马拉向国家主席胡锦涛递交国书。

新加坡
(Singapore)

2012年，中华人民共和国与新加坡共和国关系继续保持良好发展势头，各领域友好交流不断扩大，互利合作深入发展。

双方高层交往频繁。9月2～7日，新加坡总理李显龙正式访华，国家主席胡锦涛、全国人大常委会委员长吴邦国、国务院总理温家宝、国务院副总理李克强分别会见或会谈。9月，中共中央政治局常委、中央政法委书记周永康访新，出席首届“中新社会管理高层论坛”。6月，中共中央政治局委员、广东省委书记汪洋访新。5月、7月，新加坡副总理兼国家安全统筹部长及内政部长张志贤分别访华出席第三届“中新领导力论坛”和中新双边合作联合委员会第九次会议等双边合作机制会议。4月、5月、9月，新加坡荣誉国务资政吴作栋分别来华出席博鳌亚洲论坛年会、国际行动理事会年会和夏季达沃斯论坛年会。

两国经贸、投资和金融合作成果丰硕。双边贸易稳步增长，中国是新加坡第三大贸易伙伴，新加坡是中国在东盟第三大贸易伙伴。双向投资大幅增加，新加坡是中国第四大外资来源地和第五大对外投资目的地。金融合作取得突破。7月，在中新双边合作联委会第九次会议期间，双方签署中新自贸协定框架下有关银行业事项的换文。中国人民银行批准新加坡金管局在华设立代表处。

两国在社会管理、人才交流、文化、教育、防务等领域合作全面推进。5月，中新“新媒体环境下领导力建设”论坛在北京召开。中方向新方提供作为合作研究的一对大熊猫顺利抵新。新国防部长黄永宏首次访华，解放军副总参谋长马晓天上将赴新出席中新防务政策对话。

斯洛伐克
(Slovakia)

2012年，中华人民共和国与斯洛伐克共和国友好合作关系保持平稳发展。

两国保持各级别往来。4月26日，国务院总理温家宝在华沙出席中国—中东欧国家领导人会晤期间会见斯洛伐克总理罗贝尔特·菲佐。10月，斯洛伐克外交部国务秘书佩特尔·布里安来华与外交部副部长宋涛举行双边政治磋商，外交部长杨洁篪会见。11月，斯洛伐克劳动、社会事务和家庭部长杨·里赫特尔访华，民政部长李立国、人力资源和社会保障部副部长胡晓义分别会谈、会见。11月，斯洛伐克军队总参谋长佩特尔·沃伊特克中将访华，国务委员兼国防部长梁光烈上将和中央军委委员、解放军总参谋长房峰辉上将分别与其会谈。

双方在经贸领域交流与合作富有成果，双边经贸额稳中有升，截至2012年，斯洛伐克是中东欧国家中对华出口和顺差最多的国家。斯洛伐克积极在中国—中东欧国家合作框架内对华开展合作。9月，斯洛伐克外交部经济合作总司总司长达格玛尔·雷普切科娃来华出席中国—中东欧国家合作秘书处成立大会暨首次国家协调员会议。双方在文化、教育、地方等领域也保持交往。

斯洛文尼亚
(Slovenia)

2012年，中华人民共和国与斯洛文尼亚共和国共同庆祝建交20周年，中斯友好合作关系持续稳定发展。

两国保持各级别政治交往。4月，国务院总理温家宝在华沙会见出席中国—中东欧国家领导人会晤的斯洛文尼亚总理雅奈兹·扬沙。同月，外交部副部长宋涛赴斯洛文尼亚举行两国外交部政治磋商，与斯洛文尼亚副总理兼外交部长卡尔·埃里亚韦茨、议会外委会主席约热夫·霍尔瓦特分别会见，同外交部国务秘书伊格尔·森查尔会谈。6月，全国政协外事委员会副主任刘京访问斯洛文尼亚。

双方经贸、人文等领域合作开展顺利，党际、地方交往日益活跃。中国国际贸易促进委员会副会长董松根访问斯洛文尼亚，并出席在斯洛文尼亚举办的中国—斯洛文尼亚经贸论坛。中国国家开发银行副行长高坚、中国文联副主席陈晓光访问斯洛文尼亚。外交学院副院长、中国国际关系学会秘书长朱立群赴斯洛文尼亚出席第七届“布莱德战略论坛”并在中欧关系分论坛发言。河南省政协副主席王平、中共云南省委副书记仇和、四川省副省长刘捷先后访问斯洛文尼亚。由30名斯洛文尼亚青年政治家组成的考察团来华访问。

斯洛文尼亚积极参与中国—中东欧国家合作。9月，中国—中东欧国家合作斯洛文尼亚国家协调员、斯洛文尼亚外交部经济外交司总司长斯坦尼斯拉夫·拉什昌来华出席中国—中东欧国家合作秘书处成立大会暨首次国家协调员会议。11月，斯洛文尼亚派员出席在上海举办的2012中国国际旅游交易会中国—中东欧国家旅游产品专场推介会。

索马里
(Somalia)

2012年，中华人民共和国与索马里联邦共和国友好合作关系迎来新的发展机遇。

索马里成立21年来首个正式政府和议会，政治过渡期顺利结束。国家主席胡锦涛、全国人大常委会委员长吴邦国和国务院总理温家宝分别向索马里新总统、议长和总理致贺电，表示愿与索方携手努力，共创中索友好合作关系新局面。索马里总统哈桑·谢赫·马哈茂德等领导人多次表示愿在新的历史起点上推动双边关系全面深入发展，期待中方积极参与索马里国家重建。马哈茂德总统来函祝贺习近平在中国共产党第十八次全国代表大会上当选中共中央总书记。

中国继续支持国际社会推进索马里和平进程的努力，在索马里问题国际联络小组会议和索马里海盗问题联络小组会议上呼吁国际社会加强解决索马里问题的力度和对索马里战后重建的支持。中国向索马里新政府提供了援助。索马里联邦共和国政府继续坚定奉行一个中国政策，在有关重大问题和国际组织竞选中给予中方支持，致力于在索马里新的历史时期拓展两国各领域合作。

中国自2008年年底开始向亚丁湾和索马里海域派出护航舰艇编队，至2012年年底，已派出13批，为5000余艘中外船舶进行伴随护航。

南 非
(South Africa)

2012年，中华人民共和国与南非共和国的全面战略伙伴关系深入发展，两国各领域交流与合作不断取得新成果。

双方高层交往频繁。3月26日，国家主席胡锦涛与南非总统雅各布·祖马在韩国首尔核安全峰会期间举行双边会晤，双方就中南、中非关系和加强发展中国家合作等问题交换了意见。同月28～29日，胡锦涛主席与祖马总统在印度新德里共同出席金砖国家领导人第四次会晤。6月，胡锦涛主席与祖马总统在二十国集团洛斯卡沃斯峰会期间举行双边会晤。7月18～20日，祖马总统来华出席中非合作论坛第五届部长级会议开幕式并对中国进行国事访问。访华期间，胡锦涛主席同祖马总统举行会谈，国务院总理温家宝、国家副主席习近平分别会见，外交部长杨洁篪同南非国际关系与合作部长迈特·恩科阿纳—马沙巴内会见。双方就发展中南和中非关系、金砖国家合作及共同关心的国际和地区问题深入交换意见。祖马总统在北京大学发表演讲并被该校聘为名誉教授。

两国战略对话继续推进。11月23～27日，外交部副部长翟隽访问南非，同南非国际关系与合作部副部长易卜拉欣举行了中国南非第五次战略对话。访问期间，翟隽副部长还会见了南非总统府部长柯林斯·沙巴纳。

两国政党交流活跃。1月，中共中央政治局委员、中央书记处书记、中共中央组织部部长李源潮作为中国共产党代表率团赴南非出席了南非执政党非洲人国民大会（简称“非国大”）百年庆典活动，并与非国大、南非共产党（简称“南非共”，南非三方执政联盟成员）领导人就进一步深化党际关系达成重要共识。5月，南非共总书记恩齐曼德率团访华。6月，非国大全国执委、工委兼总统府部长沙巴纳率非国大代表团来华出席第二届中非青年领导人论坛。7月，中共中央党史研究室主任欧阳淞作为中共代表赴南非出席南非共第13次全国代表大会。11月，非国大、南非共领导人分别电贺中国共产党第十八次全国代表大会胜利召开。12月，中共中央组织部副部长王秦丰作为中国共产党代表出席非国大第53次全国代表大会。

两国立法机构间交流合作取得新进展。3月28～31日，全国人大常委会副委员长华建敏访问南非，与南非国民议会副议长诺曼迪亚·姆费凯托共同举行了中南立法机构定期交流机制第二次会议。

两国经贸合作继续快速发展。为进一步促进南非企业与中国市场接轨，扩大双边贸易规模，优化双边贸易结构，11月，中方协助南非方在华成功举办第二届“南非商品展”。双向投资、合作规模进一步扩大，涉及矿产、金融、家电、交通、汽车制造等多个领域，发展势头良好。8月，国土资源部长徐绍史访问南非。11月，南非矿产资源部长苏珊·沙班古来华出席2012年中国国际矿业大会。

两国军事交流继续深入开展。7月，中国人民解放军副总参谋长马晓天空军上将率团赴南非同南非国防军总司令肖基上将共同主持中南防务委员会第五次会议。

两国在旅游、文化、教育、艺术、传媒等领域的交流与合作取得新进展，双边关系内涵更加丰富。1月，南非航空公司开通约翰内斯堡至北京的直航，进一步便利了两国人员往来。7月，监察部部长马馼率团访问南非。8月，中共中央宣传部副部长、国家广播电影电视总局局长蔡赴朝访问南非。12月，国务院新闻办公室副主任钱小芊访问南非。6月，南非艺术和文化部长保罗·马沙蒂莱访华。8月，南非基础教育部长安吉·莫采卡访华。10月，南非公职和行政事务部长琳迪韦·西苏鲁率团访华。

两国地方交往继续保持良好势头。广西壮族自治区主席马飚等访问南非。南非豪登省省长诺姆拉·莫可纳妮等访华。

南苏丹
(South Sudan)

2012年，中华人民共和国与南苏丹共和国各领域合作平稳起步，友好关系健康稳定发展。

两国各层次交往频繁。4月，南苏丹苏丹人民解放运动主席、南苏丹共和国总统萨尔瓦·基尔·马亚尔迪特对中国进行国事访问，国家主席胡锦涛与其会谈，全国人大常委会委员长吴邦国、国务院副总理李克强分别予以会见。中南双方就发展中南友好合作关系、扩大各领域务实合作等问题交换看法并达成广泛共识。胡锦涛主席与基尔总统共同出席了双方在经贸领域六项合作文件的签字仪式。基尔总统访华期间还出席了南苏丹驻华使馆的开馆仪式。11月，基尔总统致函习近平，祝贺中国共产党第十八次全国代表大会成功召开、习近平当选中共中央总书记。

1月，外交部长杨洁篪在出席非盟第十八届首脑会议期间会见南苏丹总统基尔。同月，中共中央政治局委员、中央书记处书记、中共中央组织部部长李源潮访问南苏丹。中共中央对外联络部部长王家瑞访问南苏丹。12月，中联部副部长李进军访问南苏丹。中国政府非洲事务特别代表钟建华大使于3月、5月、8月和12月先后四次访问南苏丹。7月，南苏丹外交与国际合作部部长尼亚尔·登格·尼亚尔、财政和经济计划部副部长马利尔·阿沃率团来华出席中非合作论坛第五届部长级会议。

10月，南苏丹首任驻华大使埃鲁宰·莫加·约克维向胡锦涛主席递交国书。

两国经贸合作稳步发展。1月，南政府与包括中石油在内的合作伙伴签署石油合作过渡协议。截至2012年年底，在南苏丹注册的规模中资企业约有60余家，投资涉及石油矿产、电信通讯、基础设施等多个领域。2012年，中国向南苏丹先后捐赠多批抗疟药品及蚊帐、帐篷、毛毯等物资。中国企业还在南苏丹积极参与酒店服务、饮用水、医疗、商贸等业务。

两国文化、教育及卫生领域的合作不断扩大。1月，中南签署《关于中国派遣医疗队赴南苏丹工作的谅解备忘录》，援南苏丹医疗队已于12月24日派出。6月，南苏丹文化、青年和体育部部长希瑞诺·赫腾·奥夫豪来华出席首届中非合作论坛—文化部长论坛。

西班牙
(Spain)

2012年，中华人民共和国与西班牙王国全面战略伙伴关系持续发展，各领域交流合作日益扩大。

两国高层及立法机构往来频繁，相互理解与信任加深。6月，国家主席胡锦涛在出席二十国集团领导人洛斯卡沃斯峰会期间同西班牙首相马里亚诺·拉霍伊·布雷寒暄。胡锦涛主席在出席二十国集团领导人洛斯卡沃斯峰会后回国途中经停西班牙特内里费岛，应约与西班牙国王胡安·卡洛斯一世通电话，并会见西副首相玛利亚·索拉亚·萨恩斯·德圣玛丽亚。卡洛斯国王表示，西中关系非常好，西班牙人民感谢中国给予的友谊和支持，他本人始终是中国人民的好朋友，希望双方以西中建交40周年为契机，加强交往和合作，使两国关系迈上新台阶。胡锦涛主席表示，在当前形势下，中西双方应该进一步发挥各自优势，增进政治互信，扩大经贸合作，深化人文交流，加强国际事务合作，把中西全面战略伙伴关系提高到新水平。全国人大常委会委员长吴邦国、副委员长乌云其木格、全国政协副主席阿不来提·阿不都热西提、全国政协副主席陈奎元访问西班牙。两国立法机构下属委员会间保持交往，全国人大教科文卫委员会代表团访问西班牙。

两国政府部门间对话与接触频繁。商务部副部长钟山、司法部副部长赵大程、国土资源部副部长胡存智、国家体育总局副局长段世杰、国务院新闻办公室副主任王国庆等访问西班牙。西班牙经济和竞争大臣路易斯·德金多斯·胡拉多，工业、能源和旅游大臣何塞·曼努埃尔·索里亚·洛佩斯等访华。

两国外交部保持密切沟通，在重大国际和地区问题上进行了良好合作。

两国贸易受到欧债危机冲击，但结构更趋平衡。两国金融合作进展良好，中国工商银行马德里分行开业一年多来业绩稳增，中国工商银行巴塞罗那分行11月正式开业。

两国人文交流活跃。马德里中国文化中心落成并投入试运营。10月，中国驻西班牙大使朱邦造与西班牙前首相何塞·路易斯·罗德里格斯·萨帕特罗一同出席莱昂孔子学院周年庆典。“汉语热”在西班牙持续升温，西班牙成为参加汉语水平考试人数最多的欧洲国家。中国首次作为主宾国参加“第30届巴塞罗那国际漫画节”，为中国原创漫画走向世界开辟空间。“中欧文化对话年”框架下的《丝绸之路——中国古代丝绸艺术展》在西班牙成功举办。香港电影《桃姐》荣获西班牙南部电影节最佳公众奖，《上海传奇》、《山楂树之恋》等电影成功在西班牙院线公映，获得西班牙民众好评。

两军交流密切。武警部队副司令员潘昌杰中将等11个团组访问或过境西班牙，“郑和”号训练舰成功访问西班牙。

两国地方和民间交往密切。江苏省副省长徐鸣、辽宁省副省长陈超英、吉林省副省长王守臣等先后访问西班牙。江苏省和巴斯克自治区、南昌市和阿尔巴赛特市新近建立友好省市关系。

吴邦国委员长访问西班牙

5月23～28日，全国人大常委会委员长吴邦国访问西班牙，这是中西建交以来全国人大常委会委员长首次正式访问西班牙。在马德里期间，吴邦国委员长与西班牙众议长赫苏斯·玛丽亚·波萨达·莫雷诺举行了会谈，会见了国王胡安·卡洛斯一世、首相马里亚诺·拉霍伊·布雷、参议长皮奥·加西亚—埃斯库德罗·马克斯。在会谈会见中，吴邦国委员长表示，西班牙是中国在欧盟内最好的朋友之一。双方在经贸、投资、电信、金融等领域的合作不断扩大，在教育、文化、旅游、地方等方面的友好往来蓬勃发展，在国际和地区事务中保持密切沟通与协调。中方坚定支持西班牙政府和人民为稳定金融和恢复经济增长所作努力，对西班牙经济有信心，相信西班牙通过努力一定能够克服困难，妥善应对主权债务问题。西班牙领导人同意吴邦国委员长对双边关系的积极评价并表示，无论西班牙议会和政府如何更迭，西班牙始终坚持对华友好。目前西班牙经济形势不容乐观，西班牙方面愿大力深化与中国的全面合作，欢迎中国企业到西班牙投资，希望中方加大进口西班牙优势产品，更多中国游客到西班牙旅游。吴邦国委员长还视察了华为技术西班牙公司，并与拉霍伊首相共同出席了两国涉及金融、电信、环保等投资领域及技术合作和进出口贸易的16项合作文件的签字仪式。除马德里外，吴邦国委员长还赴塞维利亚和科尔多瓦访问。在塞维利亚期间，吴邦国委员长会见了安达卢西亚自治区政府主席何塞·安东尼奥·格里尼安·马丁内斯。

吴邦国委员长访问西班牙，增进了中西相互理解和政治互信，有力推动了务实合作，密切了议会交流，增进了民间友好，全面深化了与西班牙全面战略伙伴关系，推动了中欧关系持续健康稳定发展。

斯里兰卡
(Sri Lanka)

2012年是中华人民共和国与斯里兰卡民主社会主义共和国建交55周年和《米胶协定》签署60周年，两国真诚互助、世代友好的全面合作伙伴关系继续稳步健康发展。

两国高层交往密切。9月，全国人大常委会委员长吴邦国访问斯里兰卡，会见斯里兰卡总统马欣达·拉贾帕克萨，同斯议长恰马尔·拉贾帕克萨举行会谈。这是中国全国人大常委会委员长首次访斯，双方共签署16项合作协议。5月，中共中央政治局委员、中央政法委副书记王乐泉访问斯里兰卡，分别会见斯总统马欣达，自由党总书记特别代表、经济发展部长巴西尔·拉贾帕克萨，统一国民党领袖拉尼尔·维克拉马辛哈。8月底至9月初，国务委员兼国防部长梁光烈上将访问斯里兰卡，会见斯总统马欣达，同斯国防与城市发展部常秘戈塔巴雅·拉贾帕克萨举行会谈。6月，斯里兰卡议长恰马尔访华，吴邦国委员长、华建敏副委员长分别会见。9月，外交部长杨洁篪在联大期间会见斯外交部长佩里斯。9月，斯外秘卡努纳提拉卡·阿穆努加马来华，外交部副部长傅莹同其举行第八轮外交磋商。

经贸合作进展顺利。两国继续在基础设施等领域开展合作，中方承建的普特拉姆燃煤电站二期、汉班托塔港口二期等项目按期保质进行。

人文、防务、警务、地方等各领域合作进一步拓展深化，斯里兰卡多位部长访华或来华出席活动。国家体育总局局长刘鹏、国家宗教事务局副局长张乐斌、国家海洋局副局长陈连增、国家审计署副审计长余效明等访斯。双方多个文化团组互访演出。斯文化部长访华期间，双方签署在斯里兰卡建设中国文化中心的谅解备忘录。解放军东海舰队司令员苏支前中将赴斯出席“高尔对话”海洋会议。斯国防与城市发展部常秘戈塔巴雅、陆军司令加吉兹贾亚苏里亚访华。公安部派员赴斯同斯警方联合侦破电信诈骗案。

中国支持斯里兰卡政府为维护国家独立、主权和领土完整所作努力，并在力所能及范围内向斯提供帮助。斯政府坚持一个中国原则，继续在台湾、涉藏、涉疆等问题上支持中方。双方在国际和地区问题上保持密切沟通和配合。

苏　丹

(Sudan)

2012年，中华人民共和国与苏丹共和国友好合作关系继续深入发展，各领域交流与合作取得积极成果。

两国保持各层次友好交往。11月，苏丹全国大会党主席、苏丹共和国总统奥马尔·哈桑·艾哈迈德·巴希尔致函习近平，祝贺中国共产党第十八次全国代表大会成功召开、习近平当选中共中央总书记。1月，全国政协主席贾庆林在出席非盟第18届首脑会议开幕式期间会见苏丹总统巴希尔。同月，中共中央政治局委员、中央书记处书记、中共中央组织部部长李源潮访问苏丹。中共中央联络部部长王家瑞访问苏丹，与苏丹全国大会党举行首届中苏执政党高层对话。2月，苏丹外长阿里·艾哈迈德·库尔提访华，国家副主席习近平会见，外交部长杨洁篪与库尔提举行会谈。4月，苏丹全国大会党对外关系部部长易卜拉欣·甘杜尔访华。9月，杨洁篪外长在纽约出席第67届联合国大会一般性辩论期间会见苏丹外长库尔提。12月，中共中央对外联络部副部长李进军访问苏丹。中国政府非洲事务特别代表钟建华大使于3月、5月、8月、12月四次访问苏丹，并于5月赴卡塔尔出席《多哈达尔富尔和平文件》后续行动委员会会议。5月，苏丹外长库尔提率团出席中阿合作论坛第五届部长级会议，外交部长杨洁篪会见。7月，外交国务部长萨拉赫·瓦纳西·海伊拉率团出席中非合作论坛第五届部长级会议。

两国经贸合作关系平稳发展。中国继续保持苏丹最大贸易伙伴国地位。两国石油合作不断深化，“石油、信贷、工程”一揽子合作稳步推进，农业、矿业、加工制造业领域合作进展顺利。11月，苏丹矿业部长卡玛勒·阿卜杜拉提夫·阿卜杜拉希姆出席在天津召开的“2012中国国际矿业大会”。同月，苏丹农业与灌溉部部长阿卜杜勒哈利姆·伊斯梅尔·穆塔菲、畜牧资源与渔业部部长费萨尔·哈桑·易卜拉欣出席在北京召开的“中国—苏丹农业合作执行委员会第二次会议”。

两国文化、教育、卫生等领域的交流与合作顺利开展。4月，苏丹妇女总联盟主席伊格拜尔·贾法尔·侯赛因访华，全国人大常委会副委员长、全国妇联主席陈至立会见。6月，苏丹文化部长萨姆瓦勒·哈勒夫拉·古莱氏来华出席首届中非合作论坛—文化部长论坛。

苏里南
(Suriname)

2012年，中华人民共和国与苏里南共和国友好合作关系顺利发展。双方在政治、经贸、文化等各领域交流合作取得积极进展。

双边各层级交往密切。6月，中共中央政治局委员、天津市委书记张高丽访问苏里南。5月，苏里南总统特别代表、公共工程部长拉蒙·亚伯拉罕斯和农牧渔业部长亨德里克·塞特罗维焦约赴湖南长沙出席第七届中国中部投资贸易博览会。9月，苏里南外交部常秘吕克雷蒂娅·雷丹来北京出席中国和加勒比建交国外交部间第五次磋商。11月，苏里南外交部长温斯顿·拉金访华，全国人大常委会副委员长陈昌智会见，外交部长杨洁篪同其举行会谈。

经贸合作富有成果。双边贸易额持续增长。中国援建的苏里南第三期道路项目接近尾声。2月，商务部副部长钟山率中国政府经贸代表团访苏。

人文等领域的交流合作保持良好势头。5月，深圳艺术学校民乐小组赴苏里南访演。6月，中国全国归国华侨联合会副主席乔卫率“亲情中华”艺术团访问苏里南。

瑞　典
(Sweden)

2012年，中华人民共和国与瑞典王国关系稳步发展，各领域合作进一步深化。

高层和立法机构交往频繁。4月，国务院总理温家宝访问瑞典，分别与瑞典国王卡尔十六世·古斯塔夫、议长佩尔·韦斯特贝里、首相弗雷德里克·赖因费尔特会见、会谈，出席“斯德哥尔摩+40可持续发展伙伴论坛”并发表演讲。全国人大常委会副委员长严隽琪、环境与资源保护委员会主任委员汪光焘、外事委员会副主任委员查培新以及全国政协副主席阿不来提·阿不都热西提分别访瑞。

外交部间保持沟通与协调。4月，外交部副部长宋涛赴瑞典与瑞典首相府外交与欧盟事务国务秘书卡塔琳娜·奥勒斯库戈·马斯卡林哈斯和外交部贸易国务秘书古纳尔·乌姆进行政治磋商。12月，瑞典外交大臣卡尔·比尔特来华出席第11届“斯德哥尔摩中国论坛”。瑞典外援大臣古尼拉·卡尔松访华。

各领域交往密切。农业部长韩长赋、中国工程院院长周济、中国科学院院长白春礼、国务院法制办公室副主任袁曙宏、教育部副部长刘利民、环境部副部长张力军等分别访问瑞典。瑞典工商大臣安妮·略夫、贸易大臣埃娃·比约琳、财政大臣安德士·博里、海关总署署长特瑞瑟·马特松等相继访华。

经贸、环境、科技、交通等领域务实合作深入发展。两国继续互为在北欧和亚洲最大的贸易伙伴。5月，“中国—瑞典中小企业创新论坛”在北京举行。两国政府共同发表了《中华人民共和国和瑞典王国关于在可持续发展方面加强战略合作的框架文件》。国家开发银行设立10亿欧元中瑞创新合作专项贷款。两国在青岛举办“中瑞绿色创新论坛”。中国—瑞典交通安全研究中心在北京成立。

人文交流富有成果。温家宝总理在4月访问瑞典期间宣布将在瑞典设立中国文化中心。1月，第八届“欢乐春节”活动在斯德哥尔摩成功举行。2月，“武林汉韵”演出团在瑞典三座城市巡演。5月，瑞典第四家孔子学院在吕勒欧工业大学揭牌。10月，中国作家莫言获得2012年诺贝尔文学奖后，“中国热”在瑞典继续升温。

军事交往不断深入。5月，军事科学院院长刘成军上将访问瑞典。3月，瑞典三军总司令斯维克·约兰松上将访华，国务委员兼国防部长梁光烈上将、解放军总参谋长陈炳德上将分别会见、会谈。

地方交流持续活跃。海南省省长蒋定之、天津市政协主席刑元敏、广东省副省长许瑞生、山西省人大常委会副主任安焕晓、江苏省政协副主席周珉、青岛市市长张新起等省市领导访问瑞典。瑞典乌普萨拉省省长彼得·埃加德、韦斯特曼省省长因格玛·斯科格、耶夫勒堡省省长洪白易访华。

瑞　士
(Switzerland)

2012年，中华人民共和国与瑞士联邦关系发展良好。

两国高层交往密切。5月，中央军委委员、国务委员兼国防部长梁光烈上将过境瑞士期间会见瑞士联邦副主席兼国防、民防和体育部长于利·毛雷尔，双方就进一步加强两国各领域务实合作、提升两国国防部和两军合作水平等深入交换意见。6月，环境保护部长周生贤访问瑞士。6月，海关总署署长于广洲访问瑞士，同瑞士联邦海关总署署长鲁道夫·迪特里希举行会谈。2月，瑞士联邦委员兼环境、交通、能源和电信部长多丽丝·洛伊特哈德访华，国务院副总理张德江会见。7月，瑞士联邦委员兼经济部长约翰·施耐德—阿曼访华，其间拜会商务部、教育部、人力资源与社会保障部、环境保护部和农业部。中共中央政治局委员、上海市委书记俞正声在沪会见阿曼一行。7月12日，外交部副部长宋涛同瑞士外交部国务秘书伊夫·罗西尔在北京举行中瑞外交部政治磋商。

两国务实合作持续深化。中瑞自由贸易区谈判进展顺利，分别于2月（中国北京）、5月（中国北京）、9月（瑞士伯尔尼）以及12月（瑞士卢塞恩）举行了四轮谈判。6月，双方签署《中华人民共和国环境保护部与瑞士联邦环境、交通、能源和通信部关于环境保护合作的谅解备忘录》。12月，中瑞第六轮领事（移民）对话在北京举行。9月，两国签署《中华人民共和国教育部与瑞士联邦内政部关于高等教育合作的备忘录》。8月，云南省迪庆藏族自治州香格里拉县与格劳宾登州阿罗萨市签订《中华人民共和国云南省迪庆藏族自治州香格里拉县与瑞士格劳宾登州阿罗萨市建立友好城市关系协议书》。10月，浙江省杭州市与提契诺州卢加诺市签订《中华人民共和国杭州市与瑞士联邦卢加诺市建立友好城市关系协议书》。截至2012年年底，两国已建立9对友好省州（市）关系。

9月12日，瑞士新任驻华大使杜哲巍到任。

叙利亚
(Syria)

2012年，叙利亚局势持续动荡。中国积极劝和促谈，平衡做叙利亚政府和反对派工作，努力推动叙利亚问题的政治解决。

2月6～9日，叙利亚反对派组织“全国民主变革力量民族协调机构”副总协调员、海外部门负责人海萨姆·麦纳阿应中国人民外交学会邀请访华。2月17～18日，中国政府特使、外交部副部长翟隽访问叙利亚，会见叙利亚总统巴沙尔·阿萨德、外长瓦利德·穆阿利姆等政府官员和有关反对派组织负责人。3月6～7日，外交部长杨洁篪的代表李华新大使访问叙利亚。4月18日，叙利亚外长穆阿利姆对华进行工作访问。5月7～9日，叙利亚反对派组织“叙利亚全国委员会”主席布尔汗·加利温应中国人民外交学会邀请访华。8月15～16日，叙利亚总统特使、总统政治与新闻顾问布塞娜·夏班访华。9月17～19日，叙利亚反对派组织“全国民主变革力量民族协调机构”总协调员哈桑·阿卜杜勒阿济姆应中国人民外交学会邀请访华。

中国政府通过双边渠道和有关国际组织向叙利亚人民包括境外难民提供了紧急人道主义援助。

塔吉克斯坦
(Tajikistan)

2012年，中华人民共和国与塔吉克斯坦共和国睦邻友好合作关系持续健康稳定发展，各领域务实合作取得重要成果。

两国高层密切交往，政治互信进一步提升。6月1～7日，塔吉克斯坦总统埃莫马利·拉赫蒙访华并出席上海合作组织北京峰会，国家主席胡锦涛、国务院总理温家宝、全国政协主席贾庆林分别会谈会见。两国领导人全面回顾和总结了中塔建交20年来两国关系发展成果和经验，并就两国关系未来发展作出新的规划和部署。9月1日，国务院总理温家宝同来华出席第二届中国—亚欧博览会的塔总理阿基尔·阿基洛夫举行双边会见，就深化双边关系和务实合作交换意见。1月11～12日，胡锦涛主席特使、全国人大常委会副委员长陈至立访塔并出席中塔建交20周年庆祝活动。4月11日，国务委员孟建柱会见来华出席上海合作组织成员国安全会议秘书第七次会议的塔安全会议秘书阿卜杜拉希姆·卡霍洛夫。11月26日，孟建柱国务委员会见来华访问的塔内务部长拉马宗·拉希莫夫，双方签署《中华人民共和国公安部和塔吉克斯坦共和国内务部关于加强边境地区合作的备忘录》。

两国务实合作进展顺利。3月，中塔政府间经贸合作委员会顺利召开第五次会议。4月，中塔农业合作委员会正式启动并成功举行首次会议。大型项目合作取得新突破。中国路桥公司承建的塔“沙赫里斯坦”隧道竣工通车。中塔卡拉苏—阔勒买口岸实现全年开放。新疆特变电工公司承建杜尚别2号火电厂开工建设。中方援建塔农业科技示范园项目顺利推进。

两国人文合作不断扩大。塔总统拉赫蒙6月访华期间获中国奥林匹克委员会勋章、“厦门大学经济学荣誉教授”和“上杭县荣誉市民”称号。福建省与索格特州、上杭县与彭吉肯特市结好。两国文化部签署中塔文化部2012年至2014年文化交流计划。

坦桑尼亚
(Tanzania)

2012年，中华人民共和国与坦桑尼亚联合共和国关系继续保持良好发展势头，各领域务实合作不断深化。

两国高层交往密切，政治互信不断加深。11月，坦桑尼亚革命党主席、总统贾卡亚·姆里绍·基奎特就习近平当选中共中央总书记致贺函。7月，国家主席胡锦涛和副主席习近平就桑给巴尔沉船事故分别致电坦桑尼亚总统基奎特和桑给巴尔总统阿里·穆罕默德·谢因表示慰问。同月，坦外交和国际合作部长伯纳德·卡米厄斯·门贝以及工贸和市场部副部长格雷戈里·泰乌来华出席中非合作论坛第五届部长级会议。同月，监察部长马馼和全国工商联第一副主席全哲洙分别访坦。9月，国务院副总理回良玉访坦，会见基奎特总统和桑给巴尔总统谢因，并与坦总理米曾戈·卡扬扎·彼得·平达会谈。12月，坦总统府良政部部长乔治·姆库奇卡率团访华。

两国经贸合作取得新进展。3月，商务部副部长李金早率中国政府经贸代表团访坦桑尼亚，与坦财政和经济部部长穆斯塔法·姆库洛举行工作会谈，双方签署《中华人民共和国政府和坦桑尼亚联合共和国政府经济技术合作协定》。7月，商务部副部长钟山率团访坦，会见坦工贸和市场部部长阿卜杜拉·基戈达，并出席在达累斯萨拉姆举办的“2012中国品牌商品非洲展开幕式暨第112届中国进出口商品交易会推介会”。9月，回良玉副总理访坦期间，双方签署了经济技术合作协定等一系列经贸合作文件。11月，由中国进出口银行提供12亿美元优惠贷款、中国石油天然气集团公司承建的坦桑尼亚天然气输送管道和处理厂项目正式开工。

两国其他领域交流与合作深入发展。1月，第三届“欢乐春节聚焦在非洲”活动在坦桑尼亚达累斯萨拉姆举行。5月，“2012中国高等教育展”在坦达累斯萨拉姆大学成功举办。6月，坦新闻、青年、文化和体育部副部长阿莫斯·马卡拉来华出席中非合作论坛首届文化部长论坛。7月，中国人民解放军副总参谋长马晓天上将率团访坦。同月，国务院扶贫办主任范小建率团赴坦出席“中国—坦桑尼亚村级减贫学习中心”落成典礼。8月，坦记者团访华。9月，“感知中国·坦桑尼亚行”系列活动在坦举行。

泰　国
(Thailand)

2012年，中华人民共和国与泰王国之间的关系保持健康快速发展。

两国建立了全面战略合作伙伴关系。双方高层互访频繁。国务院总理温家宝于11月20～21日对泰国进行正式访问，会见了泰国国王普密蓬·阿杜德和政府领导人，出席了曼谷中国文化中心揭牌仪式。全国政协主席贾庆林于4月20～25日对泰国进行正式友好访问，会见了泰国王室、议会和政府领导人，并同各界友好人士广泛接触。国务委员兼公安部长孟建柱于7月访泰。泰国公主诗琳通于4月访华，公主朱拉蓬于1月、5月、9月、12月多次非正式访华。4月，泰国总理英拉·钦那瓦、国防部长素甘蓬·素万纳塔分别访华，副总理兼财政部长吉迪拉·纳·拉农来华出席博鳌亚洲论坛2012年年会。7月，外交部长素拉蓬·都威乍猜军访华。9月，国会主席兼下议院议长颂萨·杰素拉暖来华出席第13届中国西部国际博览会，副总理兼旅游与体育部长春蓬·信拉巴阿差来华出席2012年中国（宁夏）国际投资贸易洽谈会，副总理兼财政部长吉迪拉来华出席第九届中国—东盟博览会。

两国各领域合作持续发展。中国是泰国第二大贸易伙伴，泰国是中国在东盟国家中第二大贸易伙伴。两国发表《中华人民共和国和泰王国关于建立全面战略合作伙伴关系的联合声明》，双方有关部门分别签署《中华人民共和国政府和泰王国政府关于中泰战略性合作共同行动计划（2012～2016）》、《中华人民共和国与泰王国经贸合作五年发展规划》、《中华人民共和国外交部和泰王国外交部关于加强合作的谅解备忘录》、《中华人民共和国教育部与泰王国教育部教育合作协议》等合作文件。双方互换了《中华人民共和国和泰王国关于移管被判刑人的条约》批准证书。6月，中国派水利部专家组赴泰提供防洪抗旱咨询。9月，云南彝良地区发生地震，泰国政府向中国捐款500万泰铢（约合100万元人民币）。

两国在联合国、亚太经合组织、中国—东盟、东盟与中日韩、亚洲合作对话等国际和地区合作机制中保持密切配合。

东帝汶
(Timor—Leste)

2012年是中华人民共和国与东帝汶民主共和国建交十周年，两国关系继续保持良好发展态势。

5月，国家主席胡锦涛特别代表、全国政协副主席王志珍出席塔乌尔·马坦·鲁瓦克总统就职典礼、东帝汶独立十周年庆典以及中国和东帝汶建交十周年庆祝活动；东帝汶外交部长扎卡利亚斯·阿尔巴诺·达·科斯塔来华工作访问。东帝汶政府同意新华社在东帝汶设立分社。

中国对东帝汶援助成效显著，各项目有序推进。中方积极帮助东帝汶提高能力建设，共为东帝汶培训142名各类学员。中国医疗队继续在当地提供医疗服务。

中国政府积极支持联合国在东帝汶的工作，中国维和警察顺利结束在东帝汶的维和任务。

多　哥
(Togo)

2012年是中华人民共和国与多哥共和国建交40周年，两国友好合作关系不断巩固，各领域务实合作稳步发展。

两国各层次交往密切，政治互信进一步增强。9月，国家主席胡锦涛与多哥总统福雷·埃索齐姆纳·纳辛贝、外交部长杨洁篪与多哥外交与合作国务部长埃利奥特·奥欣分别互致贺电，庆祝两国建交40周年。11月，福雷总统致函胡锦涛主席，对中国共产党召开第十八次全国代表大会表示祝贺。7月，奥欣外长来华出席中非合作论坛第五届部长级会议。6～8月，在中非合作论坛框架下，多哥艺术文化部长菲亚图沃·夸乔·塞塞努、总统府办公厅主任兼基础发展、手工业与青年就业部长西德梅霍·托梅加—多贝以及多哥前总理、前非洲统一组织秘书长埃德姆·科乔分别来华出席中非合作论坛—文化部长论坛、中非政党青年领导人论坛以及中非地方政府合作论坛。12月，多哥武装力量总参谋长阿查·穆罕默德·蒂蒂皮纳准将访华。

双边经贸合作不断发展。1月，中国进出口银行行长李若谷率团访多。4月，中方为多哥援建的农业技术示范中心揭牌运行。8月，使用中国政府优惠性质贷款实施的洛美国际机场改扩建项目开工建设。

人文交流与合作富有成果。9月，上海艺术团赴多访演取得良好效果。

汤　加
(Tonga)

2012年，中华人民共和国与汤加王国关系取得新进展。

两国高层及各级别交往较多。3月，国家主席胡锦涛特使、民政部副部长姜力赴汤加出席乔治·图普五世国王葬礼。6月，中国—太平洋岛国论坛对话会特使李强民访问汤加。8月，外交部副部长崔天凯赴库克群岛出席第24届太平洋岛国论坛会后对话会期间会见汤加首相图伊瓦卡诺。8月底至9月初，汤加公主萨洛特·皮洛莱乌·图伊塔来华出席第五届美大地区友好论坛。10月底至11月初，汤加议长法卡法努阿率团访华。

双方经贸、军事、卫生等各领域交流与合作稳步推进。中汤双边贸易额继续增长。中方援建的汤加首都商业中心区重建、全国公路升级改造、瓦伊普阿大桥等项目竣工并移交。8月，中国人民解放军海军副参谋长廖世宁少将率“郑和”号训练舰访问汤加。同月，中汤双方签署《中华人民共和国政府与汤加王国政府关于互免持外交、公务/官员、公务普通护照人员签证的协定》。10月，广东省医疗代表团访问汤加并进行义诊。

特立尼达和多巴哥
(Trinidad and Tobago)

2012年，中华人民共和国与特立尼达和多巴哥共和国友好关系顺利发展。双方在政治、经贸、文化等领域合作取得积极进展，在国际事务中保持协调与配合。

两国高层交往密切。12月，特立尼达和多巴哥众议长韦德·马克、参议长蒂莫西·哈梅尔—史密斯率议会代表团访华。3月，中共中央政治局委员、全国人大常委会副委员长王兆国访问特多。同月，中国—拉丁美洲和加勒比友好协会会长成思危赴特多访问。9月，特多外交部常秘玛格丽特·帕里隆来北京出席中国和加勒比建交国外交部间第五次磋商。

经贸、文化、军事等领域合作继续加强。国务院国有资产监督管理委员会和商务部代表团先后访问特立尼达和多巴哥。重庆艺术团、深圳爱华艺术团和中国人民解放军军乐团等文艺团组赴特多访演。11月，中国和特多两国政府签署特多利用中方优惠贷款建设儿童医院项目框架协议。

突尼斯
(Tunisia)

2012年，中华人民共和国与突尼斯共和国友好关系继续稳步发展。

两国政治往来进一步加强。9月，突尼斯总统蒙塞夫·马尔祖基就中国西南地区遭受地震灾害致电国家主席胡锦涛表示慰问。2月，外交部副部长翟隽访问突尼斯，分别会见突尼斯总统蒙塞夫·马尔祖基和外交部长拉菲格·阿卜杜赛拉姆，并与突尼斯外交部美洲和亚洲事务国务秘书赫迪·本·阿巴斯举行会谈。5月，中阿合作论坛第五届部长级会议在突尼斯举行。6月，外交部长杨洁篪在出席中阿合作论坛第五届部长级会议后顺访突尼斯，分别会见突尼斯总统蒙塞夫·马尔祖基和总理哈马迪·贾巴利，并与突尼斯外长拉菲格·阿卜杜赛拉姆举行会谈。4月，突尼斯外长拉菲格·阿卜杜赛拉姆访华，国家副主席习近平、外交部长杨洁篪分别会见、会谈。7月，突尼斯外交部负责非洲和阿拉伯事务国务秘书阿卜达拉赫·特里基来华出席中非合作论坛第五届部长级会议。

两国在重大国际和地区事务中一直保持着良好磋商和协调，拥有广泛共识。

双边经贸、文化等领域的交流与合作取得进展。2月，两国签署中突经济技术合作协定。6月，突尼斯文化部长迈赫迪·马布鲁克出席在北京举办的首届中非合作论坛—文化部长论坛。7月，河北省杂技团赴突尼斯参加迦太基等三场国际艺术节演出。

土耳其
(Turkey)

2012年，中华人民共和国与土耳其共和国关系继续保持全面快速发展势头。

两国高层互访频繁，政治互信进一步增强。2月，国家副主席习近平正式访问土耳其，与土总统阿卜杜拉·居尔、议长杰米尔·奇切克和总理雷杰普·塔伊普·埃尔多安就双边关系和国际地区问题交换意见。4月，土总理埃尔多安访华，国家主席胡锦涛、全国人大常委会委员长吴邦国和国务院总理温家宝分别会见、会谈。5月，全国人大常委会委员长吴邦国过境访问伊斯坦布尔。9月，国务院总理温家宝在新疆乌鲁木齐会见了来华出席“第二届中国—亚欧博览会”的土副总理阿里·巴巴詹。此外，全国人大常委会副委员长周铁农、陈至立、司马义·铁力瓦尔地，全国政协副主席张榕明等分别正式或过境访土。

双方保持各层级、多领域交流。11月，外交部副部长张志军与土外交部次长费利顿·斯尼尔利奥卢在京共同主持中土外交部联合工作组第二次会议。其间，国务委员戴秉国会见了斯一行，双方就双边关系和地区热点问题深入交换意见。中央军委委员、海军司令吴胜利上将、国家宗教局局长王作安、全国人大外事委员会主任委员李肇星、共青团中央第一书记陆昊、最高人民法院副院长奚晓明等分别访土。土耳其国家情报署署长哈坎·菲丹访华。

务实合作取得新进展。双方签署了货币互换协议、和平利用核能合作协定、融资合作框架协议等多项重要经贸合作文件，为两国在相关领域合作奠定基础。双方在基建、交通、能源、通讯等领域新签多个大型合作项目。长城公司为土成功发射卫星，开启两国在航天领域合作新局面。

文化交流日益密切。“中国文化年”活动在土成功举办，中方先后派出87个团组在土40多个城市举办各类活动400余场，土方参与人数超过24万人次，极大增进了两国人民间的相互了解和友谊。国家宗教局与土国家宗教事务局联合主办“2012中国·土耳其伊斯兰文化展演”活动，开创了两国宗教交流新模式。

此外，中土在联合国、二十国集团和亚洲相互协作与信任措施会议（简称“亚信会议”）等多边框架内保持良好合作。

土库曼斯坦
(Turkmenistan)

2012年，中华人民共和国与土库曼斯坦友好合作关系持续快速发展。

两国高层交往密切。9月22～25日，中共中央政治局常委、中央政法委书记周永康率中共代表团对土库曼斯坦进行正式友好访问，分别会见土库曼斯坦总统兼民主党主席库尔班古力·别尔德穆哈梅多夫和国民会议议长阿克贾·努尔别尔德耶娃。1月12～14日，国家主席胡锦涛特使、全国人大常委会副委员长陈至立访问土库曼斯坦并出席中土建交20周年庆祝活动，分别会见土库曼斯坦总统别尔德穆哈梅多夫和国民会议议长努尔别尔德耶娃。2月16～18日，国家主席胡锦涛特使、全国人大常委会副委员长周铁农赴阿什哈巴德出席土库曼斯坦总统别尔德穆哈梅多夫连任就职仪式，并会见土库曼斯坦国民会议议长努尔别尔德耶娃。

6月5～6日，国家主席胡锦涛同作为主席国客人来华出席上海合作组织北京峰会的土库曼斯坦总统别尔德穆哈梅多夫举行会谈，就两国关系、双边务实合作以及共同关心的国际和地区问题深入交换意见。5月26日至6月2日，土库曼斯坦执政党民主党第一书记卡塞姆古雷·巴巴耶夫访华，中共中央政治局常委、中央纪律检查委员会书记贺国强会见。7月27日，中国和土库曼斯坦合作委员会中方主席、国务院副总理王岐山同委员会土方主席、土库曼斯坦副总理拜穆拉特·霍贾穆哈梅多夫在北京共同主持召开委员会第二次会议并举行小范围会谈，国务院副总理李克强会见土库曼斯坦副总理霍贾穆哈梅多夫。8月3～7日，土库曼斯坦副总理比亚古莉·努尔梅拉多娃访华，全国政协副主席罗富和会见。6月5日，外交部长杨洁篪会见陪同土库曼斯坦总统来华出席上海合作组织北京峰会的土库曼斯坦副总理兼外交部长拉希德·梅列多夫。

两国经贸合作全面发展，双边贸易额增长迅速，能源领域合作进一步加强。中国成为土库曼斯坦第一大贸易伙伴国和天然气出口市场。7月19日，商务部副部长蒋耀平赴土库曼斯坦磋商，就经贸合作等共同关心的问题与土方交换意见。

两国以建交20周年为主线，开展了一系列丰富多彩的人文交流活动。文化部组织儿童艺术团赴土库曼斯坦参加第四届“阿瓦扎—友谊之滨”国际儿童艺术节。

乌干达
(Uganda)

2012年，中华人民共和国与乌干达共和国友好合作关系继续健康、顺利发展。

两国高层交往更加密切。10月18日，国家主席胡锦涛和乌干达总统约韦里·卡古塔·穆塞韦尼互致贺电，祝贺中乌建交50周年。10月，胡锦涛主席特使、全国人大常委会副委员长韩启德赴坎帕拉出席乌干达独立50周年庆典，其间会见总统穆塞韦尼和议长丽贝卡·卡达加。1月，中共中央政治局委员、中央书记处书记、中央组织部部长李源潮访乌，分别会见穆塞韦尼总统和总理阿马马·姆巴巴齐。3月，全国人大常委会副委员长桑国卫赴坎帕拉出席各国议会联盟第126届大会并会见卡达加议长。4月，国务院副总理回良玉过境乌干达并会见穆塞韦尼总统。8月，乌干达副总统爱德华·塞坎迪来华出席中非地方政府合作论坛，其间会见国务院副总理李克强。7月，乌干达代外长奥凯洛·奥里耶姆和财政、计划与经济发展部长玛利亚·基瓦努卡来华出席中非合作论坛第五届部长级会议。5月，乌干达外交部常秘詹姆士·穆古梅来华调研。

两国经贸合作领域不断拓展。1月，中乌签署避免双重征税协定。2月，中国海洋石油总公司以14.76亿美元获得乌干达石油三大区块1/3的权益。

两国人文和民间交流方兴未艾。为纪念中乌建交50周年，河南艺术团于7月赴乌访演，“感知中国·乌干达行”活动于9月在乌举办。5月，全国友协副会长冯佐库率团访乌。

乌克兰
(Ukraine)

2012年，中华人民共和国与乌克兰战略伙伴关系健康稳定发展，中乌合作委员会有效运转，各领域互利合作成果显著。

中国与乌克兰高层保持密切接触，政治互信增强。1月4日，国家主席胡锦涛同乌总统维克多·亚努科维奇就两国建交20周年互致贺电。9月5～10日，全国人大常委会副委员长陈至立访乌，同乌总统亚努科维奇、总理尼古拉·阿扎罗夫、最高拉达（议会）主席（议长）弗拉基米尔·利特文会晤，就中乌关系、立法机构交流、务实合作等交换意见。5月24～27日，全国政协副主席林文漪访乌，分别同乌最高拉达第一副主席亚当·马丁纽克、副总理兼卫生部长赖萨·博加特廖娃会谈、会见，就双边友好交往等问题交换意见。5月31日至6月4日，中国人权研究会会长罗豪才访乌。2月13～19日，乌海军司令维克多·马克西莫夫上将访华，分别与中国人民解放军总参谋长陈炳德上将、海军司令员吴胜利上将举行会见、会谈。7月17～22日，乌外交部长康斯坦丁·格里先科访华，中共中央政治局常委、中央纪律检查委员会书记贺国强会见，外交部长杨洁篪、农业部长韩长赋分别会谈，就中乌关系、务实合作等交换意见。8月28日，乌内务部长维塔利·扎哈尔琴科访华，国务委员兼公安部长孟建柱同其会谈。

两国部门间交流活跃，合作机制进一步完善。5月11日，卫生部副部长黄洁夫访乌，举行中乌合作委员会卫生合作分委会第一次会议。5月25日，中央纪委驻农业部纪检组组长、农业部党组成员朱保成访乌，举行中乌合作委员会农业合作分委会第二次会议。6月30日至7月3日，国务院参事室主任陈进玉访乌。7月1日，海关总署副署长孙毅彪访乌，同乌海关总署署长伊戈尔·卡列特尼克会谈。11月21日，环境保护部长周生贤访乌，同乌生态和自然资源部部长爱德华·斯塔维茨基举行会谈。9月17～18日，乌外交部副部长维克多·迈科访华，外交部副部长程国平同其举行磋商。

两国党际交往活跃。4月4～8日，中共中央对外联络部副部长陈凤翔访乌，分别会见乌总理、地区党主席阿扎罗夫、乌克兰共产党中央第一书记彼得·西蒙年科。5月31日至6月2日，中共中央统战部副部长黄跃金访乌。7月30日，湖北省委常委、省纪委书记侯长安作为中国共产党代表出席乌克兰地区党第14次代表大会，并宣读中共中央总书记胡锦涛致大会的贺辞。

中乌经贸合作逐步摆脱国际金融危机影响，呈现恢复性增长。基础设施建设等领域成为双方合作的主要方向，基辅鲍利斯波尔机场轻轨项目等双边合作项目进展顺利。

两国人文和地方交往积极。双方举办招待会、音乐会等活动，发行纪念邮封，隆重庆祝中乌建交20周年。4月17～18日，国家体育总局局长、中国奥委会主席刘鹏访乌。6月4～9日，江苏省副省长张卫国访乌。8月20日，海南省副省长陈成访乌。9月16～19日，广东省省长朱小丹访乌。

阿拉伯联合酋长国
(United Arab Emirates)

2012年，中华人民共和国与阿拉伯联合酋长国关系迈上新台阶，两国建立战略伙伴关系，各领域互利合作全面深入发展。

两国高层交往密切。1月，国务院总理温家宝访问阿联酋并出席在阿布扎比举行的第五届世界未来能源峰会，其间分别会见阿联酋总统哈利法·本·扎耶德·阿勒纳哈扬和阿布扎比王储穆罕默德·本·扎耶德·阿勒纳哈扬，同阿联酋副总统兼总理、迪拜酋长穆罕默德·本·拉希德·阿勒马克图姆举行会谈并签署《中华人民共和国和阿拉伯联合酋长国关于建立战略伙伴关系的联合声明》。2月，全国政协主席贾庆林过境迪拜，会见阿联酋副总统兼总理、迪拜酋长穆罕默德。12月，全国政协副主席王志珍赴阿联酋出席中国—海湾阿拉伯国家可持续发展论坛。3月，阿联酋阿布扎比王储穆罕默德访华，全国人大常委会委员长吴邦国和温家宝总理分别会见，国家副主席习近平同其举行会谈。5月，阿联酋国务部长莉姆·易卜拉欣·哈希米访华。9月，阿联酋对外贸易部长鲁卜娜·宾特·哈立德·卡西米赴华出席2012年中国（宁夏）国际投资贸易洽谈会暨第三届中国—阿拉伯国家经贸论坛。

两国经贸、能源、金融等领域合作取得新进展。双边贸易额再创新高，阿联酋继续保持中国在阿拉伯地区最大出口国地位。中国石油天然气总公司承建的哈伯善—富查伊拉输油管线项目正式运营。两国签署双边本币互换协议，规模为350亿元人民币/200亿迪拉姆。双方就设立中阿共同投资基金签署谅解备忘录。

两国在教育、文化、民间等领域交流活跃。阿联酋扎耶德大学孔子学院正式揭牌。中国中央歌剧团赴阿联酋演出，受到当地民众欢迎。阿联酋残疾人救助中心代表团赴华交流。

英　国
(United Kingdom)

2012年是中华人民共和国与大不列颠及北爱尔兰联合王国建立大使级外交关系40周年，中英关系开局良好，经贸等领域合作进展顺利，但两国关系中的消极面亦较为突出。

3月，国务院总理温家宝与英国首相戴维·卡梅伦互致建立大使级外交关系40周年贺电。4月，中共中央政治局常委李长春访英，分别会见英国首相戴维·卡梅伦、外交大臣威廉·黑格。同月，国务委员刘延东访英，会见英国副首相尼克·克莱格，与英文化、奥运、媒体和体育大臣杰里米·亨特共同启动中英高级别人文交流机制并举行首次会议。1月，英国财政大臣乔治·奥斯本访华。

经贸合作继续发展。中国是英国在欧盟外第二大贸易伙伴，英国是中国在欧盟内第三大贸易伙伴。中国企业对英投资迈出新步伐。中国投资有限责任公司分别以18亿美元收购泰晤士水务公司8.68%股份、以7.2亿美元收购伦敦希思罗机场控股公司10%权益。上海光明食品集团收购英国维他麦公司60%股份，企业价值为12亿英镑，是中国食品行业最大宗的海外并购。

人文领域合作日益扩大。4月，两国启动中英高级别人文交流机制并举行首次会议，伦敦书展中国主宾国活动在英成功举办。7月，国务委员戴秉国作为中国政府代表赴英国出席伦敦奥运会开幕式。中国奥运代表团参加伦敦奥运会、残奥会取得佳绩。11月，“中国印·李岚清篆刻书法艺术展”在英成功举行。英国在中国各地举办“艺述英国”系列活动。2012年，中国在英各类留学人员达12万，英是欧盟内最大中国留学生目的地国。2012年英在华留学生约4000人，同比增长超过20%。中国在英已开设23所孔子学院和76家孔子课堂，继续位居欧洲之首。英开设汉语课的中小学有600多所。

两国地方交往深入开展。截至2012年年底，两国已缔结友好城（省、郡、区）48对。

中英在国际事务中的合作继续加强。两国就安理会改革、国际经济金融治理以及伊朗核问题、国际发展援助、非洲问题、国际网络安全等事务保持沟通与协调。

5月14日，英首相卡梅伦和副首相克莱格不顾中方反对，执意在伦敦圣保罗大教堂会见达赖，给两国关系带来严重负面影响。中方向英方提出严正交涉。

美 国
(United States of America)

2012年，中华人民共和国与美利坚合众国关系总体保持稳定发展。

两国高层和各级别交往密切。

两国元首两次会晤、13次通信，就中美关系及共同关心的问题保持密切沟通。3月26日，国家主席胡锦涛在出席首尔核安全峰会期间会见美国总统巴拉克·侯赛因·奥巴马。6月19日，胡锦涛主席在出席二十国集团领导人洛斯卡沃斯峰会期间会见奥巴马总统。2月13～17日，国家副主席习近平对美国进行正式访问。11月20日，国务院总理温家宝与美国总统奥巴马在柬埔寨金边东亚峰会期间会晤。12月，中共中央政治局常委、全国政协主席贾庆林在访问意大利、哥斯达黎加、阿根廷期间过境夏威夷。4月，中共中央政治局常委李长春在访问英国、加拿大、哥伦比亚、印度尼西亚期间过境夏威夷。

两国机制性对话磋商频繁。5月3～4日，国务院副总理王岐山、国务委员戴秉国作为国家主席胡锦涛特别代表在北京与美国总统奥巴马特别代表国务卿希拉里·克林顿、财政部长蒂莫西·盖特纳共同主持第四轮中美战略与经济对话。胡锦涛主席出席对话联合开幕式并致辞。对话期间，双方进行了坦诚、深入、建设性的对话，决定推进两国务实合作，以建设相互尊重、互利共赢的中美合作伙伴关系。战略与经济对话发表联合新闻稿，写入共同探索构建中美新型大国关系、利用好建设好发展好对话机制两点重要共识。战略对话发表了成果清单（共50项），经济对话发表了联合成果情况说明（共67项）。12月19日，第23届中美商贸联委会在华盛顿举行。中共中央政治局常委、国务院副总理王岐山与美国代理商务部长丽贝卡·布兰克、贸易代表罗恩·柯克共同主持，美国农业部长托马斯·维尔萨克出席。5月4日，第三轮中美人文交流高层磋商在北京举行，中共中央政治局委员、国务委员刘延东与美国国务卿克林顿共同主持磋商。5月2日，第二次中美战略安全对话在北京举行，外交部副部长张志军和美国常务副国务卿威廉·伯恩斯共同主持。3月12日和10月23日，外交部副部长崔天凯与美国助理国务卿坎贝尔分别在美国马里兰州和旧金山共同主持第三次和第四次中美亚太事务磋商。8月14日，外交部副部长翟隽与美国副国务卿温迪·舍曼在北京共同主持了首轮中美副部长级中东事务磋商。

国务委员戴秉国与美国国务卿克林顿、总统国家安全事务助理托马斯·多尼隆多次会晤。5月3日、9月5日，戴秉国国务委员在北京两次会见克林顿国务卿。3月26日、6月18日、7月24日，戴秉国国务委员分别在首尔、洛斯卡沃斯、北京会见多尼隆助理。

7月12日，外交部长杨洁篪在柬埔寨金边出席东盟地区论坛系列外长会期间会见了美国国务卿克林顿。9月4日，杨洁篪外长会见访华的克林顿国务卿。9月27日，杨洁篪外长在纽约出席第67届联合国大会一般性辩论期间会见了克林顿国务卿。1月25～29日，外交部副部长崔天凯访美。

1月4日、7月6日，美国助理国务卿坎贝尔两次访华，7月23～25日，美国总统国家安全事务助理多尼隆访华。9月4～5日，美国国务卿克林顿访华。10月18～19日，美国常务副国务卿伯恩斯访华。

中美立法机构交流保持良好势头。

4月，美国会众议院民主党副督导马西森，参议院对华交流机制副主席、参议院情报委副主席钱伯利斯和参议院能源与自然资源委主席宾格曼分别访华。5月，美国会众议院教育与劳动力委主席克莱恩访华。6月，全国人大常委会副委员长陈昌智、全国人大外事委主任委员李肇星分别访美。全国人大教科文卫委主任委员白克明率教科文卫委代表团访美。全国人大代表、西藏自治区纪委副书记维色率西藏代表团访美。美国会众议院国土安全委运输安全小组委主席迈克·罗杰斯、政府监督与改革委国家安全小组委主席查菲茨等21名议员和200余名议员助手访华。

中美经贸合作保持积极发展势头，两国在能源、环境、农业、卫生、交通、反恐、执法等领域的交流合作不断深化，两军关系得到改善和发展。

2012年，中美贸易保持较快增长势头。中美互为第二大贸易伙伴，美国是中国第一大出口市场和第五大进口来源地，中国是美国第三大出口市场和第一大进口来源地。

中美双边投资保持平稳较快发展。截至2012年年底，美国对华投资项目累计达62369个，累计合同外资金额1693.48亿美元，实际投入701.9亿美元。美国是中国外资最大来源地之一。同时，中国企业赴美投资步伐加快。截至2012年年底，中国企业在美非金融类直接投资存量为93.7亿美元，投资领域众多，投资方式多样，投资地域广阔。4月，中美投资论坛第五次会议在美国华盛顿召开。

美国国内贸易保护主义有所上升。2012年，美国对华发起贸易救济调查8起，包括3起反倾销、反补贴调查和2起反倾销调查，涉及风塔、不锈钢拉制水槽、硬木与装饰胶合板、黄原胶、硅砖等产品，涉案总金额约9.45亿美元。

中美在教育、科技、文化、交通、体育、卫生等领域交流合作继续加强。1月，中美交通论坛第四次会议、中美海运会谈第五次会议在美国圣路易斯举行。2月，中美农业高层研讨会在美国艾奥瓦州举行。3月，美国运输部副部长约翰·波加利来华出席航空展会，交通运输部副部长翁孟勇会见。4月，中美能源和环境十年合作框架联合工作组第八次会议在华盛顿召开。5月，第三轮中美人文交流高层磋商在北京举行，中共中央政治局委员、国务委员刘延东和美国国务卿克林顿共同主持。两国教育、科技、文化、体育、妇女和青年等领域的政府官员、机构代表、青年师生和媒体记者等近300人出席。此外，机制双方协调人教育部副部长郝平和美国副国务卿塔拉·索南夏恩于5月3日共同主持本轮磋商工作会议。双方还共同举办首届中美省州教育厅长对话和中美学生交流论坛等配套活动。第三次中美创新对话、第14届中美科技合作联委会分别在北京成功举行。卫生部长陈竺与美国卫生与公众服务部长凯瑟琳·西贝利厄斯在世界卫生组织大会期间会晤。农业部副部长张桃林访美，会见美国农业部长维尔萨克、副部长沃泰奇和斯邱思。6月，第三届中美能效论坛在北京举行。8月，两国发表中美关于建立无烟工作场所伙伴关系的联合声明。9月，中国“海巡31”号海事公务船抵达美国夏威夷檀香山港，实现中国公务船首次访美。11月，中美交通论坛第五次会议、中美海运会谈第六次会议在中国杭州举行。12月，农业部副部长牛盾赴美与美国农业部副部长斯邱思共同主持召开中美商贸联委会农业工作组会。另外，中美文化协定2010～2012年执行计划圆满落实，“中国园”项目进展顺利，在美孔子学院建设和汉语推广工作取得积极进展。

两军关系继续改善和发展。2月14日，习近平副主席访美期间在五角大楼会见美国国防部长利昂·帕内塔和美军参谋长联席会议主席马丁·邓普西上将，并就发展中美两军关系提出四点意见。5月4～10日，中央军委委员、国务委员兼国防部长梁光烈上将访美。6月25～29日，美军太平洋总部司令塞缪尔·洛克利尔访华。8月20～28日，解放军副总参谋长蔡英挺中将率军事代表团访美。9月17～20日，美国国防部长帕内塔访华，习近平副主席、中央军委副主席徐才厚上将、国务委员戴秉国分别会见，国务委员兼国防部长梁光烈上将与帕内塔会谈。11月26～30日，美国海军部长雷·马布斯访华。12月2～9日，解放军海军副司令员张永义中将访美。12月12日，解放军副总参谋长戚建国中将与美国国防部副部长米勒在华盛顿共同主持了第13次中美国防部防务磋商。此外，两军还按计划在院校教育、军事档案、反海盗、人道主义救援减灾等领域开展了务实交流与合作，举行了第八次中美国防部工作会晤、中美海上军事安全磋商机制年度会晤和小组会议。

两国执法合作保持良好发展势头，双方执法部门各级别交流合作密切。9月10日，国务委员、公安部长孟建柱在北京会见美国国土安全部常务副部长露特。双方就进一步全面加强中美执法合作进行了富有成效的交流。公安部副部长孟宏伟在会见前与露特举行了双边会谈。9月11日，国务委员、国家禁毒委员会主任、公安部长孟建柱在北京会见美国白宫国家禁毒政策办公室主任科里考斯克。双方就国际禁毒形势、中美禁毒合作等交换意见，并签署了更新后的《中国国家禁毒委员会和美国白宫国家禁毒政策办公室关于加强合作的意向备忘录》。公安部副部长张新枫在会见前与科里考斯克进行了会谈。12月17～19日，中美执法合作联合联络小组第十次会议在广州举行，就双方关注的执法和司法合作问题进行深入、建设性的讨论。双方决定将追逃追赃、禁毒、打击枪支走私、知识产权刑事执法、网络犯罪和打击儿童色情犯罪作为下一步合作重点，力求取得新的突破和更大成果。

双方在重大国际地区问题上保持着密切沟通协调，中美关系的全球影响进一步上升。

中美就朝鲜半岛局势进行有效沟通协调。4月和12月朝鲜发射卫星后，两国多次就此进行沟通，致力于维护朝鲜半岛及东北亚地区和平稳定大局。在伊朗核问题上，中美及有关各方保持协调沟通，积极推动有关外交谈判，同时，中国对美单边制裁中国涉伊合作企业和金融机构的错误做法进行了坚决斗争。此外，中美还就缅甸、苏丹以及应对国际金融危机、欧洲主权债务危机等保持密切沟通。

中美关系中的台湾、涉藏、涉疆、经贸、人权、宗教等问题仍较突出。

奥巴马政府多次重申坚持一个中国政策，恪守中美三个联合公报，支持两岸关系和平发展。但同时，美方继续与台湾进行变相的官方往来和军事联系。2012年内，美允许台“副总统”吴敦义、“立法院长”王金平、“外长”杨进添“过境”，允许台“文化部长”龙应台、“陆委会主委”赖幸媛、“侨委会委员长”吴英毅、“国安会副秘书长”陆小荣、“国防部副部长”杨念祖、“经济部次长”卓士昭、“陆委会副主委”刘德勋等到美国活动。美方还派商务部副部长弗朗西斯科·桑切斯、助理国务卿琼斯·费尔南德斯、国务院国际信息局长麦卡尔等访台，并与台在美举行“防务工业会议”、“国安高层对话”等活动。美方不顾中方反对，执意将台湾旅客所持I—94入境卡国籍称谓由“中国台湾”改为“台湾”，将台湾纳入美国免签证计划。美国会众议院通过的《2013财年国防授权法案》修正条款中附有售台F—16C/D战机的法案。

中国政府对美方的错误行径进行了坚决斗争，敦促美方认清台湾问题的高度敏感性，恪守中美三个联合公报，停止美台官方往来和军事联系，停止售台武器，以实际行动支持两岸关系和平发展。美方多次公开重申美国坚持一个中国政策，尊重中国主权和领土完整，乐见两岸关系不断改善和发展，不支持“台湾独立”。

美方同意达赖于2012年4月、10月和“首席噶伦”洛桑孙根于7月、10月到美窜访。12月，美副国务卿、所谓“西藏事务特别协调员”奥特罗就藏区自焚事件发表声明，污蔑中国涉藏政策。助理国务卿迈克尔·波斯纳会见自焚藏人家属。美驻华大使骆家辉在“世界人权日”发表声明，对藏区自焚事件及中国涉藏政策表示“关切”。中国从维护国家主权、安全和利益出发，对美方错误行径进行了坚决斗争，美方向中方重申了在涉藏问题上的有关承诺。

5月24日，美国国务院发布年度“国别人权报告”，涉华部分继续无端指责中国人权状况。美国国际宗教自由委员会和美国国务院分别于3月20日和7月30日发表年度“国际宗教自由报告”，继续对中国宗教政策和宗教自由状况进行指责。美国继续通过双边接触和其他场合就人权问题向中国表达关切。6月3日，美国国务院发表声明，指责中国人权状况。12月10日“世界人权日”前夕，美国国务卿克林顿、驻华大使骆家辉等分别就人权问题发表声明和演讲，干涉中国内政。美众议员佩洛西、麦戈文、参议员鲍克瑟等以提出反华议案、发表声明或公开讲话等方式，就人权、涉藏、涉疆等问题干涉中国内政。中方就美方上述错误言行提出了严正交涉。

美国在中国与周边国家的领土和海洋权益争端中扮演了重要角色。

美国强调自己是亚太重要一员，也是南海航行自由的利益攸关方。美多次重申对南海主权争议不持立场，但在维护地区和平与稳定，尊重国际法，航行自由和在南中国海不受限制的合法商业活动方面拥有国家利益，认为地区国家应通过外交途径以合作的方式解决争端，而不是胁迫、恐吓、威胁或使用武力。美在多、双边场合要求中国同东盟国家尽早启动“南海行为准则”谈判。美表示在钓鱼岛主权归属问题上不持立场，希望中日保持冷静克制，通过对话谈判和平解决争端；同时承认日本对钓鱼岛有“管辖权”，并表示《美日安保条约》适用于钓鱼岛。中方对美有关言论提出严正交涉。

习近平副主席访美

2月13～17日，国家副主席习近平对美国进行正式访问。习近平副主席在首都华盛顿和艾奥瓦州的马斯克廷、得梅因、加利福尼亚州的洛杉矶四个城市停留，共出席27场正式活动。习近平副主席同奥巴马总统、副总统小约瑟夫·拜登举行了长时间的会见、会谈，就推进中美合作伙伴关系建设达成许多重要共识。习近平副主席还会见了众议院议长约翰·博纳、参议院多数党领袖瑞德、克林顿国务卿、帕内塔国防部长、美军参谋长联席会议主席邓普西，并与基辛格等美国前政要和多位州、市长交流看法，出席美友好团体欢迎午宴、中美企业家座谈会、中美农业高层研讨会以及中美经贸合作论坛开幕式并发表演讲或致辞。习近平副主席专程前往1985年首次赴美考察时曾停留过的马斯克廷市与当年结识的老朋友重叙友情。在洛杉矶，习近平副主席还参观考察洛杉矶中海运码头，参访洛杉矶国际研究学习中心，同美国中学生亲切交流，并观看美国职业篮球赛（NBA）。

在会见奥巴马总统时，习近平副主席向奥巴马转交了胡锦涛主席对其来信的复信，表示中方期待同美方增进信任、巩固共识、扩大合作，切实尊重彼此核心利益与重大关切，推动两国关系沿着两国元首共同确定的建设相互尊重、互利共赢的中美合作伙伴关系正确方向不断向前发展，共同走出一条大国之间和谐相处、良性互动、合作共赢的新型道路。

奥巴马总统、拜登副总统赞同胡锦涛主席、习近平副主席的重要意见，表示美中关系是世界上最重要的双边关系之一，美方愿与中方一道推进美中合作伙伴关系建设。美中两国不仅现在，而且在整个21世纪都能开展合作。

习近平副主席对美国的访问全方位促进了两国和两国人民的交流合作，充分展示了中美合作共赢的前景，有力推进了新时期中美合作伙伴关系建设。访问期间，双方共同发表了《关于加强中美经济关系的联合情况说明》，两国有关部门和企业还签署了155项合作文件和协议，总金额386亿美元，体现了双向互利原则。

乌拉圭
(Uruguay)

2012年，中华人民共和国与乌拉圭东岸共和国关系进一步深入发展。

两国高层交往密切。6月，国务院总理温家宝对乌拉圭进行正式访问，同乌拉圭总统何塞·阿尔韦托·穆希卡·科尔达诺举行会谈，就深化两国务实合作及共同关心的问题深入交换意见。两国政府发表联合声明，双方签署经济技术、环保、农业和质检等合作文件。温家宝总理还分别会见乌拉圭副总统兼国会主席、参议长达尼洛·安赫尔·阿斯托里·萨拉戈萨和众议长豪尔赫·奥马尔·奥里科·米拉尔迪。3月，全国政协副主席、中央统战部部长杜青林访问乌拉圭。

两国各领域交流频繁。国家发展和改革委员会副主任张晓强访问乌拉圭。乌拉圭外交部长路易斯·莱昂纳多·阿尔马格罗·莱麦斯访华并出席首届中国（北京）国际服务贸易交易会，国家副主席习近平会见。乌拉圭工业、能源和矿业部长罗伯托·克雷伊梅尔曼、乌拉圭执政联盟广泛阵线主席莫尼卡·哈维尔先后访华。

两国经贸合作深入发展。双边贸易快速增长，中国继续保持乌拉圭第二大贸易伙伴和乌拉圭羊毛最大进口国地位。两国在汽车制造、电信、金融、基础设施建设等领域合作进展顺利。

乌兹别克斯坦
(Uzbekistan)

2012年，中华人民共和国与乌兹别克斯坦共和国建立战略伙伴关系，两国关系发展步入了新阶段。

两国高层交往密切，政治互信显著提升。6月5～7日，乌兹别克斯坦总统伊斯拉姆·卡里莫夫访华并出席上海合作组织北京峰会，国家主席胡锦涛、国务院总理温家宝、国家副主席习近平、国务院副总理李克强分别与卡里莫夫会谈会见。两国元首签署并发表《中华人民共和国和乌兹别克斯坦共和国关于建立战略伙伴关系的联合宣言》，宣布将中乌关系提升为战略伙伴关系。9月12～13日，国务院副总理回良玉对乌兹别克斯坦进行正式访问，分别与乌总统卡里莫夫、总理沙夫卡特·米尔济约耶夫、第一副总理兼财政部长鲁斯塔姆·阿济莫夫会见会谈。1月5～6日，全国人大常委会副委员长陈至立作为胡锦涛主席特使赴乌参加中乌建交20周年庆祝活动。4月12日，国务委员孟建柱会见来华出席上海合作组织成员国第七次安全会议秘书会议的乌国家安全会议秘书巴霍基尔·塔什马托夫。

两国务实合作全面发展。中乌政府间合作委员会下设的经贸、能源、安全、交通、文化、科技6个分委会相继召开第一次会议，双方商定增设农业合作分委会。两国重点领域和重大项目合作取得新突破。中乌天然气管道C线乌境内段动工开建，天津—纳沃伊货运航线开通运营，双方就在乌共建工业园签署备忘录。

两国军事交流与合作不断扩大。两军总参谋长实现建交以来首次互访。5月30～31日，中央军委委员、总参谋长陈炳德上将对乌进行正式访问。4月10～13日，乌武装力量联合参谋部总参谋长弗拉基米尔·马赫穆托夫访华。

两国人文合作进展顺利。10月30～31日，乌文化与艺术论坛基金会主席古丽娜拉·卡里莫娃来华出席中国国际时装周活动，并举行个人时装品牌发布会。

瓦努阿图
(Vanuatu)

2012年是中华人民共和国与瓦努阿图共和国建交30周年，两国友好合作关系进一步发展。

双方高层保持交往。5月，全国政协副主席、中国—大洋洲友好协会主席廖晖对瓦努阿图进行友好访问。6月，中国—太平洋岛国论坛对话会特使李强民访瓦。9月，瓦副总理兼贸易、工业、商业和旅游部长哈姆·利尼出席在厦门举行的第16届中国国际投资贸易洽谈会。

两国隆重举行建交30周年庆祝活动，经贸合作深入发展，人文等领域交流不断扩大。中国援瓦努阿图国际会议中心等项目稳步推进。中瓦签署中方予瓦95%出口产品零关税待遇协定。瓦妇女代表团3月访华。广东省医疗团访瓦巡诊，中方援瓦医疗队继续积极开展工作，受到瓦民众广泛好评。

委内瑞拉
(Venezuela)

2012年，中华人民共和国与委内瑞拉玻利瓦尔共和国各领域互利友好合作深入发展，两国共同发展的战略伙伴关系内涵进一步丰富。

双方保持高层交往，政治互信不断加深。11月，委内瑞拉总统乌戈·查韦斯分别致函国家主席胡锦涛和中共中央总书记习近平，祝贺中国共产党第十八次全国代表大会胜利召开。12月，全国政协副主席张梅颖访问委内瑞拉。9月，外交部长杨洁篪在出席联大会议期间同拉美和加勒比国家共同体“三驾马车”举行首次外长对话，委人民政权副外长贝罗尼卡·格雷罗参加。11月，中国—委内瑞拉政府间高级混合委员会第11次会议在北京举行。国务委员马凯会见委内瑞拉代表团团长、人民政权计划财政部长豪尔赫·吉奥尔达尼等主要成员。国家发展与改革委员会主任张平与吉奥尔达尼部长共同主持全体会议，并签署中委高委会第11次会议纪要。中委双方在双边关系分委会、经贸分委会、能矿分委会、融资合作联席会议、文化分委会框架内就相关领域合作情况进行总结，并规划下阶段工作目标。外交部部长助理张昆生同委副外长大卫·贝拉斯克斯共同主持双边关系分委会会议。8月，委人民政权外交部长尼古拉斯·马杜罗作为拉美和加勒比国家共同体“三驾马车”代表团成员访华，全国人大常委会副委员长蒋树声、外交部长杨洁篪、中共中央对外联络部部长王家瑞等分别会见。

两国经贸往来日益频繁，在能源、农业、基础设施和高科技等领域的互利合作稳步推进。2月，中石油天然气集团公司董事长蒋洁敏访问委内瑞拉。4月，商务部副部长陈健访委。4月和7月，委人民政权石油和矿业部长拉斐尔·拉米雷斯两度访华。

两国在文化、教育、卫生、旅游等领域交流活跃。4月，委内瑞拉人民政权旅游部长亚利杭德罗·弗莱明访华。委方在华举办多场音乐会和画展等文化活动。中方在委举办了“中国文化节”、“文化周”等活动。中央电视台西语频道在委落地，昆明杂技团在委演出取得圆满成功。

委内瑞拉在台湾、涉藏等问题上坚定支持一个中国立场。两国在国际和地区事务中保持密切协调与配合。

越　南
(Vietnam)

2012年，中华人民共和国与越南社会主义共和国全面战略合作伙伴关系进一步向前发展，各领域务实合作不断扩大。

两国高层交往频繁。9月，国家主席胡锦涛在出席亚太经合组织第20次领导人非正式会议期间同越南国家主席张晋创举行会晤，就巩固和发展中越关系坦诚深入交换意见。国家副主席习近平在出席第九届中国—东盟博览会期间会见越南政府总理阮晋勇。6月，中共中央政治局委员、中央书记处书记、中央宣传部部长刘云山赴越南出席第八届中越两党理论研讨会开幕式。12月，中共中央政治局委员、全国人大常委会副委员长兼秘书长李建国访问越南。10月，国务委员兼公安部长孟建柱访越并出席在越南河内举行的中越公安部第三次合作打击犯罪会议。4月，全国政协副主席、中国人民争取和平与裁军协会副会长厉无畏访问越南。

1月，越南共产党中央政治局委员、国会副主席丛氏放，越共中央政治局委员、公安部长陈大光分别访华。2月，越共中央政治局委员、中央组织部部长苏辉若，外交部长范平明分别访华。4月，越南政府副总理黄忠海来华出席博鳌亚洲论坛2012年年会。6月，越南前国家主席陈德良来华进行度假访问。9月，越南国会副主席、越南和平委员会主席汪朱留来华出席“2012年国际和平日纪念活动”。11月，越南共产党中央总书记阮富仲特使、越共中央对外部部长黄平君来华面交阮富仲总书记致习近平总书记贺函。12月，越共中央政治局委员、公安部长陈大光访华。

经贸合作进展顺利。双边贸易额稳步增长，中国连续九年成为越南第一大贸易伙伴。两国大型项目合作取得进展。

两国各领域和地方交流合作不断深化。中国共产党和越南共产党举办第八次理论研讨会。两国国防部举行第六次防务安全磋商，两国海军迄今已在北部湾举行14次联合巡逻。民间交往活跃，双方举办第13届中越青年友好会见。广西、云南与越南北部省份合作机制运转良好，在经贸、旅游等领域务实合作不断深化。

两国就边界领土问题保持接触。两国政府边界谈判代表团团长举行会晤，就妥善处理南海争议深入交换意见。两国启动中越北部湾湾口外海域工作组和中越海上低敏感领域合作专家组磋商机制并分别举行两轮磋商。两国举行陆地边界联合委员会第三次会议。

也　门
(Yemen)

2012年，中华人民共和国与也门共和国友好关系平稳发展。

两国保持各层次交往。2月，国家主席胡锦涛向也门新任总统阿卜杜拉布·曼苏尔·哈迪发贺电。9月，外交部长杨洁篪出席在纽约召开的也门之友小组第四届部长级会议。5月，外交部副部长翟隽出席在沙特召开的也门之友小组第三届部长级会议，并代表中国政府宣布将向也门提供1亿元人民币无偿援助。9月，也门计划与国际合作部长穆罕默德·萨阿迪赴华出席2012年中国（宁夏）国际投资贸易洽谈会暨第三届中国—阿拉伯国家经贸论坛。

11月28日，中国新任驻也门大使常华向也门总统哈迪递交国书。

两国经贸合作稳步推进，双边贸易额大幅增长。中方援建的也中友谊医院项目竣工。

两国卫生合作良好开展，两国政府签署了派遣中国医疗队赴也门工作的议定书，中方向也门复派医疗队。

两国政党保持交流。4月，也门伊斯兰改革集团领导成员赛义德·穆阿马里访华。

赞比亚
(Zambia)

2012年，中华人民共和国与赞比亚共和国友好合作关系顺利发展，各领域务实合作日益扩大，成果丰硕。

两国高层交往不断，政治互信进一步增强。3月，商务部副部长李金早访问赞比亚，会见了赞比亚代总统亚历山大·契克万达。5月，赞比亚外交部长吉文·卢宾达访华，国务院副总理回良玉会见，外交部长杨洁篪与其举行会谈。5月，赞比亚国防部长杰弗里·姆万巴访华，国务委员兼国防部长梁光烈上将举行会谈，中央军委副主席徐才厚上将会见。7月，卢宾达外长来华出席中非合作论坛第五届部长级会议。赞比亚爱国阵线主席、总统迈克尔·奇卢菲亚·萨塔致函胡锦涛主席祝贺中国共产党第十八次全国代表大会成功召开。

两国经贸互利合作深入发展，中国对赞比亚各类投资不断增加。在赞中资企业超过400家，涉及矿业、农业、基础设施建设等各个领域。中国援赞恩多拉体育场、议会媒体中心等援赞项目顺利交接。赞中经贸合作区成立五年来，取得积极进展。中非合作论坛框架下合作项目落实顺利。

两国各领域友好交往稳步推进。党际交流活跃。6月，中共中央对外联络部部长王家瑞率团访问赞比亚，会见了萨塔总统。赞比亚爱国阵线全国总书记温特·卡宾巴率团访华，并出席第二届中非青年领导人论坛。中赞双方教育、文化、卫生、金融、地方政府等领域交流与合作有序进行。6月，赞比亚酋长与传统事务部长埃默琳·卡班希来华出席中非合作论坛—文化部长论坛。

津巴布韦
(Zimbabwe)

2012年，中华人民共和国与津巴布韦共和国传统友好关系继续向前发展，各领域交流合作进一步拓展深化。

两国高层保持频繁交往。2012年12月28日至2013年1月2日，津巴布韦总统罗伯特·加布里埃尔·穆加贝因私访华，国务院副总理回良玉与其亲切会见。5月26～29日，总理摩根·茨万吉拉伊赴北京出席首届中国（北京）国际服务贸易交易会，国务院总理温家宝会见。4月4～6日，国务院副总理回良玉对津巴布韦进行正式访问，分别会见了津巴布韦代总统约翰·恩科莫、总理茨万吉拉伊，并与副总统乔伊丝·穆菊茹举行会谈，双方就进一步发展两国友好合作关系深入交换意见，并签署了《中华人民共和国政府和津巴布韦共和国政府经济技术合作协定》等合作文件。3月21～23日，中共中央政治局委员、北京市委书记刘淇率中国共产党代表团访问非洲期间过境津巴布韦，会见了穆加贝总统。9月8～13日，津巴布韦副总理亚瑟·穆坦巴拉赴天津出席夏季达沃斯论坛年会。

年内，中共中央宣传部副部长、国家广电总局局长蔡赴朝、农业部副部长牛盾、国务院侨办副主任任启亮、新华社总编辑何平、江西省政协主席傅克诚、天津市人大副主任李泉山、辽宁省政协副主席高鹏、吉林省政协副主席李申学、云南省副省长李江等先后访津。津外交部长辛巴拉谢·蒙本盖圭和地区一体化与国际合作部长普莉西拉·穆雄加联合率团出席在北京举行的中非合作论坛第五届部长级会议，津青年发展、本土化与经济授权部长萨维奥·卡苏库维利，旅游部长沃尔特·穆赞比，内政部长肯博·莫哈迪，科学技术发展部长赫内里·齐诺提韦等分别来华。

8月23日，中国新任驻津巴布韦大使林琳向津总统穆加贝递交国书。

11月5日，津巴布韦非洲民族联盟—爱国阵线（简称“民盟”）行政书记迪代默斯·穆塔萨致函中国共产党中央委员会，预祝中国共产党第十八次全国代表大会取得圆满成功。14日，津民盟总政委韦伯斯特·沙穆祝贺中国共产党十八大成功召开。

两国经贸合作成果显著。中国援津项目进展顺利，中非合作论坛框架下中国援津农业技术示范中心正式运营，医院项目竣工并移交津方，打井、学校、太阳能、小水电、沼气等项目有序推进。两国贸易稳步增长，在矿业、农业、基础设施建设等领域互利合作规模不断扩大。

两国人文交流丰富多彩。1月，中国残疾人艺术团连续第三年赴津访演。4月，中国孔子基金会代表团赴津出席孔子像落成仪式。6月，津巴布韦大学孔子学院中文合唱团来华演出。津教育、体育、艺术与文化部副部长拉扎鲁斯·多可拉来华出席中非合作论坛—文化部长论坛，并率津文化代表团访华。9月，中国杂技和少儿艺术表演团赴津访演。

第四章
中国与国际和地区组织的关系

（一）中国与联合国

1. 政治与安全领域

（1）积极参与联合国维持和平行动

联合国维和行动是实践多边主义、维护集体安全的有效手段，在缓和紧张局势、解决地区冲突方面发挥了重要作用。截至2012年年底，联合国共部署67项维和行动，正在实施的有14项，共有来自113个国家的80610名军事人员、1982名军事观察员、12631名警务人员、18015名文职人员和2192名联合国志愿者参加。2012年7月至2013年6月，联合国维和预算约72.3亿美元。

中国重视并支持根据《联合国宪章》的宗旨和原则部署维和行动，积极参加联合国安理会、联合国大会和联合国维和行动特别委员会的有关审议和磋商。

2012年，安理会多次就维和问题举行会议。中国常驻联合国代表李保东大使在安理会关于联合国维和行动问题公开辩论会中发言表示，国际形势发生复杂变化，联合国维和行动面临诸多挑战。维和行动要始终坚持客观、中立的原则，严格执行安理会授权，尊重驻在国人民的意愿和选择。维和特派团应加强任务规划，明确有限任务目标，各部门加强协调，形成合力。

中国常驻联合国副代表王民大使在2月联合国维和行动特委会一般性辩论中发言表示，联合国维和行动要继续坚持“哈马舍尔德”维和三原则，稳妥履行保护平民授权，统筹协调维持和平与建设和平的关系，并不断加强能力建设。

中国积极参与联合国维和行动，自1989年以来共向29项联合国维和行动派出军事人员、警察和民事人员两万余人次。目前，中国派遣的近1900名维和人员在中东、黎巴嫩、西撒哈拉、刚果（金）、利比里亚、科特迪瓦、苏丹达尔富尔、南苏丹、塞浦路斯九个任务区执行任务。

（2）安理会改革

2012年，各国继续围绕安理会改革问题展开讨论，并进行政府间谈判。第66届联合国大会举行了第八轮政府间谈判的七次相关会议，各方在谈判中继续阐述各自立场和关切，就安理会改革相关问题交换看法。

9月14日，第66届联大协商一致通过决定，要求第67届联大根据前几届联大相关授权，在第66届联大所取得进展及会员国立场和建议的基础上，继续就安理会改革问题进行政府间谈判。

中国积极参与了安理会改革政府间谈判。常驻联合国副代表王民大使在联大辩论中发言表示，中国支持安理会通过合理、必要的改革增强权威和效率，应优先增加发展中国家、特别是非洲国家在安理会的代表性。安理会改革事关联合国未来及会员国切身利益，所涉及的五大类问题相互关联。会员国应继续通过民主协商，积累共识，相向而行，寻求达成全面解决方案。采取“零散处理”或“分步走”的做法行不通。安理会改革应继续坚持将政府间谈判作为主渠道，本着公开、透明、包容和会员国主导原则有序推进，努力寻求能够在会员国间达成总体一致，符合会员国整体利益和联合国长远利益的改革方案。

（3）安理会处理的有关热点问题

利比亚问题

2012年，联合国安理会继续关注利比亚局势，通过了第2040号决议和一项主席新闻谈话。

3月12日，安理会通过2040号决议，要求利比亚当局保护和促进人权；将联合国利比亚支助团任期延长一年并调整其任务授权；终止对会员国为执行武器禁运检查向利比亚运输货物的授权；延长利比亚制裁委专家小组任期并调整其授权。中国代表在有关审议中表示，希望利比亚各方保持团结，推进落实政治过渡路线图和时间表，加快安全部门改革，推进解武复原，加强边境管控，打击武器走私等跨国有组织犯罪。中方希望联利支助团在尊重利政府意见基础上，继续根据安理会授权，为利恢复安全稳定，实现国家重建发挥建设性作用。

9月11日，美国驻班加西领事馆遭到冲击，美驻利大使等多名美外交人员遇难。9月12日，安理会审议利比亚局势。经各方协商并达成一致，安理会发表了美国起草的美外交机构遇袭事件主席新闻谈话。

叙利亚问题

2012年，叙利亚危机持续发酵，局势进一步恶化。中国、俄罗斯在安理会两度否决了美国、英国、法国等提交的涉叙利亚问题决议草案。安理会就部署联合国叙利亚监督团问题通过三项决议。此外，安理会还就叙利亚问题通过两项主席声明，数次发表主席新闻谈话。

1月6日，安理会发表主席新闻谈话，强烈谴责发生在叙利亚首都大马士革的恐怖袭击事件。

2月4日，安理会就美国、英国、法国、德国、葡萄牙等提出的涉叙利亚问题决议草案进行表决。中国、俄罗斯行使否决权，其他13国投赞成票。决议草案未获通过。该决议草案谴责叙政府严重侵犯人权，要求叙政府停止侵犯人权和暴力行为，全力支持包含要求叙利亚总统巴沙尔交权下台等内容的阿盟决定。中国常驻联合国代表李保东大使在解释性发言中表示，安理会在叙利亚问题上的行动，应符合《联合国宪章》的宗旨和原则，应有助于缓解紧张局势，有助于推动政治对话，化解分歧，有助于维护中东地区的和平与稳定，而不应使问题复杂化。中方秉持上述原则积极参加了有关决议草案的磋商，支持俄罗斯提出的修改案文。但上述合理关切未被采纳，在各方仍有严重分歧的情况下强行推动表决，无助于维护安理会的团结和权威，无助于问题的妥善解决。因此，中国对这一决议草案投了反对票。中国愿同国际社会一道，继续为妥善解决叙利亚问题发挥积极和建设性作用。

2月16日，第66届联合国大会以137票赞成、12票反对（含中国、俄罗斯）、17票弃权的表决结果，通过了叙利亚问题决议。该决议内容与2月4日被否决的安理会涉叙利亚问题决议草案基本相同，包括全力支持包含要求巴沙尔总统交权下台等内容的阿盟决定。联大决议新增了要求联合国秘书长任命叙问题特使等内容。

3月1日，安理会发表主席新闻谈话，对叙利亚政府未能及时接待联合国负责人道主义事务的副秘书长阿莫斯往访深表失望，呼吁叙政府允许阿莫斯副秘书长及人道救援人员立即和不受阻碍地接触所有需要援助的民众。

3月21日，安理会发表主席新闻谈话，强烈谴责发生在叙利亚大马士革和阿勒颇的恐怖袭击事件。

3月21日，安理会就联合国前秘书长科菲·安南被任命为联合国—阿盟叙利亚危机联合特使发表主席声明，表示全力支持安南特使的政治斡旋努力，包括其提出的六点建议。呼吁叙利亚政府和反对派与安南特使合作。

4月5日，安理会发表主席声明，重申支持安南六点建议，促请叙利亚政府立即兑现承诺，停止把军队调往居民中心、停止在居民中心使用重型武器并开始撤出在居民中心和周围地区集结的军队。

4月14日，安理会以15票赞成一致通过第2042号决议，决定派遣一个最多有30名不带武器军事观察员的先遣队，着手准备在叙利亚设立联合国监督团，以监督叙利亚各方止暴和落实安南六点建议有关情况。

4月21日，安理会以15票赞成一致通过第2043号决议，决定设立为期90天的联合国叙利亚监督团，初期部署最多300人的非武装军事观察员以及监督团执行任务所需的适当数量文职人员，其任务是监督叙利亚各方止暴情况，支持落实安南六点建议。

5月10日，安理会发表主席新闻谈话，强烈谴责发生在叙利亚首都大马士革的恐怖袭击事件。

5月27日，安理会就叙利亚胡拉镇惨案发表主席新闻谈话，强烈谴责这一杀害平民事件，要求联合国叙利亚监督团继续调查，并要求叙利亚政府停止在居民中心使用重型武器并立即撤出在居民中心和周围地区集结的军队。

7月19日，安理会就美国、英国、法国、德国和葡萄牙共同提交的决议草案进行表决。中国、俄罗斯行使否决权，南非、巴基斯坦2国弃权，其他11国投赞成票。决议草案未获通过。该决议草案将叙利亚局势定性为对国际和平与安全的威胁，援引暗含动武的《联合国宪章》第七章，并威胁对叙利亚政府单方面实施制裁等。中国常驻联合国代表李保东大使在解释性发言中表示，中方支持安理会发出支持安南斡旋、推动政治解决叙利亚危机的明确信号，并积极致力于推动安理会成员通过协商，达成一致。而美国、英国、法国等提交的决议草案与上述目标完全背道而驰。草案内容不平衡，旨在单方面施压，并从根本上违背了日内瓦会议共识，破坏了安理会的团结，对安南特使新一轮斡旋形成了严重干扰。中国在叙利亚问题上没有私利。中方一直主张，叙利亚的前途和命运应由叙利亚人民自主决定，而不是由外部强加；叙利亚问题只能通过政治手段解决，军事手段没有出路。这是中国在国际事务中一贯坚持的立场，不针对一时一事，目的是维护叙利亚人民及阿拉伯国家的利益，维护各国特别是中小国家的利益，维护联合国以及安理会的作用与权威，维护国际关系的基本准则。基于上述，中方无法接受该决议草案，投了反对票。

7月20日，安理会以15票赞成一致通过第2059号决议，决定将联合国叙利亚监督团授权最后延长30天，再次延期需满足停止使用重型武器和叙利亚暴力水平下降等条件。

8月3日，第66届联合国大会以133票赞成、12票反对（含中国、俄罗斯）、31票弃权的表决结果，通过了叙利亚问题决议。该决议主要内容包括：警惕叙利亚局势对国际和平与安全造成的严重影响；痛惜安理会未能确保叙利亚政府执行安理会有关决议，鼓励安理会考虑采取适当措施，追究叙侵犯人权者责任；谴责叙利亚政府在人口聚居区使用重型武器，要求叙政府首先停火止暴，并严格遵守生化武器领域的国际义务，避免使用或转让其生化武器；要求叙所有各方立即启动政治过渡进程；欢迎7月22日阿盟外长理事会决议（该决议含有呼吁叙总统巴沙尔下台、要求将反人类暴行责任人提交国际刑事法院审判等内容）等。

8月31日，联合国—阿盟叙利亚危机联合特使安南任期结束。9月1日，阿尔及利亚前外长普拉希米出任联合国—阿盟叙利亚问题联合特别代表。

10月4日，安理会发表主席新闻谈话，强烈谴责叙利亚政府军炮击土耳其城镇，要求立即停止违反国际法的行为，呼吁叙政府尊重邻国主权和领土完整，呼吁保持克制。

10月5日，安理会再次发表主席新闻谈话，强烈谴责发生在叙利亚阿勒颇的恐怖袭击事件。

10月24日，安理会就联合国—阿盟叙利亚问题联合特别代表普拉希米提出的叙利亚各方在“宰牲节”期间停火倡议发表主席新闻谈话，呼吁叙各方、特别是叙政府积极回应倡议，呼吁有关各方为此向叙各方施加影响。

也门问题

2012年，联合国持续关注也门问题，支持也门政治过渡进程及对也门提供人道主义援助，安理会通过第2051号决议和一项主席声明，并六次发表主席新闻谈话。

1月25日，安理会发表主席新闻谈话，欢迎也门政治过渡进程取得的积极进展，重申海湾合作委员会倡议及其实施机制必须得到透明、及时执行；呼吁2月21日举行可信、非暴力、和平的总统选举等。

2月22日，安理会发表主席新闻谈话，欢迎也门成功举行总统选举。

3月7日、5月21日、9月13日，安理会三次发表主席新闻谈话，分别谴责也门发生的数起恐怖袭击事件。

3月29日，安理会发表主席声明，呼吁也门政治派别继续承诺推进政治过渡和宪政秩序；强调筹备全国对话会议的重要性；注意到也门面临的经济和社会困难，敦促各方向也门提供人道主义援助；重视也门之友的作用等。

6月12日，安理会通过第2051号决议。主要内容包括：严重关切也门安全形势，谴责一切恐怖主义活动，包括对平民、基础设施及合法政府的攻击和破坏政治进程的行为；支持也门总统哈迪及也门政府根据海合会倡议及其实施机制推进政治过渡进程；要求也门各方停止一切阻碍也门政府运作和政治进程的行为，并准备根据《联合国宪章》第41条采取进一步措施；对侵犯人权行为开展全面、独立和公正调查，打击"有罪不罚"；呼吁国际社会继续向也门提供人道主义和发展援助。

9月28日，安理会发表主席新闻谈话，欢迎"也门之友小组"部长级会议及也门政治过渡进程所取得的进展，表达对过渡进程的坚定支持。

中国代表在安理会审议也门局势时发言表示，也门各派通过对话协商签署海合会倡议及其实施机制，充分体现了也门政治过渡进程由也门人民主导的原则。中方对政治过渡进程取得的重要进展表示欢迎。国际社会应尊重也门的主权、独立、统一和领土完整，尊重也门人民自主选择国家发展道路的权利。中方支持也门各方继续根据安理会相关决议，落实好海合会倡议及其实施机制。国际社会应与也门政府开展合作，支持也门加强安全部门能力建设，帮助也门采取综合手段应对安全威胁，消除恐怖主义滋生的土壤。捐助国应切实履行对也门的援助承诺，帮助也门加快经济社会发展，缓解人道需求。中方将继续为也门顺利推进政治过渡、经济重建和实现国家安全稳定提供力所能及的帮助。

中东问题

2012年，巴勒斯坦以色列和谈继续深陷僵局，加沙地带冲突再起，巴勒斯坦再次通过联合国推进独立建国进程。联大及安理会持续关注巴以问题，并多次开会审议。联大通过授予巴联合国观察员国地位决议。安理会通过一项主席声明。

10月15日，安理会举行中东问题公开辩论会，中国常驻联合国代表李保东大使发言表示，中方对巴以和谈长期陷入停滞深感忧虑，对巴勒斯坦人民面临的经济和人道主义困难表示关切；敦促巴以双方采取切实措施，消除和谈障碍，争取早日重启和谈并取得实质进展，以色列应当承担迈出第一步的责任。国际社会要增强推进中东和平进程的责任感和紧迫感，积极劝和促谈，推动巴以双方采取切实举措，重建互信。中方支持巴勒斯坦恢复合法民族权利的正义事业，支持建立以1967年边界为基础、以东耶路撒冷为首都、拥有完全主权、独立的巴勒斯坦国，支持巴勒斯坦加入联合国等国际组织。

11月14日，以色列发动“防卫支柱”行动，对加沙地带进行持续空袭，炸死哈马斯军事领导人贾巴里等。以色列与哈马斯爆发大规模军事冲突，导致严重伤亡。安理会举行中东巴以问题紧急会议讨论加沙局势。由于美国独家反对，安理会未能及时就此作出反应。

11月21日，安理会发表主席声明，欢迎加沙地带实现停火，要求有关各方信守承诺并呼吁各国向加沙地带提供紧急援助。

11月29日，第67届联大全会审议巴勒斯坦问题，表决关于给予巴勒斯坦联合国观察员国地位的决议草案。草案由70多国联署，最终以138票支持、9票反对（含美国、以色列、加拿大、澳大利亚等）、41票弃权获得通过。中国参加联署草案并在表决中投赞成票。

阿富汗问题

2012年，安理会多次审议阿富汗问题。3月22日，安理会通过第2041号决议，决定将联合国阿富汗援助团任期延长至2013年3月23日。10月9日，安理会通过第2069号决议，决定将国际安全援助部队任期延长至2013年10月13日。

9月20日，安理会举行阿富汗问题公开辩论会。中国常驻联合国代表李保东大使发言表示，中方坚定支持阿富汗维护国家主权、独立与领土完整的努力，希望国际社会坚持“阿人主导、阿人所有”原则，推动早日实现“阿人治阿”目标。维护阿安全稳定、巩固政治进程、发展经济和促进民族和解等应平衡推进。有关方面向阿富汗移交安全责任应有序进行，充分考虑维护安全稳定的需要。国际社会应将对阿富汗援助承诺转化为实际行动，并充分尊重阿自主确定的优先领域。地区合作倡议应尊重阿富汗主权，重视地区国家的合理关切，在充分协商的基础上推进，并发挥上海合作组织等现有区域机制的作用。中方将继续向阿富汗和平重建进程提供力所能及的帮助，并支持联合国阿富汗援助团继续在国际社会对阿援助问题上发挥中心协调作用。

苏丹、南苏丹及达尔富尔问题

2012年，国际社会继续高度关注南北苏丹问题和苏丹达尔富尔问题。安理会就苏丹和南苏丹问题通过第2046、2047、2057、2075号决议，就达尔富尔问题通过第2035、2063号决议，安理会并就苏丹和南苏丹问题及达尔富尔问题通过三项主席声明。

5月2日，安理会一致通过第2046号决议，要求苏丹和南苏丹限期执行非盟就解决两苏争端提出的“路线图”，表示准备在本决议未得到遵守的决定的情况下，视需要根据《联合国宪章》第41条另外采取适当措施。

中国代表在安理会审议苏丹和南苏丹问题时表示，中方呼吁苏丹和南苏丹双方尊重对方主权和领土完整，并积极配合非盟高级别执行小组的斡旋努力。国际社会应鼓励南北苏丹珍惜来之不易的和平成果，继续通过平等对话和协商，早日就未决问题达成共识。中国代表在安理会审议达尔富尔问题时表示，中方支持政治解决达尔富尔问题，主张应充分发挥联合国、非洲联盟、苏丹政府“三方机制”的主渠道作用，平衡推进维和部署和政治谈判的“双轨”战略，特别是推动达尔富尔地区主要派别尽快加入政治谈判进程。同时，应帮助苏丹改善达尔富尔人道和安全局势，早日实现该地区的和平、稳定与发展。

刚果（金）问题

2012年，刚果（金）政局持续动荡，东部安全形势持续恶化。安理会多次审议刚果（金）问题，通过第2053、2076、2078号决议、一项安理会主席声明和七次主席新闻谈话。

4月，刚果（金）东部反政府武装“3·23运动”（简称M23）在刚果（金）东部地区发动叛乱，并与刚果（金）政府军持续激战。6月28日，安理会一致通过第2053号决议，决定将联合国驻刚果（金）稳定特派团任期延长至2013年6月30日。11月，M23占领刚果（金）北基伍省首府戈马。11月20日，安理会一致通过第2076号决议，强烈谴责M23占领戈马，要求其立即撤离并停火。11月28日，安理会通过第2078号决议，谴责外界对M23的任何支持，并决定对M23等反政府武装实施定向制裁。在大湖地区国际会议斡旋下，M23与刚果（金）政府停火并撤出戈马。12月9日，刚果（金）政府与M23开启谈判，但谈判进展缓慢。

6月15日，安理会6月轮值主席、中国常驻联合国代表李保东大使代表安理会发表主席新闻谈话：安理会成员对刚果（金）北南基伍地区形势发展表示严重关切，强烈谴责前政府军人员叛变；安理会成员强烈谴责武装组织杀害平民的行径，支持刚果（金）政府遣散武装团体，呼吁地区国家就此同刚果（金）政府开展合作。

索马里问题

2012年，索马里和平进程取得历史性进展。《结束索马里过渡期路线图》规定的任务基本完成。索过渡期正式结束，选举产生了新总统，任命了新总理，打击沙巴布的军事行动取得重要积极成果。安理会多次审议索马里问题，并通过第2036、2060、2067、2072、2073号决议、一项主席声明和七个主席新闻谈话。

2月22日，安理会一致通过第2036号决议，决定扩充非盟驻索马里特派团的人数及任务，所有会员国应采取必要措施，防止直接或间接从索马里进口木炭，避免此类商业行为威胁索马里的和平、安全与稳定。7月25日，安理会一致通过第2060号决议，决定将索马里/厄立特里亚制裁委监测小组任期延长12个月。9月17日，安理会一致通过第2067号决议，欢迎索马里成立新联邦政府和议会，并呼吁索政府承担打击海盗等任务。11月7日，安理会一致通过第2073号决议，决定将非盟驻索马里特派团延期至2013年3月7日。

中国常驻联合国代表李保东大使在相关审议时表示，索马里面临的诸多问题彼此关联，相互影响，中方主张制定并实施全面战略，充分发挥联合国的重要作用。应切实推进索政治和解进程，加强安全部门能力建设，促进经济社会发展，打击索马里沿海海盗，并支持非盟发挥主导作用。

打击索马里海盗问题

2012年，索马里海盗威胁继续存在，对地区和平与稳定及国际运输与贸易构成较大威胁，在国际社会合作打击下，索马里海盗活动的势头受到一定遏制，但其全天候作案能力增强，袭击范围不断扩大，暴力化倾向十分突出。安理会就此通过第2077号决议和一项主席声明。

11月21日，安理会通过第2077号决议，将各国打击索马里海盗的授权延长一年。2012年，根据安理会第1851号决议成立的索马里海盗问题联络小组共举行了三次全体会议和多次工作组会议，讨论了打击海盗的军事行动协调、地区能力建设、商船自保措施、司法、加强公众宣传、涉海盗金融等问题。中国代表团参与联络小组历次会议，积极参与有关讨论和工作。

中国常驻联合国副代表王民大使在安理会有关审议中表示，国际社会应高度重视索马里海盗问题，加强合作，妥善应对。索海盗问题源头在陆上，其根本解决之道在于索实现政局稳定、经济发展、社会安宁。呼吁国际社会继续高度重视索马里局势，继续采取综合战略向索提供援助。

中国积极参与打击海盗的各项国际交流与合作。自2009年1月向亚丁湾、索马里海域派出舰艇护航以来，迄今共派出13批护航编队，向航经索海域的中外船舶提供军事保护，完成超过5000艘船舶的伴随护航。为有效打击索马里海盗、维护该海域的航运秩序和安全作出重要贡献，获得国际社会广泛肯定。

萨赫勒地区问题及马里局势

2012年，萨赫勒地区（撒哈拉沙漠和苏丹草原地区之间的狭长地带，包括塞内加尔、毛里塔尼亚、马里、乍得、苏丹等国）局势急剧恶化。“基地”组织分支“伊斯兰马格里布基地组织”趁势而起并与尼日利亚“博科圣地”等恐怖极端势力加强勾联。武器扩散、跨国有组织犯罪和恐怖极端势力蔓延对萨赫勒地区和平与稳定构成严重威胁。3月22日，马里发生军事政变，4月过渡政府成立后，马北部仍被极端分裂势力控制。2012年，安理会就萨赫勒地区和马里问题先后通过第2056、2071、2085号决议、四项安理会主席声明和六个主席新闻谈话。

7月5日，安理会一致通过第2056号决议，表示注意到西非国家经济共同体和非洲联盟要求安理会授权西共体向马派出稳定部队，待获得更详细信息后，将进一步考虑有关地区组织的要求。

10月12日，安理会通过2071号决议，要求秘书长提交关于如何回复马里政府要求部署国际部队的建议报告，安理会并将答复有关要求。12月20日，安理会通过第2085号决议，授权非洲领导的国际支助部队在马里部署一年，帮助马里政府夺回遭基地组织和其他伊斯兰武装组织控制的北部地区。

中国常驻联合国代表李保东大使在安理会萨赫勒地区局势部长级会议上表示，国际社会应加强协调、制定综合战略应对萨赫勒地区局势及该地区面临的复杂挑战。实现该地区的持久和平与发展应重在解决贫困和欠发展等根源性问题。解决该地区问题的努力应充分尊重地区国家和区域组织的主导权。同时，国际社会应在充分尊重马里主权的基础上，采取迅速、有效行动，帮助马里应对分裂主义、恐怖主义和极端势力等多重威胁。中方支持马里尽快全面恢复宪政秩序、维护国家统一和领土完整，支持非洲国家和区域组织为维护非洲和平稳定所作的努力。

几内亚比绍问题

2012年4月12日，几内亚比绍军队发动政变，扣押了代总统佩雷拉、总理戈梅斯等。在国际社会的谴责和压力下，政变军方释放佩雷拉、戈梅斯二人，并与西共体达成一致，由代议长尼亚马若担任过渡期总统。5月12日，过渡政府组成，军方宣布还政于民。2012年，安理会就几内亚比绍问题通过第2048号决议、一项主席声明和五个主席新闻谈话。

5月17日，安理会通过第2048号决议，强烈谴责几内亚比绍军方武力夺权行为，对几比军事政变领导人实施旅行限制等定向制裁等措施，并将视情通过采取军火禁运和金融措施等方式加强、修改、暂停或解除这些制裁措施。

6月5日，安理会轮值主席、中国常驻联合国代表李保东大使主持安理会审议几内亚比绍问题会议并表示，中方关注几比局势，希望有关各方通过广泛参与的包容性对话，尽早妥善解决分歧，化解分歧，恢复宪政秩序，维护几内亚比绍社会稳定和国家安宁。

（4）积极参与安理会反恐工作

2012年，中国积极参与联合国框架下的国际反恐合作，支持联合国及其安理会在反恐中发挥主导作用。中国参加了第2082和2083号决议的协商一致，为安理会顺利将针对基地组织和塔利班的制裁措施延期作出了贡献。中国认真、负责地参与有关制裁委列名、除名工作，既最大限度地发挥制裁的效力，同时尽量减少制裁对普通民众和第三国的负面影响。

中国支持加强安理会反恐委员会、联合国全球反恐战略、联合国反恐中心等作用。5月4日，常驻联合国代表李保东大使在安理会反恐问题高级别会议上发言表示，恐怖主义是国际社会面临的共同威胁。中国谴责并支持坚决打击一切形式的恐怖主义。为加强国际反恐合作，中方提出四点建议：第一，会员国在反恐问题上应坚持统一标准。第二，打击恐怖主义应坚持标本兼治，综合应对。第三，加强国际反恐合作应发挥联合国及其安理会的主导作用。第四，打击恐怖主义应坚持文明对话，促进理解宽容。

6月，第66届联合国大会对联合国《全球反恐战略》进行第三次审评，中方积极参与了相关工作。6月28日，常驻联合国副代表王民大使表示，联合国《全球反恐战略》是会员国迄今在反恐领域达成的最广泛共识，具有重要意义。中方希望国际社会更加重视解决恐怖主义的根源问题，均衡、全面地落实全球反恐战略。中方支持联合国各机构在自身授权范围内，平衡推进反恐战略“四大支柱”的落实，加强相互协调与合作。打击恐怖主义应坚持《联合国宪章》和国际法基本准则，尊重会员国的独立、主权、统一和领土完整。打击恐怖主义应坚持不同文明间的对话，促进理解宽容。

中国支持安理会反恐执行局和联大反恐执行工作组的有关工作，推动全球反恐战略的全面、平衡落实，使安理会与联大的反恐努力互为补充、协调一致，继续维护联合国在国际反恐合作中的核心作用。

2. 经济领域

（1）综合性国际经济发展领域的活动

联合国第67届大会经济和金融委员会（第二委员会）

联合国第67届大会经济和金融委员会（第二委员会）于2012年10月8日至11月30日在纽约联合国总部举行，审议了包括环境与可持续发展、国际发展合作、宏观经济政策、全球化和相互依存等议题。中国常驻联合国副代表王民大使在一般性辩论发言中阐述了对当前世界经济形势的看法以及对全球经济治理和国际发展合作的政策主张，呼吁国际社会拿出政治意愿，加紧落实千年发展目标；发挥联合国核心作用，加强全球经济治理；加紧落实联合国可持续发展大会成果，振兴全球发展伙伴关系。

（2）在环境与可持续发展领域中的活动

联合国可持续发展大会

2012年6月20～22日，联合国可持续发展大会（简称“里约+20”峰会）在巴西里约热内卢召开。本次大会是自1992年联合国环境与发展大会和2002年可持续发展世界首脑会议后，在国际可持续发展领域举行的又一次规模大、级别高的国际会议。国际社会高度重视本次大会，近130位国家元首和政府首脑出席大会，其中包括法国总统奥朗德、巴西总统罗塞芙、俄罗斯总理梅德韦杰夫、印度总理辛格、南非总统祖马等。各国政府、国际组织、新闻机构及主要群体等共5万多名代表参加会议。除全会和圆桌会等重要会议外，大会期间还举行各类主题边会、展览和论坛等活动。在当前全球经济和国际发展合作面临困难的形势下，大会为重振可持续发展国际合作发出了积极、明确、有力的信号，为全球可持续发展进程注入新的活力。

与会各方围绕大会两大主题，即“可持续发展和消除贫困背景下的绿色经济”和“促进可持续发展机制框架”，就20年来国际可持续发展各领域取得的进展和存在的差距进行深入讨论，达成广泛共识。经过各方共同努力，大会达成题为“我们憧憬的未来”的成果文件。文件内容全面、基调积极、总体平衡，充分体现了国际社会从全人类共同利益大局和子孙后代的福祉出发，努力克服分歧的合作精神，对于确立未来可持续发展方向具有重要指导意义。

本次大会主要取得以下成果：一是重申“共同但有区别的责任”原则，维护了国际发展合作的基础和框架。二是决定发起可持续发展目标讨论进程，就加强可持续发展国际合作发出重要和积极信号，为制定后2015年国际发展议程提供重要指导。三是肯定绿色经济是实现可持续发展的重要手段之一，鼓励各国根据不同国情和发展阶段实施绿色经济政策。四是决定建立政府间可持续发展高级别政治论坛，取代联合国可持续发展委员会，加强联合国环境规划署职能。五是敦促发达国家履行官方发展援助承诺，要求发达国家以优惠条件向发展中国家转让环境友好型技术，帮助发展中国家加强能力建设。

国务院总理温家宝率中国政府代表团出席会议，并分别在全体会议和高级别圆桌会、“最不发达国家与里约+20”高级别边会发表讲话。会议期间，温家宝总理还主持召开了中国环境与发展国际合作委员会20周年主题边会，并同有关国家领导人和国际机构负责人举行了双边会见。中国代表团还积极参加磋商，为大会取得积极成果作出了重要贡献。

3. 人权领域

（1）积极参与联合国人权机构工作

2012年，中国继续本着积极和建设性态度参与联合国人权机构各项工作。

2月27日至3月23日，人权理事会在日内瓦举行第19次会议（主会）。期间举行了高级别会议，并与人权高专皮雷以及任意拘留、粮食权、缅甸、朝鲜问题等人权特别机制进行互动对话，选举产生咨询委员会部分新成员，核可叙利亚、利比亚、津巴布韦等国接受国别人权审查的工作组报告，任命促进民主与公正的国际秩序独立专家等5名特别机制人选，通过缅甸人权状况等42项决议、决定和主席声明。中国代表团深入参与各项议题的审议和磋商，发言介绍中国在人权领域取得的最新成就，积极参加与人权高专和有关特别机制互动对话。

6月18日至7月6日，人权理事会在日内瓦举行第20次会议。会议与言论自由、法外处决、和平集会、法官与律师独立性问题特别报告员等特别机制对话，与叙利亚国际调查委员会对话，听取联合国—阿盟叙利亚危机联合特使安南的通报，听取人权高专关于白俄罗斯人权状况的报告，举行保护妇女人权、在多元文化背景下促进和保护人权两场专题讨论会，继续秘密审议伊拉克宗教少数群体状况、厄立特里亚人权状况案件，任命人权与环境问题独立专家、巴勒斯坦被占领土人权问题事实调查团成员，通过22项决议、1项主席声明。

9月10～28日，人权理事会在日内瓦举行第21次会议。会议审议了人权高专关于南苏丹、北马里人权状况的报告，与叙利亚独立调查委员会、多个特别机制代表进行了互动对话，举行了与联合国人权机制合作中的威胁和报复问题等四场专题讨论会，核可巴林等14国接受国别人权审查的工作组报告，任命厄立特里亚问题、白俄罗斯问题、有毒物质和废料对人权影响问题特别报告员，任命4名咨询委员会委员，新增2名叙利亚独立调查委员会委员，通过33项决议。

国别人权审查第二轮周期开始。5月21日至6月4日、10月22日至11月5日，人权理事会国别人权审查工作组第13、14次会议在日内瓦举行，对英国、印度、巴西、南非、巴基斯坦、日本等28国进行审查。中国积极主动参与有关审查，客观评价受审国人权状况，并担任巴西、巴基斯坦审查报告员，发挥建设性作用。

6月1日，人权理事会召开第19次特别会议，讨论叙利亚人权状况问题。中方积极参加有关讨论和决议磋商，发挥了建设性作用。

10月8日至11月29日，第67届联大三委在纽约联合国总部举行，审议了人权、妇女、儿童权利、土著人权利、反对种族主义、民族自决、社会发展等议题并通过60余项决议。中国常驻联合国副代表王民大使在人权议题下作综合性发言，介绍中国在人权问题上的立场和主张以及近年来中国人权领域进展情况，强调国际社会应恪守《联合国宪章》的宗旨和原则，摒弃在人权问题上搞政治化和双重标准，重视发展中国家关于发展权的呼声，消除一切形式的歧视，大力保障弱势群体，并进一步改进联合国人权领域工作。中国代表团全面、深入参与各项议题审议及决议磋商，在人权文书、儿童权利、反对种族主义等议题下发言并参加了与人权高专及粮食权、教育权、极端贫困等特别报告员的互动对话，支持发展中国家提出的合理主张，对针对伊朗、叙利亚等国的国别人权提案投反对票。

1月30日至2月8日、5月21～30日，联合国非政府组织委员会2012年届会和续会分别在纽约联合国总部举行。中国作为委员会成员出席会议。会议审议了309个组织的新申请和483个组织的新四年期报告。全国妇联、中国国际民间组织合作促进会、中国国际交流协会、中国公共关系协会、中国西藏文化保护与发展协会、香港社会服务协会等的四年期报告获得顺利通过。来自香港的亚洲控烟咨询组织亦获得咨商地位。

中国专家陈士球出席联合国人权理事会咨询委员会第8、9次会议以及人权理事会来文工作组第10、11次会议，中国专家从军出席了联合国经济、社会及文化权利委员会第48、49届会议，从专家层面为国际专题人权问题研究作出积极贡献。

（2）与联合国人权机制合作

2012年，中国继续积极开展与人权特别机制合作。在认真调查的基础上，中国政府继续及时答复人权理事会特别机制的来函。中国重视国际人权文书对促进和保护人权的积极作用，已参加27项国际人权公约。中国继续与联合国人权条约机构加强合作，积极履行已加入的公约义务。

6月27～29日，第12届亚欧非正式人权研讨会在韩国首尔举行，主题为信息通讯技术与人权。亚欧40多个国家约120名官方与民间代表出席会议。外交部陈士球大使作为中国政府代表出席，国家互联网信息办公室和中国互联网协会代表作为民间组织代表参会。研讨会设四个工作组，分别讨论言论自由、隐私权、数字鸿沟和互联网文化权等问题。

6月11日，《国家人权行动计划（2012～2015年）》正式发布，明确了2012～2015年促进和保障人权的目标和任务，涉及到经济、政治、社会和文化各个领域，对今后四年中国人权发展的目标、任务和具体措施作出了规划。

（3）开展国际人权领域对话与交流

中国继续在平等和相互尊重的基础上开展国际人权领域对话与交流。2012年，中国与美国、欧盟、英国、德国、澳大利亚等举行人权对话，与新西兰驻华大使交流，还与美国举行中美法律专家交流，与欧盟举行中欧司法研讨会，与澳大利亚开展人权技术合作，起到了增信释疑与相互借鉴的作用。中国与俄罗斯、古巴等发展中国家进行人权磋商，达到了增进了解、扩大共识的目的。

4. 社会领域

（1）国际难民保护

联合国难民事务高级专员公署（简称“难民署”）于1951年成立，负责保护难民并促使难民问题的永久解决，总部位于瑞士日内瓦。据难民署统计，截至2012年全球难民总数达到1050万，其中战争和武装冲突、外来干涉、贫困等问题是重要因素。

中国是联合国《关于难民地位的公约》（1951年）以及《关于难民地位的议定书》（1967年）的缔约国，高度重视难民保护问题，严格履行应尽义务。

2012年，中国政府继续积极支持难民国际保护工作，与难民署保持良好合作关系。

9月13～14日，联合国难民署与外交部国际司联合举办“难民立法”研讨会，主要介绍《关于难民地位的公约》有关规定及联合国难民署对国内难民立法的理解，分享其他国家难民立法的经验做法。

10月1～5日，第63届难民执委会会议在日内瓦召开。87个执委会成员国、47个观察员及有关国际组织和非政府组织派代表参加。难民高专古特雷斯做年度报告。中国驻日内瓦代表团刘振民大使率团与会并发言，积极评价难民署工作，强调各国应和平解决争端，完善冲突预防机制。坚持“国际团结、责任共担”原则，加强合作。难民署应坚持人道主义本质，防止国际庇护体系被滥用。

12月12日，联合国难民署驻华代表处在北京召开“无国籍人保护”研讨会，介绍无国籍人保护国际公约与实践。外交部、公安部、民政部、国务院法制办等派员参加。

（2）妇女权益保护

联合国妇女地位委员会成立于1946年，是联合国经社理事会职司委员会之一，系联合国系统处理妇女问题的主要机构。该机构职责是促进妇女在政治、经济、社会及教育等方面实现男女平等，就有关妇女权益问题向经社理事会提出建议。截至2012年有成员45个，由经社理事会按地区分配原则选举产生，任期四年。中国于1972年首次当选妇女地位委员会成员，之后连选连任至今。中国积极参与该委员会的各项活动。

2012年2月27日至3月9日，第56届联合国妇女地位委员会在纽约联合国总部举行。全国妇联副主席、书记处书记孟晓驷率团出席并在一般性辩论会和高级别圆桌讨论会上发言，介绍中国在落实《北京行动纲领》及妇女问题特别联大成果文件方面的新举措和新进展，并结合本届会议主题介绍了中国推动农村妇女发展的做法和经验以及推动农村妇女参与基层村民自治等工作。

6月26日，联合国《消除对妇女一切形式歧视公约》第17次缔约国大会在纽约召开。大会改选了联合国消除对妇女歧视委员会11名委员。中国委员邹晓巧竞选连任并以高票当选。

2012年，联合国妇女署步入建章立制的关键时期。作为联合国系统内负责妇女事务的主要机构，妇女署致力于推进全球妇女事业发展，特别是在联合国各层面纳入性别观念及向各国提供政策指导和技术支持。该机构的创设是联合国经社领域改革的重要进展，标志着联合国系统内性别主流化趋势进一步加强。该机构下设执行局由41个成员国组成。

中国积极参与联合国性别机构改革进程和联合国妇女署的建章立制，并于2010年11月当选为首届执行局成员。

（3）劳工权益保护

国际劳工组织成立于1919年，1946年成为联合国负责劳工事务的专门机构。总部设在瑞士日内瓦，截至2012年有184个成员。成员国代表团按“三方性”原则由政府、雇主组织和工人组织的代表组成，三方代表有平等独立的发言权和表决权。主要机构有国际劳工大会、劳工局理事会和国际劳工局。国际劳工大会为该组织的最高权力机构，理事会为大会闭会期间的执行机构，国际劳工局是该组织常设秘书处。

中国是国际劳工组织的创始会员国，也是理事会政府组的常任理事国。1983年，中国派团出席第69届国际劳工大会，正式恢复在国际劳工组织中的活动。中国重视并积极参与国际劳工组织的各项活动，与其保持着良好的合作关系。

2012年，中国政府派团参加了国际劳工组织第313、314、315届理事会和第101届国际劳工大会等活动。

2012年5月28日至6月14日，第101届国际劳工大会在日内瓦举行。中国人力资源和社会保障部副部长王晓初、中国企业联合会常务副会长兼理事长李德成、中华全国总工会书记处书记江广平率团组成中国三方代表团与会。中国代表团从不同角度介绍了中国在后危机时代促进就业、完善社会保障制度、改善民生等一系列应对危机政策和措施，提出了中国对劳工问题的主张和建议。

（4）移民与发展全球论坛

移民与发展全球论坛由联合国秘书长于2006年倡议发起，旨在呼吁国际社会更加关注移民与发展问题。该论坛已于2007年、2008年、2009年、2010年、2011年分别在比利时布鲁塞尔、菲律宾马尼拉、希腊雅典、墨西哥巴亚尔塔港和瑞士日内瓦举行五届会议。

2012年11月21～22日，论坛第六届会议在毛里求斯首都路易港举行，100余个国家、有关国际组织和非政府组织代表参加。会议主题为“提高移民对个人、社区和国家发展的贡献”，主要讨论劳工移民流转与包容性发展、将移民纳入发展规划等问题。中国驻毛里求斯大使率团与会，介绍中国对移民与发展问题的立场与主张。

（5）联合国互联网治理论坛

联合国互联网治理论坛是根据联合国信息社会世界峰会突尼斯阶段峰会的决定于2006年成立。该论坛是多利益攸关方参与机制，专门讨论互联网全球治理框架问题，为期五年。2010年10月，第65届联合国大会讨论并决定延续该论坛。

2012年11月6～9日，联合国互联网治理论坛第七届会议在阿塞拜疆巴库举行。会议以“互联网治理促进人类、经济和社会可持续发展”为主题，就网络关键资源、发展、接入、安全、开放等议题进行讨论。阿塞拜疆副总理沙里福夫、联合国副秘书长吴红波、国际电信联盟秘书长图埃，还有来自有关国家、政府间、非政府间国际组织以及民间组织和私营部门共1600余人出席会议。中国工业和信息化部、外交部、国务院新闻办等组团与会。

5. 中国与联合国专门机构

（1）世界卫生组织

世界卫生组织（简称“世卫组织”）创建于1948年，是联合国专门机构，系国际卫生工作的指导和协调机构，总部位于瑞士日内瓦。截至2012年有194个会员国和2个准会员国。世卫组织的最高权力机构为世界卫生大会。执行委员会是世界卫生大会的执行机构，由34名执委组成，名额按地域分配原则，由世卫组织区域委员会选出。

现任总干事为陈冯富珍（中国籍），2006年11月当选，2012年5月连任，任期至2017年6月30日。

中国是世卫组织创始国之一。1972年第25届世界卫生大会恢复了中国在该组织的合法席位。此后，中国出席了历届世界卫生大会，多次当选执委会委员。

2012年1月16～23日，世卫组织执委会第130届会议在瑞士日内瓦召开，中国卫生部党组书记、副部长张茅率团参会。会议提名世卫组织总干事陈冯富珍为下任总干事唯一候选人。

5月21～26日，第65届世界卫生大会在瑞士日内瓦举行。会议讨论了世卫组织改革、卫生研发和筹资、《国际卫生条例（2005）》实施、非传染性疾病、妇女和婴幼儿营养、卫生相关千年发展目标、健康社会决定因素等32项技术和管理议题，通过24项决议和决定。中国卫生部长陈竺率团出席会议，并在一般性辩论中围绕“通往全民覆盖”发言，呼吁国际社会在实现全民覆盖的道路上同舟共济、共克时艰。大会还正式核准了世卫组织执委会对陈冯富珍担任下一届总干事的提名，陈冯富珍竞选连任获得成功。

7月16～20日，世卫组织总干事陈冯富珍访华。国家副主席习近平、国务院副总理李克强、外交部长杨洁篪、卫生部长陈竺、党组书记张茅分别会见。陈冯富珍还会见了世卫组织亲善大使彭丽媛。

（2）世界旅游组织

世界旅游组织是作为政府间国际组织，于2003年11月成为联合国专门机构，其宗旨是促进和发展旅游事业，使之有利于经济发展、国际间相互了解以及和平与繁荣。截至2012年，世界旅游组织有正式成员155个。1983年10月5日，该组织第五届全体大会通过决议，接纳中国为正式成员国。

2012年，国家旅游局局长邵琪伟荣获联合国世界旅游组织终身成就奖，这是对中国旅游业发展成就的肯定和表彰。

2012年1月，国家旅游局组团出席在西班牙马德里举行的第六届旅游领导人论坛，6月和10月出席在西班牙马德里和墨西哥举行的世界旅游组织第93次和第94次执委会会议，10月出席了在桂林举行的第五届世界旅游组织/亚太旅游协会旅游趋势与展望国际论坛。

（3）国际电信联盟

国际电信联盟（简称“国际电联”）成立于1865年，是联合国专门机构，总部位于瑞士日内瓦，截至2012年有193个成员国。全权代表大会是国际电联最高权力和政策制定机构。理事会是该组织管理机构，由48个成员国组成。中国是国际电联成员国并担任理事会成员，一直积极参加国际电联各项活动。

2012年12月3～14日，国际电联国际电信世界大会在阿联酋迪拜召开。151个国家、50余个部门成员及相关国际组织共1600多名代表与会。中国工业和信息化部副部长尚冰率团出席。会议审议修订了《国际电信规则》，并将网络安全、宽带、国际漫游、防止垃圾信息等当前电信行业发展的新内容纳入规则。89个成员国代表当场签署新规则，美国、英国、瑞典等西方20余国拒绝签署。

（4）国际海事组织

国际海事组织成立于1959年，原名“政府间海事协商组织”，1982年更名为“国际海事组织”，是联合国负责海上航行安全和防止船舶造成海洋污染的专门机构，其通过的条约对国际航运行为具有强制性约束力。截至2012年有170个成员国和3个联系会员（中国香港、中国澳门和法罗群岛）。秘书处设在英国伦敦，现任秘书长关水康司（日本人），2012年上任，任期至2016年。

中国从1989年起连续11届担任该组织A类理事国。中国批准或加入了该组织几乎所有的重要公约。

2012年6月11～14日和11月5～9日，国际海事组织理事会第108届和第109届会议分别在英国伦敦召开。会议重点审议了国际海事组织战略、规划和改革、资源管理、成员国审核机制及审查强制性文件中行政要求等议题。

10月9～11日，国际海事组织在南非开普敦召开外交大会，审议和通过了《实施〈1977年托雷莫利诺斯国际渔船安全公约1993年议定书〉的2012年开普敦协定》。

中国派代表团出席了上述会议。

（5）国际民航组织

国际民用航空组织于1947年成立，是联合国系统中负责处理国际民航事务的专门机构，截至2012年有191个成员国，总部在加拿大蒙特利尔。按照《国际民用航空公约》授权，制定并更新航行方面的国际技术标准和建议措施。

国际民航组织的最高权力机构是所有成员国参加的大会。大会的常设机构为理事会，由36个理事国组成，理事国可连选连任。现任理事会主席为高贝（墨西哥人），任期为2010～2013年。国际民航组织还设秘书长，现为雷蒙·邦雅曼（法国人），任期为2012～2015年。

中国自1974年起恢复在国际民航组织活动以来，在历届大会选举中连选连任二类理事国，在2004年第35届大会首次成功竞选担任一类理事国，并于2007年和2010年成功连任。

2012年5月23～24日，国际民航组织理事会主席高贝来华参加了在北京举行的2012年中国民航发展论坛。

11月19～30日，国际民航组织第12次空中航行会议在加拿大蒙特利尔举行，会议的主题是“同一个天空：安全、容量与效率”。来自全球120多个国家、地区、国际组织和航空企业约1100名代表参加了会议，中国民用航空局副局长夏兴华率领中国代表团与会。

（6）联合国教科文组织

联合国教育、科学及文化组织（简称“教科文组织”）1946年成立。该组织旨在通过教育、科学及文化促进各国间合作，对和平与安全作出贡献。现任总干事伊琳娜·博科娃（保加利亚人）2009年10月当选，任期四年。

2012年5月14～16日，中国与教科文组织合作在上海举行了“第三届国际职业技术教育与培训大会”。国务委员刘延东出席会议开幕式并致辞，教育部长袁贵仁发表主旨演讲，107个国家、72个国际组织的代表共计约800余人参加了会议，其中部长级代表42位。会议通过了关于世界职业教育改革发展的《上海共识》。

9月15日，2012世界自然保护大会在韩国济州岛正式闭幕，原教育部副部长章新胜就职新一届世界自然保护联盟理事会主席。世界自然保护联盟是在教科文组织自然保护领域最具影响力的自然保护组织。作为中国生态文明论坛的创始人之一，章新胜在9月12日的会员投票中脱颖而出，是该国际组织成立64年来首位出自东亚地区的理事会主席。此次大会是历届大会中规模最大的一次，共有来自180多个国家的一万多名人士参加，并对176个提案进行了讨论。

（7）世界知识产权组织

世界知识产权组织，成立于1967年，1974年成为联合国专门机构，是致力于促进使用和保护人类智力作品的国际组织，截至2012年有185个成员国。中国自1980年加入世界知识产权组织以来，双方始终保持良好合作关系。

2012年6月20～26日，世界知识产权组织“保护音像表演外交会议”在北京举行。154个世界知识产权组织成员国和49个国际组织参会。会议签署了《视听表演北京条约》，首次完整地将视听表演者的权利纳入国际版权保护框架。国务院副总理王岐山会见了参会主要代表，国务委员刘延东出席了会议开幕式。驻日内瓦代表团刘振民大使作为中国代表团副团长参加了会议。

10月1～9日，世界知识产权组织第50届成员国大会在瑞士日内瓦召开。国家知识产权局局长田力普率团与会，介绍了中国政府在推进知识产权发展与保护方面采取的积极举措及取得的成绩，表示中国愿与各国加强合作与交流，实现共同发展。

（8）万国邮政联盟

万国邮政联盟成立于1874年，截至2012年有192个成员国，是有关国际邮政事务的联合国专门机构。该组织旨在促进、组织和改善国际邮政业务，并向成员提供邮政技术援助。自1974年以来，中国当选历届邮政经营理事会理事国，除两届轮空外，均当选行政理事会理事国。

2012年9月24日至10月15日，万国邮政联盟第25届全权代表大会在卡塔尔首都多哈举行。大会首次召开部长级会议，审议并修改了邮政法规，选举产生了新一届邮政国际局正、副总局长以及行政理事会和邮政经营理事会理事国。国家邮政局局长马军胜率中国代表团出席大会，中国代表团副团长、国家邮政局副局长王梅签署经大会修改的邮政法规。中国高票连任邮政经营理事会理事国。

（9）联合国文明联盟

“9·11”事件后，文明冲突问题引起国际社会关注。联合国等国际和地区性组织积极倡导文明对话。2001年，联合国大会通过“不同文明对话全球议程”决议。2004年，在西班牙、土耳其等推动下，联大决定建立文明联盟。2007年4月，联合国秘书长潘基文任命葡萄牙前总统桑帕约为文明联盟高级代表。中国于2007年加入文明联盟。

2012年11月29～30日，联合国文明联盟亚洲南太平洋地区协商会议在上海举行，会议主题为“通过对话和多样性实现和谐——亚洲和南太平洋视角”，旨在促进文明联盟在亚太地区的发展。文明联盟高级代表、葡萄牙前总统桑帕约和芬兰前总统哈洛宁出席会议，外交部副部长崔天凯出席会议开幕式并致辞。

（10）联合国开发计划署

联合国开发计划署成立于1965年，是联合国系统最大的多边无偿援助机构。其前身为1949年设立的“技术援助扩大方案”和1958年设立的“联合国特别基金”。联合国开发计划署旨在向发展中国家和地区提供资金和技术援助，以促进其以人为中心的经济和社会可持续发展。

联合国开发计划署、人口基金和项目事务厅执行局2012年第一次、第二次常会分别于2月1～3日、9月4～10日在纽约联合国总部召开，中国商务部组团与会。

5月16～19日，联合国开发计划署署长海伦·克拉克访华，国务院总理温家宝、外交部长杨洁篪等分别会见。

6月25～29日，联合国开发计划署、人口基金和项目事务厅执行局年会在日内瓦召开，商务部组团与会。

12月9～17日，联合国开发计划署副署长格林斯潘访华并出席全球治理高层政策论坛。

（11）联合国工业发展组织

联合国工业发展组织成立于1966年，1985年6月成为联合国专门机构，旨在通过工业发展推进扶贫和环境友好型经济增长，提高全世界人民，尤其是最贫困国家人民的生活水平和生活质量。工发组织是联合国系统促进可持续工业发展和国际工业合作的专门机构，通过发挥其全球论坛职能及与发展中国家技术合作等活动，主要开展三大核心业务：减贫、贸易能力建设、能源和环境。

2012年6月25～26日，联合国工业发展组织第28届方案和预算委员会在维也纳举行，主要讨论了工发组织财务状况、调动财政资源等议题。

2012年11月20～22日，联合国工业发展组织理事会第40届会议在维也纳举行，主要审议了总干事年度报告、第28届方案和预算委员会报告、工发未来发展非正式工作组报告，讨论总干事选举程序和安排等。中国商务部组团与会。

（12）联合国人口基金

1969年，“联合国人口活动基金”成立，1987年正式定名为“联合国人口基金”，属联合国经社理事会下属机构。旨在加强成员国能力建设，以对人口和计划生育领域的需求作出反应；促进发展中国家和发达国家提高人口意识及制订解决人口问题的战略；应发展中国家要求，采用适合其国情的方法帮助其解决人口问题;在联合国系统的人口领域发挥主导作用，负责协调由人口基金支持的方案和项目。

联合国开发计划署、人口基金和项目事务厅执行局2012年第一次、第二次常会分别于2月1～3日、9月4～10日在纽约联合国总部召开，中国常驻联合国代表团、商务部联合组团与会。

5月20～22日，联合国人口基金执行主任巴巴图德·奥索提迈辛访华，国务委员刘延东会见。双方就加强合作、全球人口发展等议题交换意见。

6月25～29日，联合国开发计划署、人口基金和项目事务厅执行局年会在日内瓦召开，中国商务部组团与会。

（13）联合国人居署

1978年，联合国人居中心成立。2001年12月，联合国大会56/206号决议决定将联合国人居中心升格为联合国人居署，旨在促进社会和环境方面可持续性人居发展，达到为所有人提供合适居所的目标。

2012年9月1～7日，联合国人居署在意大利那不勒斯举办第六届世界城市论坛，主题为“城市未来”，主要讨论城市规划、公平与繁荣、城市创新及交通、能源与环境等议题，中国常驻联合国人居署代表刘光源大使出席。

（14）联合国儿童基金会

联合国儿童基金会成立于1946年12月11日，当时称联合国国际儿童紧急基金会。1953年改称联合国儿童基金会，简称“儿童基金”或“儿基会”。儿基会致力于全球儿童的生存、发展和保护，主要援助对象是发展中国家的儿童，重点在儿童保健、营养、教育、福利、妇女发展、安全饮用水等领域。

联合国儿童基金会执行局2012年第一次、第二次常会分别于2月7～10日、9月11～14日在纽约联合国总部召开，商务部组团与会。

6月5～8日，儿基会执行局年会在纽约联合国总部召开，商务部、全国妇联组团与会。

（15）联合国环境规划署

联合国环境规划署（简称“环境署”）于1973年1月成立，总部设在肯尼亚首都内罗毕。宗旨为促进环境领域国际合作，在联合国系统内提供有关环境规划总政策的指导和协调，审查世界环境状况并提出政策建议等。

中国自1973年以来一直是环境署理事会成员。1976年，中国在内罗毕设立驻联合国环境规划署代表处，由中国驻肯尼亚大使兼任代表。长期以来，中国与环境署保持了良好合作关系。2003年9月，环境署在北京设立代表处。

2012年2月20～22日，联合国环境规划署第12次特别会议暨全球部长级环境论坛在肯尼亚首都内罗毕举行。会议围绕国际环境治理、绿色经济、环境署对联合国可持续发展大会的贡献等议题进行了深入讨论，通过了六项决定以及原则呼吁加强环境署的部长级声明。全体委员会围绕环境公约协同增效、化学品和废物融资磋商进程等政策性议题进行讨论。环境保护部国际合作司司长率由环保部、外交部等部门组成的中国代表团出席会议。

（16）联合国粮食及农业组织

联合国粮食及农业组织成立于1945年，简称“粮农组织”，属联合国专门机构。宗旨是提高各国人民的营养水平和生活水准；提高所有粮农产品的生产和分配效率；改善农村人口的生活状况，促进世界经济的发展，并最终消除饥饿和贫困。

1996年，在意大利罗马举办了首次世界粮食首脑会议。2002年，在罗马举行世界粮食首脑会议五年回顾会议。2009年，在罗马举行世界粮食安全峰会。2011年，在罗马举行粮农组织大会第37届会议。2012年12月3～7日，粮农组织理事会第145届会议在罗马举行。

中国为粮农组织创始成员国之一，1973年恢复在该组织席位以来，一直是理事会成员，合作良好。粮农组织积极支持中国农村改革和农业发展，中国也积极履行成员国义务，广泛参与和支持粮农组织活动。

（17）国际农业发展基金

国际农业发展基金（简称“农发基金”），1978年开始业务活动。宗旨是通过筹集资金，以优惠条件提供给发展中的成员国，用于发展粮食生产，改善人民营养水平，逐步消除农村贫困。

中国1980年正式加入农发基金，一直与其合作良好，是农发基金最大的受援国之一。同时，中国积极发挥成员国的作用，在认捐等问题上给予农发基金积极支持。1993年以来，除1996年和2005年外，中国一直担任农发基金执董（2005年任副执董）。

（18）世界粮食计划署

世界粮食计划署是联合国系统中负责多边粮食援助活动的专门机构，1963年正式开展业务。宗旨是以粮食为主要手段帮助受援国改善粮食自给制度，消灭饥饿和贫困。总部在意大利罗马。成员为联合国全体会员国。

中国于1979年正式参加世界粮食计划署活动。1987年以来，中国一直担任粮食援助政策和计划委员会（执行局前身）成员。1995年起，一直是执行局成员（2008年除外）。2006年起，世界粮食计划署结束其在华常规粮援项目，中国从受援国转变为捐赠国。

（19）世界气象组织

世界气象组织成立于1950年，是开展气象业务和气象科学合作活动的政府间国际组织，其宗旨是促进国际气象合作，进行气象、水文以及与气象有关的地球物理观测，促进气象情报交换，鼓励气象及有关领域内的研究和培训等。

世界气象大会是世界气象组织的最高权力机构，每四年召开一次。大会的主要任务是制定该组织的活动方针和政策，确定未来四年的各项计划，批准财务预算等。执行理事会是大会休会期间的执行机构，一般每年6月开会，主要研究贯彻大会决议、批准年度计划和双年度预算等。此外，世界气象组织还下设6个区域协会和8个技术委员会。该组织秘书处设在瑞士日内瓦。

中国是1947年《世界气象组织公约》签字国之一。自1973年起，中国一直是世界气象组织的执行理事会成员。中国与该组织关系良好，该组织历届主席、秘书长及许多高级官员曾多次访华，受到中国领导人的接见。

2012年10月，世界气象组织特别大会在瑞士日内瓦召开。会议讨论并通过了全球气候服务框架实施计划、管理架构和预算方案，标志着全球气候服务框架正式进入实施阶段。129个世界气象组织会员国及有关国际组织代表出席了会议。中国气象局副局长沈晓农率中国代表团与会。

（20）世界贸易组织

2012年，世界贸易组织（WTO）多哈回合谈判仍是各方关注焦点。为推动世界经济增长和国际贸易恢复至国际金融危机前水平，反对贸易保护主义、推动多哈回合谈判成为二十国集团领导人第七次峰会、金砖国家领导人第四次会晤、亚太经合组织第20次领导人非正式会议等重要国际会议的议题。上述峰会均向国际社会表明了推动多哈回合取得进展的决心。

中国重视WTO在促进多边贸易体制发展方面的作用，一直以建设性姿态积极参与多哈回合谈判，并参与了对沙特、土耳其、菲律宾、乌拉圭、新加坡、韩国、美国等十余个成员的贸易政策审议。2012年5月，中国在北京主办“最不发达国家加入WTO最佳实践圆桌会议”。9月，中国与WTO、经合组织联合举办“全球价值链国际研讨会”，国务院副总理王岐山出席开幕式并致辞。

WTO总干事拉米重视中国在国际贸易领域的重要作用，2012年两次来华出席上述会议，并同中方就推动多哈回合谈判进程交换看法。

（二）中国与其他国际和地区组织、会议

1. 国际红十字组织

国际红十字组织包括红十字国际委员会（简称“国际红会”ICRC）和红十字会与红新月会国际联合会（简称“国际联合会”IFRC）。

国际红会成立于1863年，是国际红十字与红新月运动的发起者和创始组织。主要依据《日内瓦公约》所赋予的职责和权力，向战争和武装冲突受害者提供人道主义保护和救助，致力于发展和传播国际人道法。现任主席彼得·毛雷尔，2012年7月就任。

国际联合会成立于1919年。主要宣传红十字运动原则，救灾，备灾，与各国红十字会或红新月会合作开展各项人道主义工作。现任主席近卫忠辉，2009年就任，任期四年。

2012年2月21日，国际红会行动部主任皮埃尔来华。外交部副部长谢杭生、中国红十字会总会副会长郝林娜分别会见。

2012年5月8日，国际红会总干事伊夫·达科尔、国际联合会秘书长比开利·格雷塔出席在江苏太仓举办的中国红十字会2012红十字博爱周启动仪式暨中非国家红会合作论坛。

2012年9月7～14日，中国红十字会在北京举办“9·8世界急救日”亚太国家和地区红会合作论坛暨能力建设研讨班。红十字会与红新月会国际联合会主席近卫忠辉、秘书长比开利·格雷塔，红十字与红新月常设委员会主席格雷格·维克利，红十字国际委员会亚太地区行动部部长阿兰·埃什利曼等出席。

2. 国际移民组织

国际移民组织成立于1951年，是移民领域唯一的全球性政府间国际组织，1989年改用现名。截至2012年有146个成员国，宗旨是在世界范围内确保移民有序流动，并协助有关国家处理移民问题。国际移民组织的组织机构为

理事会、执行委员会和行政署。现任总干事斯温，2008年10月正式上任，任期五年。

2001年，中国成为国际移民组织观察员国。2011年，中方与国际移民组织签署了《中国移民管理能力建设二期项目执行计划谅解备忘录》（2011～2013年）。

2012年5月15～18日，中国与国际移民组织驻华联络处在北京举办“潜在拐卖受害者风险评估和甄别，以及其社会心理和医疗救助”研讨会。8月20～24日，国际移民组织总干事斯温访华，出席《中国移民管理能力建设二期项目》启动仪式。9月25～28日，国际移民组织驻华联络处在云南省昆明市举办“拐卖受害者甄别、解救与援助”研讨会。11月21～22日，国际移民组织驻华联络处在北京召开中国新出入境管理法研讨会。

11月27～30日，国际移民组织第101届理事会在瑞士日内瓦举行。中国驻日内瓦代表团吴海涛大使率团与会，呼吁国际社会加强合作，将移民问题纳入经济社会发展总体规划，保障移民合法权益，促进移民融合。

3. 中国环境与发展国际合作委员会

中国环境与发展国际合作委员会（简称“国合会”）是中国政府在环境领域的高级国际咨询机构，成立于1992年，主要职责是针对中国环境与发展领域的重大问题进行研究，开展政策示范和项目示范，向中国政府提出政策建议，促进中国可持续发展与决策科学化。国合会每四年改选一届，现任主席为国务院副总理李克强，委员包括中外政府部门官员和国内外环境与发展领域的知名专家。

2012年12月12～14日，国合会2012年年会在北京召开。国务院总理温家宝会见了国合会外方委员，副总理李克强出席会议开幕式并发表讲话。国合会中外方委员、有关国家和国际组织代表、专家学者等300余人参加了会议。会议主题是“区域平衡与绿色发展”。会议听取了中外专家关于环境与发展领域的政策报告，并讨论通过了给中国政府的相关政策建议。

4. 亚太经济合作组织

亚洲太平洋经济合作组织（APEC）是亚太地区级别最高、影响最大的经济合作机制，成立于1989年，以加强多边贸易体制，消除区域贸易壁垒为宗旨。经过20多年的发展，APEC合作领域延伸至投资、金融、能源、农业、科技、电信、交通、旅游、人力资源，以及反恐、防灾减灾、反腐败、卫生等诸多领域。截至2012年有21个成员及3个观察员，观察员即东盟秘书处、太平洋经济合作理事会和太平洋岛国论坛秘书处。APEC主要活动包括领导人非正式会议、部长级会议以及高官会等。

中国重视APEC的作用，一直支持并积极参与各层次、各领域的合作，并为合作不断取得进展作出了重要贡献。中国支持APEC推进自身改革和机制建设，增强效率和效用，提高在应对重大国际经济问题方面的相关性、针对性和时效性，不断增强在区域合作中的影响力。

2012年9月8～9日，APEC第20次领导人非正式会议在俄罗斯符拉迪沃斯托克举行。会议以“融合谋发展，创新促繁荣”为主题，重点讨论了贸易投资自由化和区域经济一体化、加强粮食安全、建立可靠的供应链、加强创新增长合作等议题，发表了《融合谋发展，创新促繁荣——APEC第20次领导人非正式会议宣言》和五个附件，宣言内容主要包括俄方提出的上述四大重点合作领域，附件分别涉及促进创新增长合作、环境产品自由化、加强能源安全、促进跨境教育合作、反腐败和增加透明度等。

国家主席胡锦涛出席了此次会议。胡锦涛主席阐述了中国对当前世界经济形势特别是亚太经济发展前景的看法和对深化贸易和投资自由化、推进区域经济一体化、加强粮食安全合作、建立可靠的供应链、加强创新增长合作等问题的主张，提升世界和亚太地区经济发展的信心，宣布中国将主办2014年APEC领导人非正式会议，积极稳妥推进APEC环境产品自由化进程，夯实APEC合作基础并对今后发展方向施加影响，获得各成员一致支持。胡锦涛主席还出席了APEC工商领导人峰会和领导人与工商咨询理事会代表对话会，发表了题为《深化互联互通　实现持续发展》的主旨演讲，强调在当前稳增长、促复苏背景下，加强基础设施建设，提高供应链联通性和便利化水平，加强公私伙伴关系，深化机制间交流合作，合力推动亚太互联互通建设。

2012年，中国派团出席APEC工作组级别以上会议和活动60余场，主办APEC活动20余场。

5. 上海合作组织

2012年，上海合作组织继续保持健康、稳定的发展势头，政治、安全、经济、人文领域合作以及对外交往取得新进展。成员国团结互信与务实合作水平进一步提高，该组织在国际和地区事务中的影响力持续上升。

6月6～7日，上海合作组织成员国元首理事会第12次会议在北京成功举行。成员国回顾总结了该组织十年来取得的成就和发展经验，对上海合作组织未来十年发展方向作出战略规划。成员国元首共同发表《关于构建持久和平、共同繁荣地区的宣言》。这是国际上首个以构建和谐地区为主题并确定为发展目标的政治宣言。峰会还批准了指导组织长远发展、加强区域合作的纲领性文件《上海合作组织中期发展战略规划》，通过了《上海合作组织关于应对威胁本地区和平安全与稳定事态的政治、外交措施及机制条例》。峰会吸收阿富汗和土耳其成为该组织观察员和对话伙伴。12月4～5日，上海合作组织成员国政府首脑（总理）理事会第11次会议在吉尔吉斯斯坦比什凯克举行。会议全面总结了上海合作组织各领域合作的进展情况，围绕落实上海合作组织北京峰会共识，对上海合作组织下一阶段各领域务实合作发展作出规划，并发表《上海合作组织成员国政府首脑（总理）理事会会议联合公报》。

2012年，上海合作组织还举行安全会议秘书、总检察长、最高法院院长、外交部长、国防部长、财政部长和央行行长、农业部长、文化部长、审计部门领导人会议和上海合作组织论坛、工商论坛，举行“和平使命—2012”联合反恐军事演习，进一步深化和拓展了各领域合作，扩大了国际影响力。

2012年，中国作为上海合作组织轮值主席国，举行了“睦邻友好年”系列活动，并积极组织和参与上海合作组织框架内的各项合作，再次承诺提供100亿美元贷款支持上海合作组织多双边项目。

6. 东南亚国家联盟

2012年，中国与东南亚国家联盟（简称“东盟”）战略伙伴关系保持良好发展势头，取得了新的重要进展。中国在印度尼西亚雅加达设立驻东盟使团，中国—东盟中心正式运营，双方机制化沟通与合作更加密切。

11月19日，第15次中国—东盟领导人会议在柬埔寨金边举行。国务院总理温家宝出席会议并就深化双方在自由贸易区、科技、互联互通、社会人文交流等领域合作提出了一系列倡议和举措，重点包括：优化贸易结构，加强技术转移，深化产业融合，进一步发挥中国—东盟自贸区潜力；为东盟国家建立联合实验室、科技合作产业园、技术培训中心；做好互联互通总体规划，寻求多元融资方式；建立中国—东盟海洋合作伙伴关系；中方向中国—东盟合作基金增资500万美元等。

9月21～25日，第九届中国—东盟博览会、中国—东盟商务与投资峰会在广西南宁举行，国家副主席习近平出席并致辞。

7月11日，中国—东盟外长会在柬埔寨金边举行，外交部长杨洁篪出席。3月1～2日，第18次中国—东盟高官磋商在越南岘港举行，外交部副部长傅莹出席。10月29日，中国—东盟非正式高官磋商在泰国帕塔亚举行，傅莹副外长出席。上述会议回顾和展望了中国—东盟关系，并就共同关心的国际地区问题交换了意见。

自贸区建设和互联互通合作进展顺利。2012年，双方贸易额达4001亿美元，同比增长10.2%，其中，中国向东盟出口2043亿美元，东盟向中国出口1958亿美元。中国是东盟第一大贸易伙伴，东盟成为中国第三大贸易伙伴。11月，双方在印尼雅加达举行中国—东盟互联互通合作委员会首次会议。

2012年是《南海各方行为宣言》签署十周年。中柬联合举办中国与东盟国家纪念宣言签署十周年研讨会。中国同东盟国家举行了两次落实宣言高官会，就全面有效落实宣言、共同维护南海和平稳定达成共识。宣言框架下务实合作稳步实施，中国举办“南海海洋防灾减灾研讨会”和“南海海洋生态环境与监测技术研讨会”。中国同东盟国家举行了两次“南海行为准则”非正式磋商，就探讨制定“准则”保持沟通。

中国与东盟其他领域合作全面推进。2012年是中国—东盟科技合作年。9月，首届中国—东盟科技部长会议在南宁举行，启动中国—东盟科技伙伴计划。9月，第五届中国—东盟教育交流周在贵阳举行。中国设立了十个面向东盟的教育培训基地，涉及农业、新能源、会展、传统医药、文化艺术等领域。军事交流迈出新步伐，5月，首次中国—东盟国防部长磋商会在金边举行，双方就地区安全形势、深化互信合作等交换意见。

7. 南亚区域合作联盟

南亚区域合作联盟（简称“南盟”）成立于1985年12月，包括阿富汗、孟加拉国、不丹、印度、马尔代夫、尼泊尔、巴基斯坦和斯里兰卡八个成员国。中国、日本、美国、欧盟、伊朗、韩国、毛里求斯、澳大利亚和缅甸为观察员。

2012年6月，中国政府任命中国驻尼泊尔大使兼任中国驻南盟代表。8月，首任中国驻南盟代表杨厚兰大使在尼泊尔会见南盟秘书长艾哈迈德·萨利姆，并向其递交由外交部长杨洁篪签名的任命书。外交部副部长傅莹访问尼泊尔期间会见南盟秘书长萨利姆，就深化中国—南盟合作交换意见。11月，杨厚兰大使访问不丹，会见南盟发展基金秘书处官员，并向对方转交2012年度中国政府向南盟发展基金捐款30万美元。同年，中方还同南盟各国举行了第七届中国—南亚商务论坛、第五届南亚国家商品展、中国—南盟国家编制实施生物多样性保护战略与行动计划交流培训会、南亚国家政党干部研修班、南亚外交官“了解现代中国”研修班、南盟外交官交流项目等一系列合作项目。

8. 阿拉伯国家联盟

2012年，中国与阿拉伯国家联盟（简称“阿盟”）的友好合作关系稳步推进，并在中国—阿拉伯国家合作论坛（简称“中阿合作论坛”）框架下共同举办了多项重要活动。

加强磋商与协调，深化中阿政治互信

3月29日，国家主席胡锦涛向阿盟首脑会议轮值主席、伊拉克总统贾拉勒·塔拉巴尼致贺电，祝贺第23届阿盟首脑会议在巴格达开幕。4月24日，塔拉巴尼总统复函表示感谢。

第137、138届阿盟外长理事会会议分别于3月10日、9月5日通过决议，重申阿盟各成员国坚持一个中国的原则立场，并重视加强同中国在各领域、特别是经济技术领域的关系。

5月4～9日，阿盟秘书长纳比勒·阿拉比率团访华。在华期间，国家副主席习近平会见阿拉比一行，外交部长杨洁篪、外交部副部长翟隽分别与阿拉比会谈、会见，双方就中国与阿拉伯国家关系和中国与阿盟关系发展、中阿合作论坛建设以及共同关心的国际和地区形势进行了深入探讨。除北京外，阿拉比一行还访问了上海。

9月27日，在纽约举行的第67届联大一般性辩论期间，杨洁篪外长会见阿盟秘书长纳比勒·阿拉比，双方就中国与阿拉伯国家关系、中阿合作论坛建设和中东地区形势等交换了意见。

稳步推进中阿集体对话与合作

1月18～19日，第四届中阿企业家大会暨投资研讨会在阿联酋沙迦举行。本届会议由中国国际贸易促进会与沙迦工商会共同主办。1月18日，国务院总理温家宝出席会议开幕式并发表主旨演讲。沙迦酋长苏尔坦·本·穆罕默德·卡西米、阿盟副秘书长穆罕默德·图维吉里、中阿双方有关政府官员和企业家代表等数百人出席。

3月25～31日，第二届中国艺术节在巴林首都麦纳麦举行。本届艺术节由中国文化部与阿盟秘书处、巴林文化部共同主办，文化部部长蔡武和巴林文化大臣谢赫梅·阿勒哈利法分别向艺术节发来贺信，文化部副部长王文章率中国政府文化代表团参加艺术节开幕式。艺术节主要活动包括中国刺绣精品展、厦门小白鹭民间舞团、新疆艺术团、河南少林武僧团访演等。

4月23～26日，第三届中国—阿拉伯国家新闻合作论坛在中国广州举行。论坛由国务院新闻办公室和阿盟秘书处共同主办，主题为“加强媒体合作，推动中阿经贸关系发展”，来自阿盟成员国有关政府主管部门、新闻机构负责人和专家、企业代表和阿盟秘书处有关官员、部分阿拉伯国家驻华使节近百人出席。论坛活动期间，双方就新闻合作论坛对促进中阿文明对话的作用、媒体在推动中阿经贸合作方面的责任以及加强信息交流、人员培训、联合采访等方面合作达成重要共识，并发表了《第三届中国—阿拉伯国家新闻合作论坛公报》。

5月30日，中阿合作论坛第九次高官会在突尼斯哈马迈特举行。外交部副部长翟隽、突尼斯外交部国务秘书阿卜杜拉·特里基、阿盟秘书长顾问哈里德·哈巴斯及21个阿拉伯国家外交部高级官员与会。会议评估了论坛四届部长级会议成果文件的落实情况，审议并讨论了第五届部长级会议议程及成果文件，并就共同关心的国际和地区问题举行了集体政治磋商。

5月31日，中阿合作论坛第五届部长级会议在突尼斯哈马迈特举行。外交部长杨洁篪与包括17位阿拉伯国家外长或部长级官员在内的20个阿拉伯国家代表及阿盟秘书长出席，商务部、文化部、国家能源局、中国国际贸易促进委员会、中国人民对外友好协会、工业和信息化部、卫生部、国家质量监督检验检疫总局等单位代表与会。会议围绕“深化战略合作，促进共同发展”的主题进行了深入讨论。杨洁篪外长代表中方发表主旨演讲，提出了力争到2014年中阿贸易额达到3000亿美元、邀请100名阿拉伯国家青年精英访华、为阿拉伯国家培训人才等务实合作措施，并与阿盟秘书长纳比勒·阿拉比签署了《中国—阿拉伯国家合作论坛第五届部长级会议公报》和《中国—阿拉伯国家合作论坛2012年至2014年行动执行计划》。双方有关部门还签署了《中华人民共和国工业和信息化部与阿拉伯工业发展和矿业组织合作谅解备忘录》、《中华人民共和国卫生部和阿拉伯国家联盟秘书处关于建立中阿卫生领域合作机制的谅解备忘录》、《中华人民共和国国家质量监督检验检疫总局与阿拉伯工业发展和矿业组织合作谅解备忘录》。

9月13～14日，第四届中国阿拉伯友好大会在中国银川举行。会议由中国人民对外友好协会、中国阿拉伯友好协会和阿盟秘书处共同主办，主题是“以友谊促合作，以交流谋发展”，来自中国阿拉伯友好协会、阿拉伯中国友好协会联合会、阿盟秘书处、17个阿拉伯国家对华友好组织代表团、部分阿拉伯国家驻华使节及中阿企业代表、媒体等100余人出席。国务院副总理李克强在会议开幕式前会见了参会的阿拉伯各国友好组织代表团团长。会议通过了《第四届中阿友好大会宣言》及《2012年至2014年中阿交流行动计划》。

9月16～18日，第三届中国—阿拉伯能源合作大会在中国银川举行。会议由国家能源局和阿盟秘书处共同主办，来自中国政府有关部门、能源企业和行业协会、阿盟秘书处、阿拉伯各国能源主管部门及有关能源企业、阿拉伯石油输出国组织代表共200余人出席。会议期间，双方就油气、电力、核电、水电、风电、太阳能、生物质能、能源装备等领域的发展现状、合作成效、发展目标和合作前景进行了深入对话与交流，达成广泛共识，并签署了《第三届中阿能源合作大会联合声明》。

11月17～24日，中阿合作论坛中方秘书处邀请来自20个阿拉伯国家和阿盟的首批近40名青年代表访华。访华期间，外交部副部长翟隽会见代表团，外交部、商务部、中国伊斯兰教协会相关部门负责人和上海外国语大学中东研究所“中阿合作论坛研究中心”理事会专家学者分别同代表团进行座谈交流。代表团还参观了中国航天科技集团、高淳国际慢城、苏州工业园区、金龙客车公司、上海高桥石化公司等。除北京外，代表团还访问了江苏、上海两地。

11月18～29日，“中阿合作论坛研究中心”专家学者代表团访问卡塔尔、埃及、沙特、阿联酋四国。代表团由外交部前副部长、“中阿合作论坛研究中心”理事会顾问杨福昌大使任团长，成员包括上海外国语大学中东研究所、北京外国语大学、北京大学等国内研究机构和高校的专家学者。访问期间，代表团同四国智库、学术机构进行座谈交流，广泛接触了四国社会各界精英，接受了《金字塔报》、《消息报》、《海湾消息报》等阿拉伯主流媒体以及半岛电视台、阿拉比亚电视台等知名电视媒体采访，就中国与阿拉伯国家关系及共同关心的国际和地区问题进行了深入探讨。

9. 海湾合作委员会

自海湾阿拉伯国家合作委员会（简称“海湾合作委员会”）于1981年5月25日成立之日起，中华人民共和国即与其建立了联系。2012年，中国与海湾合作委员会关系持续发展。

1月，国务院总理温家宝访问沙特期间，会见了海湾合作委员会秘书长阿卜杜拉提夫·扎耶尼。3月，中国—海湾合作委员会首届经贸投资技术合作联委会在沙特举行，商务部副部长李金早与海湾合作委员会代表团团长、沙特商工次大臣穆罕默德·卡西里共同主持会议，海湾合作委员会助理秘书长阿卜杜勒阿齐兹·欧维什格出席。9月，外交部长杨洁篪在纽约出席第67届联合国大会期间，集体会见了海湾合作委员会“三驾马车”外长，双方就中国与海湾合作委员会关系及共同关心的国际和地区问题深入交换了意见。10月，杨洁篪外长还集体会见了海湾合作委员会国家驻华使节。

10. 非洲联盟

2012年，中国与非洲联盟友好合作关系进一步深化，各领域交流与合作不断扩大。

高层交往和对话继续加强。1月，国家主席胡锦涛向非盟第18届首脑会议致贺词，全国政协主席贾庆林出席本届非盟首脑会议开幕式和中方援建的非盟会议中心落成典礼。7月，非盟轮值主席、贝宁总统博尼·亚伊和非盟委员会主席让·平来华出席中非合作论坛第五届部长级会议开幕式。8月，让·平来华出席中非媒体合作论坛。10月，非盟委员会新任主席德拉米尼·祖马就职次日，外交部长杨洁篪即与其通话，同日，中国政府非洲事务特别代表钟建华大使访问非盟总部并会见祖马。10月，非盟委员会副主席里亚斯塔斯·姆温查来华进行工作访问。

各领域合作深入发展。1月，中方正式向非盟方移交非盟会议中心。7月，非盟委员会首次作为正式成员出席中非合作论坛第五届部长级会议，会议期间，中方宣布与非洲建立“非洲跨国跨区域基础设施建设合作伙伴关系”、“中非和平安全合作伙伴倡议”等，进一步深化了同非盟友好合作关系。中国与非盟在气候变化、联合国安理会改革、世界贸易组织谈判等重大国际问题以及非洲热点问题上保持沟通配合。中方支持非盟在国际事务中发挥更大作用的合理诉求，重视非盟领导人有关金砖国家成立开发银行的建议。非盟在涉及中国重大和核心利益的问题上给予中国支持。中国向非盟能力建设和有关维和行动提供了援助。

11. 欧洲联盟

2012年，中国同欧洲联盟全面战略伙伴关系继续稳步发展，以政治、经济、人文为“三大支柱”，以城镇化、能源为重点领域的中欧合作新格局初步形成。

高层交往频繁。第14、15次中欧领导人会晤分别于2月、9月在北京和布鲁塞尔举行。国务院总理温家宝同欧洲理事会主席赫尔曼·范龙佩、欧盟委员会主席若泽·曼努埃尔·巴罗佐就中欧关系、欧债问题以及共同关心的国际和地区问题交换意见。5月，国务院副总理李克强访问欧盟总部，出席中欧城镇化伙伴关系高层会议和中欧高层能源会议，启动中欧城镇化伙伴关系，建立中欧能源消费国战略伙伴关系，开辟了中欧合作的新前景。4月，国务委员刘延东访问欧盟总部，会见范龙佩主席，与欧盟委员会教育、文化、语言多样性及青年事务委员安德鲁拉·瓦西利乌共同主持中欧高级别人文交流对话机制第一次会议。5月，国家主席胡锦涛和温家宝总理就范龙佩连任欧洲理事会主席分别致贺电。

各级别政治对话与磋商保持较高频率。1月，国务委员戴秉国在印度新德里出席中印边界问题特别代表第15次会议期间，应约会见访印的欧盟外交与安全政策高级代表兼欧盟委员会副主席凯瑟琳·阿什顿，双方就中欧关系及共同关心的国际和地区问题交换看法。7月，国务委员戴秉国与阿什顿高级代表在北京共同主持第三轮中欧高级别战略对话，双方围绕国际形势、重大国际和地区问题以及发展新形势下的中欧关系等广泛议题交换意见。阿什顿高级代表表示，新形势下欧中关系更具全球性和战略性，面临良好发展机遇。国务委员戴秉国强调，中欧双方应从战略高度和长远角度出发，在相互尊重、平等相待、互利共赢基础上加强对话、互信和合作，推动中欧全面战略伙伴关系不断向前发展，造福中欧和世界人民。阿什顿高级代表在北京期间，温家宝总理、国务委员兼国防部长梁光烈上将、中共中央对外联络部部长王家瑞和外交部部长助理马朝旭分别会见。7月和9月，外交部长杨洁篪先后在东盟地区论坛系列外长会和联合国大会期间会见阿什顿高级代表。

2月，外交部副部长张志军在出席慕尼黑安全政策会议期间会见阿什顿高级代表，之后访问欧盟总部，分别会见欧洲议会议长马丁·舒尔茨、欧盟对外行动署首席运营官戴维·奥沙利文、对外行动署亚洲事务总司长维奥雷尔·伊斯蒂乔亚–布杜拉和范龙佩主席办公室主任弗朗·范达埃勒，并与欧洲议会人民党党团座谈。9月，外交部副部长宋涛访问欧盟总部，分别会见范达埃勒、巴罗佐主席办公室主任若阿内斯·莱腾伯格以及奥沙利文，就第15次中欧领导人会晤筹备工作等交换意见。此外，中欧人权对话、中欧司法研讨会、中欧非洲事务磋商等机制性对话持续开展，中欧首次拉美事务磋商10月在布鲁塞尔举行。

经贸关系继续发展。欧盟保持中国第一大贸易伙伴和技术引进来源方地位。中国保持欧盟第二大贸易伙伴和出口市场地位。受欧债危机影响，2012年中欧双边贸易额为5460.4亿美元，同比下降3.7%。欧盟委员会分别于9月、11月宣布对中国光伏产品开展反倾销、反补贴（“双反”）调查，对中欧经贸合作造成负面影响。

各领域务实合作范围扩大，程度深化。第四届中欧环境政策部长对话会、第26届中欧经贸混委会、第八次中欧竞争政策对话、第七次中欧财金对话、第四次中欧防务部门安全政策对话、第八次中欧知识产权对话、中欧工业产品和WTO/TBT磋商机制第十次年度会议、中欧工业对话磋商机制第二次会议、第六届中欧政府高层管理论坛、第七次中欧区域政策研讨会、中欧农业与农村发展对话第七次会议、中欧森林执法和行政管理双边协调机制第三次会议等顺利举行。

3月，中欧签署《关于建立中欧水资源交流平台的联合声明》，中欧水资源交流平台正式成立，中欧水资源交流平台高层对话会议于9月举行。5月，首次中欧高层能源会议举行，双方签署《中欧能源安全联合声明》，宣布建立能源消费国战略伙伴关系。6月，中欧应急管理合作项目启动，中欧应急管理学院揭牌。9月，首届中欧市长论坛举行。此外，中欧空间科技合作对话第一次会议、中欧网络工作小组第一次会议、中欧高技术贸易工作组首次会议、中欧创新合作研讨会等分别举行。欧盟委员会内部市场与服务委员米歇尔·巴尼耶，卫生与消费者政策委员约翰·达利，副主席兼机构关系和行政委员马罗斯·谢夫乔维奇，农业委员达契安·乔罗什，国际合作、人道主义援助和危机应对委员克里斯塔琳·格奥尔基耶娃等欧盟机构官员相继访华。

人文交流合作方兴未艾。2月，文化部长蔡武访问欧盟，中欧文化对话年开幕。4月，国务委员刘延东和欧盟委员瓦西利乌共同主持中欧高级别人文交流对话机制第一次会议。11月，第三届中欧文化高峰论坛暨"中欧文化对话年"闭幕式在京举行，双方发表《中国—欧盟文化合作联合声明》。中国驻欧盟使团与欧盟智库"欧洲之友"联合举办的第二届布鲁塞尔"中欧论坛"于11月举行，中欧学者在论坛上围绕"中国经济社会发展前景及中欧关系发展机遇"进行交流与讨论。

议会、政党等各界交流活跃。1月，欧洲议会全会举行届中议长选举，欧洲议会社会党党团主席舒尔茨当选新任议长，全国人大常委会委员长吴邦国致信祝贺。5月，第三届中欧政党高层论坛在布鲁塞尔举行，王家瑞部长率中国代表团出席，并分别会见舒尔茨议长和阿什顿高级代表。5月，全国人大西藏代表团访问欧洲议会。7月，全国人大外事委员会副主任委员、全国人大—欧洲议会关系小组主席查培新率全国人大代表团出席中欧议会交流机制第33次会议。12月，中共中央文献研究室副主任陈晋率中共友好代表团访问欧盟总部。此外，欧洲议会绿党党团副主席莱因哈德·彼蒂科费尔、欧洲社会党秘书长菲利普·高德利率青年政治家考察团于7月分别访华。

第14次中欧领导人会晤

2月14日，因欧债问题而推迟的第14次中欧领导人会晤在北京举行。国务院总理温家宝同欧洲理事会主席范龙佩、欧盟委员会主席巴罗佐就欧债形势、中欧关系以及共同关心的国际和地区问题交换意见。

温家宝总理表示，中欧要更加深入地相互理解和支持，以创新、开放的思维扩大双边合作，共同致力于营造和平安全的国际环境，推动全球战略格局继续向着多极、均衡、稳定方向发展。温家宝总理就此提出五点意见：第一，中欧要共同努力，扩大相互投资，尽早启动投资协定谈判；第二，促进双边贸易平衡、可持续发展，充分开发市场潜力，妥善处理分歧，争取共赢局面；第三，加强科研和创新合作，带动结构调整和产业进步；第四，深化能源和环保领域合作，推进中欧城镇化合作；第五，以建立中欧高级别人文交流对话机制和举办中欧文化对话年活动为契机，加强人文交流。

欧方表示，面对共同挑战，欧中相互依存度不断增强，正日益成为命运共同体，欧中关系有着巨大发展空间，欧中是战略伙伴和朋友，不是对手。欧方主张面向未来，摒弃零和游戏，增进互信，实现双赢，愿与中方扩大贸易、投资、科技、能源、环保、人文等领域合作，推动欧中关系更上一层楼。

会晤后，双方领导人共同会见了记者，并发表了《会晤联合新闻公报》。中欧领导人还共同出席第七届中欧工商峰会闭幕式并致辞。

第15次中欧领导人会晤

9月20日，第15次中欧领导人会晤在布鲁塞尔举行。国务院总理温家宝同欧洲理事会主席范龙佩、欧盟委员会主席巴罗佐在友好、坦诚的气氛中就中欧关系、欧债问题、全球性和地区热点问题等交换了看法，达成重要共识。

温家宝总理说，中欧建立全面战略伙伴关系十年来，走过不平凡的道路，中欧领导人会晤机制发挥了战略引领作用。中欧在广泛领域开展合作，取得丰硕成果，不仅给双方带来巨大利益，也促进了全球可持续发展和东西方文明的包容互鉴，产生了积极而深远的影响。温家宝总理并就未来中欧关系提出四点建议：第一，大力推进贸易自由化、便利化；第二，将先进制造业、新能源、新材料、生物制药、信息通讯等战略性新兴产业作为重点，培育新的经济增长点；第三，建立工作机制，推动双方在交通、电力、通讯等领域开展合作；第四，推动国际金融体系改革取得新进展，维护全球经济金融稳定。

范龙佩表示，十年来，欧中关系全面发展，政治关系日益密切，经济依存度不断加大，各领域合作成果丰硕。双方携手应对国际金融危机和欧债危机，维护共同利益。巴罗佐说，欧中关系建立在相互理解、相互尊重、平等互利基础上，有着强劲动力，前景广阔。欧方愿与中方深化贸易、投资合作，通过对话协商妥善解决分歧，加强在基础设施领域的合作，密切人文交流，加强在国际地区事务中的沟通协调，共同应对全球性挑战。中国的支持和欧中合作对欧洲经济的复苏与增长至关重要。

双方还发表了《会晤联合新闻公报》，并签署了《关于反垄断合作谅解备忘录》、《中欧创新政策对话联合声明》、《中欧关于加强空间科技合作的联合声明》、《中欧低碳和环境可持续项目的协议》等合作文件，向外界传递了中欧面向未来、携手共进的积极信号。会晤期间，中欧领导人还共同出席了第八届中欧工商峰会并致辞。

李克强副总理访问欧盟总部

5月3日，国务院副总理李克强访问欧盟总部。访问期间，李克强副总理分别会见欧洲理事会主席范龙佩和欧盟委员会主席巴罗佐。

李克强副总理表示，中国保持经济长期稳定发展具有良好条件，也为加强中欧合作提供了重要机遇。城镇化和节能环保对中国可持续发展具有重要意义，欧洲在此领域具有先进理念、技术和管理经验，希望欧洲把握机遇，对与中国进行高技术合作更加灵活开放，促进欧洲技术和中国市场结合，加强新能源、特别是清洁能源方面的合作。双方加快创新步伐，加大知识产权保护力度，有利于推进中欧经贸合作，促进双方经济发展。

范龙佩表示，欧中在加强人文交流、城镇化、节能环保、新能源合作方面都取得了积极进展。繁荣强大的欧洲和稳定开放的中国应进一步携手合作，共同应对当今世界的挑战，推动欧中全面战略伙伴关系不断发展。

巴罗佐表示，欧中建交30多年来，相互学习，相互促进，对各自发展都作出了贡献。欧中关系不断深化，合作加强，成果丰硕，越来越具有世界影响。欧盟在城镇化方面有较多先进经验和技术，愿与中国加强交流，相互支持。能源合作是欧中合作重点，双方应加强政策协调，积极开展合作。

同日，李克强副总理和欧盟委员会副主席阿尔穆尼亚、欧盟经济社会委员会主席尼尔森、欧洲地区委员会主席布莱索共同出席中欧城镇化伙伴关系高层会议开幕式并发表题为《开启中欧城镇化战略合作新进程》的主旨演讲。李克强副总理指出，当“欧洲设计”遇上“中国制造”，“欧洲技术”遇上“中国市场”，就会产生显著效应。希望欧方在对华高技术转让上更加开放灵活，实现优势互补、互利共赢。中欧应把城镇化作为务实合作的新平台、新亮点，突出加强节能环保、新能源等领域的合作，分享中国城镇化和欧洲高技术产业化带来的巨大效益，为中欧发展注入新的动力。此外，李克强副总理还与巴罗佐主席共同出席中欧高层能源会议闭幕式并致辞，宣布建立中欧能源消费国战略伙伴关系。

出访前，李克强副总理在《金融时报》发表文章称，中国与欧盟的关系建立在互惠互利基础上，中国支持欧盟一体化，认为欧盟是中国的战略伙伴，并能够战胜债务危机。中国将继续探索以可行、有效的方式与各方展开合作，共同为解决欧洲主权债务危机作出贡献。

12. 美洲国家组织

美洲国家组织成立于1948年，成员包括全美洲35个国家（2009年美洲国家组织废除了1962年关于中止古巴成员国资格有关决议，但古巴拒绝重返该组织），是美洲最重要的政府间政治组织。总部设在华盛顿，现任秘书长何塞·米盖尔·因苏尔萨，2005年当选，2010年连任。截至2012年年底，该组织有64个常驻观察员。2004年5月，中国成为该组织第60个常驻观察员国。

中国重视发展与美洲国家组织的友好合作关系。2012年6月，中国以常驻观察员身份出席了该组织在玻利维亚举行的第42届年会。2012年11月，美洲国家组织秘书长因苏尔萨来函祝贺习近平当选中共中央总书记。

2012年，“中国—美洲国家组织合作基金”先后资助了涉及政治、经济、社会发展、文化教育、防灾减灾等领域的七个项目。

13. 拉美和加勒比国家共同体

拉美和加勒比国家共同体（简称“拉共体”）于2011年12月正式成立，由拉美和加勒比33国组成，是拉美和加勒比首个囊括该地区所有独立国家的综合性组织，旨在推进地区各领域一体化建设，整合、协调现有的区域和次区域一体化组织。拉共体诞生后，地区原最重要的政治磋商和协调机制里约集团完成转型并停止活动。

中国对拉美和加勒比国家共同体的成立表示欢迎，并高度重视发展与拉共体的关系。2011年12月2日，国家主席胡锦涛致电祝贺拉共体成立。2012年8月，拉共体“三驾马车”代表团访华，双方就建立中国与拉共体“三驾马车”外长定期对话机制达成共识。9月底，中国—拉共体“三驾马车”首次外长对话在纽约举行，双方确定将推动构建以中拉合作论坛为核心的中拉整体合作机制作为共同努力方向。对话结束后双方发表联合新闻稿。

14. 南方共同市场

南方共同市场（简称“南共市”）1991年成立，1995年1月正式启动，是南美最大的经济一体化组织和关税同盟，世界第五大经济体。成员包括阿根廷、巴西、乌拉圭、巴拉圭（2012年6月巴国内政治危机后被暂时中止成员资格）和委内瑞拉，玻利维亚于2012年12月被南共市接纳为成员国，但尚待各成员国议会批准。总部设在乌拉圭蒙得维的亚，现任高级总代表伊万·拉马略，2012年任职。

中国同南方共同市场关系良好，双方自1997年起建有副部长级对话机制。至2004年6月，双方外交、商务部门共举行了五次对话。2012年6月，国务院总理温家宝在访问阿根廷期间与南共市国家领导人举行视频会议，就深化双方关系、加强经贸合作交换意见，达成广泛共识，并就发表《中华人民共和国与南方共同市场关于进一步加强经济、贸易合作联合声明》

达成一致。同月，南共市第43届首脑会议正式发表该联合声明，中国驻阿根廷大使殷恒民作为中国政府代表应邀与会。8月，外交部部长助理张昆生致电祝贺拉马略当选南共市高级总代表。

15. 拉美和加勒比经济委员会

拉美和加勒比经济委员会（简称“拉美经委会”）成立于1948年，旨在促进地区经济社会发展，推动本地区各国经济合作，是联合国经社理事会下属的五个区域经济委员会之一。截至2012年，该组织有44个正式成员国，总部设在智利首都圣地亚哥。现任执行秘书阿莉西亚·巴尔塞纳，2008年任职。

中国于1983年与拉美和加勒比经济委员会建立联系，并委派中国驻智利使馆作为观察员。2001年国家主席江泽民、2010年国家副主席习近平分别在拉美经委会发表面向拉美和加勒比地区的重要演讲。2012年6月，国务院总理温家宝在拉美经委会发表题为《永远做相互信赖的好朋友》的重要演讲，提出深化中拉友好关系、推进中拉整体合作一系列倡议，受到拉美和加勒比国家欢迎。10月，拉美经委会执行秘书巴尔塞纳应邀访华，国务院副总理回良玉和外交部长杨洁篪分别会见。

16. 美洲开发银行

美洲开发银行（简称“美洲行”）成立于1959年，宗旨是促进拉美和加勒比经济社会发展。截至2012年，有48个成员国，总部设在华盛顿，现任行长路易斯·阿尔贝托·莫雷诺，2005年当选。

中国重视发展与美洲开发银行的友好合作关系。1991年，中国人民银行成为美洲行观察员。2009年1月，中国人民银行代表中国成为美洲行正式成员。2012年3月，中国人民银行副行长刘士余率团出席在乌拉圭举行的美洲行第53届年会。10月，外交部长杨洁篪、中国人民银行行长周小川分别会见来华访问的美洲行行长莫雷诺。

17. 拉丁美洲议会

拉丁美洲议会（简称“拉美议会”）成立于1964年，由拉美和加勒比23个国家和地区的议员组成，宗旨是促进拉美和加勒比国家的团结和地区一体化。总部设在巴拿马首都巴拿马城，现任议长埃利亚斯·阿列尔·卡斯蒂略·冈萨雷斯，2010年12月当选，2012年11月30日连任。

中国重视发展与拉美议会的友好合作关系。2004年3月，中国全国人民代表大会成为拉美议会观察员。2012年11月，中国派员参加拉美议会第28

届年会。12月，全国人大常委会委员长吴邦国致电祝贺冈萨雷斯连任拉美议会议长。

18. 亚欧会议

亚欧会议成立于1996年，是亚洲与欧洲的政府间论坛，旨在通过对话增进了解、加强合作，促进建立亚欧新型全面伙伴关系。截至2012年，亚欧会议有成员51个，政治对话、经贸合作、社会文化及其他领域交流是其合作三大支柱。

2012年，中国继续深入参与亚欧会议各项活动，全面落实第八届亚欧首脑会议成果，为深化亚欧新型全面伙伴关系发挥了积极作用。

11月5～6日，第九届亚欧首脑会议在老挝万象举行。会议以“和平挚友，繁荣伙伴”为主题，讨论了经济和金融问题、全球性问题、地区问题、亚欧社会文化合作、亚欧会议未来发展方向等议题。会议吸收孟加拉国、瑞士、挪威正式加入，并发表《第九届亚欧首脑会议主席声明》和《关于加强和平与发展伙伴关系的万象宣言》两份成果文件。

国务院总理温家宝出席了此次会议。温家宝总理介绍了中方对世界经济金融形势的看法和中国当前经济形势，呼吁亚欧国家齐心协力，加强合作，共同担负起促进世界经济稳定增长的重任。温家宝总理阐述了中方对亚欧合作的看法和主张：第一，自由、开放、公正的国际贸易是世界经济增长的重要动力；第二，加强宏观经济政策协调仍是当前一项重要任务；第三，共同推动科技创新是战胜危机的根本手段；第四，健全的全球经济治理体系是世界经济增长的制度保障。温家宝总理还就深化亚欧合作提出四项倡议：举办亚欧会议未来发展方向研讨会；建立亚欧水资源科技创新合作网络；开展亚欧林业示范项目；每年对亚欧基金的捐款增至50万美元。

2012年，中国亚欧会议高官张小康大使率团出席了历次亚欧会议高官会。中国代表团还先后出席了亚欧会议第二届亚欧职业技术教育与培训研讨会、第四届亚欧环境部长会议、亚欧核安全研讨会、亚欧可持续发展研讨会、第12届亚欧人权非正式研讨会、第五届亚欧文化部长会议、第七届亚欧议会伙伴会议、第十届亚欧财长会议、第九届亚欧人民论坛、第二届亚欧省市长会议、第四届亚欧劳动和就业部长会议、第13届亚欧工商论坛等。中国还于4月和11月在湖南长沙举办了亚欧水资源研究和利用中心中方协调指导委员会第一次会议、学术和发展委员会第一次会议。

中国继续积极支持和参与亚欧基金的活动，将每年对亚欧基金捐款增至50万美元。中国原驻印度大使张炎于2012年5月成功当选为亚欧基金第六任总干事，任期至2016年10月底。中国亚欧基金董事吕永寿大使出席了第28、29次董事会会议。

19. 东亚峰会

东亚峰会截至2012年有参与国18个，即东盟十国（文莱、柬埔寨、印度尼西亚、老挝、马来西亚、缅甸、菲律宾、新加坡、泰国、越南）、中国、日本、韩国、印度、澳大利亚、新西兰、美国、俄罗斯。

2012年11月20日，第七届东亚峰会在柬埔寨金边举行。在世界经济复苏势头放缓、不稳定不确定因素增多的背景下，峰会对外发出何种信息备受各方关注。国务院总理温家宝在会议上呼吁各方抓住区域一体化进程的新机遇，办好本国的事情，加强团结合作，营造对话、协商、共赢的合作氛围，制定更有力的政策措施，应对国际金融危机。温家宝总理还就地区形势和南海问题阐述了中方立场，强调中国坚持奉行睦邻友好政策，有关问题应由当事国通过直接对话和协商妥善处理。

会议通过了《东亚峰会金边发展宣言》和《东亚峰会疟疾防控和应对疟疾抗药性区域合作宣言》。会议期间还举行了东盟十国及中、日、韩、印度、澳、新参加的“区域全面经济伙伴关系”谈判启动仪式。

20. 中日韩合作

1999年11月，中国国务院总理朱镕基、日本首相小渊惠三、韩国总统金大中在菲律宾出席东盟与中日韩（10+3）领导人会议期间举行早餐会，启动了中日韩合作进程。2000年，三国领导人决定将会晤定期化。2002年，三国领导人早餐会改为正式会晤。此后，三国领导人原则上每年在出席10+3领导人会议期间举行会晤。迄今，在10+3框架下三国领导人已举行11次会晤。

2008年12月，中日韩领导人首次在10+3框架外在日本福冈举行会议，决定建立面向未来、全方位合作的伙伴关系。三国并决定，在保留10+3领导人会议期间会晤的同时，将三国领导人单独举行会议机制化，每年在三国轮流举行。

2009年10月，第二次中日韩领导人会议在北京举行，纪念三国合作十周年。2010年5月，第三次领导人会议在韩国济州岛举行，展望了未来十年三国合作发展。2011年5月，在日本遭受严重灾害的情况下，三国在东京举行了第四次中日韩领导人会议，拓展了地震、灾害、核安全等领域的合作。

2012年，第五次中日韩领导人会议在北京举行。三国领导人就三国合作和地区国际问题深入交换意见，宣布年内启动中日韩自贸区谈判，并见证了中日韩投资协定的签署。

2002年，三方将经贸、信息产业、环保、人力资源开发、文化确定为五大重点合作领域，2007年又将财金、科技、物流、卫生、旅游、青少年交流等六个领域列入重点合作领域。目前中日韩已在20多个领域开展务实合作，涵盖了三国经济、社会各个层面。

中日韩合作达成多个重要文件，主要包括：中日韩推进三国合作联合宣言（2003年）、第七次中日韩领导人会议联合新闻声明（2007年）、三国伙伴关系联合声明（2008年）、中日韩合作十周年联合声明（2009年）、2020中日韩合作展望（2010年）、第四次中日韩领导人会议宣言（2011年）和关于提升全方位合作伙伴关系的联合宣言（2012年）。

经过十多年发展，中日韩合作已建立起较完备的合作体系，形成了以领导人会议为核心，以外交、经贸、科技、文化等18个部长级会议和50多个工作层机制为支撑，全方位、多层次、宽领域的合作格局。中日韩三国合作秘书处自2011年在韩国首尔建成以来，为三国合作提供了优质、高效、专业的服务和支持。过去十多年的成果证明，中日韩加强合作，符合三国和三国人民的根本利益，也有利于维护本地区的和平、稳定与繁荣。

中国高度重视并积极参与中日韩合作。中国国务院总理出席了历次中日韩领导人会议和会晤，中国积极参加并主办了中日韩框架下各领域部长会、高官会和司局级会议，在众多领域倡导、主办或参与了形式多样的合作项目，推动三国合作不断走向深入。中国为巩固三国合作基础、提升三国合作水平发挥了重要作用。

2012年，中国除主办第五次中日韩领导人会议外，还先后举办了第六次中日韩外长会议、第七次中日韩外交高官磋商暨首次亚洲政策磋商以及经贸、科技、环境、文化、央行等部长级会议和活动，取得良好成效。

21. 东盟与中日韩合作

东盟与中日韩（10+3）合作是东亚合作的主渠道。自1997年召开首届领导人会议以来，10+3已经发展成为拥有领导人会议、部长级会议及高官、工作层会议机制，在20多个领域开展务实合作的区域合作体系。10+3合作参与国包括东盟十国（文莱、柬埔寨、印度尼西亚、老挝、马来西亚、缅甸、菲律宾、新加坡、泰国、越南）、中国、日本和韩国。

2012年11月19日，10+3合作15周年纪念峰会在柬埔寨金边举行，国务院总理温家宝出席。温家宝总理表示，10+3合作从无到有，不断成长，经受住了地区和世界风云变幻考验，取得显著成就。我们成功应对了1997年亚洲金融风暴和百年罕见的国际金融危机，建立了较为完备的合作平台，在维护金融和粮食安全方面取得重要成果，逐步探索出一条符合东亚实际、成功的区域合作道路。2012年是10+3合作15周年，当前东亚合作处于深化的关键阶段。我们要不断增强内部凝聚力，继续聚焦发展问题，进一步强化机制建设，坚定信心，扎实推进，为早日建成东亚共同体作出不懈努力。温家宝总理提出四项倡议：进一步增强应对危机的能力；着力推动地区经济一体化进程；全面开展互联互通合作；创造稳定安全友好的社会人文环境。温家宝总理强调，历史证明，10+3具有重要而深远的意义。东盟各国和中日韩要继续从国家根本利益和各国共同利益出发，加强战略沟通，深化互利合作，携手应对挑战，坚定不移地致力于东亚持久和平与共同繁荣。

2012年10+3合作取得新进展。5月，清迈倡议多边化规模扩大一倍至2400亿美元。7月，首届10+3教育部长会议在印尼日惹召开，10+3大米紧急储备协定正式生效。9月，7亿美元的区域信用担保与投资基金获准正式开展担保业务。

中国积极参加2012年10+3合作各层级会议。7月，外交部长杨洁篪率团出席在柬埔寨金边举行的第13次10+3外长会，会议对10+3合作进行了回顾和展望，并就共同关心的地区和国际问题交换了看法。5月、7月、9月，中国派团出席三次10+3高官会，会议就10+3合作回顾和未来发展等问题交换了意见。

中国于3月举办第四届东亚商务论坛，4月举办东亚思想库网络第16次国家协调员会议，5月举办10+3生物质能源论坛，6月举办10+3武装部队非传统安全论坛，8月举办东亚思想库网络第17次国家协调员会议和第10届年会、10+3“了解中国”培训班，9月举办纪念10+3合作15周年国际研讨会、10+3互联互通国际研讨会、第五届10+3媒体合作研讨会、第七期10+3文化人力资源开发合作研讨班，11月举办10+3粮食安全战略圆桌会议、10+3大学校长论坛等。

22. 大湄公河次区域经济合作

大湄公河次区域经济合作（GMS）成立于1992年，成员包括中国、缅甸、老挝、泰国、柬埔寨、越南六个成员国。亚洲开发银行是GMS机制的发起者、协调人和秘书处。最高决策机构为领导人会议，现已举行四届。日常决策机构是部长级会议，下设高官会、各领域工作组及专题论坛等。

2012年，中方重视并积极参与GMS合作，参与并支持昆曼公路、泛亚铁路、湄公河上游航道改善等基础设施项目，投资建成面向越南、老挝、缅甸跨境电力交易项目，推动贸易便利化、生物多样性保护走廊、旅游、农业等领域的合作，帮助GMS各成员国加强区域合作能力建设和人员培训。

12月11～12日，第18次GMS部长级会议在广西南宁举行。财政部长谢旭人率团出席并主持会议。柬埔寨发展理事会秘书长索庆达、老挝自然资源与环境部长欣班迪、缅甸国家计划与经济发展部部长甘佐、泰国国务部长汶颂派讪、越南计划投资部长裴光荣、亚行副行长格罗夫以及GMS发展伙伴美国国务院、日本协力机构、湄公河委员会、国际移民组织、亚太经社理事会等代表参会。会议主要审议了GMS区域投资框架进展报告，同意成立GMS铁路联盟，决定加快成立区域电力协调中心，通过了第18次GMS部长会联合声明等。会议期间还举行了GMS发展伙伴会议。

23. 博鳌亚洲论坛

博鳌亚洲论坛成立于2001年，是一个非官方、非营利的国际组织。论坛以平等、互惠、合作、共赢为主旨，立足亚洲，面向世界，旨在为亚洲各国提供一个共商发展大计的场所，推动亚洲各国同其他地区国家相互了解和合作。

论坛2012年年会于4月1～3日举行，主题为“变革世界中的亚洲：迈向健康和可持续发展”。国务院副总理李克强出席并发表题为《凝聚共识　促进亚洲健康可持续发展》的主旨演讲。李克强副总理指出，亚洲经济在国际金融危机中率先复苏，成为全球新兴经济体最为集中的地区，其后发优势和发展潜能进一步显现。李克强副总理就推动亚洲健康与可持续发展提出五点主张：一是立足内生增长。这是亚洲健康与可持续发展的独特优势，也是亚洲开放型经济发展的新趋势。二是秉承开放包容。这是亚洲健康与可持续发展的客观要求。三是实现互利共赢。这是亚洲健康与可持续发展的有效途径。四是促进团结和谐。这是亚洲健康与可持续发展的有力保障。五是坚持和平发展。这是亚洲健康与可持续发展的重要基石。李克强副总理还介绍了中国经济社会发展状况和转变经济发展方式的战略举措，强调中国把扩大对亚洲开放作为对外开放的战略重点。

7月和11月，博鳌亚洲论坛分别在日本和印度举办了“博鳌亚洲论坛中日企业家交流会”和“博鳌亚洲论坛亚洲金融合作会议”。论坛中方首席代表、国务院前副总理曾培炎率团出席。

24. 东盟地区论坛

2012年7月，东盟地区论坛（ARF）第19届外长会在柬埔寨举行。会议讨论了地区和国际问题、ARF未来发展方向，审议并通过了ARF防扩散与裁军工作计划、ARF救灾工作计划（2012～2014）、ARF维护网络安全合作声明、实施疾病监测系统的最佳实践等文件。会议同意中国和文莱担任2012/2013年度ARF建立信任措施与预防性外交会间辅助会议共同主席，并欢迎中国与文莱共同承办制作ARF成立20周年纪念册。

外交部长杨洁篪出席了ARF第19届外长会。杨洁篪外长在讲话中指出，在国际金融危机深层次影响依然突出、世界经济复苏乏力的背景下，亚太地区保持快速发展势头，成为世界经济复苏与增长重要拉动力。亚太区域合作活跃，为推动地区发展、促进稳定与繁荣发挥了重要作用。各国应加强团结，深化合作，维护和平与稳定大局，增强内生增长和消费动力，保持发展势头。作为世界上人口最多的国家，中国的稳定与发展本身就是对地区稳定与发展的重大贡献。在全球化日益深入发展、各国利益日益密切的今天，通过对话与合作谋求共同发展、共同安全，是实现长治久安的唯一可行道路，也是各方的共同责任。亚太国家应当有智慧、有能力妥善处理分歧和矛盾，寻求利益最大交汇点，让21世纪的亚太地区走上和平、发展、合作之路。会上，杨洁篪外长还就朝核、南海、缅甸、伊朗核问题及叙利亚局势等阐述了中方的原则立场。

6月11日，中国与印度尼西亚、美国在北京共同举办了第三届ARF武装部队国际救灾法律规程建设研讨会。

11月4～8日，中国与文莱在北京共同举办了第16届ARF国防院校校长会议。

11月27～28日，中国与文莱在文莱共同举办了2012/2013年度ARF首次建立信任措施与预防性外交会间辅助会议和国防官员对话会。

2012年，ARF还举办了高官会、安全政策会议、第11届救灾会间会、第四届防扩散与裁军会间会、第四届海上安全会间会、第十届反恐与打击跨国犯罪会间会、第六届专家名人会等活动，中国均派团参加。

25. 东亚—拉美合作论坛

东亚—拉美合作论坛（简称“亚拉论坛”）于1999年正式成立，是目前唯一跨东亚和拉美两区域的官方多边合作论坛，旨在增进两区域之间的了解，促进政治、经济对话及各领域合作，推动东亚和拉美国家之间建立更为密切的关系。截至2012年年底，亚拉论坛共有36个成员国。

中国一直积极参与东亚—拉美合作论坛活动，支持加强两区域间的交流与合作。2012年，中国派员出席在哥伦比亚举行的亚拉论坛第13次高官会，并先后参加论坛“前瞻小组”第一和第二次会议。2012年，中国在亚拉论坛框架下先后举办了第六届中国—拉美企业家高峰会、中拉微型金融与小额信贷国际研讨会、拉美政党多边研修班、拉美国家新闻官员和记者研修班、拉美国家经济发展与气候变化研修班、“华艺新颜”中国文化展示活动等项目。

26. 太平洋岛国论坛

太平洋岛国论坛成立于1971年，是太平洋岛国地区最具影响力的政治性地区组织，截至2012年，成员包括澳大利亚、新西兰及其他15个太平洋岛国。论坛宗旨是加强论坛成员间在政治安全、经贸及其他发展问题上的合作与协商。论坛秘书处设在斐济首都苏瓦。中国等14个国家是论坛正式对话伙伴。

中国重视发展与太平洋岛国论坛关系。2012年，中国与太平洋岛国论坛关系取得新进展。3月，驻斐济大使黄勇代表中国政府与太平洋岛国论坛秘书长图伊洛马·内洛尼·斯莱德签署换文，双方同意“太平洋岛国论坛驻华贸易代表处”更名为“太平洋岛国贸易与投资专员署”。8月，外交部副部长崔天凯率中国政府代表团出席在库克群岛举行的第24届太平洋岛国论坛会后对话会，介绍了中国支持岛国经济可持续发展、海洋资源开发与保护、应对气候变化、实现千年发展目标等方面的新举措，表示中方将坚持在和平共处五项原则以及大小国家一律平等的基础上，积极开展同岛国友好交往，努力拓宽经贸等领域务实合作，为岛国经济社会发展多做实事。对话会期间，崔天凯副部长还分别会见了巴布亚新几内亚总理彼得·奥尼尔、萨摩亚总理图伊拉埃帕·萨伊莱莱·马利埃莱额奥伊、汤加首相图伊瓦卡诺、库克群岛总理亨利·普那、纽埃总理托克·塔拉吉、瓦努阿图副总理哈姆·利尼、太平洋岛国论坛秘书长斯莱德，就双边关系等问题交换意见。12月，中国—太平洋岛国论坛对话会特使李强民访问斐济期间会见斯莱德秘书长。

27. 亚洲合作对话

“亚洲合作对话”（ACD）由泰国于2002年倡议成立，是面向亚洲的官方对话与合作机制。ACD成立以来，为促进亚洲国家间相互理解、培育亚洲意识、增进亚洲团结发挥了积极作用。截至2012年有32个成员国，即东北亚的中国、日本、韩国、蒙古、俄罗斯；东南亚的东盟十国：文莱、柬埔寨、印度尼西亚、老挝、马来西亚、缅甸、菲律宾、新加坡、泰国、越南；南亚的印度、巴基斯坦、孟加拉国、斯里兰卡、不丹、阿富汗；中亚的哈萨克斯坦、吉尔吉斯斯坦、塔吉克斯坦、乌兹别克斯坦；西亚的沙特、伊朗、阿联酋、科威特、阿曼、卡塔尔、巴林。摩洛哥是ACD的发展伙伴。

ACD成立以来先后在泰国昌安、泰国清迈、中国青岛、巴基斯坦伊斯兰堡、卡塔尔多哈、韩国首尔、哈萨克斯坦阿斯塔纳、斯里兰卡科伦坡和伊朗德黑兰、科威特举行了十次外长会议。2011年10月，佟晓玲大使作为外交部长杨洁篪特别代表出席第十次外长会议。第11次外长会议将于2013年5月在塔吉克斯坦举行。

ACD首次首脑会议于2012年10月15～17日在科威特举行。会议由科威特埃米尔萨巴赫主持，ACD各成员国家元首、政府首脑或代表出席。会议讨论了深化泛亚合作、提升亚洲影响等问题，达成广泛共识，并发表了《亚洲合作对话首次首脑会议公报》。全国政协副主席孙家正作为国家主席胡锦涛特别代表出席会议并发表主旨讲话，就地区形势、泛亚合作和中国的和平发展阐述了中方看法和主张。第二次首脑会议将于2015年在泰国举行。

ACD以牵头国方式开展具体领域合作，截至2012年已有23个国家担任20个合作领域的牵头国。中国是农业和能源领域合作的牵头国。2012年，中国连续第五年在扶贫领域牵头举办“亚洲国家发展（减贫）理论与实践研修班”，获各方好评。

第五章

中国外交中的军控、裁军与防扩散工作

（一）概述

2012年，全球安全形势总体稳定，但西亚北非持续动荡，地区安全中不确定因素增多、风险上升。在此背景下，国际军控、裁军和防扩散领域形势更加复杂，伊朗核、朝核等热点问题形势严峻，反导问题对国际战略稳定和地区安全影响更加突出，防止外空武器化和军备竞赛的任务日趋现实和紧迫，网络安全问题在全球治理中的地位进一步上升，国际社会持续关注核安全与核裁军问题，有关“禁止生产核武器及其他核爆炸装置用裂变材料条约”谈判的讨论更加深入，改革多边裁军机制的呼声高涨。

中国继续以建设性姿态参与国际军控与防扩散进程，致力于维护国际军控与防扩散法律体系，认真履行有关国际义务，推动和平解决相关热点问题，加强防扩散出口管制，对外积极开展相关交流与合作，为维护国际和平、安全与稳定作出了新的贡献。

（二）中国参与联合国框架内的军控与裁军工作

1. 联合国大会第一委员会

第67届联合国大会第一委员会（裁军与国际安全委员会）于2012年10月8日至11月7日在纽约联合国总部举行。会议举行了一般性辩论，并就核武器、其他大规模杀伤性武器、外空、常规武器、地区裁军与安全、其他裁军措施和裁军机制7个问题举行了专题辩论。会议审议通过了53项决议和6项决定。

中国代表团以积极和建设性姿态参与会议各项工作。在一般性辩论中，中国代表团阐述了中国对国际安全与多边军控进程的看法与主张，指出国际社会应奉行互信、互利、平等、协作的新安全观，摒弃安全领域的冷战思维和零和理念，共同营造一个和谐稳定的国际安全环境；坚定维护多边裁军机制的权威，努力重振裁谈会工作；稳步推进国际核裁军努力，尽早实现全面禁止和彻底销毁核武器的最终目标；继续开展预防性外交，防止信息空间和外空成为新的战场；积极稳妥推进化学武器和常规领域军控进程。

在核裁军专题讨论中，中国代表团全面阐述了对核裁军问题的立场，并就推进核裁军进程提出一系列具体主张。

在其他大规模杀伤性武器讨论中，中国代表团阐述了对《禁止化学武器公约》化武逾期销毁、禁止化学武器组织未来发展等问题的立场主张。

在外空专题讨论中，中国代表团强调确保外空和平利用、防止外空武器化和军备竞赛符合各国共同利益，并阐述了中国对防止外空军备竞赛以及外空透明和建立信任措施问题的立场。

在常规武器专题讨论中，中国代表团介绍了中国在扫雷援助、集束弹药、打击轻小武器非法贸易、武器贸易条约和军事透明等问题上的立场和举措。

在其他裁军措施议题下，中国代表团阐述了对信息和网络空间安全问题的看法，指出当务之急是各国共同努力维护信息空间的和平属性。制定相关国际规则，有助于促使各国在信息空间开展负责任的活动，为相关国际合作奠定良好基础。中国、俄罗斯、塔吉克斯坦、乌兹别克斯坦共同向第66届联大提交了“信息安全国际行为准则”草案，并在第67届联大一委期间共同举办了两场非正式磋商，广泛听取广大成员国的建议。

此外，在联大审议“国际原子能机构报告”议题时，中国代表团发言对国际原子能机构一年来的工作表示肯定，介绍了中国在保障核能安全方面的努力，并对机构下一步工作提出了具体建议。

中国是《全面禁止核试验条约》、“防止外空军备竞赛”、“蒙古无核武器地位”、“从国际安全角度看信息与电信领域的发展”、“联合国裁军培训班”和“联合国亚太和平与裁军中心”等六项决议草案的共提国。

第67届联大一委期间，中国代表团参加了俄罗斯、印度、巴西等17国就维护裁军谈判会议权威地位和作用所做的共同发言。中国代表团还就缅甸、日本、新议程联盟分别提出的三项核裁军决议案的投票立场做综合解释性发言，就“禁止生产核武器及其他核爆炸装置用裂变材料条约”（简称“禁产条约”）等决议案做投票后解释性发言。

2. 日内瓦裁军谈判会议

日内瓦裁军谈判会议（简称“裁谈会”）是国际上唯一的多边裁军谈判机构。冷战后曾谈判制定《禁止化学武器公约》、《全面禁止核试验条约》等重要多边军控条约。现有成员国65个。由于各方在会议应处理的裁军、军控优先议题上存在不同关切，裁谈会已十多年未能开展实质性工作。

中国重视裁谈会作用，一直积极参与相关会议，希望裁谈会早日走出僵局，开展实质性工作。2012年，裁谈会轮值主席国埃及散发了关于工作计划的最新草案。中国赞赏这一努力，认为这有助于推动会议工作取得积极进展。同时，中方希望裁谈会成员国继续开展建设性磋商，努力弥合分歧，尽早达成各方均能接受的工作计划。

中国积极推动裁谈会就“防止外空军备竞赛”议题启动实质性工作。中国希望裁谈会尽早以中国和俄罗斯联合向裁谈会提交的“防止在外空放置武器、对外空物体使用或威胁使用武力条约”草案为基础，谈判达成一项国际法律文书，从根本上维护外空安全。

中国认为谈判达成“禁产条约”有利于防止核武器扩散和促进核裁军进程，一贯支持联大通过的相关决议，支持裁谈会在达成工作计划的基础上，早日谈判缔结一项非歧视性、多边和可国际有效核查的“禁产条约”。

3. 联合国裁军审议委员会

2012年联合国裁军审议委员会（下称“裁审会”）实质性会议于4月2～20日在纽约联合国总部举行。作为裁审会新一轮审议周期的开局之年，会议审议了“关于实现核裁军和防止核武器扩散目标的建议”和“常规武器领域切实可行的建立信任措施”两项议题。由于各方在裁审会工作方法、核裁军与核不扩散等问题上分歧严重，会议未达成实质性成果，仅通过程序性报告。

中国代表团以积极和建设性姿态参加了2012年裁审会工作。在一般性辩论和各议题讨论中，中国代表团阐述了对国际安全形势、多边军控进程以及核裁军、核不扩散等问题的看法，介绍了中国有关政策举措和努力。中国并就裁审会工作和作用等提出看法，受到各方普遍重视与关注。

4. 联合国常规武器登记册

联合国常规武器登记册系联合国大会根据其第46/36L号决议于1992年设立。该决议呼吁所有会员国每年提交其上一日历年涉及作战坦克、装甲战斗车、大口径火炮、作战飞机、攻击直升机、军舰、导弹及发射架等七大类常规武器的转让情况，并请各国自愿提供有关军事财产、国内采购、轻小武器转让等情况。自1994年开始，联合国每三年成立政府专家组对登记册的持续运作和进一步发展进行审议。

联合国常规武器登记册作为常规武器转让领域的一项透明机制，在增进国家间互信方面发挥了积极作用。中国政府一贯高度重视，并以积极和建设性姿态参加了登记册相关工作，包括历次联合国政府专家组，对登记册的健康运作和发展作出了重要贡献。2012年，中国政府继续向登记册提交了相关登记数据。

5. 联合国军费开支标准报告制度

根据联合国大会第35/142B号决议，联合国于1981年设立军费开支标准报告制度。该制度是联合国框架内的军事透明机制之一，各国自愿参加，以表格形式向联合国报告最近一个财政年度的军事开支。根据联合国大会第62/13号决议，联合国秘书长于2010年成立政府专家组，审议该制度的运作情况和未来发展。专家组在召开三次会议的基础上，向第66届联大提交了相关报告。报告对进一步提高制度的普遍性和有效性提出了改进措施和建议，并对制度表格进行了修改。

中国于2007年参加联合国军费开支标准报告制度，并从2008年起在报告中说明军事开支的主要用途，所提供的信息更加丰富。中国以积极姿态参与了该制度政府专家组工作，就如何进一步发挥制度在促进军费透明方面的作用提出建设性建议。

2012年，中国向联合国提交了2011年度军事开支报告，继续以注释方式主动说明中国军事开支占国内生产总值比重。这再次表明中国政府高度重视军事透明问题、致力于增进与世界各国军事互信的积极态度。

6. 联合国“武器贸易条约”大会第四次筹委会及“武器贸易条约”外交大会

2004年以来，英国、欧盟等推动在联合国框架内谈判一项全面的“武器贸易条约”，以建立统一的国际武器转让原则和标准。

2012年2月13～17日，“武器贸易条约”大会第四次筹委会在纽约举行，各方重点讨论了大会的程序性问题，通过了大会的议事规则。2012年7月2～27日，“武器贸易条约”外交大会在纽约举行，各方围绕条约的适用范围、转让标准、执行机制及生效条款等展开了激烈的谈判，最终由于少数国家立场僵硬，大会无果而终。

根据联大决议，2013年3月联合国将继续召开“武器贸易条约”外交大会，以完成对常规武器转让国际标准法律文书的谈判。

中国赞成国际社会采取必要措施，规范国际武器贸易行为，打击非法武器转让和贩运，支持达成一项切实可行、各方普遍接受的“武器贸易条约”。中国本着积极、建设性的姿态，参加了联合国“武器贸易条约”大会第四次筹委会及“武器贸易条约”外交大会。中国将继续积极参与“武器贸易条约”后续谈判进程。

（三）中国履行国际军控和防扩散法律文书的工作

1.《不扩散核武器条约》

《不扩散核武器条约》（NPT）于1968年达成，1970年生效，有效期25年。1995年召开的NPT审议和延期大会决定条约无限期有效。NPT的宗旨是推动核裁军、防止核武器扩散及促进和平利用核能。NPT现有190个成员国。印度、巴基斯坦、以色列迄今未加入。中国于1992年加入。

NPT规定每五年召开一次审议大会，审议条约实施情况。每次审议大会前召开三次筹备会议。第八次审议大会于2010年5月在纽约举行，会议通过了最后文件。就推进核裁军、加强核不扩散机制及促进和平利用核能提出64项行动计划。第九次审议大会第一次筹备会议于2012年4月30日至5月11日在维也纳举行。

2012年，中国继续致力于维护和加强NPT的普遍性、权威性和有效性，忠实履行条约规定的各项义务，全面落实NPT第八次审议大会最后文件，建设性参与第九次审议大会第一次筹备会议，并参加了中国、美国、俄罗斯、英国、法国五核国履行NPT问题华盛顿会议。

在核不扩散领域，中国积极参与加强国际核不扩散机制和防止核扩散的国际努力，建立和完善核出口管制法制体系，确保有关防扩散政策有效实施。

在核裁军领域，中国主张并积极倡导全面禁止和彻底销毁核武器，坚定奉行自卫防御的核战略，始终恪守在任何时候任何情况下不首先使用核武器、承诺无条件不对无核武器国家和无核武器区使用或威胁使用核武器的承诺。支持无核武器国家建立无核武器区的努力。中国积极支持多边核裁军努力，为推进相关进程作出应有贡献，并不断增进核透明，加强有关国家间的战略互信。

在和平利用核能领域，中国认真履行国际原子能机构《规约》，积极参与国际原子能机构的各类活动。在恪守NPT防扩散义务的前提下，积极与有关国家和国际原子能机构开展和平利用核能的合作与交流，并为推动国际和本地区和平利用核能事业作出了积极贡献。

2. 国际原子能机构

国际原子能机构（简称“机构”）于1957年10月正式成立，总部设在奥地利维也纳。机构的主要职责包括促进和平利用核能、保障监督以及加强核安全与核安保。截至2012年年底，机构共有158个成员国，中国于1984年加入。

中国重视机构作用，与机构保持密切合作，积极参与机构各项活动。2012年4月17～19日，由国际原子能机构主办、中国国家原子能机构承办的“亚太核协定”国家代表会在北京举行，为促进亚太地区成员国在核科学技术领域的合作作出了贡献。

2012年9月，国家原子能机构秘书长王毅韧率中国代表团出席第56届大会并作主题发言，回顾了机构在促进和平利用核能和防止核武器扩散方面所作的卓有成效的工作，介绍了中国在核安全、核安保及推动核能合作方面的积极努力。11月，中国代表团在第67届联大“国际原子能机构的报告”议题下发言，指出机构今后应重点做好以下工作：一是进一步推动“核安全行动计划”的有效落实，加强各国核能安全及核应急能力，促进核能安全领域国际交流与合作。二是进一步完善核安全相关标准、导则，帮助成员国健全国家核安全体系。三是加强保障监督体系，有效防止核武器扩散。四是在敏感热点核问题上保持客观公正立场，为通过对话合作和平解决有关问题发挥建设性作用。

3.《全面禁止核试验条约》

《全面禁止核试验条约》于1996年达成并开放签署。条约禁止任何核武器试验爆炸及任何其他核爆炸，有助于防止核武器扩散、推动核裁军进程，是实现全面禁止和彻底销毁核武器过程中的一个重要步骤。条约迄今已有183国签约，158国批约。条约生效所必需的44国中，已有36国批约。

为确保条约得到遵守，条约规定设立以国际监测系统为主体的核查机制。国际监测系统由运用地震、水声、次声、放射性核素等4种技术的321个台站组成。截至2012年年底，已建成90%的台站，80%通过核证验收。条约组织筹委会临时技术秘书处（PTS）于2008年在哈萨克斯坦前苏联核试验场进行了“现场视察实地综合演练”，以全面检验筹委会对核爆炸等违约行为进行现场视察的能力。第二次“现场视察实地综合演练”将于2014年在约旦举行。

中国于1996年9月24日签署条约，是筹委会首批成员国之一。中国坚定支持条约宗旨和原则，在核武器国家中进行核试验次数最少，并一直恪守“暂停试”承诺。中国积极支持条约早日生效，以建设性姿态参与了历次促进条约生效大会，并投票支持历届联大有关条约的决议，数次参与共提。

中国积极支持并以建设性姿态全面参与筹委会工作。2012年，中国参与了筹委会会议及相关工作组会议，积极派专家参与PTS主办的技术研讨会，并向“资助发展中国家专家参加核查工作组会议试行项目”捐款1万美元。

中国政府高度重视履约筹备工作，为此成立了专门机构。截至2012年年底，中国境内已建成2个基本地震台站、4个辅助地震台站、3个放射性核素台站以及中国国家数据中心和北京放射性核素实验室。

4.《禁止生物武器公约》

该公约全称《禁止细菌（生物）及毒素武器的发展、生产及储存以及销毁这类武器的公约》，于1971年达成，1975年生效。中国于1984年加入该公约。

2012年，公约总体执行情况良好。缔约国总数为166个。公约履约支持机构运行平稳，得到缔约国普遍支持。

中国继续致力于公约的全面、有效实施。外交部军控司充分发挥作为国家履约联络点的作用，保持同公约履约支持机构和其他缔约国的联络，协调国内相关部门的履约工作。

2012年4月，中国按时向履约支持机构提交建立信任措施宣布资料，更新有关生物战防御计划、高封闭实验室、突发传染病背景资料、疫苗生产设施的宣布。

中国继续以积极务实态度参与并促进多边生物军控进程。2011年公约第七次审议会全面评估了公约自第六次审议会以来的执行情况，制订了2012～2016年的工作计划，在建立国际合作数据库、改进建立信任措施宣布等方面取得一定实质性成果。七审会的顺利召开对维持多边生物军控进程具有积极意义。

中国将在新一轮会间会进程中与各方一道就生物科技发展、国际合作、国家履约、建立信任措施等问题进行讨论。中国将同各国一道，促进有关讨论取得实质性成果，为维护生物军控多边进程作出贡献。

5.《禁止化学武器公约》

该公约全称《关于禁止发展、生产、储存和使用化学武器及销毁此种武器的公约》，于1992年达成，1997年生效。中国于1997年加入公约，是公约原始缔约国。

2012年，公约实施总体平稳推进,化学武器销毁继续取得进展，已销毁世界全部库存化武的75.37%。公约核查机制行之有效，禁化武组织技术秘书处对缔约国进行的现场核查已超过4779次。公约三审会筹备工作正式开始。

中国高度重视公约履约工作。2012年，中国继续全面、忠实履行公约各项义务，按时向禁化武组织提交各类工业宣布和日本遗弃在华化学武器的后续宣布，接受了禁化武组织37次现场视察。中国认真履行公约规定的防扩散义务，不断加强出口管制能力建设，依照相关出口管制法规严格审查化学品进出口。中国政府高度重视公约在香港、澳门特别行政区和台湾地区的适用问题。香港特区履约工作全面顺利开展，澳门特区履约准备工作正有条不紊进行。在坚持一个中国原则前提下，中国政府一直积极、务实寻求妥善解决公约适用于台湾的问题。

2012年9月2～6日，禁化武组织副总干事阿瑟瓦森访华。外交部部长助理马朝旭会见阿瑟瓦森，重申了中国政府对公约和禁化武组织工作的一贯支持，并就处理日遗化武等中国关心的问题与其交换了意见。阿瑟瓦森高度评价中国履约工作及在禁化武组织中发挥的重要作用。阿瑟瓦森访华期间还在北京出席中国政府与禁化武组织合办的“亚洲地区国际合作研讨会”开幕式并致辞，并参观了哈尔巴岭日遗化武挖掘回收现场。

2012年11月27～30日，公约第17届缔约国大会在荷兰海牙举行。中国派代表团在会上阐述了中国政府在化武销毁、日遗化武、工业核查、化工国际合作、公约第三次审议大会和禁化武组织未来发展等问题上的立场和主张，并对日本销毁遗弃化武进度严重滞后于中日双方达成的销毁计划表示严重关切，敦促日本加大投入，严格按照中日双方达成的销毁计划完成销毁。香港特区代表作为中国代表团成员向大会介绍了特区履约情况。

2012年5月14～18日，中国与禁化武组织在北京联合举办国际化武援助与防护高级培训班，来自19个国家的19名学员参加了培训。培训班有助于发展中国家提高应对化学武器、化学恐怖威胁与化工事故的能力，增进了中国与其他缔约国在履约领域的合作与交流。

2012年9月3～4日，中国与禁化武组织在北京联合举办“亚洲地区国际合作研讨会”，来自20个国家的30余名代表与会，与会代表交流了国际合作方面的经验，并就如何有效开展此领域工作提出建议。2012年，中国还积极支持和响应在公约框架下开展对非援助活动，邀请2名非洲缔约国学员来华参加化工研修项目。

中国政府高度重视处理日本遗弃在华化学武器问题。2011年1月，日本正式向中国表示，日方难以在2012年最终销毁期限内完成日遗化武销毁。中国对此表示严重关切，本着建设性和务实态度，要求日本尽快与中国就日遗化武销毁逾期问题达成妥善多双边安排。经过多轮磋商，中日双方就日遗化武销毁逾期问题达成协议，日方承诺将按照《禁止化学武器公约》的规定，尽快销毁遗弃在华化学武器，并设立了新的销毁期限。禁止化学武器组织执行理事会通过决议，确认了上述安排。中国、日本与禁化武组织技术秘书处就日遗化武销毁核查办法等问题举行了两轮三方磋商，讨论了日遗化武销毁进展、下步工作计划、核查安排等问题。

中国政府根据公约和禁化武组织执理会有关决定，按时提交“处理日遗化武进展报告”，并接待禁化武组织对日遗化武双边作业、托管库、销毁工作的现场视察8次。在中国协助下，日本派团完成了12次日遗化武现场探测、挖掘、鉴别和回收双边作业，共确认包装1100余枚日遗化武。在中国协助下，南京日遗化武移动式销毁设施实弹销毁工作于2012年6月完成，共销毁日遗化武35681枚；石家庄移动式销毁设施于12月开始销毁作业；中国境内迄今发现的最大日遗化武埋藏点哈尔巴岭于11月正式启动挖掘回收作业。日遗化武销毁虽取得一定进展，但整体进程严重滞后，仍有大量工作尚待完成。中国一直敦促日方切实履行公约义务以及中日双方达成的销毁计划，加大投入，在双方商定时限内，全面、彻底、安全销毁日遗化武。

6.《特定常规武器公约》

该公约全称《禁止或限制使用某些可被认为具有过分伤害力或滥杀滥伤作用的常规武器公约》，1983年生效，截至2012年年底共有115个缔约国。公约现有《关于无法检测的碎片的议定书》、《禁止或限制使用地雷、诱杀装置和其他装置的议定书》、《禁止或限制使用燃烧武器的议定书》、《关于激光致盲武器的议定书》和《战争遗留爆炸物议定书》五个附加议定书。2001年公约第二次审议大会通过第一条修正案，将公约及其附加议定书的适用范围扩大至包括非国际武装冲突。

中国批准了公约及所附五个议定书以及第一条修正案。

2012年11月15～16日，公约2012年度缔约国会议在日内瓦举行。中国代表团高度评价公约作为处理军控领域人道主义问题的主要法律框架，在解决常规武器滥用引发的人道主义问题方面发挥的不可替代的作用，赞扬公约及其所附议定书的普遍性和有效性进一步增强，履约工作更加深入务实，号召国际社会携手努力，在广泛参与的基础上平等协商，推动公约框架内各项工作不断取得进展。中国代表团还介绍了中国政府在人道主义常规军控、履约及人道主义扫雷援助方面所做的工作，并特别提到反车辆地雷（AVL）问题，强调AVL与杀伤人员地雷人道主义关切有所不同，处理方式也应有所区别，应充分考虑各国国情和实际承受能力，解决办法不宜“一刀切”。经修订的《地雷议定书》对AVL问题作出了恰当的规定，应确保议定书得以广泛、有效执行。

（1）地雷问题

目前国际上关于地雷问题的法律文书，除《特定常规武器公约》所附《地雷议定书》外，还有《渥太华禁雷公约》。前者主要对地雷的使用进行限制，而后者要求立即、全面禁止杀伤人员地雷。中国不是《渥太华禁雷公约》缔约国。

2012年11月14日，经修订的《地雷议定书》第14次缔约方会议在日内瓦举行。中国代表团高度评价该议定书在解决地雷引发的人道主义问题上发挥的重要作用，介绍了过去一年来中国在履约宣传培训、技术改进、库存销毁、国际扫雷援助与合作等方面的履约情况。

2012年12月3～7日，《渥太华禁雷公约》第12次缔约国会议在日内瓦举行，中国观察员代表团以积极建设性的姿态参会并在发言中表示中国认同公约的宗旨和目标，赞赏公约体现的人道主义精神，将继续加强与该公约缔约国和有关国际组织的合作与交流，为减少杀伤人员地雷对平民伤害，促进有关国家地区经济和社会的发展贡献自己的力量。中国代表团还全面介绍了中方的地雷政策和主张，积极宣传中国开展国际人道主义扫雷援助的努力和成绩。

（2）国际人道主义扫雷援助

中国政府高度重视地雷引发的人道主义关切，积极参与国际扫雷援助活动，帮助有关国家摆脱雷患困扰。自1998年来，中国政府建立了长期的、机制化的国际扫雷援助规划，通过捐款、援助扫雷器材、举办扫雷技术培训班等方式，向近40个亚、非、拉国家提供了共计6000万元人民币的扫雷援助，培训400余名扫雷技术人员，扫雷面积达20万平方米。

2012年，中国政府派专家组赴柬埔寨开展实地扫雷培训，共培训近50名专业扫雷人员，在华为苏丹、南苏丹举办人道主义扫雷培训班，中国政府还向黎巴嫩、老挝提供集束弹药受害者援助。中国愿继续与受援国和有关国际组织合作，积极开展此类人道主义援助。中国以自己的方式积极开展扫雷援助，获得受援国、联合国和有关国际组织的高度好评。

（3）战争遗留爆炸物

《特定常规武器公约》所附《战争遗留爆炸物议定书》（五号议定书）于2003年达成，2006年生效，截至2012年年底有81个缔约国。

2012年11月12～13日，《战争遗留爆炸物议定书》第六次缔约方会议在日内瓦举行。中国代表团在发言中肯定议定书生效以来在普遍性、履约工作、国际交流与合作方面取得的进展，高度评价议定书平衡照顾了各国的军事需求和人道主义关切，充分体现了各方共识，内容全面且现实可行，能够有效地处理相关人道主义军控问题。中方始终认为，为更有效解决战争遗留爆炸物问题，国际社会应建立“谁使用、谁清除”原则，以此促使各国在使用和转让相关武器时采取更加负责和克制的态度。并表示中方愿与各方一道，不断推动议定书履约工作，提高议定书普遍性，为早日解决战争遗留爆炸物引发的人道主义关切而努力。

（4）集束弹药问题

近年来，集束弹药问题成为人道主义军控领域热点。2007～2011年，《特定常规武器公约》政府专家组就集束弹药问题进行密集谈判。中国代表团积极参加了《特定常规武器公约》集束弹药问题政府专家组工作。

《特定常规武器公约》框架外，挪威、墨西哥等国发起“奥斯陆进程”，并于2008年底达成《集束弹药公约》，公约于2010年8月1日正式生效。截至2012年年底共111国签署、77国批准。公约禁止发展、生产、使用、储存和转让集束弹药。中国未加入《集束弹药公约》，应邀派观察员代表团出席了在老挝、黎巴嫩举行的公约第一、二次缔约国会议。

（四）中国在防扩散方面的工作

1. 积极参与国际防扩散努力

中国政府坚决反对大规模杀伤性武器扩散，一贯以高度负责的态度处理防扩散问题，积极参与国际防扩散努力。

中国政府支持联合国在防扩散领域发挥应有作用，认真执行安理会有关决议，并以建设性态度参与安理会1540（防扩散问题）委员会和“金融行动特别工作组”工作。

中国关注地区热点问题发展，积极致力于地区防扩散努力。中国坚定推动恢复朝鲜半岛核问题六方会谈，致力于维护东北亚地区的和平与稳定。2012年3月，中国出席了第四届“东盟地区论坛”防扩散与裁军会间会，为推进亚太地区防扩散进程作出贡献。中方还出席了北约年度防扩散研讨会，与各方就防扩散问题交换了看法。

2. 开展防扩散出口管制国际交流与合作

中国重视防扩散出口管制国际交流与合作，与美国、欧盟等国家和组织保持着对话与交流。作为落实2004年中欧领导人会晤联合声明的后续行动，中国和欧盟于2012年12月18日在北京联合举办出口管制法规手册工作会议，联合编撰出版中英双语出口管制手册，并计划于2013年共同在京发布手册。

3. 加强防扩散出口管制工作

中国政府高度重视防扩散出口管制工作，已建立起一整套涵盖核、生物、化学、导弹等相关敏感物项和技术及所有军品的完备的出口管制法律法规体系，并根据承担的国际义务和实际工作需要，对该体系不断予以修订和完善。中国的出口管制体系广泛采用了国际通行的许可证管理制度、最终用户和最终用途证明制度、清单控制办法、全面控制原则等。2012年，中国商务部对《两用物项和技术进出口许可证管理目录》进行了更新。

2012年，为确保出口管制政策法规得到切实、有效执行，中国政府致力于严格执法，采取切实措施完善跨部门出口管制协调机制，加强出口管制执法人员培训，加大违法个案查处力度。同时，不断加强防扩散出口管制教育，指导企业建立出口管制内部自律机制和开展对外交流工作，争取从源头出发，实现自觉、有效的出口管制。

（五）中国与有关国家开展战略安全、军控和防扩散对话

中国与十余个国家有副部级、司级战略安全、军控与防扩散磋商机制，对增进相互理解与合作发挥了重要作用。2012年，中国继续开展战略安全、军控、网络安全等领域的对外交流与合作。

1月9日，外交部军控司与法国外交部战略、安全与裁军司举行军控磋商，主要就地区核问题、多边裁军机制、防扩散、网络安全等问题交换了意见。

3月12日，外交部军控司与俄罗斯外交部新威胁与新挑战司在北京举行新一轮中俄信息安全磋商，主要就信息安全合作和相关多边进程交换了意见。

5月29日，外交部军控司与俄罗斯外交部安全与裁军司在北京举行军控与防扩散磋商，主要就核军控、地区核问题和多边裁军机制交换了意见。

6月5日，外交部军控司与德国外交部裁军与军控司在北京举行首次中德网络安全磋商，主要就网络安全总体形势、双边合作、相关多边进程进行了交流。

6月25日，外交部部长助理马朝旭与美国代理副国务卿高特莫勒在华盛顿举行了第五轮中美战略安全、多边军控与防扩散磋商，就核问题、导弹防御、外空安全、网络安全等问题广泛深入地交换了意见。

7月24日，外交部军控司与德国外交部裁军与军控司在北京举行军控与防扩散磋商，主要就核裁军、地区核问题、外空、多边裁军机制等问题交换了意见。

7月31日，外交部军控司与巴基斯坦外交部主管联合国与军控事务的辅助秘书穆纳瓦尔·巴蒂在北京举行军控与防扩散磋商，主要就核问题、外空、防扩散等问题交换了意见。

（六）其他问题

1. 全球核能合作框架

全球核能合作框架（IFNEC）前身为“全球核能伙伴计划”（GNEP），由美国于2006年提出，并于2007年成立，旨在通过多边国际合作机制，采取安全、可靠和防止核扩散的方式，推动先进核能技术联合研发，促进核能在全球的发展。2010年，GNEP更名为IFNEC。截至2012年年底，共有32个伙伴国、31个观察员国，另有国际原子能机构、欧洲原子能共同体、第四代核能国际论坛等3个国际观察员组织参与其活动。

2012年10月，IFNEC执行委员会第三次部长级会议在摩洛哥举行。会议发表《联合声明》，认为开展国际合作对确保全球核能安全、增强公众对核能发展的信心有积极意义，强调国际原子能机构在和平利用核能领域的重要作用。此外，IFNEC指导组、基础结构开发工作组、可靠核燃料服务工作组等亦向执行委员会部长级会议提交了工作报告。

作为创始国之一，中国重视并积极参与IFNEC有关活动，参加了历次会议和相关文件的起草工作。

2. 打击核恐怖主义全球倡议

“打击核恐怖主义全球倡议”（简称“倡议”）系美俄两国总统于2006年7月共同提出，同年10月成立。“倡议”通过组织全会、研讨会、桌面及实地演练等活动交流实践经验，提升各国能力，推动各国采取有效措施共同打击核恐怖主义。“倡议”向所有支持“倡议”《原则声明》的国家开放，截至2012年年底共有85个伙伴国以及国际原子能机构、欧盟、国际刑警组织、联合国毒品与犯罪问题办公室4个观察员。中国、美国、俄罗斯、英国、法国、德国、意大利、日本、加拿大、澳大利亚、土耳其和哈萨克斯坦12国是创始伙伴国。

中国政府一贯坚决反对包括核恐怖主义在内的任何形式的恐怖主义，支持“倡议”的宗旨和目标。作为“倡议”创始伙伴国，中国出席了“倡议”举行的历次全会，并积极参加“倡议”框架下的有关研讨会和演练活动。

3. 中国积极参与网络安全国际进程

中国高度重视网络安全问题，积极倡导国际社会加强合作，共同构建和平、安全、开放、合作的网络空间。中方主张，网络空间应仅用于和平目的，促进国际和平和人类福祉，反对网络战和网络军备竞赛，反对利用网络干涉他国内政。国际社会应充分发挥联合国主渠道作用，制定网络安全国际规则，规范各方行为，共同维护网络空间安全。

2012年，中国继续积极参与网络安全国际进程。中方与俄罗斯等国共同推动各国讨论“信息安全国际行为准则”草案。10月，中俄等国在联大一委会议期间联合举办“信息安全国际行为准则”草案非正式磋商，就草案与各国深入交换意见，并听取一些国家就草案提出的修改建议。8月，中方深入参与新一届联合国信息安全问题政府专家组首次会议，就专家组工作方向、信息安全国家行为规范等提出建设性意见，主张专家组在“信息安全国际行为准则”草案基础上，就相关国际规范达成共识。此外，中方还与俄罗斯、印度、巴西、南非等共同举行“新兴国家互联网圆桌会议”，参与东盟地区论坛框架下网络空间建立信任措施研讨会、布达佩斯网络问题国际会议等，就网络安全相关问题与国际社会广泛交换意见。

2012年，中方还与俄罗斯举行新一轮信息安全问题磋商，与法国、德国分别举行首轮网络安全问题磋商，就网络安全领域形势、面临的挑战和应对之策充分交换意见，增进了与上述国家的相互了解。

第六章

中国外交中的条约法律工作

（一）中国对外缔结条约情况

1. 中国对外缔结条约概况

中国一贯重视发展与世界各国的友好关系，积极参与全球性、区域性的双边和多边活动。在2012年间，中国对外缔结了大量涉及政治、经贸、领事、文化、海关、能源、交通、医疗卫生、法律等领域的双边条约及多边条约，为促进中国与各国经济共同发展，维护地区稳定及世界和平，加强与国际组织的合作提供了法律保障。

2012年，中国对外缔结的国家、政府和政府部门间的双边条约、协定及其他具有条约性质的文件630项。

在多边条约方面，中国共参加了八项国际公约，分别是2012年2月17日国务院核准的《欧亚反洗钱和反恐融资组织协议》，2012年4月27日全国人大常委会批准的《万国邮政联盟组织法第八附加议定书》，2012年7月8日国务院核准的《万国邮政联盟总规则》及《万国邮政联盟总规则第一附加议定书》，2012年5月21日国务院核准的《关于合作查明和切断在上海合作组织成员国境内参与恐怖主义、分裂主义和极端主义活动人员渗透渠道的协定》和《上海合作组织成员国反恐专业人员培训协定》及2012年5月24日和9月29日分别核准的《上海合作组织成员国政府间合作打击非法贩运武器、弹药和爆炸物品的协定》和《上海合作组织成员国政府间农业合作协定》。

2. 涉及香港和澳门特区的条约法律事务

中央人民政府严格根据《中华人民共和国香港特别行政区基本法》、《中华人民共和国澳门特别行政区基本法》和“一国两制”方针处理涉及香港特区和澳门特区的条约和法律事务，为香港特区和澳门特区在有关领域参与国际合作、开展对外交往提供支持。

（1）双边协定方面

2012年，中央人民政府授权香港特区与塞舌尔谈判民航协定，与蒙古谈判刑事事宜司法协助协定，与尼日利亚和蒙古分别谈判移交被判刑人协定，与奥地利、希腊分别修订民航协定，与法国签署移交逃犯协定，与俄罗斯、瑞典分别签署刑事事宜司法协助协定，与荷兰修订移交逃犯协定和刑事事宜司法协助协定，同意澳门特区与马耳他、阿根廷、爱尔兰、新西兰、西班牙分别签署税收信息交换协定并与澳大利亚签署税收信息交换协定谅解备忘录，授权澳门特区与日本、德国和英国分别谈判税收信息交换协定。

（2）国际公约方面

2012年，根据基本法有关规定，在征询特区政府意见后，中央政府办理了中国参加的《<国际货币基金协定>关于执董会改革的修正案》、《万国邮政联盟组织法第八附加议定书》、《万国邮政联盟总规则》、《万国邮政联盟总规则第一附加议定书》以及12项国际海事组织修正案适用于香港特区和澳门特区，《2000年有毒有害物质污染事故防备、反应与合作议定书》适用于香港特区，《关于合作查明和切断在上海合作组织成员国境内参与恐怖主义、分裂主义和极端主义活动人员渗透渠道的协定》、《上海合作组织成员国政府间合作打击非法贩运武器、弹药和爆炸物品的协定》、《上海合作组织成员国反恐专业人员培训协定》、《上海合作组织成员国政府间农业合作协定》、国际劳工组织第80号公约《一九四六年最后条款修订公约》适用于澳门特区的有关手续。

（二）中国在联合国机构的法律工作

1. 第67届联大的法律议题

（1）概述

2012年10月8日至11月16日，第67届联合国大会共审议24项法律议题，最终通过了20余项决议。其中，联大全会审议了国际法院的报告、国际刑事法院的报告、海洋和海洋法等议题，并分别于9月24日和9月28日举行法治问题和打击核恐怖主义高级别会议。联大第六委员会审议了联合国官员和特派专家刑事责任、消除国际恐怖主义的措施、国际法委员会第64届会议工作报告、普遍管辖权的原则和适用等议题。联大第四委员会审议的法律议题主要涉及和平利用外空的国际合作。

中国代表团全面参加了上述议题的审议和决议草案的磋商，在消除国际恐怖主义的措施、国内和国际法治、普遍管辖权原则的范围和适用、国际法委员会第64届会议报告等议题下发言，阐述中国政府的有关立场主张，介绍中国的有关实践。

（2）关于“消除国际恐怖主义的措施”

中国代表团重申反对和谴责一切形式恐怖主义、反对将恐怖主义作为实现政治目标的手段、反恐应严格依照国际法进行的立场，支持联合国在国际反恐斗争中发挥主导与协调作用。中国代表团还介绍了中国在完善反恐法制建设，加强反恐能力建设、开展反恐国际合作方面取得的进展，如中国通过首个关于反恐问题的专门法律《关于加强反恐怖工作有关问题的决定》、积极参与联合国及上海合作组织框架下的反恐合作。有关《关于国际恐怖主义的全面公约》，中国代表团指出，中国政府支持制定公约，以积极应对当前新的反恐形势，进一步完善反恐国际法律框架。

（3）关于“国内和国际法治”

中国代表团指出，加强国际法治符合各国和国际社会的共同利益，当前加强国际法治应注意维护《联合国宪章》宗旨和原则；坚持国际法的统一适用，避免采取双重标准和选择性执法；不断完善国际立法；妥善处理维护和平与追求司法正义的关系。关于国内法治，中国代表团认为，不存在适用于所有国家的整齐划一的法治模式，各国有权根据自身情况，自主选择适合自身发展的法治道路，并主导本国国内法治建设，国际社会应在尊重国家主权平等和不干涉内政等国际法基本原则的前提下加强合作。中国代表团还介绍了中国在依法治国、建设社会主义法治国家方面取得的成就。

（4）关于“普遍管辖权原则的范围和适用”

中国代表团认为，普遍管辖权是一个涉及法律、政治和外交的综合性问题，也是一个存在重大争议、远未达成共识的问题。具体而言，普遍管辖权与“或引渡或起诉”规则不同；基于现行国际法，各国有权对公海上发生的海盗行为行使普遍管辖权，其他情形下是否可行使普遍管辖权还没有形成普遍公认的习惯国际法规则；各国行使普遍管辖权应遵循一定的条件，包括尊重国家主权平等和不干涉内政等国际法基本原则、尊重其他国家依据属地、属人和保护性原则享有的优先管辖权等。

（5）关于“和平利用外空的国际合作”

中国代表团介绍了中国一年来主要航天成就，包括“神舟九号”载人飞船与“天宫一号”在轨飞行器实现首次交会对接、首位女飞行员进入太空、北斗卫星导航系统即将完成组网等。中国代表团表示，中国一直以负责任的方式开展外空活动，积极倡导“包容性”发展理念，与各国尤其是发展中国家共享中国航天事业发展的机遇和成果，主张国际社会发挥团结协作精神，不断深化和拓展国际合作。

（6）关于“联合国国际贸易法委员会第45届会议工作报告”

中国代表团赞赏联合国国际贸易法委员会为统一和协调国际贸易法领域规则所作突出贡献，积极评价贸法会第45届会议通过的《联合国国际贸易法委员会公共采购示范法颁布指南》和“关于协助仲裁机构和其他有关机构根据《联合国国际贸易法委员会仲裁规则》2010年修订本进行仲裁的建议”，认为指南和建议有利于促进公共采购示范法、仲裁规则的广泛适用。

（7）关于“联合国宪章和加强联合国作用特别委员会报告”

中国代表团支持联合国作用特别委员会依照联大授权开展工作，支持各国利用这一机制深入讨论《联合国宪章》和加强联合国作用的问题，在此基础上，中国代表团支持特委会在下届会议上优先审议“制裁的影响和实施”及“援助受制裁影响的第三国”议题，对具有现实意义和可行性的新提案持开放态度。中国代表团赞赏特委会的工作，同时也认同需要不断探索新思路，改进特委会工作方法，提高工作效率。

（8）关于“国际法委员会第64届会议工作报告”

中国代表团赞赏联合国国际法委员会在新一届任期的开局之年取得的工作进展，包括一读通过驱逐外国人专题条款草案，表示新专题的选择对委员会工作方向至关重要，赞同委员会将习惯国际法的形成与证据、条约的临时适用列入专题，认为保护大气层问题过于技术，暂不宜列入委员会工作日程。

关于第66届联大未及审议的条约保留问题，中国代表团认为，委员会完成的《条约保留实践指南》梳理了大量相关资料，同时指出有关内容过于繁琐，操作性有待提高。

关于国家官员的外国刑事管辖问题，中国代表团认为国家官员在外国法院享有刑事管辖豁免是一项重要国际法原则，委员会应着眼于编纂而非发展这一领域的国际法规则，并就该专题实质内容提出几点看法：习惯国际法中并没有形成国家官员豁免的例外规则；国家官员豁免并不必然与行为的违法性相关，犯罪的严重程度不影响行为的官方性质；豁免并不免除有关人员的实体责任，不会助长国际罪行；除国家元首、政府首脑和外交部长外，其他直接参与国际交往、代表国家行使职能的高级官员也应享有属人豁免。

（9）关于“联合国国际法教学、研究、传播和广泛了解协助方案”

中国代表团表示，开展国际法教学、研究及传播是联合国推进法治必不可少的途径，联合国在此方面开展了卓有成效的工作，使众多外交官、青年学者从中获益。中国代表团强调，中国有庞大的国际法学习、研究队伍，愿为国际法教学、研究和传播作出自己的贡献。2012年中国政府专门向协助方案捐款，以支持这项工作。

2. 联合国国际法委员会第64届会议情况

联合国国际法委员会第64届会议于2012年5月7日至6月1日、7月2日至8月3日分两期在联合国日内瓦办事处举行。中国籍委员黄惠康博士出席会议并参与各项议题讨论，还在驱逐外国人、灾害中的人员保护、国家官员的外国刑事管辖豁免等议题下重点发言。

会议由瑞士籍委员卢修斯·卡弗利施担任主席，由哥斯达黎加籍委员贝恩德·尼豪斯、埃及籍委员侯赛因·哈苏纳分别担任第一、第二副主席，约旦籍委员马哈茂德·哈穆德为起草委员会主席。捷克籍委员哈维尔·斯图尔玛担任本届会议特别报告员。会议主要情况如下：

委员会审议了“驱逐外国人”特别报告员提交的第八次报告，将有关条款草案提交起草委员会研究，最后由全会一读通过了关于驱逐外国人专题的全部32项条款草案及评注。委员会根据其章程第16至第21条，决定请联合国秘书长向各国政府转发条款草案，征求评论和意见，并要求各国政府于2014年1月1日前向秘书长提交评论。

“灾害中的人员保护”特别报告员向委员会提交了第五次报告，内容涵盖救灾中合作的义务、援助国提供援助的条件以及终止援助等问题。委员会就救灾国际合作中的权利义务问题、该专题成果文件形式等进行了讨论，最终起草委员会临时通过了五项条款草案，分别涉及合作形式、提议提供援助、提供外部援助的条件、便利外部援助和终止外部援助。

本届会议上，委员会决定就“引渡或起诉的义务”专题设立一个不限成员名额工作组，请工作组评估委员会已取得的工作进展，探讨委员会下一步工作计划。工作组主席将编写一份包括该专题最新动态、联合国大会第六委员会讨论情况等内容在内的工作文件，供委员会下届会议审议。

本届会议上，“国家官员的外国刑事管辖豁免”新任特别报告员西班牙籍委员埃尔南德斯女士（系委员会历史上首位女特别报告员）提交了初步报告，梳理了本专题涉及的问题、下一步需重点研究的问题以及工作方法和工作规划，但尚未就本专题的实质问题提出个人意见。讨论中多数委员认为本专题复杂、敏感，委员会的任务包括有关规则的编纂和逐渐发展两个方面，需采用系统的方法，在对国家实践、理论及国家和国际判例进行研究的基础上，有重点分阶段地讨论各项实质问题，包括属事豁免与属人豁免的区别和联系、属人与属事豁免的范围、“官方行为”的界定等。

关于新议题，委员会决定将“条约的临时适用”及“习惯国际法的形成与证据”两项议题列入工作方案，并分别为以上专题任命特别报告员。关于保护大气层议题，多数委员认为，这一专题过于技术，是否适宜进行编纂或逐渐发展尚需研究，也有一些成员国代表在2011年第66届联大六委的讨论中明确反对或持保留态度，因此，委员会决定，暂不将“保护大气层”议题列入委员会的正式议题。

3. 联合国和平利用外层空间委员会

联合国和平利用外层空间委员会及其科学和技术小组委员会和法律小组委员会是国际社会就和平利用外层空间事务进行交流与合作的主要平台。2012年，中国派代表团出席了外空委第55届会议、科技小组委员会第49届会议和法律小组委员会第51届会议。

（1）第55届外空委会议情况

2012年6月6～15日，联合国和平利用外层空间委员会第55届会议在维也纳举行。中国代表团积极参与了各议题的讨论，作了一般性发言，并在科技小组委员会第49届会议报告、法律小组委员会第51届会议报告和外空委的未来作用等议题下作了专门发言。

中国代表团在发言中阐述了在外空活动中实现包容性发展的理念，呼吁关注外空活动的长期可持续性问题，倡导对空间环境的保护、空间技术应用和空间探索的成果共享以及所有国家的共同发展。中国代表团提出，可持续性问题的解决离不开外空事业的整体发展，应注重在发展的过程中解决问题，并介绍了中国在包容性发展理念指导下开展航天活动的情况及取得的成就。

（2）第49届科技小组委员会会议情况

科技小组委员会第49届会议于2012年2月6～17日在维也纳召开，主要讨论了联合国空间应用方案、借助空间系统的自然灾害管理支持、空间碎片、全球卫星导航系统、在外空使用核动力源、近地物体、外层空间活动的长期可持续性等议题。中国代表团在一般性发言中对中国过去一年的主要航天活动进行了总结，介绍了中国在探月工程和民用航天等领域取得的成果，阐述了中国和平利用外空立场以及航天国际合作原则，并着重就空间碎片、全球卫星导航系统等议题作了发言。

（3）第51届法律小组委员会会议情况

法律小组委员会于2012年3月19～30日在维也纳举行了第51届会议。会议除一般性交换意见外，还审议了外空的定义和划界、地球静止轨道、《移动设备国际权益公约》空间资产议定书草案、空间法能力建设及审查并视可能修订《关于在外层空间使用核动力源的原则》等议题。中国代表团积极参与了各议题的审议，在一般性交换意见、空间法能力建设、关于在外层空间使用核动力源的原则等议题下做了发言。

（三）中国在打击跨国犯罪领域的法律工作

1.《联合国打击跨国有组织犯罪公约》

2012年1月23～27日，《联合国打击跨国有组织犯罪公约》履约审议机制问题工作组第二次会议在维也纳举行。会议就履约审议机制的职权范围、行为指导方针及国别审议报告蓝本等草案完成二读。非政府组织参与审议和机制预算供资因意见不一，作为两个遗留问题供缔约方大会继续审议。中国代表团积极参加会议讨论，主张机制应坚持“政府间进程”的原则，并确保由联合国经常性预算供资。

2012年10月15～19日，《联合国打击跨国有组织犯罪公约》第六次缔约方大会在维也纳举行，110多个缔约国和签署国，80多个政府间国际组织代表出席了会议。会议讨论了公约及其各项议定书的执行情况、设立公约履约审议机制、国际合作、技术援助和应对新型跨国有组织犯罪等问题，同期举行国际合作、技术援助等工作组会议和关于文化财产问题的联合讨论，并通过相关决议。因各方分歧，会议最终没有建立公约履约审议机制，亦未就今后工作作出安排，中国代表团积极参加会议讨论，介绍中国履约最新进展和开展国际合作的情况，重申中方以公约为基础开展国际合作的愿望。

2.《联合国反腐败公约》

2012年6月，《联合国反腐败公约》实施情况审议组第三次会议在维也纳召开。会议抽签选定了2012年的审议国，中国被抽中与文莱共同审议阿富汗、与巴布亚新几内亚共同审议斯里兰卡履约情况。会议根据前两年受审议国的履约审议情况，交流了审议中的良好做法和存在的问题。

2012年8月，公约预防腐败和资产追回工作组会议在维也纳召开，就公约实施过程中的预防腐败和资产追回等问题进行了讨论。10月，公约首次国际合作政府间专家会也在维也纳举行，就公约框架下的国际合作问题展开讨论。

中国代表团深入参加了上述会议各项议题的讨论，积极宣介中国在反腐倡廉方面取得的新进展，与各国广泛交流履行公约义务的经验和做法，主张国际社会加强合作，共同打击腐败。

（四）中国在国际人权法领域的工作

1. 履行国际人权条约

2012年1月，中国政府向联合国提交了执行《消除对妇女一切形式歧视公约》的第七、八期合并报告，其中包括香港特区政府、澳门特区政府分别自行撰写的履约部分。

2012年3月，中国政府启动了执行《禁止酷刑和其他残忍、不人道或有辱人格的待遇或处罚公约》第六次报告的撰写工作，成立了由最高人民法院、最高人民检察院、中央统战部、全国人大常委会法工委、外交部、公安部、司法部、国务院法制办等部门组成的跨部门协调小组。各部门多次就报告内容进行研讨、修改，报告完成后将正式提交联合国。

2012年11月20日，中国政府举办了中国参加《儿童权利公约》20周年纪念活动，活动主题为“缩小差距、促进儿童平等发展”。国务委员刘延东出席活动并致辞，联合国儿童基金会东亚及太平洋地区主任丹尼尔·图尔以及联合国儿童权利委员会委员维结曼娜出席活动。

2. 参与加强人权条约机构体系进程

2012年2月及4月，中国政府派代表团参加了联合国人权高级专员办公室就“加强人权条约机构体系进程”分别在瑞士日内瓦及美国纽约举办的政府间非正式磋商，就改善人权条约机构体系阐述中国政府的立场和主张。

2012年2月23日，第66届联大通过“联大加强和增进人权条约机构体系有效运作政府间进程”，中国系该决议的共提国，并投了赞成票。

2012年7月，中国政府派代表团出席了“联大加强和增进人权条约机构体系有效运作政府间进程”的首次非正式磋商，就该进程的运作以及改善人权条约机构体系阐述中国政府的立场和主张。

3. 与联合国儿童基金会合作

中国政府继续与联合国儿童基金会驻华代表处就跟进联合国儿童权利委员会审议中国报告结论开展合作。

2012年10月，外交部条法司与联合国儿童基金会在湖南衡阳合作举办了《儿童权利公约》培训班，以寓教于乐的方式普及儿童权利保护理念，提高儿童自身的维权意识和能力。

2012年11月，在联合国儿童基金会的资助下，外交部接待了儿童权利委员会斯里兰卡籍委员维结曼娜的来访，维结曼娜实地了解中国履行《儿童权利公约》的情况，对中国的履约状况给予肯定，并提出有益建议。

（五）中国在国际私法领域的工作——海牙国际私法会议

2012年4月，海牙国际私法会议总务与政策理事会决定在中国香港特区设立亚太区域办事处，负责在亚太区域推广海牙会议及其主持制订的公约，中国宣布将在办事处成立首三年内向其提供资金及人员等方面支持。12月13日，办事处成立仪式在香港特区举行，外交部副部长崔天凯出席，并代表中国政府与海牙会议秘书长签署了东道国协议。亚太区域国家普遍欢迎办事处的设立，认为将进一步促进本区域的国际民商事司法合作。

2012年1月，海牙会议举行《国际诱拐儿童民事方面公约》第六次特委会第二阶段会议，讨论了该公约的未来研究方向，包括国际家事纠纷调解协议的承认和执行、法官间直接联络的法律基础、家庭暴力问题等。4月，海牙会议举行判决项目小范围专家组会议，各国同意重启判决项目，决定成立工作组就判决的承认和执行问题，包括间接管辖权问题起草案文，专家组则负责讨论其他问题是否放入未来的文书。11月，海牙会议举行《取消认证公约》特委会和国际合同法律选择问题特委会，分别讨论《取消认证公约》的执行情况和国际合同法律选择通则案文。中国派代表团出席了上述各项会议，除小范围专家组外，香港和澳门特区均派员作为中国代表团成员与会。

（六）中国与外国的司法协助和法律合作

1. 涉及香港和澳门特区的条约法律事务

中央人民政府严格根据《中华人民共和国香港特别行政区基本法》和《中华人民共和国澳门特别行政区基本法》和“一国两制”方针处理涉及香港特区和澳门特区的条约和法律事务，为两特区在有关领域参与国际合作、开展对外交往提供支持。

（1）双边协定方面

2012年，中央人民政府授权香港特区政府分别与法国签署移交逃犯协定，与俄罗斯签署刑事司法协助协定、与荷兰修订移交逃犯协定和刑事司法协助协定、与瑞典签署刑事司法协助协定、与尼日利亚谈判移交被判刑人协定、与蒙古谈判刑事司法协助协定和移交被判刑人协定。

（2）国际公约方面

2012年11月，根据香港特区和澳门特区的请求，中央政府照会公约保存机关，分别指定两特区根据《联合国禁止非法贩运麻醉药品和精神药物公约》、《联合国反腐败公约》和《联合国打击跨国有组织犯罪公约》与外国开展移交逃犯合作的主管机关。

在《国际诱拐儿童民事方面公约》方面，为澳门特区政府声明，接受几内亚和莱索托加入公约。

2. 与外国缔结双边司法协助状况

中国重视在司法领域加强国际合作，共同打击跨国犯罪，并积极推动与各国谈判缔结双边司法协助条约和引渡条约，夯实司法合作法律基础，保障中国和其他国家之间人员和经贸往来顺利进行。

2012年，中国与外国签署了五项双边司法协助条约：中国和伊朗引渡条约、中国和阿根廷刑事司法协助条约、中国和波黑引渡条约、中国和波黑刑事司法协助条约、中国和波黑民商事司法协助条约。

2012年生效的双边司法协助条约共有六项：中国和马耳他刑事司法协助条约、中国和阿尔及利亚民商事司法协助条约、中国和秘鲁民商事司法协助条约、中国和墨西哥引渡条约、中国和菲律宾刑事司法协助条约、中国和泰国移管被判刑人条约。

截至2012年年底，中国已与60个国家缔结各类司法协助类条约共120项。其中，民、刑事司法协助条约67项（60项生效），引渡条约35项（27项生效），移管被判刑人条约11项（7项生效），打击“三股势力”协定7项（6项生效）。

3. 中美执法合作

中美执法合作联合联络小组（JLG）引领下的执法合作继续成为中美双边合作的重要内容和亮点之一。2012年2月，国家副主席习近平访美期间，两国领导人重申加强执法合作。5月，第四轮中美战略与经济对话框架下战略对话成果清单载明，双方决定进一步深化和促进执法合作以解决双方共同关心的问题，欢迎JLG为达成目标所作的努力。

12月17～19日，中美JLG第十次会议在广州举行。会议回顾和评估了JLG第九次会议以来中美执法合作及JLG机制运作情况，听取了JLG下设的追逃、遣返、知识产权刑事执法、反腐败、禁毒、刑事司法协助和打击网络犯罪各工作组的工作报告，深入、建设性地讨论了双方关注的执法和司法合作问题，就2013年的重点合作领域和具体工作作出了规划。双方共同团长签署了联合声明。

4. 中加司法和执法合作

2012年5月30～31日，第四轮中国与加拿大司法和执法合作磋商在渥太华举行，双方就追逃追赃、中加司法和执法合作现状及发展等共同关心的问题交换了意见，并就返还和分享犯罪所得协定进行了第一轮谈判。双方一致认为，该磋商是双方增进了解、加强互信以及讨论司法和执法合作重要事项的有效平台，同意将该磋商机制化，每两年举行一次。

（七）中国在国际海洋法领域的工作

1. 多边海洋法事务

（1）《联合国海洋法公约》第22次缔约国会议

2012年6月4～11日，《联合国海洋法公约》（简称《公约》）第22次缔约国会议在纽约联合国总部举行。会议举行了大陆架界限委员会（简称“委员会”）换届选举，中国籍候选人、委员会现任委员吕文正以高票获选连任，任期至2017年。会议还举办了《联合国海洋法公约》30周年纪念活动，听取了国际海洋法法庭（简称“法庭”）、国际海底管理局和委员会的工作报告，审议通过了法庭2013～2014年度预算。中国代表团积极参与了会议各项议题的审议，中方团长、中国常驻联合国副代表王民大使在《公约》30周年议题下发言，积极评价《公约》及其三大机构在维护海洋秩序方面发挥的重要作用，阐述中方倡导构建和维护和谐海洋秩序的基本主张，强调应统筹兼顾海洋的科学保护与合理利用、平衡处理沿海国利益和国际社会整体利益、妥为顾及所有国家合法利用海洋的权利和自由，尤其应保障发展中国家分享海洋为人类带来的福祉。

（2）联合国海洋事务和海洋法非正式磋商进程第13次会议

2012年5月29日至6月1日，联合国海洋事务和海洋法非正式磋商进程第13次会议在纽约联合国总部举行，会议主题为“海洋可再生能源”。会议听取了包括中国专家在内的11位专家的专题报告，就海洋可再生能源发展现状及面临的问题进行了讨论。中国代表团积极参与会议讨论，表示《联合国海洋法公约》等现有国际法为海洋可再生能源开发提供了法律框架，支持就海洋可再生能源开发加强国际合作，主张促进发展中国家能力建设，并宣传了中国在海洋可再生能源领域的进展和成就。

（3）全球海洋环境报告和评估经常性进程

2012年4月23～27日，全球海洋环境报告和评估经常性进程（简称“进程”）特设全体工作组第三次会议在纽约联合国总部举行。会议讨论并通过了《首次全球海洋环境状况综合评估大纲》、《专家组职权范围和工作方法》等两份建章立制重要文件，听取了有关支持进程的研讨会情况汇报，审议了首次全球海洋环境综合评估准备进展情况，并讨论了能力建设问题。中国代表团在参与相关议题的讨论中强调，进程的目的是为各国决策提供参考，不应评估各国海洋政策和海洋治理问题。会议采纳了中方有关意见。

中国积极参与进程相关工作，当选进程主席团成员，为进程专家库提名多位中国专家。2012年2月中国在海南三亚与联合国成功共同举办了东亚及东南亚海区研讨会，为本区域海洋环境评估能力建设作出了积极贡献。

（4）国家管辖范围外海域生物多样性养护和可持续利用问题

2012年5月7～11日，国家管辖范围外海域生物多样性养护和可持续利用问题特设工作组第五次会议在纽约联合国总部举行。会议讨论了国家管辖范围外海域生物多样性养护和可持续利用相关问题，特别是海洋基因资源惠益分享、海洋保护区、环境影响评估等，并审查了现有相关法律框架的有效性及下步工作。会议建议联合国秘书长在现有资源范围内，于2013年召开两次届间研讨会，就国家管辖范围外海域生物多样性养护和可持续利用问题增进理解，澄清主要问题，为工作组第六次会议作准备。2012年12月，第67届联大“海洋和海洋法决议”通过了上述建议。

（5）第67届联大《联合国海洋法公约》30周年纪念会议和关于海洋和海洋法议题的审议

2012年12月10～11日，第67届联大举行了《联合国海洋法公约》开放签署30周年纪念会，并审议通过了联大“海洋和海洋法决议”和“可持续渔业决议”。“海洋和海洋法决议”涉及大陆架界限委员会、国际海底管理局和国际海洋法法庭工作、海洋环境与资源、国家管辖范围外海域生物多样性、海事安全、非正式磋商进程、全球海洋环境报告和评估经常性进程和加强能力建设等问题。可持续渔业决议涉及打击非法、不报告、不管制捕鱼、强化对渔业活动的监测、控制和管理、促进渔业养护和管理的次区域、区域合作、倡导负责任渔业等问题。

中国常驻联合国代表李保东大使在相关议题下发言，积极评价《公约》的作用和成就，阐述了中方秉承《公约》精神，加强国际合作与协调，保障海洋的和平、安全与开放，促进各国共同发展，倡导构建和维护和谐海洋秩序的立场；积极评价大陆架界限委员会、国际海底管理局和国际海洋法法庭工作，支持联大通过国家管辖范围外海域生物多样性养护和可持续利用问题特设工作组建议，支持推进全球海洋环境报告和评估经常性进程的顺利开展，强调处理船舶温室气体排放问题应坚持“共同但有区别的责任”原则，表示愿与各国一道致力于加强对渔业资源的养护、管理和可持续利用。

（6）国际海底管理局第18届会议

2012年7月16～27日，国际海底管理局（简称“海管局”）第18届会议在牙买加金斯敦举行。会议通过了《“区域”内富钴结壳资源探矿和勘探规章》，核准了五项多金属硫化物和多金属结核矿区申请，通过了克拉里昂—克利珀顿区环境管理计划，启动了区域资源开发规章制订相关工作，并举行了《公约》开放签署30周年纪念活动。会议还举行了理事会半数成员改选，中国成功连任理事会A组成员；举行了秘书长换届选举，现任秘书长尼·阿洛泰·奥敦通成功连任，任期至2016年。中国代表团积极参与会议各项议题的审议，推动富钴结壳勘探规章顺利出台。中国大洋协会在会议期间率先向海管局提交了西太平洋3000平方公里的富钴结壳资源勘探矿区申请。

（7）多边渔业

2012年，中国派团参加了印度洋金枪鱼委员会、中西部太平洋渔业委员会、美洲间热带金枪鱼委员会、养护大西洋金枪鱼国际委员会、国际捕鲸委员会等国际渔业组织年会，出席了建立南太平洋区域渔业管理组织委员会筹备会议，并积极参加北太平洋渔业委员会第二次、第三次筹备会议。中国重视通过区域渔业组织和多边渔业合作，加强对公海渔业资源的管理，为实现渔业资源的养护和可持续利用作出积极贡献。

（8）极地事务

第35届《南极条约》协商会议

2012年6月10～20日，第35届南极条约协商会议在澳大利亚霍巴特举行。会议重点讨论了南极区域保护措施、旅游和非政府活动、搜救及作业安全、管辖权等问题，并首次发表会议公报。中国代表团本着加强南极环境保护和科研合作的精神，积极参与了会议有关讨论。

南极海洋生物资源养护委员会

2012年10月22日至11月1日，南极海洋生物资源养护委员会第31届年会在澳大利亚霍巴特举行。会议重点审议了美国、新西兰提交的罗斯海保护区提案，澳大利亚、法国、欧盟联合提交东南极海洋保护区提案等，由于各方分歧较大，相关提案未获通过。会议决定2013年7月在德国召开委员会特别会议，以便继续讨论相关海洋保护区提案。中国代表团积极参与了相关讨论，主张保护区的设立应有充分科学依据，符合委员会2011年通过的设立保护区的一般性规则，并在保护和合理利用之间寻求平衡。

会议还修订了委员会现有的港口国措施、犬牙鱼产品证书制度等养护措施，制定了遵约评估程序，审核同意了各成员国磷虾捕捞入渔申请。

北极事务

2012年3月28～29日，北极理事会高官会春季会议在瑞典斯德哥尔摩举行；5月15日，北极理事会副部长级会议在瑞典斯德哥尔摩举行；11月14～15日，北极理事会高官会秋季会议在瑞典哈帕兰达举行。中国政府派代表出席了上述会议，强调中国高度重视北极地区的科学研究和环境保护，尊重北极地区国家的主权以及根据国际法享有的主权权利和管辖权，愿在平等的基础上，与有关各方就北极问题加强互利合作，为实现北极地区的和平、稳定和可持续发展作出贡献，并希望有关国家继续支持中方成为北极理事会观察员。

2. 双边海洋法和极地事务对话

（1）中国与韩国第16次海洋法磋商暨外交部条法司长磋商

2012年3月6日，中国外交部条约法律司司长与韩国外交通商部国际法律局局长在首尔举行中韩第16次海洋法磋商暨外交部条法司长磋商。双方就共同关心的海洋法和国际法问题深入交换了意见，一致同意进一步加深中韩在有关领域的协调与合作，为中韩战略合作伙伴关系添砖加瓦。

（2）中国与阿根廷海洋法和极地事务对话

2012年5月11日，中国与阿根廷首次海洋法和极地事务对话在阿根廷布宜诺斯艾利斯举行。双方就海洋生物多样性保护、外大陆架划界、国际海底管理局工作、国际海洋法法庭工作、南极事务、极地航行规则等海洋法和极地事务热点问题交换了意见。

（3）第三轮中美海洋法与极地事务对话

2012年5月22～23日，第三轮中美海洋法和极地事务对话在北京举行，双方就共同关心的海洋法和极地事务热点问题进行了广泛、深入和建设性交流。本轮海洋法和极地事务对话是落实第四轮中美战略与经济对话框架下战略对话成果的一项重要举措。

（4）第二轮中英海洋法磋商

2012年9月25日，第二轮中英海洋法磋商在北京举行。双方就国际海洋法机构的工作和共同关心的海洋法问题深入交换意见，达成广泛共识。

（八）中国在国际环境法领域的工作

1. 气候变化问题

2012年11月26日至12月8日，《联合国气候变化框架公约》（下称《公约》）第18次缔约方会议暨《京都议定书》（下称《议定书》）第八次缔约方会议在卡塔尔多哈举行。其间还举行了《公约》长期合作行动特设工作组第15次会议续会、《议定书》附件一国家进一步承诺特设工作组第17次会议续会、加强行动德班平台特设工作组（下称“德班平台”）第一次会议续会以及《公约》附属履行机构和附属科技咨询机构第37次会议。

会议进程一波三折，各种矛盾纵横交错，交锋异常激烈。经过两周的艰苦谈判，最终达成了一揽子成果。一是通过相关修正案，确立了《议定书》第二承诺期，决定第二承诺期为期八年，始于2013年1月1日，止于2020年12月31日。欧盟及其27个成员国、澳大利亚等38个发达国家缔约方参加《议定书》第二承诺期，作为一个整体于第二承诺期在1990年基础上至少减排18%。会议还对确保《议定书》第二承诺期法律效力和按时实施的相关安排作出规定，并决定建立进一步提高发达国家第二承诺期减排指标力度的相关机制。历时七年的《议定书》工作组谈判圆满结束。二是全面完成巴厘行动计划谈判任务。会议重申了2度温升控制目标，要求各方为此按照公平、“共同但有区别的责任”和各自能力原则在向发展中国家提供资金、技术和能力建设支持等方面作出进一步努力；要求发达国家提高到2020年的减排承诺水平，确保可比性，并要求进一步理解发展中国家减缓行动的多样性；要求已建立的适应、资金、技术转让、能力建设等相关机构、机制尽快运行并发挥作用；公平获取可持续发展、单边贸易措施和知识产权问题也在决定中有所反映。《公约》工作组的成果全面反映了巴厘行动计划各项要素，该工作组结束工作。三是规划“德班平台”工作。会议决定确认了“德班平台”的工作应继续以《公约》的基本原则为指导，认可了该工作组的议程和两主席的机制安排，明确了下一步谈判应以《公约》和《议定书》工作组工作成果为基础，并通过了“德班平台”进程的初步工作规划。四是在资金、损失和损害等问题上取得一定进展。

来自191个缔约方和观察员国、687个政府间国际组织和非政府组织及373家媒体共约1.2万人参会。部分国家领导人、联合国秘书长及各国部长级代表出席了高级别会议。

中国派出了由国家发展改革委、外交部、科技部、财政部、环境保护部、农业部、交通运输部、林业局、气象局、民航局、国务院新闻办及香港和澳门特区有关部门和相关研究机构组成的代表团出席会议。国家发展改革委副主任解振华任代表团团长。

中国代表团全面、积极、深入参与了各个议题的磋商，并积极开展与发展中国家的协调和与发达国家的对话，支持东道国卡塔尔为确保会议公开、透明和广泛参与所做的努力，广做各方工作，最大限度体现诚意，展现灵活，为多哈会议取得成功发挥了积极、建设性作用。

2. 联合国环境署关于汞的国际法律文书的谈判

为解决汞污染这一全球性环境问题，联合国环境署（UNEP）自2003年起开展了汞污染控制工作。2009年2月，UNEP理事会第25次会议就全球汞污染防治作出决定，成立了关于拟定汞问题国际法律文书的政府间谈判委员会（INC），计划从2010年至2013年年初召开五次政府间谈判会议，就汞污染防治问题拟定一份具有法律约束力的国际文书。第一、二、三次INC会议分别于2010年6月、2011年1月和2011年10月在瑞典斯德哥尔摩、日本千叶和肯尼亚内罗毕召开。三次会议上，各方交换了在汞控制问题上的观点，并已就文书草案文本展开实质性谈判。

2012年6月27日至7月2日，INC第四次会议在乌拉圭埃斯特角城召开。由环境保护部、外交部、国家发展与改革委员会、财政部、工业与信息化部、商务部、中国石油和化工联合会等部门组成的中国代表团参加了本次会议。会上，各方就秘书处提供的文书草案继续进行实质性谈判，并就添汞产品和用汞工艺、大气汞排放、手工与小规模炼金、汞贮存和含汞废物处置管理、资金机制及遵约机制等重要议题成立接触小组进行磋商。整体上，此次会议成果有限，但主要控制条款内容已渐趋明朗，有助于2013年最后一次会议达成共识。

3.《关于消耗臭氧层物质的蒙特利尔议定书》

《关于消耗臭氧层物质的蒙特利尔议定书》第24次缔约方会议于2012年11月12～16日在瑞士日内瓦举行。来自136个缔约方、6个国际组织和一些非政府组织的700多名代表参加了会议。会议分为准备会议和高级别会议两部分，重点讨论了对《蒙特利尔议定书》的修正提案、通过控制副产品排放实现氟氯烃—22清洁生产的提案、《蒙特利尔议定书》财务机制的评价、消耗臭氧层物质替代物质的其他信息、必要用途豁免、甲基溴检疫和装运前用途等议题。会议经过激烈讨论，通过了26项决定。

环境保护部副部长张力军率由环境保护部、外交部、国家发展和改革委员会、国家质量监督检验检疫总局、国家食品药品监督管理局、北京大学等人员组成的中国代表团参加了本次会议。张力军副部长在高级别会议上发言，介绍了中国在保护臭氧层和履行议定书方面所做的工作及取得的成绩，并就会议讨论的重点议题阐述了中方的观点和立场。张力军副部长还应约与瑞士环境部长就双边环境合作事宜交换了意见。

中国代表团积极参加了会议各项议题的讨论和磋商，与相关国家充分沟通和协调立场，为会议通过有关决定作出了积极贡献。

4.《控制危险废物越境转移及其处置巴塞尔公约》

《控制危险废物越境转移及其处置巴塞尔公约》不限名额工作组第八次会议于2012年9月25～28日在瑞士日内瓦举行。来自90个缔约方、一些国际组织和非政府组织及产业界共240多名代表参加了会议。会议主要审议了公约未来十年战略框架、筹资与可持续供资、区域中心、环境无害化拆船、印度尼西亚—瑞士倡议的后续行动以及相关技术问题。会议经过讨论，通过了十项决定。

由环境保护部、外交部、交通运输部、中国环境科学院、中日友好环境保护中心和清华大学等人员组成的中国代表团参加了会议。中国代表团参加了会议各项议题的讨论和接触小组的磋商，就会议主要议题表明了中方立场，与有关各方积极沟通和交换意见，为会议通过有关决定作出了积极贡献。

5. 生物多样性与生物安全

《生物多样性公约》的目标是“保护生物多样性、持续利用其组成部分以及公平合理分享由利用遗传资源而产生的惠益”。公约于1992年通过,1993年生效，截至2012年有193个缔约方。

2012年10月8～19日，公约第11次缔约方会议在印度海德拉巴举行。会议围绕资金、具有生态或生物学重要意义的海洋区域（EBSAs）、气候变化等议题展开激烈谈判，各方于最后一刻达成一系列共识。会议主要成果有二：一是在资金议题上，各方同意2015年使流向发展中国家的与生物多样性相关的国际资金增加一倍；二是在EBSAs议题上，各方同意将有关区域研讨会形成的报告向联合国大会等机构提交。

环保部副部长周建人率由环保部、外交部、财政部、农业部、国家质量监督检验检疫总局、国家林业局、国家海洋局、中国科学院及香港特区等部门人员组成的中国代表团与会。中国代表团积极参与了各主要议题的讨论，为会议取得积极成果作出了贡献。

《卡塔赫纳生物安全议定书》于2000年通过，2003年生效，截至2012年共有164个缔约方。议定书第六次缔约方会议于2012年10月1～5日在印度海德拉巴举行，主要讨论了风险评估和风险管理、社会—经济因素、生物安全信息交换所以及处理、运输、包装和标识等议题。由环保部等有关部门组成的中国代表团与会。

（九）其他条约法律工作

1. 国际刑事法院

国际刑事法院是根据2002年7月1日生效的《国际刑事法院罗马规约》设立，旨在对犯有灭绝种族罪、战争罪、危害人类罪和侵略罪的个人追究刑事责任。截至2012年底，规约共有121个缔约国。2010年规约首次审查会议通过了有关侵略罪、战争罪条款的修正案，两个修正案均未生效。

截至2013年1月16日，国际刑事法院正处理八个情势，分别是缔约国提请法院管辖的乌干达情势、刚果（金）情势、中非共和国情势、马里情势，安理会提交的苏丹达尔富尔情势、利比亚情势以及由检察官自行启动调查的肯尼亚情势、科特迪瓦情势。2012年3月，法院就刚果（金）情势中的“鲁邦加案”作出成立十年来的首个判决，判决刚果（金）叛军领导人鲁邦加在内战中招募不满15岁的儿童参加武装冲突，犯有战争罪。同年12月，法院又就该情势中的“马斯修案”作出第二个判决，判决刚果（金）叛军领导人马斯修无罪。目前，两案均在上诉阶段。

此外，国际刑事法院的检察官办公室还在就阿富汗、格鲁吉亚、几内亚、哥伦比亚、巴勒斯坦、洪都拉斯、韩国和尼日利亚八个情势开展初步调查。

2012年11月14～21日，《国际刑事法院罗马规约》第11届缔约国大会在荷兰海牙召开，中国以观察员身份与会并发言，阐述对法院的原则立场和关切，强调法院在司法活动中应遵循《联合国宪章》宗旨和原则，切实执行补充性管辖原则，妥善处理与各国和安理会的合作关系，兼顾和平与正义，最终以实际行动赢得国际社会的信任和支持。本届会议选举产生第一届受害人基金理事会成员和提名委员会委员，并就法院与各方的合作、受害人赔偿、侵略罪等问题进行了讨论。

2. 国际法院

国际法院根据《联合国宪章》于1946年2月成立，是联合国的主要司法机构，设在荷兰海牙，其职能包括就国家间争端行使诉讼管辖权，就联合国有关机构提交的法律问题发表咨询意见。国际法院的咨询意见虽不具有强制执行力，但受到联合国及各国尊重，对国际法原则和规则的发展也有重大影响。截至2013年1月15日，国际法院共作出115项判决，发表27项咨询意见。近年来，国际法院在解决国际争端方面的作用明显增强，审理的案件数量呈上升趋势，其判决和咨询意见越来越受到各国重视，

国际法院共有15位法官，由联合国大会和安理会共同选举产生。新中国成立后，先后有倪征日奥（1985 ～ 1994）、史久镛（1994 ～ 2010）、薛捍勤（2010年至今）出任国际法院法官。

2012年2月6日，国际法院选出彼得·通卡（斯洛伐克籍）为院长、贝尔纳多·塞普尔韦达·阿莫尔（墨西哥籍）为副院长，任期均为三年。

3. 亚非法律协商组织

亚非法律协商组织（简称“亚非法协”）第51届年会于2012年6月18 ～ 22日在尼日利亚首都阿布贾召开。包括中国在内的26个国家派代表团出席了本届年会，俄罗斯联邦、红十字国际委员会、国际海洋法法庭，联合国毒品与犯罪问题办公室作为观察员与会。

本届年会讨论了国内法的域外适用、国际刑事法院新近进展、以色列违反国际法驱逐巴勒斯坦人和环境与可持续发展等四项议题，并就国际法委员会工作、海洋法在应对海盗中的挑战、国际恐怖主义举行了三场特别会议。此外，年会期间还举行了《亚非法协国际法杂志》等刊物的首发式。

中国代表团在一般性发言中充分肯定了亚非法协在促进亚非国家之间法律交流与协调方面发挥的重要作用，重申中国继续支持亚非法协工作的一贯立场，阐述了当前国际局势的深入调整对国际法体系发展带来的机遇与挑战，并就亚非法协发展和亚非国家加强法律合作提出了看法和建议。此外，中国代表团还就各议题阐述了中国政府的主张及立场，介绍了中国政府在有关领域所做工作及成绩，取得了积极的效果。

中国代表团团长在开幕式当天接受尼日利亚国家电视台采访，简要介绍了中国对本届会议主要议题的原则立场。

第七章

中国外交中的边界与海洋工作

（一）概述

中国与14个陆地邻国接壤，陆地国界线总长2.2万多公里，是世界上陆地国界线最长、邻国最多、边界情况最为复杂的国家之一。中国海域辽阔，拥有1.8万多公里的大陆海岸线和6500多个岛屿，与8个国家在海上相邻或相向。截至2012年年底，中国已与12个陆上邻国彻底解决历史遗留的边界问题，划定并勘定国界线约2万公里，与越南划定了北部湾海域界线。

边界与海洋工作攸关国家主权、安全和发展利益，是中国外交的重要组成部分。中国政府高度重视边界与海洋问题，从维护双边友好关系和地区和平与稳定大局出发，在尊重历史事实和国际法的基础上通过平等友好协商和谈判，公平合理地解决与周边国家的领土和海洋权益争端。

2012年，中国政府坚持睦邻友好、合作共赢的周边外交方针，积极开展边界和周边海洋工作。建立中国印度边境事务磋商和协调工作机制，举行中印边界问题特别代表会晤和特别代表非正式对话，保持中印边界谈判势头，有序推进同有关国家边界联检工作，维护陆地国界线清晰稳定；加强和完善边界管理，促进合作开发，服务沿边地区经济发展和开放；坚决捍卫国家领土主权和海洋权益，妥善处理和管控同周边有关国家的岛礁领土主权和海洋权益争端；加强双边谈判和对话，积极推动海上合作，维护与有关国家友好合作关系和周边形势稳定。

（二）陆地边界工作

1. 中印边界问题特别代表举行会晤

2012年1月16～17日，国务委员戴秉国与印度国家安全顾问梅农在新德里举行中印边界问题特别代表第15次会晤。双方就两国边界问题解决框架继续交换意见。

12月3～4日，戴秉国与梅农在北京举行会谈。双方就中印边界问题框架谈判的讨论情况进行梳理总结，达成有关共识。双方重申将坚持“三步走”路线图，坚持解决边界问题的政治指导原则，以两国关系大局为重，从政治角度出发，本着和平友好、平等协商、互相尊重、互相谅解的精神加紧工作，进一步缩小分歧，寻求一个共同的边界问题解决框架。双方同意，在边界问题最终解决前，应继续保持边境地区和平安宁，为边界问题的解决创造良好气氛和条件，同时确保边界问题不影响双边关系积极发展。

2. 中印建立边境事务磋商和协调工作机制

2012年1月中印边界问题特别代表第15次会晤期间，外交部部长助理刘振民和印度驻华大使苏杰生代表两国政府签署了《中华人民共和国政府和印度共和国政府关于建立中印边境事务磋商和协调工作机制的协定》。工作机制于2012年3月和11月分别在北京和新德里举行两次会议，就采取措施维护边境稳定、增进双方互信交换了意见。

3. 中塔阿三国国界交界点协定正式签署

2012年6月5日，外交部长杨洁篪、塔吉克斯坦外交部长扎里菲和阿富汗外交部长拉苏尔在北京正式签署《中华人民共和国、塔吉克斯坦共和国和阿富汗伊斯兰共和国关于确定三国国界交界点的协定》。

4. 中老边界第一次联合检查工作结束

2012年11月5日，外交部长杨洁篪和老挝副总理兼外交部长通伦在万象正式签署《中华人民共和国政府和老挝人民民主共和国政府关于中老边界第一次联合检查的议定书》及其附图，标志着中老边界第一次联检工作圆满结束。本次联检维护了两国边界线的清晰、稳定，对深化两国传统友谊、促进边境地区交往合作与共同发展具有重要意义。

（三）边界管理与合作开发

中国与有关邻国积极开展边界管理与合作开发，在边界管理法律文件制订和完善、边界管理合作机制运作、边界线维护、跨界水资源保护和利用、跨境设施建设以及边境地区经贸合作等方面取得新进展，推进了边界管理的法制化、机制化、规范化建设，为边境地区的稳定和发展创造了有利条件。

1. 边界管理

2012年1月14日，外交部长杨洁篪和尼泊尔副总理兼外交部长施雷斯塔分别代表两国政府在尼泊尔首都加德满都签署《中华人民共和国政府和尼泊尔政府关于边境口岸及其管理制度的协定》和《中华人民共和国政府和尼泊尔政府关于边民过界放牧的协定》。两个协定的签署为双方规范边境口岸管理、便利边民生产生活、促进边境地区人员和经贸往来创造了良好条件，对进一步巩固和发展中尼两国传统友好关系具有重要意义。

2012年2月和12月，中国和越南陆地边界联合委员会第二次和第三次会议分别在两国首都举行。双方回顾和总结了联委会一年来的工作情况，并就边界代表机制、边境地区联合执法与管控、边境口岸开放和管理、界务工程等问题深入交换意见，达成广泛共识。

2012年3月9日，《中华人民共和国政府和老挝人民民主共和国政府关于边界管理制度的协定》和《中华人民共和国政府和老挝人民民主共和国政府关于边境口岸及其管理制度的协定》生效，取代1993年两国政府签订的《中华人民共和国政府和老挝人民民主共和国政府边界制度条约》成为两国间新的边界和边境口岸管理制度法律文件。

2012年5月8～9日，《中华人民共和国政府和蒙古国政府关于边境口岸及其管理制度的协定》执行情况第四轮司局级会晤在蒙古首都乌兰巴托举行。双方就口岸开放、口岸工作时间、口岸设施建设、口岸运行秩序等问题深入交换意见，为进一步提高口岸通关能力、充分发挥口岸经济的辐射和带动效应创造了有利条件。

根据《中华人民共和国政府和老挝人民民主共和国政府关于边界管理制度的协定》，中老双方于2012年5月26日至6月1日在老挝川圹成立了中老边界联合委员会并举行联委会首次会议，就边境地区形势、边界代表机制、边境地区执法合作、边境口岸管理与合作等深入交换意见并达成广泛共识。

2012年6月5日，外交部长杨洁篪与塔吉克斯坦外交部长扎里菲分别代表两国政府在北京签署《中华人民共和国政府和塔吉克斯坦共和国政府关于中塔国界管理制度的协定》，为今后进一步规范和加强两国边界管理事务的协调与合作奠定法律基础。

2012年6月6日，海关总署署长于广洲与哈萨克斯坦交通通讯部长茹马加利耶夫分别代表两国政府在北京签署《中华人民共和国政府和哈萨克斯坦共和国政府关于中哈边境口岸及其管理制度的协定》。该协定取代两国政府1992年签订的《中华人民共和国政府和哈萨克斯坦共和国政府关于开放边境口岸的协定》，规定双方将增开霍尔果斯—阿腾科里铁路口岸。

2012年6月20～22日，中国和俄罗斯边界联合委员会第十次会议在莫斯科举行。双方全面回顾和总结了自2012年1月以来中俄国界管理制度协定的执行情况，并就中俄国界第一次联合检查、界河工程、边境地区执法和管控、边境口岸管理和跨境基础设施建设等问题广泛、深入交换意见。

2. 跨境设施建设

2012年4月28日，外交部副部长程国平和俄罗斯交通部副部长阿里斯托夫分别代表两国政府在莫斯科签署《中华人民共和国政府和俄罗斯联邦政府关于对2008年10月28日〈中华人民共和国政府和俄罗斯联邦政府关于共同建设、使用、管理和维护中华人民共和国黑龙江省同江市—俄罗斯联邦犹太自治州下列宁斯阔耶居民点区域内黑龙江（阿穆尔河）铁路界河桥协定〉的修订议定书》。该议定书重新划分中俄双方建设同江铁路界河桥的责任分界线，为大桥开工建设创造了必要条件。

2012年5月10日，中国驻朝鲜大使刘洪才和朝鲜外务省副相朴吉渊分别代表两国政府在朝鲜首都平壤签署《中华人民共和国政府和朝鲜民主主义人民共和国政府关于共同建设、管理和维护集安—满浦界河公路大桥的协定》。协定的签署为两国共同建设又一条主要跨境通道奠定了法律基础。

3. 跨界河流合作

2012年12月11～13日，中国和俄罗斯合理利用和保护跨界水联合委员会第五次会议在莫斯科举行。中方代表团团长为中国驻俄大使李辉，俄方代表团团长为联委会俄方主席、俄联邦水资源署署长谢莉维尔斯托娃。双方高度评价联委会2012年所取得的工作成果，对2013年工作作出部署，并就跨界水领域有关问题深入交换了意见。

4. 中国同哈萨克斯坦、吉尔吉斯斯坦、俄罗斯、塔吉克斯坦边境裁军联合监督小组

2012年4月和11月，中国同哈萨克斯坦、吉尔吉斯斯坦、俄罗斯、塔吉克斯坦边境裁军联合监督小组第26次和第27次会议分别在莫斯科和北京举行。中方同四国组成的联方高度评价了联合监督小组为促进五国军事领域信任、交流与合作以及维护边境地区安全稳定所发挥的积极作用，充分肯定有关协定的执行情况，制定了联监组2013年工作计划，并就进一步完善相关工作达成一致。

（四）中国与周边国家间海洋权益问题

1. 中日海洋事务高级别磋商第一轮磋商

2012年5月16～17日，中日海洋事务高级别磋商第一轮磋商在浙江省杭州市举行。双方就海洋政策、海上防务政策、海洋法立场、磋商机制建设及双方共同关心的海上问题交换了意见，一致同意要利用中日海洋事务高级别磋商的平台开展海上问题的对话与交流，增进了解与互信，加强合作，管控矛盾，妥善处理有关问题。

2. 中越北部湾湾口外海域工作组磋商

2012年5月21～22日，为落实《关于指导解决中越海上问题基本原则协议》，中国与越南在河内举行北部湾湾口外海域工作组第一轮磋商。双方就北部湾湾口外划界与共同开发问题交换了意见。9月26～27日，中越北部湾湾口外海域工作组第二轮磋商在北京举行。双方就北部湾湾口外划界与共同开发的指导原则达成共识。

3. 中越海上低敏感领域合作专家工作组磋商

2012年5月29～30日，中国与越南海上低敏感领域合作专家工作组第一轮磋商在北京举行。双方就开展两国在海洋环保、海洋科研、海上搜救、减灾防灾领域的合作交换了意见，并就有关合作原则与工作机制达成一致。11月6～8日，中越海上低敏感领域专家工作组第二轮磋商在河内举行。双方就海洋环保、海洋科研、海上搜救、减灾防灾四个领域的具体优先合作项目交换了意见。双方同意共同努力，争取早日启动有关研究工作。

4. 中国提交东海外大陆架划界案

2012年12月14日，中国常驻联合国代表团代表中国政府向联合国秘书处提交了东海部分海域200海里以外大陆架外部界限划界案。该划界案是根据《联合国海洋法公约》以及该公约所设立的大陆架界限委员会的"议事规则"及"科学和技术准则"等有关规定提出的。划界案指出，地貌与地质特征表明东海大陆架是中国陆地领土的自然延伸，冲绳海槽是具有显著隔断特点的重要地理单元，是中国东海大陆架延伸的终止。中国东海大陆架宽度从测算中国领海宽度的基线量起超过200海里。划界案同时明确，提交该划界案不影响中国政府以后在东海或其他海域提交其他外大陆架划界案。

5. 第22届"处理南海潜在冲突研讨会"

2012年11月22～24日，第22届"处理南海潜在冲突研讨会"（下称"研讨会"）在印度尼西亚万隆举行。来自中国、东盟7国（缅甸、老挝、柬埔寨未参加）和中国台北的代表以个人身份参加。会议积极评价"研讨会"在促进各方沟通，将潜在冲突转化为合作机遇等方面的作用，重申坚持"研讨会"的非正式、非官方性质，并积极推进和拓展"研讨会"框架下的合作项目。中方与会人员就中国有关单位牵头实施的“建立海洋数据库”项目做了报告。

6. 亚洲地区反海盗及武装劫船合作协定

2012年3月6～8日，《亚洲地区反海盗及武装劫船合作协定》信息分享中心（下称“中心”）理事会第六届年会在新加坡举行。中国及其他16个缔约国派团出席。英国以观察员身份与会。马来西亚、澳大利亚及国际海事组织等国家和国际组织以“外部参与者”身份参加了会议。会议就亚洲地区反海盗形势等问题进行了讨论研究，并对“中心”在打击和抑制亚洲地区的海盗武装劫船方面发挥的积极作用给予充分肯定。中国向“中心”捐款5万美元。

第八章

中国外交中的新闻和公共外交工作

（一）概述

2012年，外交部以对外新闻和公共外交工作为平台，以国家领导人出访和出席国际会议、中国共产党第十八次全国代表大会、全国人民代表大会、中国人民政治协商会议等国内重要政治活动、上海合作组织北京峰会、中阿合作论坛、中非合作论坛为契机，精心设计新闻和公共外交工作，向国际社会全面介绍中国的和平发展道路、互利共赢的对外开放战略和独立自主的和平外交政策。通过例行记者会、专题吹风会、“外交小灵通”微博、“外交服务站”广播、网络访谈等方式及时发布权威消息，回应民众关切。通过“蓝厅论坛”、“公众开放日”等活动，与国内外各界就中国外交进行沟通交流，增进了解与信任，践行“外交为民”理念。加强与外国驻华记者沟通交流，为其全面、客观报道中国提供外交信息，针对国内外媒体关注的问题，介绍中国的外交政策和对重大国际、地区问题的立场主张。

（二）阐述外交政策

1. 介绍国家领导人出访和出席国际会议情况

2012年，外交部等有关部委负责人就中国领导人出访和出席国际会议，多次向中外媒体介绍情况。

3月26日至4月2日，国家主席胡锦涛出席首尔核安全峰会、金砖国家领导人第四次会晤并对柬埔寨进行国事访问。3月20日，外交部部长助理马朝旭、亚洲司司长罗照辉向中外记者介绍情况。会议期间，设立中国代表团新闻中心，安排吹风会、采访等公共外交活动，宣介中国与会政策立场，邀请工业和信息化部部长苗圩、商务部长陈德铭、中国国家开发银行董事长陈元、中国国际贸易促进委员会副会长于平及专家学者、企业代表等举行专题吹风会或接受采访。4月2日，外交部长杨洁篪向随访中国媒体介绍有关情况及与会和访问成果。

6月6～7日，胡锦涛主席出席在北京举行的上海合作组织成员国元首理事会第12次会议。5月23日，外交部副部长程国平向中外记者介绍情况。会议期间，设立新闻中心，安排吹风会、采访等公共外交活动，邀请国家开发银行董事长陈元、中国进出口银行副行长朱鸿杰、黑龙江省人民政府副省长孙尧、新疆维吾尔自治区人民政府副主席史大刚举行专题吹风会。6月7日，程国平副部长就胡锦涛主席出席上海合作组织北京峰会及峰会成果向中外媒体介绍情况。

6月14～19日，胡锦涛主席对丹麦进行国事访问并出席在墨西哥洛斯卡沃斯举行的二十国集团领导人第七次峰会。6月11日，外交部副部长崔天凯、宋涛和财政部副部长朱光耀、中国人民银行国际司副司长朱隽向中外记者介绍情况，外交部副部长崔天凯与中外媒体座谈。会议期间，设立中国代表团新闻中心，安排吹风会、采访等公共外交活动，宣介中国与会政策立场，邀请商务部长陈德铭、外交部副部长崔天凯、财政部副部长朱光耀、中国国际贸易促进委员会副会长于平、中国人民银行国际司司长何建雄举行专题吹风会或接受采访。6月16日、19日，外交部长杨洁篪分别向随访中国媒体介绍访问和与会有关情况及成果。

9月6～9日，胡锦涛主席出席亚太经合组织（APEC）第20次领导人非正式会议。8月30日，外交部部长助理马朝旭、商务部部长助理俞建华向中外记者介绍情况。会议期间，设立中国代表团新闻中心，安排吹风会、采访等公共外交活动，宣介中国与会政策立场，邀请中国工商银行副行长王丽丽和企业代表举行专题吹风会或接受采访。9月9日，外交部长杨洁篪向随访中国媒体介绍有关情况及与会成果。

1月14～19日，国务院总理温家宝对尼泊尔、沙特、阿联酋、卡塔尔进行正式访问并出席第五届世界未来能源峰会开幕式。1月11日，外交部副部长翟隽向中外记者介绍情况。1月19日，外交部长杨洁篪向随访中国媒体介绍有关情况及访问和与会成果。

4月20～27日，温家宝总理对冰岛、瑞典、波兰进行正式访问并出席德国汉诺威工业博览会开幕式及中国伙伴国活动。4月16日，外交部副部长宋涛、商务部副部长蒋耀平向中外记者介绍情况。4月27日，外交部长杨洁篪向随访中国媒体介绍有关情况及访问和与会成果。

6月20～26日，温家宝总理出席联合国可持续发展大会并对巴西、乌拉圭、阿根廷和智利进行正式访问。6月18日，外交部副部长谢杭生向中外记者介绍情况。6月26日，外交部长杨洁篪向随访中国媒体介绍有关情况及与会和访问成果。

9月19～20日，温家宝总理出席第15次中欧领导人会晤并对比利时进行正式访问。9月17日，外交部副部长宋涛、财政部副部长朱光耀、商务部副部长钟山向中外记者介绍情况。9月20日，外交部长杨洁篪向随访中国媒体介绍有关情况及与会和访问成果。

11月4～6日，温家宝总理出席第九届亚欧首脑会议并对老挝进行正式访问。10月31日，外交部部长助理马朝旭、亚洲司副司长杨健向中外记者介绍情况。11月6日，外交部长杨洁篪向随访中国媒体介绍有关情况及与会和访问成果。

11月18～21日，温家宝总理出席第15次中国—东盟（10+1）领导人会议、东盟与中日韩（10+3）合作15周年纪念峰会和第七届东亚峰会并对柬埔寨和泰国进行正式访问。11月17日，外交部副部长傅莹、商务部亚洲司副司长梁文洮向中外记者介绍情况。11月21日，外交部长杨洁篪向随访中国媒体介绍有关情况及与会和访问成果。

12月4～6日，温家宝总理出席上海合作组织成员国总理第11次会议、中俄总理第17次定期会晤并对吉尔吉斯斯坦、俄罗斯进行正式访问。11月29日，外交部副部长程国平向中外记者介绍情况。12月6日，外交部长杨洁篪向随访中国媒体介绍有关情况及与会和访问成果。

2月13～22日，国家副主席习近平对美国、爱尔兰、土耳其进行正式访问。2月9日，外交部副部长崔天凯向中外媒体介绍情况。2月17日、22日，外交部长杨洁篪分别向随访中国媒体介绍习近平副主席访问美国和访问爱尔兰、土耳其有关情况和成果。

7月6～7日，国务院副总理王岐山和新加坡副总理张志贤在苏州共同主持召开中国—新加坡双边合作联合委员会第九次会议、苏州工业园联合协调理事会第14次会议和天津生态城联合协调理事会第五次会议。7月6日，外交部部长助理乐玉成向中外媒体介绍中新双边合作联委会第九次会议情况及成果。

5月3～4日，胡锦涛主席特别代表王岐山副总理、国务委员戴秉国与美国总统奥巴马特别代表国务卿希拉里·克林顿和财政部长蒂莫西·盖特纳共同主持在北京举行的第四轮中美战略与经济对话。对话期间，外交部长杨洁篪向国内媒体介绍对话情况，回顾对话成果。外交部副部长崔天凯、财政部副部长朱光耀向中外媒体介绍情况。

12月19日，王岐山副总理与美国商务部长、贸易代表共同主持第23届中美商贸联合委员会。商务部长陈德铭、外交部副部长崔天凯、发改委副主任张晓强、工业和信息化部副部长刘利华、财政部副部长朱光耀、国家新闻出版署副署长阎晓宏向中外媒体介绍情况。

2. 例行记者会

2012年，外交部发言人共举行192场例行记者会，就中外媒体关注的问题发布消息，阐明中国政府立场。全年主动发布消息近300条，通过例行记者会和电话回答记者提问7000余个。主要答问内容涉及中日、中美、中俄、中欧、中朝、中印等双边关系中的重要政治和经贸问题，钓鱼岛、南海、朝鲜半岛局势、伊朗核、西亚北非局势、欧美主权债务危机、气候变化等国际和地区热点问题以及缅甸、巴基斯坦、泰国等周边国家局势等。发言人还就涉台、涉港澳外交和涉藏、涉疆等问题介绍情况并表明立场。

（三）外国记者工作

1. 外国常驻记者概况

截至2012年年底，共有59个国家438家新闻机构向中国派出常驻记者661名。其中，驻北京机构381家，记者525人；驻上海机构134家，记者120人；驻广州机构11家，记者9人；驻重庆机构5家，记者2人；驻沈阳机构3家，记者3人；驻深圳机构1家，记者1人；驻大连机构1家，记者1人。

2. 安排外国媒体采访国家领导人

2012年，外交部新闻司负责落实国家领导人会见外国记者和接受外国媒体采访17次；安排国家领导人与外国领导人共同会见记者活动10次。其中包括：

3月28日，国家主席胡锦涛在赴印度新德里出席金砖国家领导人第四次会晤前夕，接受了金砖国家媒体《人民日报》、《巴西商报》、《俄罗斯报》、《印度教徒报》、南非《商业日报》联合书面采访，就金砖国家领导人第四次会晤、金砖国家在全球治理中的作用、金砖国家间务实合作、中国同其他金砖国家关系等回答提问。

6月5日，胡锦涛主席在俄罗斯总统普京访华期间，与普京共同会见中外记者。

6月6日，胡锦涛主席出席在北京举行的上海合作组织成员国元首理事会第12次会议前夕，接受了《人民日报》及俄罗斯、哈萨克斯坦、吉尔吉斯斯坦、塔吉克斯坦、乌兹别克斯坦等上海合作组织成员国媒体的联合书面采访，就上海合作组织发展及本次峰会、成员国推进各领域友好合作、中国同其他成员国双边关系等回答提问。

6月17日，胡锦涛主席在赴墨西哥洛斯卡沃斯出席二十国集团领导人第七次峰会前夕，接受了墨西哥《改革报》书面采访，就二十国集团峰会、发展中国家团结合作、中墨关系等阐述中方立场和主张，并介绍中国经济形势及前景。

1月18日，国务院总理温家宝在即将结束对尼泊尔、沙特、阿联酋、卡塔尔正式访问前夕，在多哈举行中外记者招待会，向媒体介绍访问情况。

2月2日，温家宝总理在北京与来华访问的德国总理默克尔共同会见中外记者。

2月14日，温家宝总理在北京与来华举行第14次中欧领导人会晤的欧洲理事会主席范龙佩、欧盟委员会主席巴罗佐共同会见记者。

4月24日，温家宝总理访问瑞典期间与瑞典首相赖因费尔特共同会见记者。4月25日，温家宝总理访问波兰期间与波兰部长会议主席（总理）图斯克共同会见记者。4月27日，温家宝总理通过波兰政府新闻中心向波兰民众发表电视讲话，介绍访问成果和意义。同日，温家宝总理还专程前往波兰奥斯威辛德国纳粹集中营纪念馆悼念二战遇难者，并在现场对中外记者发表讲话。

5月13日，温家宝总理在北京主持召开第五次中日韩领导人会议期间与韩国总统李明博、日本首相野田佳彦共同会见中外记者。

6月26日，温家宝总理访问智利期间与智利总统皮涅拉共同会见记者。

8月30日，温家宝总理在北京与来华访问并举行第二轮中德政府间磋商的德国总理默克尔共同会见记者。

11月21日，温家宝总理访问泰国期间与泰国总理英拉共同会见记者。

12月6日，温家宝总理出席中俄总理第17次定期会晤并访问俄罗斯期间与俄罗斯总理梅德韦杰夫共同会见记者。

1月27日，在出席非盟第18届首脑会议开幕式并访问埃塞俄比亚前夕，全国政协主席贾庆林接受了埃塞俄比亚通讯社书面采访，就中非关系、中国与非盟关系及中埃关系等回答提问。

2月12日，国家副主席习近平在对美国进行正式访问前夕，接受了美国《华盛顿邮报》书面采访，就中美关系、双边经贸合作、地方和人民交往、中美在亚太的关系等回答提问。2月18日，习近平副主席在对爱尔兰进行正式访问前夕，接受了《爱尔兰时报》书面采访，就访问目的、中爱关系、欧盟重要性、中国发展等回答提问。2月20日，习近平副主席在对土耳其进行正式访问前夕，接受了土耳其《晨报》书面采访，就中土关系、双边合作、中土文化交流等回答提问。

5月4日，国务院副总理王岐山、国务委员戴秉国和美国国务卿希拉里·克林顿、财政部长蒂莫西·盖特纳在第四轮中美战略与经济对话结束后举行联合记者会。

7月9日，戴秉国国务委员在北京与来华举行第三轮中欧高级别战略对话的欧盟外交与安全政策高级代表兼欧盟委员会副主席阿什顿共同会见记者。

8月20日，戴秉国国务委员在举行中俄第七轮战略安全磋商前夕，接受了俄罗斯《俄罗斯报》书面采访，就中俄关系及国际和地区热点问题等回答提问。8月23日，戴秉国国务委员在对蒙古国进行正式访问前夕，接受了蒙古媒体联合书面采访，就中蒙关系发展、双边经贸合作、两国在国际和地区事务中合作等回答提问。同日，戴秉国国务委员在乌兰巴托接受蒙古国媒体采访。

12月10日，戴秉国国务委员在结束中印（度）边界问题特别代表非正式对话后，接受了《印度报业托拉斯》驻京记者采访，就中印关系、双边经贸合作、中印边界谈判等回答提问。

1月6日，第五届中日友好21世纪委员会中方首席委员唐家璇接受日本《读卖新闻》中国总局长加藤隆则专访，对中日邦交正常化40年来两国关系发展历程进行回顾总结并作出未来展望，还就中国对日政策以及亚太区域合作等回答提问。

4月10日，第五届中日友好21世纪委员会中方首席委员唐家璇接受日本《VOICE》杂志前田宏子专访，就中日邦交正常化40年来两国关系发展及中国对日政策等回答提问。

3. 安排外国媒体采访外交部领导

2012年，外交部新闻司负责安排外交部领导接受外国媒体采访24次。主要包括：

5月10日，外交部长杨洁篪与来华访问的俄罗斯外长拉夫罗夫共同会见中外记者。

9月5日，杨洁篪部长与来华访问的美国国务卿希拉里·克林顿共同会见中外记者。

10月11日，杨洁篪部长与来华访问的德国外长韦斯特维勒共同会见中外记者。

10月26日，外交部副部长张志军就钓鱼岛问题举行中外媒体吹风会。

1月9日，外交部副部长崔天凯会见部分境外媒体记者。

2月9日，崔天凯副部长就习近平副主席访问美国举行中外媒体吹风会。

11月27日，崔天凯副部长会见美国“百人会”新闻团，就中美关系和中方外交政策等回答提问。

3月13日，外交部副部长傅莹会见印度尼西亚记者团，就印尼总统苏希洛访华、中印尼关系、中印尼经贸合作、中国对印尼政策等与记者进行交流，并在会见前接受印尼国家电视台采访。

4月6日，傅莹副部长就中日关系等向日本驻京媒体负责人吹风。

6月2日，傅莹副部长在新加坡《联合早报》发表署名文章《关于东亚的合作安全》。

8月20日，傅莹副部长会见新加坡报业控股华文报集团总编辑林任君，介绍了中新关系、中国—东盟合作、南海问题等的政策立场，并就新闻媒体交流合作等与对方交换意见。

8月23日，傅莹副部长就中韩建交20周年接受韩联社书面采访。

9月8日，傅莹副部长在新加坡接受《海峡时报》、《联合早报》采访。

9月14日，傅莹副部长就钓鱼岛问题与日本驻京媒体负责人交流。日本时事社报道主要内容。

5月14日，外交部副部长翟隽会见阿拉伯国家联合记者团，就中阿关系、中阿合作论坛第五届部长级会议、中国发展经验等同记者交流。

11月7日，翟隽副部长会见西亚北非地区联合新闻团，介绍中共十八大、中国发展经验、中国对该地区形势的看法和政策立场。

11月7日，翟隽副部长会见非洲国家联合新闻团，介绍中共十八大、中国发展道路、当前面临的问题与挑战以及对中非关系等问题的看法。

4月20日，外交部副部长程国平会见俄罗斯记者团并回答记者提问。

5月23日，程国平副部长就俄罗斯总统普京访华向俄主要媒体驻京记者吹风并回答记者提问。

5月30日，程国平副部长会见中亚五国联合新闻团并回答记者提问。

11月7日，程国平副部长会见中亚国家联合记者团，介绍中共十八大、中国发展道路、发展形势、外交政策、中国同中亚各国关系及对新闻交流等问题的看法。

11月6日，外交部部长助理张昆生会见拉美和加勒比地区联合新闻团，介绍中共十八大重要意义、中国发展道路和发展成就、中拉关系等。

4月9日，外交部部长助理张明会见南苏丹记者团，南苏丹总统基尔访华、中南苏关系、中南苏经贸合作和新闻交流、中国对南苏丹政策以及南北苏丹问题等同记者交流。

8月1日，外交部部长助理马朝旭会见伊朗外交部发言人梅赫曼帕拉斯特及其所率新闻团一行，就双边关系、新闻媒体交流、公共外交等问题与对方交换意见。

4. 外国记者赴各地采访情况

2012年，外交部新闻司共组织外国记者赴各地采访18次，参加记者6000余人次，主要有：

1月14～15日，采访北京电视台2012环球春节晚会。

2月3日，采访第12届北京市崇文门外大街街道元宵灯会开幕式、花灯展示、民俗表演。

2月27日，采访北京城市学院。

2月28日，采访中新天津生态城和滨海新区。

2月29日，赴北京某三级甲等医院采访医疗改革情况。

3月1日，采访北京时尚设计广场，实地了解企业产业转型以及文化创意产业发展情况。

4月3～6日，采访海南经济转型升级、改善民生等方面取得的成就。

5月4日，采访纪念中国共青团成立90周年大会。

5月7～9日，赴深圳采访高科技企业、文化创意产业。

5月30日，采访北京高安屯电动汽车充换电站。

6月4～6日，采访参加上海合作组织北京峰会的外国元首机场抵达活动。

6月6～7日，采访上海合作组织北京峰会相关活动。

6月16日，赴甘肃省酒泉市采访神舟九号飞船发射。

7月2～6日，赴浙江杭州、嵊州、义乌和江苏昆山采访阿里巴巴、吉利汽车、义乌新光饰品集团、义乌国际商贸城、好孩子集团昆山总部等中小微企业。

7月24日，采访中国人民解放军陆军航空兵第四直升机团。

10月1日，采访国家领导人向人民英雄纪念碑敬献花篮仪式。

11月7～15日，采访中国共产党第十八次全国代表大会相关活动。

12月10～14日，赴广州、顺德、中山、珠海采访广东经济社会发展现状。

（四）对外新闻交往

2012年，外交部新闻司接待来自欧美、亚太和非洲的17批外国记者访华，组织2个中国新闻团赴有关国家交流，并与有关国家新闻主管部门举行对话磋商。

1. 新闻团互访

3月12～19日，接待印度尼西亚记者团访华。

3月18～22日，接待柬埔寨记者团访华。

3月18～22日，接待印度记者团访华。

3月18～22日，接待韩国记者团访华。

3月19～26日，中国新闻团访问日本。

3月27日至4月1日，接待土耳其记者团访华。

4月7～14日，接待南苏丹记者团访华。

4月18～30日，接待俄罗斯新闻团访华。

4月21～28日，接待缅甸记者团访华。

5月12～21日，接待阿拉伯国家联合记者团访华。

5月27日至6月9日，接待中亚国家联合新闻团访华。

6月9～14日，中国新闻团访问韩国。

6月9～16日，接待拉美国家联合新闻团访华。

6月18～24日，接待阿富汗和巴基斯坦联合新闻团访华。

7月17～26日，接待非洲国家联合新闻团访华。

7月22～28日，接待蒙古新闻团访华。

7月30日至8月7日，接待伊朗外交部发言人梅赫曼帕拉斯特所率新闻团访华。

11月1～12日，接待发展中国家记者团访华。

11月25～30日，接待韩国外交通商部新闻团访华。

2. 对口磋商

4月9日，外交部新闻司有关人员在北京上海合作组织秘书处举行上合组织成员国外交部新闻部门磋商。

5月14日，外交部发言人、新闻司司长与俄罗斯外交部发言人、新闻司司长在北京举行中俄外交部2012年度新闻司长磋商。

5月25日，外交部新闻司司长会见古巴外交部新闻与公共外交司司长。

8月1日，外交部发言人、新闻司司长与伊朗外交部发言人在北京共同主持两国外交部发言人磋商。

9月12日，外交部发言人、新闻司司长与美国国务院助理国务卿、公共事务局负责人在北京举行中美外交部门新闻和公共外交首轮磋商。

（五）公共外交

1. 公共外交概况

2012年，外交部和中国驻外外交机构开展丰富多彩、形式多样的公共外交活动，向国际社会全面介绍中国的和平发展道路、互利共赢的对外开放战略和独立自主的和平外交政策，大力弘扬平等互信、包容互鉴、合作共赢的精神，推动国际社会全面、客观看待中国；积极向公众介绍中国的外交政策和外交工作，争取社会各界对中国外交政策和外交工作的理解和支持。

2012年，外交部举办的公共外交活动主要有：

5月29日，举办以“上海合作组织峰会和组织未来发展”为主题的第六届“蓝厅论坛”，外交部副部长程国平、外国驻华使节、国际组织驻华代表、商界代表、有关专家学者以及中外媒体代表等共约240人出席。论坛由中国国际问题研究基金会和外交部公共外交办公室联合主办，中国国际问题研究基金会理事长张德广主持。程国平副部长发表题为《上海合作组织事业永无止境》的主旨演讲，回顾上合组织的发展历程，介绍峰会的预期成果，并展望上合组织未来十年发展。程国平副部长还回答了与会嘉宾和记者的提问。有关专家学者从不同角度发表看法，并与嘉宾交流互动。

7月12日，举办以“新形势下的中非合作”为主题的第七届“蓝厅论坛”，外交部副部长翟隽、外国驻华使节、国际组织驻华代表、商界代表、有关专家学者以及中外媒体代表等共约280人出席。论坛由外交部公共外交办公室和中国国际问题研究所联合主办，中国国际问题研究所特约研究员、前中国政府非洲事务特别代表刘贵今大使主持。翟隽副部长发表题为《中非新型战略伙伴关系前景广阔》的主旨演讲，回顾论坛发展历程，介绍会议的预期成果，并就如何看待当前中非关系发展特点、新形势下如何推动中非关系深入发展提出看法和思路。翟隽副部长还回答了与会嘉宾和记者的提问。有关专家学者作专题发言，并与嘉宾交流互动。

9月15日，由外交部名誉扶贫大使乐爱妹女士发起的“大爱无国界——资助健康快车光明行”国际义卖活动在北京朝阳公园举行。乐爱妹女士，驻华外交使团团长、多哥驻华大使阿马先生，中华健康快车管委会主任、卫生部副部长黄洁夫先后致辞，阿马大使、黄洁夫副部长、中华健康快车基金会副理事长范徐丽泰女士等为活动开幕剪彩。共有68个外国驻华使馆和国际组织驻华代表机构以及10个国内单位和企业参与此次义卖活动。本次活动所筹善款用于以“大爱无国界”命名的一列健康快车，深入河南省新乡市贫困地区，为1500名白内障患者免费实施复明手术。部分善款捐献给云贵地震灾区。

12月28日，举办以“新形势下的中国外交”为主题的第八届“蓝厅论坛”。论坛由外交部公共外交办公室主办。外交部副部长张志军、外国驻华使节、国际组织驻华代表、商界代表、有关专家学者以及中外媒体代表等共200余人出席。张志军副部长发表题为《坚持和平发展，推动合作共赢》的主旨演讲，就中共十八大后的中国外交政策走向、中国与周边国家关系、中美新型大国关系等发表看法。张志军副部长还回答了与会嘉宾和记者的提问。有关专家学者作专题发言，并与来宾交流互动。

12月31日，外交部长杨洁篪出席中国公共外交协会成立大会并致贺辞。协会选举李肇星为会长，中国前驻英国大使、亚太安全合作理事会中国委员会会长马振岗和中国和平统一促进会理事、中央文史研究馆馆员舒乙为副会长。

2. 外交部公众信息网体系建设

外交部公众信息网体系主要包括外交部网站、驻外使领馆网站及相关子网站。2012年，外交部公众信息网体系及时、准确、全面发布中国外交信息，为国内外公众了解中国外交政策和外交工作提供服务。体系内站点248个，全年共发布消息89余万条，计逾

14亿字，配图30多万张，日均点击量630余万次。

外交部网站设立国家领导人出访、出席重大国际活动以及学习贯彻党的十八大精神、钓鱼岛问题、“蓝厅论坛”等专题，及时发布有关消息。1月和4月，先后会同人民网、中国日报网、中国新闻网联合举办“外交·大家谈”及2012部委系列网络访谈，邀请外交部亚洲司、亚非司、非洲司、欧亚司、美大司、拉美司、国际司、军控司、条法司、边海司、新闻司、领事司等12个地区业务司的负责人就周边外交、大国外交、多边外交、公共外交、领事保护等主题与网民在线交流，全景式介绍中国外交政策，展示中国外交工作，网民即时在线人数最高时逾200万。5月和10月，邀请外交部非洲司、领事司、翻译室、干部司负责人参加外交部网站“嘉宾在线访谈”，就中非关系、领事服务工作、外交部公务员考录工作等与网民在线交流，回答网民提问。

3. 积极开展新媒体公共外交

外交部高度重视并积极运用新媒体开展公共外交工作。继2011年在新浪网开通外交部官方微博“外交小灵通”后，2012年3月，又分别在人民微博、腾讯微博开通同名账号，并以“外交部公共外交办公室”名义公开认证信息。“外交小灵通”微博已成为外交部发布中国外交政策、提供领事服务、与网民交流互动的重要平台，目前设置有“外交动态”、“外事日程”、“记者会微报”、“外交服务站”、“出境提醒”、“外交掠影”、“大使演讲录”等18个栏目，2012年发布信息11500万条，处理领事救助500余起，微博粉丝总数突破600万。2012年底，“外交小灵通”微博荣获人民网、新浪网、腾讯网“2012年度十大政务微博”称号，并获得腾讯网“2012政务微博最具影响力奖”。

外交部积极建设外交微博群，外交部非洲司、欧洲司、外交部扶贫办以及中国驻意大利、缅甸、津巴布韦、南苏丹、多米尼克使馆，驻法兰克福、拉各斯总领馆，驻日内瓦代表团等开通微博，初步形成“中国外交微博群”。

第九章

中国外交中的领事工作

（一）概述

2012年，中外人员往来规模持续扩大，海外中国公民和法人的安全保障与领事服务需求日益增长，中国外交中的领事工作进入了一个形势复杂、任务繁重、广受关注的新时期。

中国始终致力于建立中外人员交往的良好秩序，通过扩大人员交往促进中外各领域交流与合作，实现互利共赢。全国人大常委会表决通过《中华人民共和国出境入境管理法》，中国驻韩国济州和驻泰国孔敬总领馆开馆，对外开放和交往不断深化。外交部与32个国家完成双边领事磋商（对话或专题会谈）及领事类协定（协议）谈判，通过发展双边领事关系，解决人员往来突出问题，为海外中国公民和法人的生存发展争取良好氛围，依法保护在华外国人的合法权益，推动建立跨国人员流动新秩序。

提供及时有效的领事服务是执政为民的重要体现。中国政府综合施策，为实施“走出去”战略保驾护航。2012年成功处理中国公民在苏丹等国被绑架、遭索马里海盗劫持等重大突发事件，首次就打击侵害海外中国公民违法犯罪行为与有关国家进行大规模执法合作。中国政府面向民众提供领事服务的手段日益丰富，年内通过“中国领事服务网”发布了3000余条包括海外安全提醒在内的各种领事信息，政务公开、信息公开成效显著。中国领事工作日益成为国家和平发展的重要支撑。

（二）领事保护

2012年，世界部分国家和地区政局动荡，传统与非传统安全威胁加大，中国公民和法人在海外面临日益多元的安全风险。中国政府高度重视维护中国公民和法人在海外的合法权益，外交部会同有关部门、地方政府和企业，指导中国驻外使领馆，妥善处理了海外中国公民和企业遇袭、被绑架、涉外渔业纠纷、国际经济（劳务）争端等各类案件约3.5万起。与此同时，旨在提供全民海外文明守法意识、安全风险意识、自我保护意识的预防性领事服务和领事保护宣传工作全面推进，辐射区域不断扩大。一年来，全国十余个省市举办了领事保护宣传活动，海外安全防范培训走入近百家企业，30所高校上万名赴外留学人员普及了海外安全常识。中国政府依靠传统媒体和新媒体提供形式多样的领事保护宣介和互动服务，由政府、社会和个人共同构筑的预防性领事保护体系日渐发挥作用。

2012年发生的海外重大领事保护和协助案件包括：

1. 安全营救在苏丹遭劫持的中国员工

1月，在苏丹南科尔多瓦州的中国企业公路项目营地遭当地武装分子袭击，29名中国员工被劫持。这是新中国成立以来中国企业员工在海外单次被劫持人数最多的特重大恶性事件。

党中央和国务院领导作出重要指示，要求千方百计安全营救。外交部会同有关部门、企业和驻外使领馆全力投入，有关国家和红十字国际委员会等给予了积极协助和配合。经过艰苦努力，被劫持员工于2月安全获救并回国。

2. 妥善应对刚果（布）爆炸事件致中国工人伤亡案

3月，刚果（布）首都布拉柴维尔一军营弹药库发生爆炸事故，波及附近中国公司项目工地，造成中国员工6人遇难，45人不同程度受伤。

中国政府紧急派出联合工作组赶赴刚果（布）救治中国员工，处理遇难人员善后工作，并慰问受爆炸事件影响的中资企业和人员。经多方努力，全部受伤工人于同月分批搭乘包机和商业航班陆续回国接受治疗，6名遇难者遗体也被安全运回。

3. 全力营救“旭富一号”渔船船员

2010年12月，“旭富一号”渔船和26名船员（包括13名大陆船员、1名台湾船员和12名越南船员）遭索马里海盗劫持。

外交部会同有关部门及有关地方政府，以确保人员安全为重，并通过两岸渠道与台湾方面保持密切沟通，全力开展营救工作。经过长期艰苦努力，“旭富一号”全体船员于2012年7月安全获救。中国海军“常州”号导弹护卫舰成功接护获救船员。

4. 解救“祥华门”号货轮船员

4月6日，巴拿马籍“祥华门”号货轮在阿曼湾海域遭索马里海盗劫持，船上有28名中国船员。

中国驻伊朗大使馆在第一时间与伊朗外交部和军方取得联系，要求伊方采取一切必要措施，全力营救中国船员，确保人员安全。经过多方努力，遭劫持的28名船员于当天全部安全获救。

5. 维护旅居西班牙中国公民合法权益

10月，西班牙警方对西华商聚集区实施大规模执法行动，百余家华商商铺和住家被清查，80余名中国公民被逮捕。

外交部多方核实情况，派出代表团专程赴西班牙，听取旅西公民的诉求，并就合法经营、融入当地社会等提出建设性意见。代表团并分别拜会西班牙内政部、外交部官员，表明中方关切，要求西方采取有效措施，切实维护广大中国旅西公民的合法权益。经持续工作，西方释放了大部分被扣中国公民，被查封的华商店铺陆续恢复经营。

（三）领事磋商与会谈

领事磋商与会谈是解决双边重大领事问题、促进领事关系的重要途径。2012年，中国与22个国家举行领事磋商（会谈、对话），继续扩大领事领域务实合作，共谋未来发展方向。

3月22日，中国与日本在北京举行第15轮领事磋商。双方就进一步发展双边领事关系、便利人员往来、公民合法权益保护以及双边领事协定执行情况等事宜交换了意见。

3月22日，中国与英国在伦敦举行《〈中英关于便利人员合法往来和打击非法移民活动谅解备忘录〉之实施细则》第五轮评估和中英领事会谈。双方就便利人员往来、合作打击非法移民活动以及发展中英领事关系等事宜交换了意见。

3月23日，中国与缅甸在北京举行第八轮领事磋商。双方就公民合法权益保护、领事通报及商签领事条约等事宜交换了意见。

4月6日，中国与摩尔多瓦在海南三亚举行首轮领事磋商。双方就进一步发展中摩领事关系、便利人员往来以及双边领事条约执行情况等事宜交换了意见。

5月15日，中国与俄罗斯在莫斯科举行第16轮领事磋商。双方就商签便利人员往来协议、公民合法权益保护等事宜交换了意见。

5月24日，外交部副部长谢杭生与越南外交部副部长阮青山在北京就发展两国关系和双边领事合作等交换了意见。

5月30日，中国与乌克兰在北京举行第八轮领事磋商。双方就双边领事条约执行情况、便利人员往来、公民合法权益保护等事宜交换了意见。

6月20日，中国与老挝在昆明举行第七轮领事磋商。双方就公民合法权益保护、便利人员往来、互设领事机构等事宜交换了意见。

6月21日，中国与美国在北京举行第六轮领事磋商。双方就扩大签证互惠安排、设立签证代办中心、合作打击非法移民活动、领事保护及公民服务等事宜交换了意见。

8月1日，中国与玻利维亚在北京举行第三轮领事磋商。双方就简化公民签证和居留手续、玻方持公务护照人员免签等事宜交换了意见。

9月5日，中国与韩国在北京举行第14轮领事磋商。双方就进一步发展领事关系、公民合法权益保护、便利人员往来等事宜交换了意见。

10月12～17日，外交部副部长谢杭生访问吉尔吉斯斯坦、哈萨克斯坦和乌兹别克斯坦三国，分别与吉外交部国务秘书（常务副外长）伊萨耶夫、哈副外长沃尔科夫和乌副外长乌斯曼诺夫就促进双边关系和领事合作等交换了意见。

10月16日，中国与伊朗在德黑兰举行第五轮领事磋商。双方就进一步发展领事关系、公民合法权益保护、便利人员往来等事宜交换了意见。

10月16日，中国与印度尼西亚在印尼泗水市举行第六轮领事磋商。双方就加强领事合作、便利人员往来、公民和法人合法权益保护等事宜交换了意见。

10月19日，中国与泰国在曼谷举行第四轮领事磋商。双方就加强领事合作、便利人员往来、公民和法人合法权益保护等事宜交换了意见。

11月7日，中国与土耳其在北京举行第七轮领事磋商。双方就进一步发展领事关系、便利人员往来、公民和法人合法权益保护等事宜交换了意见。

11月19日，外交部副部长谢杭生在北京与澳大利亚移民与公共事务部代理秘书长包墨廷就发展两国关系、加强领事（移民）领域合作等交换了意见。

12月3日，中国与瑞士在北京举行第六轮领事（移民）对话。双方就进一步发展领事关系、便利人员往来、公民合法权益保护及合作打击非法移民活动等事宜交换了意见。

12月11日，中国与蒙古在广州举行第14轮领事磋商。双方就进一步发展领事关系、便利人员往来、公民和法人合法权益保护等事宜交换了意见。

此外，中国还分别与美国、印度、哈萨克斯坦举行了签证事务专题会谈。

（四）领事类协定

领事类协定是发展中外领事关系的重要法律基石。2012年，中国本着互利共赢的原则同六个国家缔结了签证协定（协议、谅解备忘录），进一步促进了双边人员往来。

2012年中国签订的领事协定

序号	协定名称	生效或签订日期
1	中华人民共和国政府和阿拉伯联合酋长国政府关于互免持外交护照人员签证的谅解备忘录	2012.3.21 生效
2	中华人民共和国政府和保加利亚共和国政府关于互免持外交、公务护照人员签证的协定	2012.4.14 生效
3	中华人民共和国政府和乌克兰政府关于互免机组成员签证的协议	2012.5.17 生效
4	中华人民共和国政府和汤加王国政府关于互免持外交、公务（官员）、公务普通护照人员签证的协定	2012.11.10 生效
5	中华人民共和国政府和斯里兰卡民主社会主义共和国政府关于互免持外交、公务（官员）、公务普通护照人员签证的协定	2012.9.17 签订
6	中华人民共和国政府和阿根廷共和国政府关于便利商务人员签证手续的协议	2012.12.6 签订

（五）领事机构

领事机构是加强中外领事关系的重要平台。2012年，中国政府在对等互惠基础上并通过友好协商，与十个国家就设立、升格领事机构及有关领区扩大事宜达成一致。

2012年中外双方同意新设的领事机构

序号	机构或馆长名称	达成一致日期
1	中国驻济州总领事馆	2012.1.4
2	埃塞俄比亚驻上海总领事馆	2012.3.31
3	中国驻孔敬总领事馆	2012.4.17
4	列支敦士登驻香港名誉领事	2012.6.20
5	中国驻琅勃拉邦总领事馆	2012.8.14
6	老挝驻上海总领事馆	
7	澳大利亚驻成都总领事馆	2012.11.8

2012年经中方同意升格的外国领事机构

序号	国别	达成一致日期	新机构名称
1	斯里兰卡	2012.1.12	斯里兰卡驻广州总领事馆
2	丹麦	2012.11.6	丹麦驻重庆总领事馆

2012年中外双方同意扩大或明确领区的领事机构

序号	机构或馆长名称	达成一致日期	扩领或明确区域
1	日本驻重庆总领事馆	2012.3.31	陕西
2	中国驻清津总领事馆	2012.5.22	包括罗先特别市
3	中国驻新潟总领事馆	2012.6.1	宫城县

（六）领事证件

2012年，中国政府积极推进以电子化、网络化、科学化为标志的领事证件工作，加强对中国公民和法人的证件服务，做好外国人来华签证工作，满足中外经贸及人员往来所需的领事认证需求。中国驻美国、德国、法国等15个国家使领馆统一公布领事证件办证须知，对外领事服务标准化、规范化不断加强。

护照方面。首次承办国际民航组织公钥簿（PKD）委员会第15次会议，内地31个省、自治区、直辖市全面启动签发因公电子护照，中国护照管理水平迈上了新台阶。一年来，外交部继续加强对各因公护照签发机关、各护照申办单位以及中国驻外使领馆的指导，开展微笑服务，为经贸、文化、科教等重要团组紧急办理护照6000余人次；国内发照机关签发因公护照约33.6万本，其中因公电子护照13万本；驻外使领馆为海外中国公民办理护照等国际旅行证件约22万本。

签证方面。一年来，中国驻外签证机关为外国人来华颁发逾900万份签证，并积极为第二届中国—亚欧博览会、第三届亚洲沙滩运动会、第六届亚洲中学生篮球锦标赛等大型国际活动参会、参赛和参观人员提供方便快捷的签证服务。年内，中国与阿根廷达成关于便利商务人员签证手续的协议。截至2012年年底，中国与外国达成42份简化公民签证手续的协议或安排，与78个国家达成互免持因公护照人员签证的协议。给予香港特区护照持有人免办签证待遇的国家和地区达147个，给予澳门特区护照持有人免办签证或落地签证待遇的国家和地区为103个。

外交部积极推动签证工作服务中国人员和企业“走出去”，进一步疏通出国签证渠道，加强对因公办证单位的管理与指导，提升对因私出国人员的服务力度与质量，扩大亚太经济合作组织（APEC）商务旅行卡受理范围，年内审批中方申请9319例，同比增长93%，并审批外方申请4.1万例，同比增长9.1%。继江苏南通市之后，福建泉州市成立了全国第二家APEC商务旅行卡协会。

领事认证方面。2012年，中外人员交流和经贸往来进一步密切，领事认证工作的作用继续上升，外交部全年办理领事认证量同比增长17%。一年来，外交部以管理促效率，不断提升服务水平：成功举办第八期被授权地方外办领事认证业务培训班；编写新版《中国领事认证指南（企业）篇》；协助中外当事人和企业加急办理如海外招投标等紧急事项领事认证百余份；全年发布领事认证信息80余条；接听领事认证咨询热线电话7000多次。

（七）涉及外国驻华领事机构事务和涉外案件

1. 外国驻华领事机构事务

2012年，中方继续依据《维也纳领事关系公约》、双边领事条约和中国相关法律法规处理涉及外国驻华领事机构事务，为外国驻华使领馆官员执行领事职务提供必要便利和协助。在中方大力支持下，外国驻华领事机构积极推动本国与领区内人员往来，大力促进双方经贸、科教、文化和旅游等各领域的交流与合作。

外交部全年共为70多位外国新任驻华总领事和名誉领事颁发了《领事证书》和《名誉领事证书》，并为1600余名新任领馆人员及其随任家属颁发了身份证件。地方外事机关与外国领馆保持良好沟通与合作，积极面向领馆开展各类活动，增进相互了解与友谊，促进地方对外开放和经济发展。

2. 涉外案件处理

中方重视依法维护在华外国人和机构的合法权益。在发生自然灾害、重大事故威胁外国人员及机构安全时，中方均及时向外国驻华使领馆通报情况，并积极开展救助工作。2012年10月1日，一辆载有德国游客的中型客车在京津塘高速公路上发生交通事故，造成乘客多人死伤。事发后，中方有关部门立即对伤员进行救治，并在第一时间通报德驻华使馆，为德方处理善后提供必要协助。

外交部、有关主管部门和地方外事机关认真对待外国驻华使领馆就各类涉外案件提出的请求，依法依规进行处理，对外方执行领事探视职务等提供必要便利，切实保护中外当事各方合法权益。

（八）移民合作

2012年，中国政府继续本着建设性态度参与移民领域对话，与有关各方密切合作，共同防范和打击非法出入境等跨国犯罪活动，为国际间人员交流健康有序发展发挥了积极作用。

1月11～13日，中国政府派专家参加在吉隆坡举办的巴厘进程有关对贩运人口活动受害者保护研讨会。

1月24日，中国政府派代表参加亚洲相互协作与信任措施会议秘书处举办的“打击贩运人口和非法移民问题”吹风会。

3月11～21日，中国政府派代表参加“中国移民管理能力建设二期项目”框架下对西班牙、意大利、比利时三国的移民事务考察。

5月15～18日，中国政府派代表参加“中国移民管理能力建设二期项目”框架下的“潜在受害者风险评估与甄别及其社会心理、医疗救助”研讨会。

5月28～30日，中国政府派专家参加在巴厘岛举办的巴厘进程打击贩运人口研讨会。

11月21～22日，中国政府派代表参加“中国移民管理能力建设二期项目”框架下有关出入境管理政策研讨会。

附录一

2012年中国外交重要活动

一月

2～7日　外交部长杨洁篪访问科特迪瓦、尼日尔、纳米比亚，经停意大利、马耳他。

9～11日　韩国总统李明博对中国进行国事访问。

10～11日　美国总统特使、财政部长盖特纳对中国进行正式访问。

11～15日　蒙古对外关系与贸易部长赞登沙特尔对中国进行正式访问。

14～19日　国务院总理温家宝对尼泊尔、沙特、阿联酋、卡塔尔进行正式访问，并出席在阿联酋阿布扎比举行的第五届世界未来能源峰会开幕式。

15～18日　国务委员戴秉国赴印度出席第15次中印边界问题特别代表会晤。

27～31日　全国政协主席贾庆林对埃塞俄比亚进行正式友好访问，并出席非盟第18届首脑会议开幕式。

二月

2～4日　德国总理默克尔对中国进行正式访问。

5～7日　柬埔寨副首相兼外交与国际合作大臣贺南洪对中国进行正式访问。

7～9日　印度外交部长克里希纳来华出席使馆新馆舍开馆仪式。

7～11日　加拿大总理哈珀对中国进行正式访问。

9～11日　新加坡外交部长尚穆根对中国进行正式访问。

10～16日　国务院副总理王岐山赴巴西主持中巴高层协调与合作委员会第二次会议。

12～15日　越南外交部长范平明对中国进行正式访问。

13～16日　欧洲理事会主席范龙佩、欧盟委员会主席巴罗佐来华出席第14次中欧领导人会晤。

13～22日　国家副主席习近平对美国、爱尔兰、土耳其进行正式访问。

16～18日　全国人大常委会副委员长周铁农作为国家主席胡锦涛特使出席土库曼斯坦总统就职仪式。

26～28日　苏丹外交部长库尔提对中国进行正式访问。

27日至3月1日　印度尼西亚政治法律安全统筹部长苏延多来华出席副总理级对话机制第三次会议。

28～29日　哥伦比亚外交部长奥尔古因对中国进行正式访问。

29日至3月2日　外交部长杨洁篪对印度、韩国进行正式访问。

三月

15～22日　以色列副总理兼外交部长利伯曼对中国进行正式访问。

20～22日　埃及外交部长阿姆鲁对中国进行正式访问。

22～24日　印度尼西亚总统苏希洛对中国进行国事访问。

25～29日　爱尔兰总理肯尼对中国进行正式访问。

25日至4月2日　国家主席胡锦涛赴韩国首尔出席核安全峰会，赴印度新德里出席金砖国家领导人第四次会晤，并对柬埔寨进行国事访问。

27～29日　阿联酋阿布扎比王储穆罕默德对中国进行正式访问。

四月

1～3日　博鳌亚洲论坛2012年年会在海南召开。国务院副总理李克强出席开幕式。哈萨克斯坦、意大利、巴基斯坦、泰国和越南等国领导人出席。其间，哈萨克斯坦总理马西莫夫、意大利总理蒙蒂对中国进行正式访问。

4～6日　新西兰外交部长麦卡利对中国进行正式访问。

4～7日　墨西哥外交部长埃斯皮诺萨来华出席中墨政府间两国常设委员会第五次会议。

8～11日　土耳其总理埃尔多安对中国进行正式访问。

12～13日　外交部长杨洁篪赴俄罗斯出席中俄印（度）外长会。

13～25日　全国政协主席贾庆林对文莱、泰国、新西兰进行正式友好访问。

15～18日　突尼斯外交部长阿卜杜赛拉姆对中国进行正式访问。

15～28日　中共中央政治局常委李长春对英国、加拿大、哥伦比亚、印度尼西亚进行正式友好访问

17～19日　泰国总理英拉对中国进行正式访问

17～19日　叙利亚外交与侨民事务部长穆阿利姆对中国进行工作访问。

20～27日　国务院总理温家宝对冰岛、瑞典、波兰进行正式访问，出席在波兰举行的首次中国—中东欧国家领导人会晤和第二届中国—中东欧经济贸易论坛，并赴德国汉诺威出席汉诺威工业博览会。

23～26日　南苏丹总统基尔对中国进行国事访问。

26日至5月4日　国务院副总理李克强对俄罗斯、匈牙利、比利时、欧盟总部进行正式访问。

五月

1～4日　赞比亚总统特使、外交部长卢宾达对中国进行正式访问。

2～4日　美国国务卿希拉里·克林顿、财长盖特纳来华出席第四轮中美战略与经济对话、第三轮中美人文交流高层磋商。

4～9日　阿盟秘书长阿拉比对中国进行正式访问。

8～12日　哥伦比亚总统桑托斯对中国进行国事访问。

11日　上海合作组织成员国外长理事会会议在北京举行。外交部长杨洁篪主持会议。哈萨克斯坦外交部长卡济汉诺夫、吉尔吉斯斯坦外交部长

卡扎克巴耶夫、俄罗斯外交部长拉夫罗夫、塔吉克斯坦外交部长扎里菲、乌兹别克斯坦外交部长卡米洛夫出席会议。上合组织秘书长伊马纳利耶夫和地区反恐怖机构执委会主任朱曼别科夫列席。其间，俄罗斯外交部长拉夫罗夫对中国进行正式访问。

11～16日　澳大利亚外交部长卡尔对中国进行正式访问。

13～14日　韩国总统李明博、日本首相野田佳彦来华出席第五次中日韩领导人会议。

15～30日　全国人大常委会委员长吴邦国对荷兰、克罗地亚、卢森堡、西班牙进行正式友好访问。

21～26日　卢旺达外交合作部长穆希基瓦博对中国进行正式访问。

28日至6月1日　首届中国（北京）国际服务贸易交易会召开。国务院总理温家宝出席。卡塔尔、乌拉圭、老挝、津巴布韦、以色列、肯尼亚、萨摩亚等国领导人来华出席。交易会期间和前后，老挝总理通邢、乌拉圭外交部长阿尔马格罗对中国进行工作访问，卡塔尔首相兼外交大臣哈马德对中国进行正式访问。

28日至6月1日　外交部长杨洁篪对新加坡、巴基斯坦、突尼斯进行正式访问，并出席在突尼斯举行的中阿合作论坛第五届部长级会议。

30日至6月1日　俄罗斯副总理德沃尔科维奇来华出席中俄能源谈判代表第八次会议。

六月

6～7日　上海合作组织成员国元首理事会第12次会议在北京举行。国家主席胡锦涛主持会议。哈萨克斯坦总统纳扎尔巴耶夫、吉尔吉斯斯坦总统阿塔姆巴耶夫、俄罗斯总统普京、塔吉克斯坦总统拉赫蒙、乌兹别克斯坦总统卡里莫夫出席。上海合作组织各观察员国代表团团长伊朗总统艾哈迈迪内贾德、蒙古总统额勒贝格道尔吉、巴基斯坦总统扎尔达里、印度外交部长克里希纳，以及主席国客人阿富汗总统卡尔扎伊、土库曼斯坦总统别尔德穆哈梅多夫以及部分国际组织代表列席。其间，哈萨克斯坦总统纳扎尔巴耶夫、吉尔吉斯斯坦总统阿塔姆巴耶夫、俄罗斯总统普京、塔吉克斯坦总统拉赫蒙、乌兹别克斯坦总统卡里莫夫、伊朗总统艾哈迈迪内贾德、阿富汗总统卡尔扎伊、巴基斯坦总统扎尔达里分别对中国进行国事访问。

9～13日　利比亚外交与国际合作部长海亚勒对中国进行正式访问。

9～13日　缅甸外交部长吴温纳貌伦对中国进行正式访问。

10～11日　外交部副部长张志军赴日本出席第13次中日战略对话。

10～23日　中共中央政治局常委、中央纪委书记贺国强对老挝、柬埔寨、马来西亚、俄罗斯进行正式友好访问。

13～15日　比利时副首相兼外交、外贸和欧洲事务大臣雷德尔斯对中国进行正式访问。

14～21日　国家主席胡锦涛对丹麦进行国事访问，并赴墨西哥洛斯卡沃斯出席二十国集团领导人第七次峰会。

19～28日　国务院总理温家宝赴巴西里约热内卢出席联合国可持续发展大会，并对巴西、乌拉圭、阿根廷、智利进行正式访问。

27～29日　国务院副总理王岐山赴韩国出席丽水世博会中国馆日活动。

30日至7月1日　外交部长杨洁篪赴日内瓦出席叙利亚问题行动小组外长会议。

30日至7月8日　葡萄牙国务部长兼外交部长波尔斯塔对中国进行正式访问。

七月

1～5日　泰国外交部长素拉蓬对中国进行正式访问。

4～7日　古巴国务委员会主席兼部长会议主席劳尔对中国进行国事访问。

4～7日　新加坡副总理张志贤来华出席中新双边合作联合委员会第九次会议。

6～10日　圣马力诺外交、政治、电信和交通部长穆拉罗尼对中国进行正式访问。

8～10日　欧盟外交与安全政策高级代表兼欧盟委员会副主席阿什顿来华出席第三轮中欧高级别战略对话。

9～11日　法国外交部长法比尤斯对中国进行正式访问。

9～13日　外交部长杨洁篪赴柬埔寨金边出席东盟地区论坛系列外长会。

14日　中国驻韩国济州总领事馆开馆。

16～18日　第67届联合国大会候任主席、塞尔维亚外交部长耶雷米奇对中国进行正式访问。

16～22日　乌克兰外交部长格里先科对中国进行正式访问。

19～23日　中非合作论坛第五届部长级会议在北京举行。国家主席胡锦涛、国务院副总理王岐山、国务委员戴秉国出席。南非、贝宁、赤道几内亚、吉布提、尼日尔、科特迪瓦六国总统，佛得角、肯尼亚两国总理，埃及总统特使，联合国秘书长，论坛各成员国和非盟委员会代表团，地区和国际组织代表，外国驻华使节等出席。其间，南非总统祖马、贝宁总统亚伊、赤道几内亚总统奥比昂、吉布提总统盖莱、尼日尔总统伊素福、科特迪瓦总统瓦塔拉分别对中国进行国事访问，联合国秘书长潘基文对中国进行正式访问。

26～27日　土库曼斯坦副总理霍贾穆哈梅多夫来华出席中土政府间合作委员会第二次会议。

26～29日　国务委员戴秉国赴英国出席伦敦奥运会开幕式。

八月

9～11日　拉美和加勒比共同体“三驾马车”代表智利外交部长莫雷诺、委内瑞拉人民政权外交部长马杜罗、古巴外交部副部长谢拉对中国进行正式访问。

9～13日　外交部长杨洁篪对印度尼西亚、文莱和马来西亚进行正式访问，并主持中印尼政府间双边合作联委会。

12～19日　哥斯达黎加总统钦奇利亚对中国进行国事访问。

14～20日　叙利亚总统特使、总统政治与新闻顾问夏班对中国进行正式访问。

19～22日　阿尔巴尼亚外交部长帕纳里蒂对中国进行正式访问。

19～25日　国务委员戴秉国赴俄罗斯出席中俄第七轮战略安全磋商，并对蒙古进行正式访问。

28～30日　埃及总统穆尔西对中国进行国事访问。

30～31日　德国总理默克尔对中国进行正式访问，并出席第二轮中德政府磋商。

九月

2～7日　新加坡总理李显龙对中国进行正式访问。

2～7日　第二届中国—亚欧博览会在新疆举行。国务院总理温家宝出席。吉尔吉斯斯坦、马尔代夫、柬埔寨、哈萨克斯坦、塔吉克斯坦、阿富汗、土耳其等国领导人来华出席。

4～5日　美国国务卿希拉里·克林顿对中国进行正式访问。

6～9日　国家主席胡锦涛赴俄罗斯符拉迪沃斯托克出席亚太经合组织第20次领导人非正式会议。

9～23日　全国人大常委会委员长吴邦国对伊朗、缅甸、斯里兰卡、斐济进行正式友好访问。

11～13日　第六届夏季达沃斯论坛在天津举行。国务院总理温家宝出席。拉脱维亚、卢旺达、丹麦、立陶宛、津巴布韦、哥斯达黎加、新加坡等国领导人来华出席。

12～16日　波兰外交部长西科尔斯基对中国进行正式访问。

19～21日　国务院总理温家宝赴比利时布鲁塞尔出席第15次中欧领导人会晤，并对比利时进行正式访问。

21～25日　中共中央政治局常委、中央政法委书记周永康对新加坡、阿富汗、土库曼斯坦进行正式友好访问。

22～28日　外交部长杨洁篪赴美国纽约出席第67届联大一般性辩论。

十月

8～9日　荷兰外交大臣罗森塔尔对中国进行正式访问。

11～13日　德国外交部长韦斯特维勒来华出席第三轮中德外长级战略对话。

15～17日　柬埔寨国王西哈莫尼对中国进行国事访问。

15～17日　柬埔寨首相洪森对中国进行正式访问。

17～18日　国务委员戴秉国护送柬埔寨太皇西哈努克灵柩返柬。

17～21日　中共中央政治局常委李长春对巴基斯坦、马尔代夫、孟加拉国进行正式友好访问。

23日　中国驻泰国孔敬总领事馆开馆。

24～26日　罗马尼亚外交部长科尔勒采恩对中国进行正式访问。

十一月

2日　巴基斯坦外交部秘书贾利尔来华出席第五轮中巴战略对话。

4～6日　国务院总理温家宝赴老挝万象出席第九届亚欧首脑会议，并对老挝进行正式访问。

18～21日　国务院总理温家宝赴柬埔寨金边出席东亚领导人系列会议，并对柬埔寨、泰国进行正式访问。

26日　外交部副部长翟隽赴南非出席第五次中南战略对话。

26日　韩国外交通商部第一次官安豪荣来华出席第五次中韩外交部门高级别战略对话。

26～29日　苏里南外交部长拉金对中国进行正式访问。

27日至12月11日　全国政协主席贾庆林对意大利、哥斯达黎加、阿根廷进行正式友好访问。

十二月

2～4日　印度国家安全顾问梅农来华出席中印边界问题特别代表非正式对话。

4～7日　国务院总理温家宝赴吉尔吉斯斯坦比什凯克出席上海合作组织成员国总理第11次会议，赴俄罗斯莫斯科出席中俄总理第17次定期会晤，并对俄罗斯、吉尔吉斯斯坦进行正式访问。

4～8日　国务院副总理王岐山赴俄罗斯莫斯科出席中俄总理定期会晤委员会第16次会议和中俄能源谈判代表第九次会晤，赴哈萨克斯坦阿斯塔纳出席中哈合作委员会第六次会议。

5～8日　中共中央总书记习近平特使、中共中央政治局委员李源潮赴古巴通报中国共产党第十八次全国代表大会会议情况。

11～13日　丹麦外交大臣瑟芬达尔对中国进行正式访问。

18～21日　国务院副总理王岐山赴美国华盛顿主持第23届中美商贸联合委员会会议。

27～28日　第67届联合国大会主席耶雷米奇对中国进行正式访问。

31日　中国公共外交协会在北京举行成立大会。

附录二

2012年中国外交重要文献

重要讲话

国务委员戴秉国在庆祝中国与中亚五国建交20周年招待会上的致辞（2012年1月10日）

国务院总理温家宝在世界未来能源峰会上的讲话（2012年1月16日）

国务委员戴秉国在《印度教徒报》上的刊文（2012年1月16日）

国务院总理温家宝在中阿合作论坛第四届企业家大会暨投资研讨会开幕式上的讲话（2012年1月18日）

全国政协主席贾庆林在非洲联盟第18届首脑会议开幕式上的演讲（2012年1月29日）

国务院副总理李克强在第五届中国—加拿大经贸合作论坛上的讲话（2012年2月9日）

国务院总理温家宝在第七届中欧工商峰会上的演讲（2012年2月14日）

国家副主席习近平在美国友好团体欢迎午宴上的演讲（2012年2月15日）

国家副主席习近平在中美农业高层研讨会上的致辞（2012年2月16日）

国家副主席习近平在中美经贸合作论坛开幕式上的演讲（2012年2月17日）

国家副主席习近平在中国—爱尔兰经贸投资论坛上的讲话（2012年2月20日）

国家副主席习近平在中国土耳其经贸合作论坛上的讲话（2012年2月22日）

国务院总理温家宝致中国“俄罗斯旅游年”开幕式的贺辞（2012年3月24日）

国家主席胡锦涛在韩国首尔核安全峰会上的讲话（2012年3月27日）

国家主席胡锦涛在金砖国家领导人第四次会晤大范围会谈时的讲话（2012年3月29日）

国务院副总理李克强在博鳌亚洲论坛2012年年会开幕式上的演讲（2012年4月2日）

国务院副总理王岐山在中国土耳其商务论坛上的演讲（2012年4月10日）

全国政协主席贾庆林在惠灵顿维多利亚大学当代中国研究中心的演讲（2012年4月17日）

中共中央政治局常委李长春在加拿大卡尔顿大学孔子学院揭牌仪式上的致辞（2012年4月19日）

国务院总理温家宝在汉诺威工业博览会开幕式上的演讲（2012年4月22日）

国务院总理温家宝在中德工商峰会上的致辞（2012年4月23日）

国务院总理温家宝在斯德哥尔摩+40可持续发展伙伴论坛上的讲话（2012年4月25日）

国务院总理温家宝在第二届中国—中东欧国家经贸论坛上的致辞（2012年4月26日）

国务院总理温家宝在波兰发表电视讲话（2012年4月27日）

国务院副总理李克强在莫斯科大学的演讲（2012年4月28日）

国务院副总理李克强在中俄贸易和投资促进会议开幕式上的致辞（2012年4月28日）

国务院副总理李克强在英国《金融时报》上的刊文（2012年5月2日）

国家主席胡锦涛在第四轮中美战略与经济对话开幕式上的致辞（2012年5月3日）

国务院副总理李克强在中欧城镇化伙伴关系高层会议开幕式上的讲话（2012年5月3日）

国务院副总理李克强在中欧高层能源会议闭幕式上的致辞（2012年5月3日）

国务院副总理王岐山在第四轮中美战略与经济对话开幕式上的致辞（2012年5月3日）

国务院副总理王岐山在第四轮中美战略与经济对话框架下经济对话开幕式上的致辞（2012年5月3日）

国务委员戴秉国在第四轮中美战略与经济对话开幕式上的致辞（2012年5月3日）

国务院总理温家宝在首届中国（北京）国际服务贸易交易会开幕式上的演讲（2012年5月28日）

外交部长杨洁篪在中阿合作论坛第五届部长级会议开幕式上的讲话（2012年5月31日）

国家主席胡锦涛在上海合作组织成员国元首理事会第12次会议上的讲话（2012年6月7日）

外交部长杨洁篪在“全球反恐论坛”协调委员会第二次会议部长级全会上的书面发言（2012年6月7日）

国家主席胡锦涛在二十国集团领导人第七次峰会上的讲话（2012年6月18日）

全国政协主席贾庆林在第二届中非青年领导人论坛开幕式上的讲话（2012年6月18日）

国务院总理温家宝在联合国可持续发展大会上的演讲（2012年6月20日）

国务院总理温家宝在联合国可持续发展大会高级别圆桌会议上的发言（2012年6月20日）

国务院总理温家宝在最不发达国家与里约+20高级别边会上的讲话（2012年6月21日）

中共中央政治局常委、中央纪委书记贺国强在第16届圣彼得堡国际经济论坛开幕式上的演讲（2012年6月21日）

国务院总理温家宝在同南方共同市场国家元首视频会议上的讲话（2012年6月25日）

国务院总理温家宝在联合国拉丁美洲和加勒比经济委员会的演讲（2012年6月26日）

外交部长杨洁篪在叙利亚问题“行动小组”外长会议上的发言（2012年6月30日）

国家副主席习近平在“世界和平论坛”开幕式上的致辞（2012年7月7日）

国家副主席习近平在第二届中非民间论坛开幕式上的讲话（2012年7月10日）

国务委员戴秉国在第三轮中欧高级别战略对话共同会见记者时的讲话（2012年7月10日）

国务委员戴秉国在中非金融合作论坛开幕式上的讲话（2012年7月13日）

国务院总理温家宝在第四届中非企业家大会开幕式上的讲话（2012年7月18日）

国家主席胡锦涛在中非合作论坛第五届部长级会议开幕式上的讲话（2012年7月19日）

外交部长杨洁篪在中非合作论坛第五届部长级会议上的报告（2012年7月19日）

国务委员戴秉国接受俄罗斯《俄罗斯报》书面采访（2012年8月20日）

国务委员戴秉国接受蒙古国媒体书面采访（2012年8月23日）

国务院副总理李克强在首届中非地方政府合作论坛开幕式上的致辞（2012年8月27日）

国务委员戴秉国在首届中非地方政府合作论坛闭幕式上的致辞（2012年8月28日）

国务院总理温家宝在第二届中国—亚欧博览会开幕式暨中国—亚欧经济发展合作论坛上的演讲（2012年9月2日）

国家主席胡锦涛在亚太经合组织工商领导人峰会上的演讲（2012年9月8日）

国家主席胡锦涛在亚太经合组织第20次领导人非正式会议上的讲话（2012年9月9日）

国务院总理温家宝在2012年夏季达沃斯论坛上的致辞（2012年9月11日）

国务院副总理李克强在2012年中国（宁夏）国际投资贸易洽谈会暨第三届中阿经贸论坛开幕式上的演讲（2012年9月12日）

国家主席胡锦涛在发展中国家科学院第23届院士大会开幕式上的致辞（2012年9月18日）

国务院总理温家宝在第八届中欧工商峰会上的演讲（2012年9月20日）

国家副主席习近平在第九届中国—东盟商务与投资峰会暨2012中国—东盟自贸区论坛开幕式上的致辞（2012年9月21日）

外交部长杨洁篪在第67届联合国大会一般性辩论上的发言（2012年9月27日）

外交部长杨洁篪在安理会中东和平与安全问题部长级会议上的发言

（2012年9月27日）

中共中央政治局常委李长春在出席巴基斯坦友好人士座谈会时的讲话（2012年10月17日）

国务院总理温家宝在第九届亚欧首脑会议上的主旨发言（2012年11月5日）

国务院总理温家宝在第十五次中国—东盟（10+1）领导人会议上的讲话（2012年11月19日）

国务院总理温家宝在东盟与中日韩（10+3）合作15周年纪念峰会上的讲话（2012年11月19日）

国务院总理温家宝在第七届东亚峰会全体会议上的发言（2012年11月20日）

全国政协主席贾庆林在中意工商晚宴上的演讲（2012年11月27日）

全国政协主席贾庆林在哥斯达黎加立法大会全会上的演讲（2012年12月4日）

国务院总理温家宝在上海合作组织成员国政府首脑（总理）理事会第11次会议上的讲话（2012年12月5日）

国务院副总理李克强在中国环境与发展国际合作年会上的讲话（2012年12月12日）

外交部长杨洁篪在“全球反恐论坛”协调委员会第三次会议部长级全会上的书面发言（2012年12月14日）

声明、宣言和公报

中韩联合新闻公报（2012年1月11日）

中华人民共和国和尼泊尔联合声明（2012年1月14日）

中华人民共和国和沙特阿拉伯王国联合声明（2012年1月15日）

中华人民共和国和阿拉伯联合酋长国关于建立战略伙伴关系的联合声明（2012年1月17日）

第14次中欧领导人会晤联合新闻公报（2012年2月14日）

中华人民共和国和印度尼西亚共和国联合声明（2012年3月24日）

首尔公报（2012年3月28日）

中华人民共和国和爱尔兰关于建立互惠战略伙伴关系的联合声明（2012年3月27日）

金砖国家领导人第四次会晤德里宣言（2012年3月29日）

中哈总理第一次定期会晤联合公报（2012年3月31日）

中华人民共和国和柬埔寨王国联合声明（2012年4月2日）

中俄印外长第11次会晤联合公报（2012年4月13日）

中华人民共和国和泰王国关于建立全面战略合作伙伴关系的联合声明（2012年4月19日）

中国与中东欧国家领导人会晤新闻公报（2012年4月26日）

中欧能源安全联合声明（2012年5月3日）

中欧城镇化伙伴关系共同宣言（2012年5月3日）

第五次中日韩领导人会议关于提升全方位合作伙伴关系的联合宣言（2012年5月13日）

中国—阿拉伯国家合作论坛第五届部长级会议公报（2012年5月31日）

中华人民共和国和俄罗斯联邦关于进一步深化平等信任的中俄全面战略协作伙伴关系的联合声明（2012年6月5日）

中华人民共和国和吉尔吉斯共和国联合宣言（2012年6月5日）

中华人民共和国和塔吉克斯坦共和国联合宣言（2012年6月5日）

中华人民共和国和哈萨克斯坦共和国联合宣言（2012年6月6日）

中华人民共和国和乌兹别克斯坦共和国关于建立战略伙伴关系的联合宣言（2012年6月6日）

上海合作组织成员国关于构建持久和平、共同繁荣地区的宣言（2012年6月7日）

上海合作组织成员国元首理事会会议新闻公报（2012年6月7日）

中华人民共和国与阿富汗伊斯兰共和国关于建立战略合作伙伴关系的联合宣言（2012年6月8日）

二十国集团洛斯卡沃斯峰会领导人宣言（2012年6月18～19日）

中国外交部就越南国会通过《越南海洋法》发表声明（2012年6月21日）

中华人民共和国政府和巴西联邦共和国政府联合声明（2012年6月21日）

中华人民共和国政府与乌拉圭东岸共和国政府联合声明（2012年6月22日）

中华人民共和国政府和阿根廷共和国政府联合声明（2012年6月25日）

中华人民共和国政府和智利共和国政府联合声明（2012年6月26日）

中华人民共和国与南方共同市场关于进一步加强经济、贸易合作联合声明（2012年6月29日）

中非合作论坛第五届部长级会议北京宣言（2012年7月20日）

第二轮中德政府磋商联合声明（2012年8月30日）

中华人民共和国和阿拉伯埃及共和国联合新闻公报（2012年8月30日）

中华人民共和国政府关于钓鱼岛及其附属岛屿领海基线的声明（2012

年9月10日）

中华人民共和国外交部就日本政府“购岛”发表的声明（2012年9月10日）

中欧创新合作联合声明（2012年9月20日）

中欧关于加强空间科技合作的联合声明（2012年9月20日）

第15次中欧领导人会晤联合新闻公报（2012年9月20日）

上海合作组织成员国政府首脑（总理）理事会会议联合公报（2012年12月5日）

中俄总理第17次定期会晤联合公报（2012年12月6日）

其　他

中美发布《关于加强中美经济关系的联合情况说明》（2012年2月14日）

中国对政治解决叙利亚问题的主张（2012年3月4日）

中国在核安全领域的进展报告（2012年3月27日）

中华人民共和国和瑞典王国关于在可持续发展方面加强战略合作的框架文件（2012年4月24日）

中国关于促进与中东欧国家友好合作的12项举措（2012年4月26日）

第四轮中美战略与经济对话联合新闻稿（2012年5月4日）

第四轮中美战略与经济对话框架下战略对话具体成果清单（2012年5月4日）

第四轮中美战略与经济对话框架下经济对话联合成果情况说明（2012年5月4日）

中日韩合作（1999～2012）白皮书（2012年5月9日）

中国—阿拉伯国家合作论坛2012年至2014年行动执行计划（2012年5月31日）

第三轮中欧高级别战略对话联合新闻稿（2012年7月10日）

中非合作论坛第五届部长级会议—北京行动计划（2013～2015年）（2012年7月20日）

《钓鱼岛是中国的固有领土》白皮书（2012年9月25日）

中国同拉美和加勒比国家共同体“三驾马车”外长对话联合新闻稿（2012年9月28日）

中方关于推进叙利亚问题政治解决进程的倡议（2012年10月31日）

附录三

（一）2012年中华人民共和国外交部组织机构表

办　公　厅
政策规划司
亚　洲　司
西亚北非司
非　洲　司
欧　亚　司
欧　洲　司
北美大洋洲司
拉丁美洲和加勒比司
国　际　司
国际经济司
军　控　司
条约法律司

边界与海洋事务司
新　闻　司
礼　宾　司
领　事　司（领事保护中心）
香港澳门台湾事务司
翻　译　室
外事管理司
涉外安全事务司
干　部　司
离退休干部局
行　政　司
财　务　司
一　　　局
部　纪　委
机 关 党 委（国外工作局）
档　案　馆
外交部机关及驻外机构服务中心

（二）2012年中华人民共和国外交部领导成员名单

（截止至2012年12月31日）

杨洁篪	外交部长
张志军	外交部副部长
崔天凯	外交部副部长
傅　莹	外交部副部长
宋　涛	外交部副部长
翟　隽	外交部副部长
程国平	外交部副部长
谢杭生	外交部领导成员
张昆生	外交部部长助理
张　明	外交部部长助理
马朝旭	外交部部长助理
乐玉成	外交部部长助理

（三）同中国建交的国家、建交日期和2012年中国驻外使节一览表

（以建交先后为序）

序号	国名	建交日期	中国在任使节
1	俄罗斯联邦①	1949年10月3日	李辉
2	保加利亚共和国	1949年10月4日	郭业洲
3	罗马尼亚	1949年10月5日	霍玉珍（女）
4	匈牙利	1949年10月6日	高建（女） 肖千 （11月以后）
5	朝鲜民主主义人民共和国	1949年10月6日	刘洪才
6	捷克共和国②	1949年10月6日	于庆泰
7	斯洛伐克共和国	1949年10月6日	顾子平
8	波兰共和国	1949年10月7日	孙玉玺 徐坚 （8月以后）
9	蒙古国	1949年10月16日	王小龙
10	阿尔巴尼亚共和国	1949年11月23日	叶皓
11	越南社会主义共和国	1950年1月18日	孔铉佑
12	印度共和国	1950年4月1日	张炎
13	印度尼西亚共和国	1950年4月13日	章启月（女） 刘建超 （3月以后）
14	瑞典王国	1950年5月9日	兰立俊
15	丹麦王国	1950年5月11日	谢杭生 李瑞宇 （3月以后）
16	缅甸联邦共和国	1950年6月8日	李军华
17	瑞士联邦	1950年9月14日	吴恳
18	列支敦士登公国③	1950年9月14日	梁建全（兼）
19	芬兰共和国	1950年10月28日	黄兴
20	巴基斯坦伊斯兰共和国	1951年5月21日	刘健

续表

序号	国名	建交日期	中国在任使节
21	挪威王国	1954年10月5日	唐国强 赵军 （5月以后）
22	塞尔维亚共和国④	1955年1月2日	张万学
23	阿富汗伊斯兰共和国	1955年1月20日	徐飞洪
24	尼泊尔联邦民主共和国	1955年8月1日	杨厚兰
25	阿拉伯埃及共和国	1956年5月30日	宋爱国
26	阿拉伯叙利亚共和国	1956年8月1日	张迅
27	也门共和国	1956年9月24日	刘登林 常华 （10月以后）
28	斯里兰卡民主社会主义共和国	1957年2月7日	杨秀萍（女） 吴江浩 （6月以后）
29	柬埔寨王国	1958年7月19日	潘广学
30	伊拉克共和国	1958年8月25日	倪坚
31	摩洛哥王国	1958年11月1日	许镜湖（女）
32	阿尔及利亚民主人民共和国	1958年12月20日	刘玉和
33	苏丹共和国	1959年2月4日	罗小光
34	几内亚共和国	1959年10月4日	赵立兴
35	加纳共和国	1960年7月5日	龚建忠
36	古巴共和国	1960年9月28日	刘玉琴（女） 张拓 （1月以后）
37	马里共和国	1960年10月25日	曹忠明
38	索马里联邦共和国⑤	1960年12月14日	
39	刚果民主共和国	1961年2月20日	王英武
40	老挝人民民主共和国	1961年4月25日	布建国（女）
41	乌干达共和国	1962年10月18日	赵亚力
42	肯尼亚共和国	1963年12月14日	刘光源
43	布隆迪共和国	1963年12月21日	郁序忠
44	突尼斯共和国	1964年1月10日	火正德
45	法兰西共和国	1964年1月27日	孔泉
46	刚果共和国	1964年2月22日	李树立 关键 （5月以后）

续表

序号	国名	建交日期	中国在任使节
47	坦桑尼亚联合共和国	1964年4月26日	刘昕生 吕友清 （2月以后）
48	中非共和国	1964年9月29日	孙海潮
49	赞比亚共和国	1964年10月29日	周欲晓
50	贝宁共和国	1964年11月12日	陶卫光
51	毛里塔尼亚伊斯兰共和国	1965年7月19日	陈公来
52	加拿大	1970年10月13日	章均赛
53	赤道几内亚共和国	1970年10月15日	王士雄
54	意大利共和国	1970年11月6日	丁伟
55	埃塞俄比亚联邦民主共和国	1970年11月24日	解晓岩
56	智利共和国	1970年12月15日	吕凡 杨万明 （5月以后）
57	尼日利亚联邦共和国	1971年2月10日	邓波清
58	科威特国	1971年3月22日	黄杰民 崔建春 （2月以后）
59	喀麦隆共和国	1971年3月26日	薛金维 沃瑞棣 （8月以后）
60	圣马力诺共和国⑥	1971年5月6日	丁伟（兼）
61	奥地利共和国	1971年5月28日	史明德 赵彬 （8月以后）
62	塞拉利昂共和国	1971年7月29日	旷伟霖
63	土耳其共和国	1971年8月4日	宫小生
64	伊朗伊斯兰共和国	1971年8月16日	郁红阳
65	比利时王国	1971年10月25日	廖力强
66	秘鲁共和国	1971年11月2日	黄敏慧（女）
67	黎巴嫩共和国	1971年11月9日	吴泽献
68	卢旺达共和国	1971年11月12日	舒展
69	塞内加尔共和国	1971年12月7日	龚元兴 夏煌 （9月以后）

续表

序号	国名	建交日期	中国在任使节
70	冰岛共和国	1971年12月8日	苏格 马继生 （12月以后）
71	塞浦路斯共和国	1971年12月14日	李国邦 刘昕生 （7月以后）
72	马耳他共和国	1972年1月31日	张克远 蔡金彪 （3月以后）
73	墨西哥合众国	1972年2月14日	曾钢
74	阿根廷共和国	1972年2月19日	殷恒民
75	大不列颠及北爱尔兰联合王国	1972年3月13日	刘晓明
76	毛里求斯共和国	1972年4月15日	边燕花（女）
77	荷兰王国	1972年5月18日	张军 （8月离任）
78	希腊共和国	1972年6月5日	杜起文
79	圭亚那合作共和国	1972年6月27日	于文哲 张利民 （12月以后）
80	多哥共和国	1972年9月19日	王作峰
81	日本国	1972年9月29日	程永华
82	德意志联邦共和国	1972年10月11日	吴红波 史明德 （8月以后）
83	马尔代夫共和国⑦	1972年10月14日	余洪耀
84	马达加斯加共和国	1972年11月6日	沈永祥
85	卢森堡大公国	1972年11月16日	曾宪柒
86	牙买加	1972年11月21日	郑清典
87	乍得共和国⑧	1972年11月28日	杨广玉 胡志强 （8月以后）
88	澳大利亚联邦	1972年12月21日	陈育明
89	新西兰	1972年12月22日	徐建国
90	西班牙王国	1973年3月9日	朱邦造
91	几内亚比绍共和国	1974年3月15日	李宝钧

续表

序号	国名	建交日期	中国在任使节
92	加蓬共和国	1974年4月20日	李福顺（女） 孙继文 （3月以后）
93	马来西亚	1974年5月31日	柴玺
94	特立尼达和多巴哥共和国	1974年6月20日	杨优明
95	委内瑞拉玻利瓦尔共和国	1974年6月28日	赵荣宪
96	尼日尔共和国	1974年7月20日	夏煌 石虎 （8月以后）
97	巴西联邦共和国	1974年8月15日	李金章
98	博茨瓦纳共和国	1975年1月6日	刘焕兴
99	菲律宾共和国	1975年6月9日	马克卿（女）
100	莫桑比克共和国	1975年6月25日	黄松甫 李春华 （12月以后）
101	泰王国	1975年7月1日	管木
102	孟加拉人民共和国	1975年10月4日	张宪一 李军 （2月以后）
103	斐济共和国	1975年11月5日	黄勇
104	萨摩亚独立国	1975年11月6日	赵卫平
105	科摩罗联盟	1975年11月13日	王乐友
106	佛得角共和国	1976年4月25日	李春华 苏建 （11月以后）
107	苏里南共和国	1976年5月28日	袁南生
108	塞舌尔共和国	1976年6月30日	史忠俊
109	巴布亚新几内亚独立国	1976年10月12日	仇伯华
110	利比里亚共和国	1977年2月17日	赵鉴华
111	约旦哈希姆王国	1977年4月7日	岳晓勇
112	巴巴多斯	1977年5月30日	魏强 徐宏 （4月以后）
113	阿曼苏丹国	1978年5月25日	吴久洪
114	利比亚	1978年8月9日	王旺生
115	美利坚合众国	1979年1月1日	张业遂

续表

序号	国名	建交日期	中国在任使节
116	吉布提共和国	1979年1月8日	张国庆
117	葡萄牙共和国	1979年2月8日	张备三
118	爱尔兰共和国	1979年6月22日	罗林泉
119	厄瓜多尔共和国	1980年1月2日	苑桂森
120	哥伦比亚共和国	1980年2月7日	汪晓源
121	津巴布韦共和国	1980年4月18日	忻顺康 林琳 （7月以后）
122	瓦努阿图共和国	1982年3月26日	程树平 谢波华 （8月以后）
123	安提瓜和巴布达	1983年1月1日	刘汉明
124	安哥拉共和国	1983年1月12日	高克祥
125	科特迪瓦共和国	1983年3月2日	魏文华 张国庆 （2月以后）
126	莱索托王国	1983年4月30日	胡定贤
127	阿拉伯联合酋长国	1984年11月1日	高育生 黄杰民 （3月以后）
128	多民族玻利维亚国⑨	1985年7月9日	沈智良 李东 （5月以后）
129	格林纳达	1985年10月1日	徐建国
130	乌拉圭东岸共和国	1988年2月3日	屈生武
131	卡塔尔国	1988年7月9日	张志良 高有桢 （10月以后）
132	巴勒斯坦国⑩	1988年11月20日	王强 刘爱忠 （11月以后）
133	巴林王国	1989年4月18日	杨伟国 李琛 （6月以后）

续表

序号	国名	建交日期	中国在任使节
134	密克罗尼西亚联邦	1989年9月11日	张卫东 张连云 （7月以后）
135	纳米比亚共和国	1990年3月22日	魏瑞兴 忻顺康 （7月以后）
136	沙特阿拉伯王国	1990年7月21日	李成文
137	新加坡共和国	1990年10月3日	魏苇
138	爱沙尼亚共和国	1991年9月11日	黄忠坡 曲喆 （2月以后）
139	拉脱维亚共和国	1991年9月12日	胡业顺
140	立陶宛共和国	1991年9月14日	刘增文
141	文莱达鲁萨兰国	1991年9月30日	郑祥林
142	乌兹别克斯坦共和国	1992年1月2日	张霄
143	哈萨克斯坦共和国	1992年1月3日	周力
144	乌克兰	1992年1月4日	张喜云
145	塔吉克斯坦共和国	1992年1月4日	范先荣
146	吉尔吉斯共和国	1992年1月5日	王开文
147	土库曼斯坦	1992年1月6日	肖清华
148	白俄罗斯共和国	1992年1月20日	宫建伟
149	以色列国	1992年1月24日	高燕平（女）
150	摩尔多瓦共和国	1992年1月30日	佟明涛
151	阿塞拜疆共和国	1992年4月2日	宏九印
152	亚美尼亚共和国	1992年4月6日	田长春
153	斯洛文尼亚共和国	1992年5月12日	孙荣民 张宪一 （3月以后）
154	克罗地亚共和国	1992年5月13日	申知非
155	格鲁吉亚	1992年6月9日	陈建福
156	大韩民国	1992年8月24日	张鑫森
157	厄立特里亚国	1993年5月24日	李连生 牛强 （6月以后）
158	马其顿共和国	1993年10月12日	崔志伟
159	安道尔公国[11]	1994年6月29日	朱邦造(兼)

续表

序号	国名	建交日期	中国在任使节
160	摩纳哥公国[12]	1995年1月16日	孔泉（兼）
161	波斯尼亚和黑塞哥维那	1995年4月3日	王辅国
162	巴哈马国	1997年5月23日	胡山
163	库克群岛[13]	1997年7月25日	徐建国（兼）
164	南非共和国	1998年1月1日	钟建华 田学军 （3月以后）
165	汤加王国	1998年11月2日	王东华
166	东帝汶民主共和国	2002年5月20日	田广凤
167	多米尼克国	2004年3月23日	王宗来
168	黑山[14]	2006年7月6日	智昭林
169	哥斯达黎加共和国	2007年6月1日	李长华 宋彦斌 （12月以后）
170	纽埃[15]	2007年12月12日	徐建国（兼）
171	马拉维共和国	2007年12月28日	潘和钧
172	南苏丹共和国[16]	2011年7月9日	李志国

注：

① 1949年10月3日系中国与前苏联建交日。1991年12月27日，国务委员兼外长钱其琛致电俄罗斯外长，宣布中国承认俄罗斯联邦政府并决定中国驻前苏联大使改任驻俄罗斯大使。

② 1949年10月6日系中国与原捷克斯洛伐克建交日。1992年12月31日捷斯联邦解体，1993年1月1日捷克共和国和斯洛伐克共和国成为独立主权国家，中国政府分别予以承认并与两国建立大使级外交关系。

③ 中国同列支敦士登公国1950年9月14日建交。1988年9月，中国驻苏黎世兼驻列支敦士登公国总领事馆开馆，中国首次向列国派驻总领事，由中国驻苏黎世总领事兼任。

④ 1955年1月2日系中国与前南斯拉夫社会主义联邦共和国建交日。1992年4月30日，中国外交部发言人宣布，中国驻前南斯拉夫大使改任驻南联盟共和国大使。2003年2月4日，南斯拉夫联盟共和国将国名改为塞尔维亚和黑山。2006年6月3日，黑山共和国独立，塞尔维亚共和国继承塞黑国际法主体地位。6月14日，中国外交部照会塞外交部，宣布中国驻塞尔维亚和黑山特命全权大使转任驻塞尔维亚共

和国特命全权大使，驻塞黑使馆同时更名。

⑤ 由于索马里国内原因，中国驻索马里外交人员自1991年撤离后迄今未返索。

⑥ 中国驻意大利大使兼任驻圣马力诺大使。

⑦ 中国2011年11月在马尔代夫共和国设立大使馆。此前驻马尔代夫共和国大使由中国驻斯里兰卡大使兼任，余洪耀为首任常驻马尔代夫大使，中国驻斯里兰卡大使不再兼任驻马尔代夫大使。

⑧ 中国同乍得共和国1972年11月28日建交，1997年8月15日中止外交关系，2006年8月6日复交。

⑨ 2009年3月，玻利维亚共和国将国名改为多民族玻利维亚国。

⑩ 中国在拉马拉设驻巴勒斯坦民族权力机构办事处，王强、刘爱忠先后任办事处主任。

⑪ 中国驻西班牙大使兼任驻安道尔公国大使。

⑫ 中国同摩纳哥公国自1995年1月16日起建立领事关系，中国驻马赛总领事兼任驻摩纳哥总领事。2006年2月升格为大使级外交关系，中国驻法国大使兼任驻摩纳哥大使。

⑬ 中国驻新西兰大使兼任驻库克群岛大使。

⑭ 2007年10月19日，黑山共和国将国名改为黑山。

⑮ 中国驻新西兰大使兼任驻纽埃大使。

⑯ 2011年7月9日，南苏丹宣布独立，并建立南苏丹共和国。同日，中国与南苏丹签署建交公报，中国驻朱巴总领事馆升格为驻南苏丹大使馆。8月，原驻朱巴总领事被正式任命为驻南苏丹大使。

（四）中华人民共和国常驻联合国、驻其他国际组织代表团（处）名称、驻地和2012年常驻代表（团长）一览表

名称	驻地	常驻代表
中华人民共和国常驻联合国代表团	纽约	李保东大使
中华人民共和国常驻联合国日内瓦办事处和瑞士其他国际组织代表团	日内瓦	何亚非大使 刘振民大使 （2月以后）
中华人民共和国常驻联合国维也纳办事处和其他国际组织代表团	维也纳	成竞业大使
中华人民共和国驻欧盟使团	布鲁塞尔	宋哲大使 吴海龙大使 （2月以后）
中华人民共和国常驻美洲国家组织观察员办事处①	华盛顿	张业遂大使（兼）
中华人民共和国常驻禁止化学武器组织代表团②	海牙	张军大使（兼） （8月离任）
中华人民共和国常驻联合国环境规划署代表处③	内罗毕	刘光源大使（兼）
中华人民共和国常驻联合国人居署代表处④	内罗毕	刘光源大使（兼）
中华人民共和国常驻国际海底管理局代表处⑤	金斯敦	郑清典大使（兼）
中华人民共和国常驻世界贸易组织代表团	日内瓦	易小准大使
中华人民共和国常驻联合国教育、科学及文化组织代表团	巴黎	尤少忠大使
中华人民共和国常驻联合国粮农机构代表处	罗马	夏敬源（代表）
中华人民共和国常驻国际民用航空组织代表处	蒙特利尔	马涛（代表）
中华人民共和国常驻联合国亚洲及太平洋经济社会委员会代表处	曼谷	刁鸣生参赞 张越公参 （2月以后）
中华人民共和国驻东盟使团	雅加达	杨秀萍大使（女）

注：

① 中国驻美国大使兼任中国常驻美洲国家组织观察员。

② 中国驻荷兰大使兼任中国常驻禁止化学武器组织代表。

③ 中国驻肯尼亚大使兼任中国常驻联合国环境规划署代表。

④ 中国驻肯尼亚大使兼任中国常驻联合国人居署代表。

⑤ 中国驻牙买加大使兼任中国常驻国际海底管理局代表。

（五）中国与外国互设领事机构一览表

（按国名英文字母顺序排列）

1. 中国在外国设立领事机构一览表

（1）总领事馆

序号	国名	驻地	协议日期	开馆日期	领区	2012年在任馆长
1	澳大利亚	悉尼	1978.9.18	1979.3.19	新南威尔士州	段洁龙
2	澳大利亚	墨尔本	1986.6.23	1986.9.11	维多利亚州、塔斯马尼亚州	施伟强
3	澳大利亚	珀斯	1994.4.15	1994.10.18	西澳大利亚州	汪银儿
4	澳大利亚	布里斯班	2006.9.22	2007.3.24	昆士兰州	孙大立
5	奥地利	萨尔茨堡	1994.6.24	未开馆	萨尔茨堡、克恩顿州、蒂罗尔州、弗拉尔贝格州	无
6	比利时	安特卫普	1985.6.3	未开馆	安特卫普省、东佛兰德省、西佛兰德省	无
7	巴西	圣保罗	1984.8.15	1985.11.4	圣保罗州、巴拉那州、圣卡塔林纳州、南里约格郎德州	孙荣茂
8	巴西	里约热内卢	1991.8.5	1992.6.15	里约热内卢州、米纳斯吉拉斯州、圣埃斯皮里托州、巴伊亚州	陈小玲
9	加拿大	温哥华	1973.10.24	1974.11.17	不列颠哥伦比亚省、育空地区	刘菲
10	加拿大	多伦多	1980.8.25	1984.12.20	安大略省、曼尼托巴省	房利
11	加拿大	卡尔加里	1997.11.28	1998.10.2	阿尔伯塔省、萨斯喀彻温省、西北地区	刘永凤
12	加拿大	蒙特利尔	2010.3.22	2011.6.22	魁北克省、新不伦瑞克省	赵江平

续表

序号	国名	驻地	协议日期	开馆日期	领区	2012年在任馆长
13	智利	伊基克	1985.4.29	1997.12.30 2011.5.25（复馆）	第一大区、第二大区、第十五大区	韩莉
14	朝鲜	清津	1986.9.15	1987.7.1	咸境北道、咸境南道、两江道、罗先特别市	田宝珍
15	厄瓜多尔	瓜亚基尔	1984.5.17	1984.9.10	瓜亚斯省、马纳维省、洛斯里奥斯省、埃尔奥罗省	王卫华
16	埃及	亚历山大	1967.7.4	1968.2.5	塞得港省、亚历山大省、伊斯梅利亚省、苏伊士省	陈小明
17	法国	马赛	1980.10.17	1985.12.19	阿列日省、阿韦龙省、塔恩—加龙省、热尔省、洛特省、上比利牛斯省、塔恩省、上加龙省、奥德省、洛泽尔省、东比利牛斯省、上普罗旺斯阿尔卑斯省、沃克吕兹省、滨海阿尔卑斯省、上阿尔卑斯省、上科西嘉省、南科西嘉省、罗讷河口省、加尔省、埃罗省、瓦尔省	卞建强
18	法国	斯特拉斯堡	1997.3.21	1998.4.28	阿尔萨斯、洛林、弗朗斯贡地、香槟阿登四个大区的14个省	张国斌
19	法国	里昂	2006.9.13	2009.12.2	罗讷省、安省、阿尔代什省、德龙省、伊泽尔省、卢瓦尔省、上萨瓦省、萨瓦省、多姆山省、阿列省、康塔尔省、上卢瓦尔省	殷立贤

续表

序号	国名	驻地	协议日期	开馆日期	领区	2012年在任馆长
20	法国	圣但尼	2007.6.25	2010.2.6	留尼汪省	张国保
21	德国	汉堡	1979.10.24	1984.5.14	汉堡州、不来梅州、下萨克森州、石勒苏益格—荷尔斯泰因州	杨惠群
22	德国	慕尼黑	1995.7.13	1997.6.7	巴伐利亚州	王顺卿
23	德国	法兰克福	2003.12.1	2005.6.23	黑森州、北莱茵—威斯特法伦州、巴登—符腾堡州、莱茵兰—普法耳茨州、萨尔州	温振顺
24	印度	孟买	1991.12.13	1992.12.8	孟买市、马哈拉斯特拉邦、卡纳塔克邦	刘友法
25	印度	加尔各答	2006.11.21	2008.9.7	西孟加拉邦、奥里萨邦、查提斯加尔邦、贾坎德邦、比哈尔邦	张利忠
26	印度尼西亚	泗水	2005.2.28	2006.11.9	东爪哇省、巴厘省、西努沙登加拉省、东努沙登加拉省	王华根
27	印度尼西亚	棉兰	2009.11.30	2011.9.8	北苏门答腊省、南苏门答腊省、西苏门答腊省、占碑省、明古鲁省、廖内省、廖内群岛、邦加和勿里洞省、楠榜省及亚齐特区	杨玲珠
28	意大利	米兰	1979.11.6	1985.6.11	伦巴第大区、艾米利亚—罗马涅大区、皮埃蒙特大区、威尼托大区	梁慧
29	意大利	佛罗伦萨	1997.11.3	1998.6.1	托斯卡纳大区、翁布里亚大区、马尔盖大区、利古里亚大区	王新霞

续表

序号	国名	驻地	协议日期	开馆日期	领区	2012年在任馆长
30	日本	大阪	1975.8.15	1976.3.8	大阪府、京都府、兵库县、奈良县、和歌山县、滋贺县、三重县、爱媛县、香川县、高知县、德岛县、岛根县、鸟取县、广岛县、冈山县	刘毅仁
31	日本	札幌	1980.2.1	1980.9.10	北海道、青森县、秋田县、岩手县	许金平
32	日本	福冈	1984.12.26	1985.5.4	福冈县、佐贺县、大分县、熊本县、鹿儿岛县、宫崎县、冲绳县、山口县	李天然
33	日本	长崎	1984.12.26	1985.5.4	长崎县	李文亮
34	日本	名古屋	2005.9.26	2007.7.17	爱知县、三重县、岐阜县、福井县、石川县、富山县	张立国
35	日本	新潟	2009.6.25	2010.6.24	新潟县、山形县、福岛县、宫城县	王华
36	哈萨克斯坦	阿拉木图	2007.8.18	2008.12.23	阿拉木图市、南哈萨克斯坦州、江布尔州、东哈萨克斯坦州、阿拉木图州	杜德文
37	吉尔吉斯斯坦	奥什	2011.9.14	暂未开馆	巴特肯州、贾拉拉巴德州、奥什州、奥什市	
38	老挝	沙湾拿吉	1991.12.25	未开馆	沙湾拿吉、沙拉湾、占巴塞、色贡、阿速坡、甘蒙	无
39	老挝	琅勃拉邦	2012.8.14	暂未开馆	琅勃拉邦省、丰沙里省、乌多姆塞省、琅南塔省、波乔省、华潘省	无
40	列支敦士登	瓦杜兹	1950.9.14	1988.9.15	全国	梁建全(兼)

续表

序号	国名	驻地	协议日期	开馆日期	领区	2012年在任馆长
41	马来西亚	古晋	1993.10.18	1994.8.3	沙捞越州、沙巴州、纳闽联邦辖州	李树钢
42	墨西哥	蒂华纳	1984.10.10	1985.8.15	北下加利福尼亚州、南下加利福尼亚州、奇瓦瓦州、索诺拉州	张善利
43	缅甸	曼德勒	1993.8.19	1994.8.22	曼德勒省、克钦邦、掸邦	郁伯仁
44	新西兰	奥克兰	1991.5.9	1992.6.15	奥克兰区、怀卡托区、北部区	廖菊华
45	新西兰	克赖斯特彻奇	2010.6.14	2011.12.2	坎特伯雷、莫尔伯勒、尼尔森、奥塔戈、塔斯曼、西岸和南部地区	谭秀甜
46	尼日利亚	拉各斯	2003.8.27	2003.9.3	拉各斯州、奥约州、奥贡州、奥雄州、埃基提州、翁多州、科吉州、埃多州、三角州、贝耶尔萨州、阿南布拉州、依莫州、河流州、埃努古州、阿比亚州、阿夸依邦州、纳萨拉瓦州、贝努埃州、埃邦州、十字河州、塔拉巴州	刘显法
47	巴基斯坦	卡拉奇	1966.5.16	1966.8.5	卡拉奇市、信德省、俾路支省	张建新
48	菲律宾	宿务	1994.12.8	1995.10.2	伊洛伊洛省、西内格罗省、保和省、宿务省、东内格罗省、锡基霍尔省、东萨马省、莱特省、北萨马省、西萨马省、南莱特省	张卫国

续表

序号	国名	驻地	协议日期	开馆日期	领区	2012年在任馆长
49	菲律宾	达沃	1996.11.26	未开馆	巴西兰省、苏禄省、塔威塔威省、北三宝颜省、南三宝颜省、北阿古桑省、南阿古桑省、布基农省、卡米昆省、西米萨米斯省、东米萨米斯省、北苏里高省、南苏里高省、北达沃省、南达沃省、东达沃省、南哥打巴托省、北哥打巴托省、北拉瑙省、南拉瑙省、马京达瑙省、苏丹库达拉省	无
50	波兰	革但斯克	1954.4.7	1958.12.1	滨海省、西滨海省、库亚瓦—滨海省、瓦尔米亚—马祖尔省	刘垣垣
51	韩国	釜山	1992.12.30	1993.9.6	釜山市、大邱市、蔚山市、庆尚南道、庆尚北道	郝晓飞
52	韩国	光州	2008.10.20	2009.6.18	光州广域市、全罗南道、全罗北道	滕安军
53	韩国	济州	2012.1.4	2012.7.14	济州特别自治道	张欣
54	罗马尼亚	康斯坦察	1978.8.21	1985.12.16	康斯坦察市、康斯坦察县、图尔恰县、加拉茨县、布勒依拉县	宿彦文
55	俄罗斯	圣彼得堡	1985.6.13	1986.12.10	圣彼得堡市、列宁格勒州、卡累利阿自治共和国、摩尔曼斯克州、普斯科夫州、阿尔汉格尔斯克州、诺夫哥罗德州	谢小用

续表

序号	国名	驻地	协议日期	开馆日期	领区	2012年在任馆长
56	俄罗斯	哈巴罗夫斯克	1990.9.25	1992.9.9	哈巴罗夫斯克边疆区、滨海边疆区、萨哈林州、阿穆尔州、犹太自治州	李文信
57	俄罗斯	叶卡捷琳堡	2004.10.14	2009.9.25	克拉斯诺亚尔斯克边疆区、新西伯利亚州、鄂木斯克州、斯维尔德洛夫斯克州、秋明州、车里雅宾斯克州	袁恒革
58	俄罗斯	伊尔库茨克	2006.12.22	2009.12.18	伊尔库茨克州、布里亚特共和国、后贝加尔边疆区、哈卡西共和国、图瓦共和国	郭志军
59	沙特	吉达	1992.2.16	1993.4.25	吉达市、塔伊夫市、麦加省、麦地那省	王勇
60	南非	约翰内斯堡	1997.12.30	1999.2.3	豪登省、自由州省	李江宁
61	南非	开普敦	1997.12.30	1999.2.9	西开普省、东开普省、北开普省	梁梳根
62	南非	德班	1997.12.30	1999.2.9	夸祖鲁、纳塔尔省	刁鸣生
63	西班牙	巴塞罗那	1984.11.15	1987.4.6	巴塞罗那省、赫罗那省、莱里达省、塔拉戈纳省	严邦华
64	瑞典	哥德堡	1996.7.3	1997.4.7	韦尔姆兰、斯科耐、延雪平、哈兰德、克鲁努贝里、布莱金厄、西约特兰省	张卫华
65	瑞士	苏黎世	1987.1.8	1988.9.15	苏黎世州、沙夫豪森州、图尔高州、圣加伦州、内罗登阿本策尔半州、外罗登阿本策尔半州、格劳宾登州、格拉鲁斯州、施维茨州、楚格州、阿尔高州、卢塞恩州	梁建全

续表

序号	国名	驻地	协议日期	开馆日期	领区	2012年在任馆长
66	坦桑尼亚	桑给巴尔	1964.5.24	1999.1.11	桑给巴尔地区	陈绮曼
67	泰国	清迈	1988.7.22	1991.4.10	清迈府、清莱府、夜丰颂府、南奔府、南邦府、碧瑶府、难府、帕府、程逸府、彭世洛府、素可泰府、达府	张伟才
68	泰国	宋卡	1993.8.16	1994.7.27	宋卡府、春蓬府、拉廊府、素叻他尼府、攀牙府、普吉府、甲米府、洛坤府、董里府、博他伦府、沙敦府、北大年府、也拉府、陶公府	许明亮
69	泰国	孔敬	2012.4.17	2012.10.23	孔敬府、呵叻府、乌隆府、廊开府、那空帕侬府、沙功那空府、乌汶府、四色菊府、素林府、武里南府、穆达汉府、玛哈沙拉堪府、猜也蓬府、黎府、加拉信府、汶甘府、益梭通府、黎逸府、侬布兰普府、安那乍楞府	谢福根
70	土耳其	伊斯坦布尔	1984.10.2	1985.7.26	伊斯坦布尔省、特基尔达省、科贾埃利省、布尔萨省、巴尔克西尔省、查纳卡累省、伊兹密尔省、马尼萨省、埃迪尔内省、克尔克拉霍利省	张清洋

续表

序号	国名	驻地	协议日期	开馆日期	领区	2012年在任馆长
71	乌克兰	敖德萨	2005.6.14	2011.11.29	敖德萨州、尼古拉耶夫州、赫尔松州、基洛沃格勒州、扎波罗热州、顿涅茨克州、克里米亚自治共和国、塞瓦斯托波尔直辖市	吴小莺
72	阿联酋	迪拜	1988.3.14	1989.2.14	迪拜、沙迦、阿治曼、乌姆盖万、哈伊马角、富查伊拉	詹京保
73	英国	曼彻斯特	1984.4.17	1986.6.30	大曼彻斯特郡、泰恩和威尔郡、兰开夏郡、北约克郡、南约克郡、默西塞德郡、西约克郡、达勒姆郡、德比郡	潘云东
74	英国	爱丁堡	1996.9.2	1997.11.4	苏格兰、北爱尔兰	李瑞佑
75	美国	休斯敦	1979.8.24	1979.11.20	得克萨斯州、路易斯安那州、亚拉巴马州、阿肯色州、佛罗里达州、佐治亚州、密西西比州、俄克拉何马州及联邦领地波多黎各	许尔文
76	美国	旧金山	1979.8.24	1979.12.13	加利福尼亚州北部48个县、俄勒冈州、华盛顿州、阿拉斯加州、内华达州	高占生
77	美国	纽约	1981.6.16	1981.12.12	康涅狄格州、缅因州、马萨诸塞州、新罕布什尔州、新泽西州、纽约州、俄亥俄州、宾夕法尼亚州、罗得岛州、佛蒙特州	孙国祥

续表

序号	国名	驻地	协议日期	开馆日期	领区	2012年在任馆长
78	美国	芝加哥	1981.6.16	1985.7.26	科罗拉多州、伊利诺伊州、印第安纳州、艾奥瓦州、堪萨斯州、密歇根州、明尼苏达州、密苏里州、威斯康星州	杨国强
79	美国	洛杉矶	1981.6.16	1988.3.2	夏威夷州及美属太平洋岛屿、亚利桑那州、新墨西哥州、加利福尼亚州南部10个县	邱绍芳
80	越南	胡志明市	1992.11.22	1993.5.28	尚未商定	翟雷鸣
81	也门	亚丁	1990.5.26	1990.6.1	亚丁、拉赫杰、阿比洋、夏布瓦、哈达拉毛、马哈拉拉	潘志南

（2）领事馆

序号	国名	驻地	开馆日期	领区	2012年在任馆长
1	玻利维亚	圣克鲁斯	1992.5.6	圣克鲁斯省	王仁明
2	喀麦隆	杜阿拉	1993.12.21	滨海省（含杜阿拉）、西南省、西部省、西北省	肖明
3	哥伦比亚	巴兰基亚	1990.6.26	大西洋省、马格达莱纳省、玻利瓦尔省	魏廷保
4	法国	帕皮提	2007.9.13	法属波利尼西亚	武东
5	马达加斯加	塔马塔夫	1996.5.17	塔马塔夫省（含塔马塔夫市）和迪耶果—苏瓦雷斯省	朱开宪
6	菲律宾	拉瓦格	2007.4.11	科迪勒拉行政区（阿拉布省、阿巴尧省、本格特省、伊夫肴省、卡林巴省、高山省）、第一地区（北伊罗戈省、南伊罗戈省、拉允隆省、班诗兰省）和第二地区（巴坦省、卡加延省、伊莎贝拉省、新比斯开省、基里诺省）	李可武

（3）领事办公室

序号	国名	驻地	所属馆	开馆年份
1	埃及	塞得港	驻亚历山大总领事馆	1978
2	老挝	孟赛	驻老挝大使馆	未开馆
3	俄罗斯	符拉迪沃斯托克	驻哈巴罗夫斯克总领事馆	2005

注：

表内数据截至2012年12月31日，如与往年数据不同，以本表数据为准。

2. 外国在中国内地设立领事机构一览表

（1）总领事馆

序号	国名	驻地	领区	协议日期
1	阿根廷	上海	上海、江苏、浙江、安徽	1995.10.4
2	阿根廷	广州	广东、福建、海南、广西	1988.5.16
3	澳大利亚	上海	上海、江苏、浙江、安徽、江西、湖北	1978.9.18
4	澳大利亚	广州	广东、广西、海南、福建、湖南	1992.5.27
5	澳大利亚	成都	四川、贵州、云南、重庆	2012.11.8
6	奥地利	上海	上海、江苏、浙江、安徽	1994.6.24
7	奥地利	广州	广东、海南、湖南、云南、贵州、广西	2007.4.6
8	孟加拉国	昆明	云南、广西、重庆、四川、贵州	2011.9.20
9	白俄罗斯	上海	上海、江苏、安徽、江西、浙江、福建	2008.8.5
10	比利时	上海	上海、江苏、浙江、安徽	1985.6.3
11	比利时	广州	广东、云南、海南、福建、广西	2005.10.10
12	玻利维亚	广州	广东	1987.10.16
13	巴西	上海	上海、江苏、浙江、安徽、山东	2002. 9.30
14	巴西	广州	广东、海南、福建、广西、贵州、云南、湖南	1991.12.23
15	保加利亚	上海	上海、江苏、浙江、安徽、江西、福建	2005.1.25
16	柬埔寨	广州	广东、福建、海南	1997.12.25
17	柬埔寨	上海	上海、江苏、浙江、安徽	1999.5.28
18	柬埔寨	昆明	云南、四川、贵州	2003.9.23
19	柬埔寨	重庆	重庆、湖北、湖南、陕西	2004.7.30
20	柬埔寨	南宁	广西	2005.7.29
21	加拿大	上海	上海、江苏、浙江、安徽、湖北	1980.8.25
22	加拿大	广州	广东、广西、福建、海南、江西、湖南	1980.8.25

续表

序号	国名	驻地	领区	协议日期
23	加拿大	重庆	重庆、四川、贵州、云南	2011.11.29
24	智利	上海	上海、江苏、浙江、安徽	1985.4.29
25	哥伦比亚	上海	上海、江苏、浙江、安徽、福建、江西	2011.12.22
26	古巴	上海	上海、江苏、浙江	1989.6.8
27	古巴	广州	广东、广西、海南	2006.11.8
28	捷克	上海	上海、江苏、浙江、安徽	1987.3.7
29	丹麦	上海	上海、江苏、浙江、安徽、江西	1994.3.25
30	丹麦	广州	广东、广西、福建、海南	1998.8.4
31	丹麦	重庆	重庆、四川、贵州、云南	2012.11.6
32	朝鲜	沈阳	辽宁、吉林、黑龙江	1986.2.13
33	厄瓜多尔	上海	上海、江苏、浙江、安徽	1984.5.17
34	厄瓜多尔	广州	广东	2009.3.17
35	埃及	上海	上海、江苏、浙江、安徽	1983.3.11
36	爱沙尼亚	上海	上海、安徽、福建、江苏、江西、浙江	2010.9.6
37	埃塞俄比亚	广州	广东、湖南、福建、江西、海南、广西	2009.5.31
38	埃塞俄比亚	重庆	重庆、四川、贵州	2011.9.20
39	埃塞俄比亚	上海	上海、江苏、浙江、安徽	2012.3.31
40	斐济	上海	上海、江苏、浙江、安徽	2011.7.11
41	芬兰	上海	上海、江苏、浙江、安徽、江西	1995.7.6
42	芬兰	广州	广东、福建、海南、广西、云南	2004.11.1（2012.8暂时闭馆）
43	法国	上海	上海、江苏、浙江、安徽	1980.10.17
44	法国	广州	广东、广西、福建、海南	1991.4.29
45	法国	武汉	湖北、湖南、江西	1998.4.3
46	法国	成都	四川、云南、贵州、重庆	2005.7.18
47	法国	沈阳	辽宁、吉林、黑龙江	2007.8.22
48	德国	上海	上海、江苏、浙江、安徽	1979.10.24
49	德国	广州	广东、广西、福建、海南	1995.7.13
50	德国	成都	四川、贵州、云南、重庆	2003.12.1
51	德国	沈阳	辽宁、吉林、黑龙江	2011.11.28
52	希腊	上海	上海、山东、江苏、浙江、安徽、江西	2004.2.11
53	希腊	广州	广东、福建、海南、广西	2006.8.14

续表

序号	国名	驻地	领区	协议日期
54	匈牙利	上海	上海、浙江、江苏、安徽、福建	2004.4.7
55	匈牙利	重庆	重庆、四川、云南、贵州、陕西、甘肃	2010.1.25
56	冰岛	上海	上海、江苏、浙江	2009.9.18（2011.4暂时闭馆）
57	印度	上海	上海、江苏、浙江	1991.12.13
58	印度	广州	广东、福建、湖南、海南、云南、四川、广西	2006.11.21
59	印度尼西亚	广州	广东、广西、福建、海南	2002.3.24
60	印度尼西亚	上海	上海、江苏、浙江、安徽、江西	2002.3.24
61	伊朗	上海	上海、江苏、浙江、安徽	1988.9.26
62	伊朗	广州	广东、福建、湖南、广西	2011.2.28
63	爱尔兰	上海	上海、江苏、浙江、安徽、江西	2000.1.19
64	以色列	上海	上海、江苏、浙江、安徽	1993.10.8
65	以色列	广州	广东、福建、海南、广西	2008.9.8
66	意大利	上海	上海、江苏、浙江、安徽	1979.11.6
67	意大利	广州	广东、广西、福建、海南	1997.11.3
68	日本	上海	上海、江苏、浙江、安徽、江西	1975.8.15
69	日本	广州	广东、海南、福建、广西	1980.2.1
70	日本	沈阳	辽宁、黑龙江、吉林	1985.12.3
71	日本	重庆	重庆、四川、贵州、云南、陕西	2004.12.3
72	日本	青岛	山东	2008.12.18
73	哈萨克斯坦	上海	上海、江苏、安徽、浙江、江西、福建	2005.3.25
74	科威特	上海	上海、浙江、江苏、安徽	2008.1.2
75	科威特	广州	广东、福建、海南、广西	2008.1.2
76	吉尔吉斯斯坦	广州	广东、福建、江西、湖南、海南、广西	2011.9.14
77	老挝	昆明	云南	1991.12.25
78	老挝	南宁	广西、广东	2009.9.2
79	老挝	上海	上海、江苏、浙江、安徽	2012.8.14
80	卢森堡	上海	上海、江苏、浙江、安徽、福建	2006.1.23
81	马来西亚	广州	广东、福建、海南、江西、湖南	1993.10.18
82	马来西亚	上海	上海、江苏、浙江、安徽	1999.9.20
83	马来西亚	昆明	云南、广西、贵州、四川、重庆	1999.11.4

续表

序号	国名	驻地	领区	协议日期
84	马里	广州	广东、福建、广西、海南	2011.6.8
85	墨西哥	上海	上海、江苏、浙江、安徽	1984.10.10
86	墨西哥	广州	广东、海南、福建、湖南、江西、广西	2005.8.31
87	蒙古	呼和浩特	内蒙古呼和浩特市、包头市、乌海市、赤峰市、通辽市、鄂尔多斯市、巴彦淖尔市、乌兰察布市、阿拉善盟	1989.3.30
88	缅甸	昆明	云南、贵州、四川、重庆	1993.8.19
89	缅甸	南宁	广西、广东、湖南	2009.10.15
90	尼泊尔	拉萨	未定	1958.1.17
91	荷兰	上海	上海、江苏、浙江、安徽	1994.8.23
92	荷兰	广州	广东、广西、福建、海南	1997.4.1
93	新西兰	上海	上海、江苏、浙江、安徽	1991.5.9
94	新西兰	广州	广东、广西、海南、湖南、福建	2007.3.24
95	尼日利亚	上海	上海、浙江、江苏、安徽、福建	2007.10.8
96	挪威	上海	上海、江苏、浙江、安徽、江西	1996.6.28
97	挪威	广州	广东、福建、海南、广西	2007.12.25
98	巴基斯坦	上海	上海、江苏、浙江、安徽	1996.12.1
99	巴基斯坦	成都	四川、贵州、云南、重庆	2006.11.24
100	巴基斯坦	广州	广东、福建、海南、广西、湖南	2007.12.11
101	秘鲁	上海	上海、江苏、浙江、安徽、福建、江西	2002.2.20
102	秘鲁	广州	广东、广西、贵州、海南、云南、湖南	2006.4.13
103	菲律宾	厦门	福建、江西	1994.12.8
104	菲律宾	广州	广东、海南、湖南、广西	1996.11.26
105	菲律宾	上海	上海、江苏、浙江、安徽、湖北	2001.10.30
106	菲律宾	重庆	重庆、贵州、云南	2008.8.21
107	菲律宾	成都	四川	2008.11.25
108	波兰	上海	上海、江苏、浙江、安徽、福建	1954.4.1
109	波兰	广州	广东、广西、海南	1987.11.11
110	葡萄牙	上海	上海、浙江、江苏、安徽、江西	2005.5.23
111	韩国	上海	上海、江苏、浙江、安徽	1992.12.30
112	韩国	广州	广东、广西、福建、海南	2000.10.8
113	韩国	青岛	山东	1993.12.22
114	韩国	沈阳	辽宁、黑龙江、吉林	1999.1.28
115	韩国	成都	四川、云南、贵州、重庆	2004.1.21
116	韩国	西安	陕西、甘肃、宁夏	2006.6.13

续表

序号	国名	驻地	领区	协议日期
117	韩国	武汉	湖北、湖南、江西、河南	2009.9.17
118	罗马尼亚	上海	上海、江苏、浙江、安徽	1984.10.10
119	俄罗斯	上海	上海、江苏、浙江、安徽	1985.6.13
120	俄罗斯	沈阳	辽宁、吉林、黑龙江	1990.9.25
121	俄罗斯	广州	广东、福建、海南、云南、江西、广西	2005.10.6
122	沙特	上海	上海、江苏、浙江、福建	1992.8.14
123	塞尔维亚	上海	上海、江苏、浙江、安徽、江西、福建	1998.2.11
124	新加坡	上海	上海、江苏、浙江、安徽	1991.10.25
125	新加坡	厦门	福建、江西	1995.10.25
126	新加坡	广州	广东、海南、湖南、贵州、云南、广西	2006.4.13
127	新加坡	成都	四川、陕西、重庆	2011.2.28
128	斯洛伐克	上海	上海、江苏、浙江、福建、安徽、江西	2004.7.30
129	南非	上海	上海、山东、江苏、浙江、安徽、福建、广东	1997.12.30
130	西班牙	上海	上海、江苏、浙江、安徽、江西	1984.11.15
131	西班牙	广州	广东、福建、湖南、广西、海南、贵州、云南	2007.4.5
132	斯里兰卡	上海	上海、福建、湖南、江苏、浙江、安徽	2008.4.18
133	斯里兰卡	广州	广东、福建、江西、海南、广西	2012.1.12
134	瑞典	上海	上海、江苏、浙江、安徽	1996.7.3
135	瑞典	广州	广东、广西、福建、海南	2002.9.10（2009.11暂时闭馆）
136	瑞士	上海	上海、江苏、浙江、安徽	1995.2.15
137	瑞士	广州	广东、福建、海南、广西、湖南、江西	2005.8.5
138	泰国	广州	广东、海南	1988.7.22
139	泰国	昆明	云南、贵州、湖南	1993.8.26
140	泰国	上海	上海、江苏、浙江、安徽	1996.3.25
141	泰国	成都	四川、重庆	2006.5.17
142	泰国	厦门	福建、江西	2006.5.17
143	泰国	西安	陕西、甘肃、宁夏	2008.5.20
144	泰国	南宁	广西	2008.5.20
145	土耳其	上海	上海、江苏、浙江、安徽	1996.4.15
146	土耳其	广州	广东、福建、海南、广西	2011.5.23
147	乌干达	广州	广东、福建、广西、海南	2011.7.5
148	乌克兰	上海	上海、江苏、浙江、安徽、福建、江西	2000.3.2
149	乌克兰	广州	广东、贵州、海南、湖南、广西	2011.6.20

续表

序号	国名	驻地	领区	协议日期
150	阿联酋	上海	上海、浙江、江苏、安徽、福建	2008.9.19
151	英国	上海	上海、江苏、浙江、安徽	1984.4.17
152	英国	广州	广东、福建、海南、湖南、广西、江西	1996.9.2
153	英国	重庆	重庆、四川、贵州、云南	1999.4.14
154	美国	上海	上海、江苏、浙江、安徽	1979.1.31
155	美国	广州	广东、广西、福建、海南	1979.1.31
156	美国	沈阳	辽宁、吉林、黑龙江	1980.9.17
157	美国	成都	四川、云南、贵州、西藏、重庆	1980.9.17
158	美国	武汉	河南、湖北、湖南、江西	1980.9.17
159	乌拉圭	上海	上海、江苏、浙江、安徽	2002.8.26
160	乌兹别克斯坦	上海	上海、浙江、江苏、安徽、江西、湖南、福建	2005.7.12
161	瓦努阿图	上海	上海、江苏、浙江、安徽	2000.10.12
162	委内瑞拉	上海	上海、浙江、江苏	2005.7.5
163	越南	广州	广东	1992.11.22
164	越南	南宁	广西	2003.10.16
165	越南	昆明	云南	2003.10.16
166	越南	上海	上海、江苏、浙江	2010.6.11

（2）领事馆

序号	国名	驻地	领区	协议日期
1	蒙古	二连浩特	内蒙古呼伦贝尔市、锡林郭勒盟、兴安盟	2005.9.12
2	斯洛文尼亚	上海	上海、江苏、浙江、安徽	2010.6.17
3	斯里兰卡	成都	四川、云南、贵州、陕西、重庆	2009.9.28
4	苏丹	广州	广东、江西、福建、湖南、贵州、云南、浙江、广西	2009.3.24

（3）领事代理处

序号	国名	驻地	领区	协议日期
1	蒙古	上海	上海、江苏、浙江	2008.3.31

（4）领事办公室

序号	国名	驻地	名称	协议日期
1	朝鲜	丹东	朝鲜驻沈阳总领事馆领事办公室	2008.11.18
2	日本	大连	日本驻沈阳总领事馆 常驻大连办公室	1993.1.1
3	老挝	景洪	老挝驻昆明总领事馆 常驻景洪办公室	1998.4.29
4	韩国	大连	韩国驻沈阳总领事馆常驻大连领事办公室	2011.8.9
5	俄罗斯	哈尔滨	俄罗斯驻沈阳总领事馆常驻哈尔滨办公室	1993.4.16
6	也门	上海	也门驻华大使馆驻上海领事办公室	2006.1.5
7	也门	广州	也门驻华大使馆驻广州领事办公室	2006.1.5

（5）名誉领事

序号	国名	驻地	领区	委派日期
1	几内亚	上海	上海	2002.2.25 （尚未委派）
2	牙买加	上海	上海、浙江、江苏、安徽	1999.11.15 （尚未委派）
3	马尔代夫	上海	上海	2004.9.30 （2006.10委派）
4	摩纳哥	上海	上海、江苏、浙江、安徽	2000.5.22 （2002.1委派）
5	摩纳哥	北京	北京	2007.2.13 （2008.8委派）
6	尼泊尔	上海	上海	2002.7.10 （2003.1委派）
7	尼日尔	广州	未定	2001.9.21 （尚未委派）
8	巴布亚 新几内亚	上海	上海	2005.7.15 （2006.8.委派）
9	坦桑尼亚	广州	未定	2001.3.8 （尚未委派）

注：

表内数据截至2012年12月31日，如与往年数据不同，以本表数据为准。

3. 外国在中国香港设立领事机构一览表

（1）总领事馆

序号	国名	领区	保留（设立）总领馆协议日期	备注
1	安哥拉	香港	2005.6.28	
2	安提瓜和巴布达	香港、澳门	1998.6.19	尚未开馆
3	阿根廷	香港、 澳门（扩领）	1997.1.31 1999.6.17	
4	澳大利亚	香港 （可在澳门执行职务）	1996.9.26 1999.9.8	
5	奥地利	香港 （可在澳门执行职务）	1997.6.20	
6	巴哈马	香港 （可在澳门执行职务）	1999.1.15	暂时闭馆
7	孟加拉国	香港 （可在澳门执行职务）	1997.1.29	
8	比利时	香港 （可在澳门执行职务）	1997.2.3	
9	巴西	香港、 澳门（扩领）	1996.11.8 1999.12.15	
10	文莱	香港、澳门	2006.7.14	
11	保加利亚	香港	1997.5.5	暂时闭馆
12	柬埔寨	香港、 澳门（扩领）	1999.7.8 2002.2.22	
13	加拿大	香港 （可在澳门执行职务）	1996.9.19	
14	智利	香港 （可在澳门执行职务）	1996.11.6 1998.5.6	
15	哥伦比亚	香港 （可在澳门执行职务）	1996.10.21 1999.12.17	
16	捷克	香港 （可在澳门执行职务）	1997.6.27	
17	丹麦	香港 （可在澳门执行职务）	1997.6.6	2012.8 暂时闭馆
18	朝鲜	香港	1999.6.1	
19	厄瓜多尔	香港	1997.3.21	尚未复馆

续表

序号	国名	领区	保留（设立）总领馆协议日期	备注
20	埃及	香港、 澳门（扩领）	1996.11.11 2000.3.31	
21	芬兰	香港 （可在澳门执行职务）	1996.12.9	
22	法国	香港 （可在澳门执行职务）	1997.5.15	
23	德国	香港 （可在澳门执行职务）	1997.6.23	
24	希腊	香港 （可在澳门执行职务）	1997.3.18 1999.11.18	
25	匈牙利	香港、澳门	1998.5.19	暂时闭馆
26	印度	香港 （可在澳门执行职务）	1996.11.29	
27	印度尼西亚	香港、 澳门（扩领）	1996.12.6 2008.3.17	
28	伊朗	香港、 澳门（扩领）	1999.7.5 2005.11.28	
29	以色列	香港 （可在澳门执行职务）	1997.2.4	
30	意大利	香港 （可在澳门执行职务）	1997.6.5	
31	日本	香港 （可在澳门执行职务）	1997.3.29	
32	哈萨克斯坦	香港、澳门	2003.7.2	
33	科威特	香港、 澳门（扩领）	1999.6.30 2007.2.27	
34	老挝	香港、澳门	1999.4.30	
35	马来西亚	香港 （可在澳门执行职务）	1997.5.14	
36	墨西哥	香港、 澳门（扩领）	1996.11.22 1999.10.29	
37	蒙古	香港、澳门	2011.2.24	
38	缅甸	香港、 澳门（扩领）	1997.4.25 2000.6.2	

续表

序号	国名	领区	保留（设立）总领馆协议日期	备注
39	尼泊尔	香港、 澳门（扩领）	1997.5.20 2001.2.6	
40	荷兰	香港 （可在澳门执行职务）	1996.11.12	
41	新西兰	香港 （可在澳门执行职务）	1997.1.22	
42	尼日利亚	香港 （可在澳门执行职务）	1997.4.28	
43	挪威	香港 （可在澳门执行职务）	1997.2.5	暂时闭馆
44	巴基斯坦	香港 （可在澳门执行职务）	1996.12.1 1999.6.28	
45	秘鲁	香港、 澳门（扩领）	1997.6.23 1999.11.26	
46	菲律宾	香港	1996.11.26	
47	波兰	香港 （可在澳门执行职务）	1997.5.19	
48	韩国	香港 （可在澳门执行职务）	1997.4.24	
49	罗马尼亚	香港、澳门	2003.8.11	
50	俄罗斯	香港 （可在澳门执行职务）	1997.6.27	
51	沙特	香港、澳门	1998.4.29	
52	新加坡	香港、 澳门（扩领）	1997.2.5 2008.1.21	
53	南非	香港、 澳门（扩领）	1997.12.30 1999.6.7	
54	西班牙	香港 （可在澳门执行职务）	1997.6.18	
55	瑞典	香港 （可在澳门执行职务）	1996.11.3	
56	瑞士	香港 （可在澳门执行职务）	1997.4.11	
57	泰国	香港 （可在澳门执行职务）	1997.4.2	

续表

序号	国名	领区	保留（设立）总领馆协议日期	备注
58	土耳其	香港（可在澳门执行职务）	1997.5.8	
59	阿联酋	香港	1998.10.29	
60	英国	香港（可在澳门执行职务）	1996.9.26 1999.10.29	
61	美国	香港（可在澳门执行职务）	1997.3.25	
62	乌拉圭	香港（可在澳门执行职务）	1997.1.29	暂时闭馆
63	委内瑞拉	香港、澳门（扩领）	1996.11.13 1999.10.11	
64	越南	香港、澳门（扩领）	1996.12.19 2003.5.16	
65	津巴布韦	香港、澳门	2008.5.31	

（2）名誉领事

序号	国名	领区	保留（委派）名领协议日期	备注
1	阿尔巴尼亚	香港	2003.11.4	
2	巴哈马	香港	2008.12.23	
3	巴林	香港	2001.4.5	
4	巴巴多斯	香港	1997.4.30	
5	贝宁	香港	1997.2.28	尚未委派
6	不丹	香港	2004.4.27	尚未委派
7	博茨瓦纳	香港	2006.3.10	
8	布隆迪	香港	2006.2.10	
9	喀麦隆	香港	1997.6.2	
10	中非	香港	2001.9.28	尚未委派
11	刚果共和国	香港	1997.2.26	国名简称“刚果（布）”
12	科特迪瓦	香港	1997.6.2	
13	克罗地亚	香港	2002.5.15	
14	古巴	香港	1996.12.31	
15	塞浦路斯	香港、澳门（扩领）	1997.2.3 2010.5.7	
16	吉布提	香港	1997.1.22	

续表

序号	国名	领区	保留（委派）名领协议日期	备注
17	刚果民主共和国	香港	1999.12.29	国名简称“刚果(金)”，尚未委派
18	赤道几内亚	香港	1997.4.8	
19	厄立特里亚	香港、澳门	2005.8.10	
20	爱沙尼亚	香港	1998.12.11	
21	埃塞俄比亚	香港、澳门	2002.6.18	
22	斐济	香港	1997.6.20	
23	加蓬	香港	1996.8.22	
24	加纳	香港	1997.5.5	
25	格林纳达	香港	2006.7.27	
26	几内亚	香港	1997.5.5	尚未委派
27	匈牙利	香港、澳门	2010.6.8	
28	冰岛	香港、 澳门（扩领）	1996.12.17 2009.9.14	
29	爱尔兰	香港	1997.6.20	
30	牙买加	香港	1997.5.29	
31	约旦	香港	1997.2.3	
32	肯尼亚	香港、澳门	2003.12.9	
33	拉脱维亚	香港	2002.8.12	
34	莱索托	香港	2001.9.5	
35	利比里亚	香港	2004.9.7	尚未委派
36	列支敦士登	香港	2012.6.20	
37	立陶宛	香港、 澳门（扩领）	1997.5.29 2008.9.3	
38	卢森堡	香港	1997.4.23	
39	马达加斯加	香港	1997.5.28	
40	马尔代夫	香港、 澳门（扩领）	1997.4.15 2009.5.21	
41	马里	香港	1997.4.22	
42	马耳他	香港	1997.4.9	
43	毛里求斯	香港	1997.4.14	
44	密克罗尼西亚	香港	2011.6.17	
45	摩纳哥	香港	1997.5.6	
46	摩洛哥	香港、 澳门（扩领）	1996.12.25 2011.6.24	

续表

序号	国名	领区	保留（委派）名领协议日期	备注
47	莫桑比克	香港	1997.5.7	
48	纳米比亚	香港、 澳门（扩领）	1997.1.30 2000.8.18	
49	尼日尔	香港	1999.3.1	
50	挪威	香港、澳门	2003.9.10	
51	阿曼	香港	1997.4.4	
52	巴布亚新几内亚	香港	1996.7.16	
53	葡萄牙	香港	2005.1.7	
54	卢旺达	香港、澳门	2000.7.26	
55	萨摩亚	香港	2004.7.22	
56	圣马力诺	香港、 澳门（扩领）	2005.7.5 2010.7.1	
57	塞内加尔	香港	2009.6.17	
58	塞舌尔	香港、 澳门（扩领）	1997.1.3 2009.3.6	
59	斯洛伐克	香港、 澳门（扩领）	1997.6.19 2011.9.30	
60	斯洛文尼亚	香港、 澳门（扩领）	1997.6.20 2006.1.12	
61	斯里兰卡	香港、 澳门（扩领）	1997.5.21 2004.8.4	
62	苏丹	香港、 澳门（扩领）	2005.12.19 2009.3.10	
63	苏里南	香港	1997.2.17	
64	坦桑尼亚	香港、澳门	1998.4.8	
65	多哥	香港	1996.12.19	
66	汤加	香港	2003.1.22	
67	特立尼达和多巴哥	香港	1997.3.24	
68	突尼斯	香港	1997.5.2	
69	乌干达	香港	1999.1.8	
70	乌克兰	香港	2003.8.20	尚未委派
71	乌拉圭	香港、 澳门（扩领）	2002.12.23 2003.8.8	
72	瓦努阿图	香港	1997.1.9	尚未委派
73	也门	香港	2005.10.24	

注：

表内数据截至2012年12月31日，如与往年数据不同，以本表数据为准。

4. 外国在中国澳门设立领事机构一览表

(1) 总领事馆

序号	国名	领区	保留（设立）领馆协议日期	备注
1	安哥拉	澳门	2006.7.26	
2	菲律宾	澳门	2000.9.25	
3	葡萄牙	澳门、 香港（扩领）	1999.7.28 2003.10.15	

(2) 名誉领事

序号	国名	领区	保留（委派）名领协议日期	备注
1	不丹	澳门	2000.1.12	尚未委派
2	佛得角	澳门	2000.10.11	
3	爱沙尼亚	澳门	1999.8.25	
4	法国	澳门	1999.12.14	尚未委派
5	格林纳达	澳门	2005.4.26	
6	几内亚	澳门	1999.5.24	
7	几内亚比绍	澳门	1999.11.22	
8	马里	澳门	1999.3.18	
9	莫桑比克	澳门	1999.4.12	
10	尼日尔	澳门	2002.7.3	
11	秘鲁	澳门	1999.11.26	
12	苏里南	澳门	1999.11.16	尚未委派
13	英国	澳门	1999.10.29	

注：

表内数据截至2012年12月31日，如与往年数据不同，以本表数据为准。

（六）中国与外国互免签证协议（协定）或安排一览表

（按协议国国名英文字母顺序排列，截至2012年12月31日）

序号	协议国	互免签证的证件类别	生效日期
1	阿尔巴尼亚	外交、公务（特别）护照	1956.8.25
2	阿根廷	外交、公务（官员）护照	1993.8.14
3	亚美尼亚	外交、公务、因公普通、加注“因公”字样普通护照	1994.8.3
4	阿塞拜疆	外交、公务、因公普通护照	1994.2.10
		团体旅游	1994.5.1
5	巴哈马	外交护照（需停留30天以上的短期访问人员除外）	2009.6.15
6	孟加拉国	外交、公务（官员）、因公普通护照、加注“政府公务”或“免费”字样普通护照	1989.12.18
7	白俄罗斯	外交、公务护照；团体旅游	1993.3.1
8	贝宁	外交、公务、因公普通护照、附有“公务证明”普通护照	1993.11.6
9	玻利维亚	外交、公务（官员）护照	1987.11.15
		公务普通护照	2008.1.18
10	波斯尼亚和黑塞哥维那①	外交、公务、因公普通护照、加注“因公”字样普通护照	1980.1.9
11	巴西	外交、公务（官员）护照	2004.8.10
12	文莱	外交、公务（官员）护照	2005.6.18
13	保加利亚	外交、公务护照	2012.4.14
14	柬埔寨	外交、公务护照	2006.9.14
15	智利	外交、公务（官员）护照	1986.5.7
16	哥伦比亚	外交护照	1987.11.14
		公务（官员）护照	1991.11.14
17	哥斯达黎加	外交、公务护照	2008.1.15

续表

序号	协议国	互免签证的证件类别	生效日期
18	克罗地亚	外交、公务（官员）护照	1995.4.9
19	古巴	外交、公务（官员）、因公普通护照	1988.12.23
20	塞浦路斯	外交、公务护照	1991.10.2
21	朝鲜	外交、公务护照	1956.10.1
		因公普通、因公团体护照	1965.1.1
22	厄瓜多尔	外交、公务（官员）护照	1987.7.11
		因公普通（特别）护照	1988.12.25
23	埃及	外交、公务（特别）护照	2007.1.27
24	赤道几内亚	外交、公务（官员）护照	2006.1.1
25	格鲁吉亚	外交、公务、因公普通护照；团体旅游	1994.2.3
26	格林纳达	外交、公务（官员）护照	2010.1.17
27	圭亚那	外交、公务（官员）、因公普通护照	1998.8.19
28	匈牙利	外交、公务护照	1992.5.28
29	印度尼西亚	外交、公务护照	2005.11.14
30	伊朗	外交、公务护照	1989.7.12
31	牙买加	外交、公务（官员）护照	1995.6.8
32	约旦	外交、公务（特别）护照	1993.3.11
33	哈萨克斯坦	外交、公务护照	1994.2.1
34	吉尔吉斯斯坦	外交、公务护照	2003.6.14
35	老挝	外交、公务、因公普通、加注有效公务签证的普通护照	1989.11.6
36	立陶宛	外交、公务护照、海员证（随船）	1992.9.14
37	马其顿	外交、公务、因公普通护照、标有“因公”字样普通护照	1994.7.19
38	马来西亚	外交、公务（官员）护照	2011.5.18
39	马尔代夫	外交、公务护照	1984.11.27
40	马耳他	外交、公务护照	2008.3.6
41	墨西哥	外交、公务（官员）护照	1998.1.1
42	摩尔多瓦	外交、公务、因公普通、加注“公务”字样普通护照；团体旅游	1993.1.1
43	蒙古	外交、公务、因公普通护照	1989.4.30

续表

序号	协议国	互免签证的证件类别	生效日期
44	黑山[①]	外交、公务、因公普通护照、加注“因公”字样普通护照	1980.1.9
45	缅甸	外交、公务（官员）护照	1998.3.5
46	尼泊尔	外交、公务（官员）护照	2006.10.16
47	阿曼	外交、公务（特别）护照	2010.4.16
48	巴基斯坦	外交、公务（官员）护照	1987.8.16
		因公普通护照	1988.4.30
49	秘鲁	外交、公务（特别）护照	2004.5.12
50	菲律宾	外交、公务（官员）护照（限临时访问人员）	2005.2.28
51	波兰	外交、公务护照、海员证、机组人员证件	1992.7.27
52	罗马尼亚	外交、公务护照	1981.9.16
53	俄罗斯	团体旅游	2000.12.1
		外交护照，随车执行公务的国际列车乘务员、指定定期机组人员、持海员证执行公务船员	2001.5.25
54	萨摩亚	外交、公务（官员）护照	2011.2.18
55	圣马力诺	外交、公务、普通护照	1985.7.22
56	塞尔维亚[①]	外交、公务、因公普通、加注“因公”字样普通护照	1980.1.9
57	塞舌尔	外交、公务护照	1992.2.20
58	新加坡	外交、公务、公务普通护照	2011.4.17
59	斯洛伐克[②]	外交、公务（特别）护照	1956.6.1
60	斯洛文尼亚	外交、公务护照	1994.7.1
61	南非	外交护照	2010.11.27
62	南苏丹	外交、公务、特别护照	2011.7.9
63	苏丹	外交、公务、特别、官员护照	1995.10.26
64	塔吉克斯坦	外交、公务、因公普通、加注“公务”字样普通护照	1993.6.1
65	坦桑尼亚	外交、公务护照	2005.7.11
66	泰国	外交、公务（官员）护照	2003.10.18
67	汤加	外交、公务(官员)、公务普通护照	2012.11.10
68	特立尼达和多巴哥	外交、公务(官员)护照	2006.11.23

续表

序号	协议国	互免签证的证件类别	生效日期
69	突尼斯	外交、公务（特别）护照	2006.9.29
70	土耳其	外交、公务(特别)、因公普通护照	1989.12.24
71	土库曼斯坦	外交、公务、因公普通、加注“公务”字样普通护照；团体旅游	1993.2.1
72	乌克兰	外交、公务护照、海员证	2002.3.31
73	阿联酋	外交护照	2012.3.21
74	英国③	外交、部分公务护照	2007.10.25
75	乌拉圭	常驻对方国家使领馆人员所持外交、公务（官员）护照	1988.11.7
		外交护照	1994.1.1
76	乌兹别克斯坦	外交护照	2010.7.9
77	委内瑞拉	外交、公务护照	1989.7.13
78	越南	外交、公务、因公普通护照	1992.3.15

注：

① 目前适用中国与前南斯拉夫社会主义联邦共和国有关协议。

② 目前适用中国与前捷克斯洛伐克共和国有关协议。

③ 根据2007年10月签订的《〈中华人民共和国政府和大不列颠及北爱尔兰联合王国政府关于便利人员合法往来和打击非法移民活动谅解备忘录〉之实施细则》，中英双方持外交护照和部分持公务护照人员享受免签待遇。

④ 持用协议规定的证件免签入境并不等于可以无限期在协议国停留或居住。根据协议规定，持有关证件免签入境后，一般只允许停留不超过30天。如需停留30天以上，应尽快向当地主管机关申请办理居留手续。

⑤ 2007年实施《中华人民共和国护照法》以后，中方开始颁发公务普通护照，取代因公普通护照。

⑥ 表内数据如与往年数据不同，以本表数据为准。

（七）2012年中国参加的多边条约一览表

序号	条约名称	签订日期/地点/保存机关	条约生效日期	中国采取行动情况	备注
1	关于合作查明和切断在上海合作组织成员国境内参与恐怖主义、分裂主义和极端主义活动人员渗透渠道的协定	2006年6月15日 中国上海 上海合作组织秘书处	2008年11月6日	2012年5月21日国务院决定核准；2012年7月交存核准书；2012年7月10日对中国生效	适用于澳门特区、暂不适用于香港特区
2	上海合作组织成员国政府间合作打击非法贩运武器、弹药和爆炸物品的协定	2008年8月28日 塔吉克斯坦杜尚别 上海合作组织秘书处	2010年5月3日	2012年5月24日国务院决定核准；2012年7月交存核准书；2012年7月10日对中国生效	适用于澳门特区、暂不适用于香港特区
3	上海合作组织成员国反恐专业人员培训协定	2009年6月16日 俄罗斯叶卡捷琳堡市 上海合作组织秘书处	（目前尚未生效）	2012年5月21日国务院决定核准；2012年7月交存核准书	适用于澳门特区、暂不适用于香港特区
4	上海合作组织成员国政府间农业合作协定	2010年6月11日 乌兹别克斯坦塔什干 上海合作组织秘书处	（目前尚未生效）	2012年9月29日国务院决定核准；2012年11月交存核准书	适用于澳门特区、暂不适用于香港特区
5	欧亚反洗钱和反恐融资组织协议	2011年6月16日 俄罗斯莫斯科		2011年6月16日签署；2012年2月17日核准	

续表

序号	条约名称	签订日期/地点/保存机关	条约生效日期	中国采取行动情况	备注
6	万国邮政联盟章程（原译“组织法”）第八附加议定书	2008年8月12日 日内瓦 邮政联盟国际局总局长		2012年4月27日批准	适用于澳门特区、香港特区
7	万国邮政联盟总规则（经第23届大会修订）	2004年10月5日 布加勒斯特 邮政联盟国际局总局长	2006年1月1日	2012年7月8日核准	适用于澳门特区、香港特区
8	万国邮政联盟总规则第一附加议定书	2008年8月12日 日内瓦 邮政联盟国际局总局长	2010年1月1日	2012年7月8日核准	适用于澳门特区、香港特区

（八）2012年中国与外国签订的主要双边条约一览表

序号	条约名称	签订日期	签订地点
1	中华人民共和国政府和乌干达共和国政府对所得避免双重征税和防止偷漏税的协定	2012.1.11	坎帕拉
2	中华人民共和国政府和泰王国政府关于中国在泰国孔敬设立总领事馆的换文	2012.1.13 2012.4.17	曼谷
3	中华人民共和国政府和尼泊尔政府文化合作协定	2012.1.14	加德满都
4	中华人民共和国政府和尼泊尔政府关于边境口岸及其管理制度的协定	2012.1.14	加德满都
5	中华人民共和国政府和尼泊尔政府关于边民过界放牧的协定	2012.1.14	加德满都
6	中华人民共和国外交部和尼泊尔政府外交部关于加强合作的谅解备忘录	2012.1.14	加德满都
7	中华人民共和国政府和沙特阿拉伯王国政府文化协定2012～2016年执行计划	2012.1.15	利雅得
8	中华人民共和国政府和沙特阿拉伯王国政府和平利用核能合作协定	2012.1.15	利雅得
9	中华人民共和国政府和阿拉伯联合酋长国政府关于互免持外交护照人员签证的谅解备忘录	2012.1.17	迪拜
10	中华人民共和国政府和印度共和国政府关于建立中印边境事务磋商和协调工作机制的协定	2012.1.17	新德里
11	中华人民共和国政府和卡塔尔政府关于成立中国卡塔尔投资合作委员会的协议	2012.1.18	多哈
12	中华人民共和国与欧洲投资银行贷款协议（中国林业专项框架贷款）	2012.2.13	北京
13	中华人民共和国政府和委内瑞拉玻利瓦尔共和国政府关于《中华人民共和国政府和委内瑞拉玻利瓦尔共和国政府关于联合融资基金的协议》的第二次修改议定书	2012.2.27	加拉加斯
14	中华人民共和国政府和尼日利亚联邦共和国政府关于互设文化中心的协定	2012.3.2	北京

续表

序号	条约名称	签订日期	签订地点
15	中华人民共和国政府和保加利亚共和国政府关于互免持外交、公务护照人员签证的协定	2012.3.5	索非亚
16	中华人民共和国政府和朝鲜民主主义人民共和国政府关于中国驻清津总领事馆领区范围的换文	2012.3.12 2012.5.22	平壤
17	中华人民共和国政府和埃塞俄比亚联邦民主共和国政府关于埃塞俄比亚在上海设立总领事馆的换文	2012.3.13 2012.3.31	北京
18	中华人民共和国政府和日本国政府、大韩民国政府促进和保护投资协定	2012.3.13	北京
19	中华人民共和国政府和印度尼西亚共和国政府关于“远望六号”测量船赴印尼执行航天测控任务的换文	2012.3.19 2012.4.18	雅加达
20	中华人民共和国政府和印度尼西亚共和国政府海上合作谅解备忘录	2012.3.23	北京
21	中华人民共和国政府和印度尼西亚共和国政府关于加强禁毒合作的谅解备忘录	2012.3.23	北京
22	中华人民共和国政府和巴林王国政府文化协定2012年至2015年执行计划	2012.3.26	麦纳麦
23	中华人民共和国政府和越南社会主义共和国政府关于共同建设北仑二河第二公路大桥协定及其议定书	2012.3.26	河内
24	中华人民共和国政府和日本国政府关于日本驻重庆总领事馆扩大领区的换文	2012.3.30 2012.3.31	北京
25	中华人民共和国政府和太平洋岛国论坛驻华贸易代表处更名的换文	2012.3.29	苏瓦
26	中华人民共和国政府和土耳其共和国政府和平利用核能合作协定	2012.4.9	北京
27	中华人民共和国政府和墨西哥合众国政府关于保护、保存、返还和追索文化财产及防止盗窃、盗掘和非法进出境文化财产的协定	2012.4.6	北京
28	中华人民共和国政府和博茨瓦纳共和国政府对所得避免双重征税和防止偷漏税的协定	2012.4.11	哈博罗内
29	中华人民共和国政府和日本国政府关于2012年4月29日后销毁中国境内日本遗弃化学武器的备忘录	2012.4.12	北京
30	中华人民共和国政府和乌克兰政府关于互免机组成员签证的协议	2012.4.16	基辅
31	中华人民共和国政府与泰王国政府关于铁路发展合作的谅解备忘录	2012.4.17	北京

续表

序号	条约名称	签订日期	签订地点
32	中华人民共和国政府和比利时法语区政府关于合作拍摄电影的协议	2012.4.17	布鲁塞尔
33	中华人民共和国政府和冰岛政府关于北极合作的框架协议书	2012.4.20	雷克雅未克
34	中华人民共和国政府和波兰共和国政府关于加强基础设施领域合作协定	2012.4.25	华沙
35	中华人民共和国政府和俄罗斯联邦政府关于对二〇〇八年十月二十八日《中华人民共和国政府和俄罗斯联邦政府关于共同建设、使用、管理和维护中华人民共和国黑龙江省同江市—俄罗斯联邦犹太自治州下列宁斯阔耶居民点区域内黑龙江（阿穆尔河）铁路界河桥协定》的修订议定书	2012.4.28	莫斯科
36	中华人民共和国政府和哥伦比亚共和国政府关于防止盗窃、盗掘和非法进出境文化财产的协定	2012.5.9	北京
37	中华人民共和国政府和朝鲜民主主义人民共和国政府关于共同建设、管理和维护集安—满浦界河公路大桥的协定	2012.5.10	平壤
38	中华人民共和国政府和联合国教育、科学及文化组织关于在中华人民共和国北京建立由教科文组织赞助的国际科学和技术战略研究与培训中心（第二类）	2012.5.14	上海
39	中华人民共和国政府和塞舌尔共和国政府关于移交海盗及武装劫船嫌疑人及其财产的谅解备忘录	2012.5.18	维多利亚
40	中华人民共和国政府和白俄罗斯共和国政府关于成立中白高科技合作委员会的协定	2012.5.21	明斯克
41	中华人民共和国政府和日本国政府关于中国驻新潟总领事馆扩大领区范围的换文	2012.5.31 2012.6.1	东京
42	中华人民共和国政府和斯里兰卡民主社会主义共和国政府关于在斯里兰卡设立中国文化中心的谅解备忘录	2012.6.4	北京
43	中华人民共和国政府和哈萨克斯坦共和国政府关于中哈边境口岸及其管理制度的协定	2012.6.6	北京
44	中华人民共和国政府和乌兹别克斯坦共和国政府关于动物卫生领域的合作协定	2012.6.6	北京
45	中华人民共和国政府和乌兹别克斯坦共和国政府关于植物保护和检疫的合作协定	2012.6.6	北京
46	中华人民共和国政府和列支敦士登公国政府关于列支敦士登在香港委派名誉领事的换文	2012.6.12 2012.6.20	苏黎世

续表

序号	条约名称	签订日期	签订地点
47	中华人民共和国政府和丹麦王国政府对所得避免双重征税和防止偷漏税的协定	2012.6.16	哥本哈根
48	中华人民共和国政府和丹麦王国政府关于互设文化中心的谅解备忘录	2012.6.16	哥本哈根
49	中华人民共和国政府和利比里亚共和国政府文化合作协定2013～2016年执行计划	2012.6.18	北京
50	中华人民共和国政府和厄立特里亚国政府文化协定2012～2015年执行计划	2012.6.19	北京
51	中华人民共和国政府和塞内加尔共和国政府文化协定2012～2015年执行计划	2012.6.19	北京
52	中华人民共和国政府和尼日尔共和国政府文化协定2012～2015年执行计划	2012.6.19	北京
53	中华人民共和国政府和巴西联邦共和国政府关于互设文化中心的谅解备忘录	2012.6.21	里约热内卢
54	中华人民共和国政府和巴西联邦共和国政府关于海关行政互助的协定	2012.6.21	里约热内卢
55	中华人民共和国和阿根廷共和国关于刑事司法协助的条约	2012.6.25	布宜诺斯艾利斯
56	中华人民共和国政府和古巴共和国政府关于海关合作与行政互助的协定	2012.7.5	北京
57	中华人民共和国政府和圣马力诺共和国政府关于税收情报交换的协定	2012.7.9	北京
58	中华人民共和国政府和老挝人民民主共和国政府关于在老挝设立中国文化中心的谅解备忘录	2012.7.11	北京
59	中华人民共和国外交部与乌克兰外交部2012～2013年磋商计划	2012.7.17	北京
60	中华人民共和国政府和加拿大政府和平利用核能合作协定议定书	2012.7.19	北京
61	中华人民共和国政府和马来西亚政府关于打击跨国犯罪的谅解备忘录	2012.8.2	北京
62	中华人民共和国政府和印度尼西亚共和国政府关于“远望五号”测量船赴印尼执行航天测控任务的换文	2012.8.6 2012.8.30	雅加达
63	中华人民共和国政府和汤加王国政府关于互免持外交、公务/官员、公务普通护照人员签证的协定	2012.8.20	努库阿洛法
64	中华人民共和国政府和委内瑞拉玻利瓦尔共和国政府关于联合融资基金协议第二次修改议定书的换文	2012.8.8 2012.8.22	北京

续表

序号	条约名称	签订日期	签订地点
65	中华人民共和国和伊朗伊斯兰共和国引渡条约	2012.9.10	德黑兰
66	中华人民共和国政府和奥地利共和国政府关于促进和相互保护投资协定第五条修订协定的换文	2012.9.14 2012.9.17	北京
67	中华人民共和国政府和斯里兰卡民主社会主义共和国政府关于互免持外交、公务（官员）和公务普通护照人员签证的协定	2012.9.17	科伦坡
68	中华人民共和国政府和丹麦王国政府关于丹麦驻重庆领事馆升格为总领事馆的换文	2012.9.25 2012.11.6	北京
69	中华人民共和国政府和罗马尼亚政府关于加强基础设施领域合作协定	2012.10.26	布加勒斯特
70	中华人民共和国政府和大韩民国政府社会保险协定及其议定书	2012.10.29	北京
71	关于在《中国—东盟全面经济合作框架协议》下《货物贸易协议》中纳入技术性贸易壁垒和卫生与植物卫生措施章节的议定书	2012.11.19	金边
72	中华人民共和国外交部和泰王国外交部关于加强合作的谅解备忘录	2012.11.21	曼谷
73	中华人民共和国政府和南非共和国政府在人力资源开发和公共行政管理领域合作协定	2012.11.23	北京
74	中华人民共和国政府和阿根廷共和国政府关于便利商务人员签证手续的协议	2012.12.6	布宜诺斯艾利斯
75	中华人民共和国政府和俄罗斯联邦政府关于建立中俄总理定期会晤机制及其组织原则的协定	2012.12.6	莫斯科
76	中华人民共和国政府和俄罗斯联邦政府关于民用航空器搜寻与援救协议	2012.12.6	莫斯科
77	中华人民共和国政府和海牙国际私法会议关于在中华人民共和国香港特别行政区设立海牙国际私法会议亚太区域办事处的东道国协议	2012.12.13	香港
78	中华人民共和国和波斯尼亚和黑塞哥维那关于民事和商事司法协助的条约	2012.12.18	北京
79	中华人民共和国和波斯尼亚和黑塞哥维那关于刑事协助的条约	2012.12.18	北京
80	中华人民共和国和波斯尼亚和黑塞哥维那引渡条约	2012.12.20	北京

（九）2012年中国与各建交国双边贸易总值表

（按国名英文字母顺序排列）

金额单位：万美元

国家	进出口		出口		进口	
（地区）	金额	同比%	金额	同比%	金额	同比%
亚洲						
阿富汗	46922.0	100.2	46403.4	101.7	518.7	17.8
亚美尼亚	14833.6	-12.9	11317.2	-16.6	3516.4	1.5
阿塞拜疆	128394.5	18.2	106978.4	19.9	21416.2	10.6
巴林	155104.6	28.6	120278.2	36.7	34826.5	6.9
孟加拉国	844957.6	2.3	796988.2	2.0	47969.5	6.9
文莱	162532.9	24.0	125224.4	68.2	37308.5	-34.2
柬埔寨	292323.8	17.0	270794.4	17.0	21529.5	16.8
朝鲜	603534.4	7.0	353245.5	11.6	250288.9	1.1
格鲁吉亚	77398.7	-3.2	74033.0	-2.7	3365.7	-11.7
印度	6646776.7	-10.1	4767182.0	-5.7	1879594.6	-19.6
印度尼西亚	6622137.5	9.4	3428482.0	17.3	3193655.5	1.9
伊朗	3646722.4	-19.2	1160163.1	-21.4	2486559.3	-18.1
伊拉克	1756751.1	23.1	491173.7	28.4	1265577.3	21.2
以色列	990948.5	1.3	698840.5	3.7	292108.1	-3.8
日本	32945661.0	-3.9	15163280.0	2.3	17782381.1	-8.6
约旦	325581.8	17.6	295871.5	17.8	29710.3	15.7
哈萨克斯坦	2567667.3	2.9	1100152.5	15.0	1467514.8	-4.7
科威特	1255675.2	11.1	208931.9	-1.8	1046743.4	14.1
吉尔吉斯斯坦	516248.2	3.7	507350.9	4.0	8897.2	-9.4
老挝	172334.1	32.5	93709.4	96.8	78624.7	-4.7
黎巴嫩	171229.1	15.4	169196.5	16.0	2032.7	-21.6
马来西亚	9483156.0	5.3	3652566.4	31.0	5830589.6	-6.2
马尔代夫	7667.3	-21.2	7648.8	-21.3	18.6	36.9
蒙古	659633.4	2.5	265350.9	-2.9	394282.5	6.5
缅甸	697180.9	7.2	567359.3	17.7	129821.6	-22.7

续表

国家	进出口		出口		进口	
（地区）	金额	同比%	金额	同比%	金额	同比%
尼泊尔	199768.1	67.2	196816.2	66.6	2952.0	112.9
阿曼	1878599.3	18.3	181157.6	81.5	1697441.8	14.1
巴基斯坦	1241670.7	17.6	927645.4	9.9	314025.3	48.2
巴勒斯坦	4108.3	−15.9	4073.9	−14.8	34.4	−67.0
菲律宾	3637298.3	12.8	1673224.8	17.4	1964073.5	9.2
卡塔尔	848317.9	44.0	120509.7	0.5	727808.2	55.0
韩国	25632793.8	4.4	8767550.6	5.7	16865243.3	3.7
沙特	7331502.5	14.0	1845271.3	24.3	5486231.2	10.9
新加坡	6928116.5	8.7	4075127.7	14.6	2852988.8	1.4
斯里兰卡	316309.9	0.7	300121.8	0.4	16188.1	5.9
叙利亚	120114.4	−50.9	119022.9	−50.8	1091.5	−58.3
塔吉克斯坦	185670.3	−10.3	174787.4	−12.5	10882.9	50.7
泰国	6974968.7	7.8	3119875.4	21.4	3855093.3	−1.3
东帝汶	6315.8	−12.5	6247.4	−11.3	68.4	−60.7
土耳其	1909423.1	1.9	1558472.0	−0.2	350951.1	12.4
土库曼斯坦	1037271.3	89.4	169933.1	116.7	867338.2	84.8
阿联酋	4041916.8	15.1	2956831.8	10.3	1085085.0	30.6
乌兹别克斯坦	287504.0	32.7	178326.9	31.2	109177.0	35.2
越南	5044256.1	25.5	3421269.0	17.6	1622987.1	46.0
也门	555915.2	31.1	195509.9	77.1	360405.3	14.9
非洲						
阿尔及利亚	772847.4	20.2	541656.8	21.1	231190.6	17.9
安哥拉	3757302.2	35.6	403985.0	45.1	3353317.3	34.6
贝宁	267549.6	−12.3	241395.8	−16.0	26153.8	48.2
博茨瓦纳	30149.5	−57.9	18201.6	−70.5	11947.9	18.7
布隆迪	5713.7	1.5	4646.0	9.2	1067.8	−22.3
喀麦隆	195475.0	27.2	106431.8	21.8	89043.2	34.3
佛得角	5749.2	15.5	5749.0	15.6	0.1	−90.8
中非	6630.3	56.3	1768.4	23.9	4861.9	72.8
乍得	39350.7	9.3	17277.8	82.3	22072.9	−16.8
科摩罗	1494.9	82.5	1494.3	82.5	0.6	−10.1
刚果共和国	507639.9	−1.7	52099.1	6.5	455540.7	−2.5
科特迪瓦	94607.1	34.6	80366.8	48.7	14240.2	−12.2
吉布提	90319.7	77.4	90258.0	77.4	61.7	250.8

续表

国家（地区）	进出口		出口		进口	
	金额	同比%	金额	同比%	金额	同比%
刚果民主共和国	436197.2	9.4	83748.6	1.3	352448.7	11.5
埃及	954458.1	8.4	822384.6	12.9	132073.5	-13.0
赤道几内亚	218435.2	12.6	36154.9	35.8	182280.3	9.0
厄立特里亚	5479.1	-63.2	5353.2	-63.9	125.9	44.7
埃塞俄比亚	183923.5	56.2	152987.0	72.8	30936.6	5.9
加蓬	104550.9	23.3	42734.3	58.3	61816.6	6.9
加纳	543419.2	56.5	479064.4	54.0	64354.8	77.2
几内亚	76483.9	18.4	75384.4	19.6	1099.5	-29.4
几内亚比绍	2252.8	18.9	1589.5	7.0	663.3	61.8
肯尼亚	284115.5	17.0	278878.1	17.7	5237.4	-12.3
莱索托	9978.9	23.9	9437.1	29.1	541.8	-26.9
利比里亚	367093.0	-26.7	344638.8	-30.6	22454.2	444.4
利比亚	876705.9	214.9	238407.1	231.0	638298.8	209.3
马达加斯加	65701.1	8.3	54266.3	7.8	11434.8	10.6
马拉维	29657.0	87.5	24906.7	122.2	4750.3	3.2
马里	62192.0	39.0	29023.2	-2.5	33168.8	121.7
毛里塔尼亚	192510.0	1.5	45540.2	17.9	146969.7	-2.7
毛里求斯	63089.5	24.5	62018.2	24.8	1071.3	10.6
摩洛哥	368953.5	4.8	313119.3	2.9	55834.2	17.1
莫桑比克	134371.8	40.3	94088.7	34.4	40283.1	56.6
纳米比亚	67733.8	33.7	43891.1	55.5	23842.7	6.2
尼日尔	19551.6	35.5	15835.2	11.4	3716.3	1665.4
尼日利亚	1057013.8	-2.0	929632.6	1.0	127381.2	-19.6
卢旺达	16147.8	11.5	9001.3	35.1	7146.5	-8.5
塞内加尔	84532.9	12.9	79397.3	16.7	5135.6	-25.3
塞舌尔	3343.0	-5.4	3316.7	-5.3	26.3	-18.3
塞拉利昂	75203.9	197.5	24918.3	10.8	50285.6	1696.3
索马里	10421.3	7.4	10110.9	10.9	310.4	-46.5
南非	5996900.1	31.9	1532369.4	14.7	4464530.7	39.1
南苏丹	53377.7	40249.4	3431.2	2493.7	49946.5	-
苏丹	373470.3	-67.6	218002.3	9.3	155468.0	-83.7
坦桑尼亚	246913.1	15.2	208972.9	26.4	37940.2	-22.6
多哥	346795.6	81.8	338314.5	84.7	8481.1	10.8

续表

国家（地区）	进出口		出口		进口	
	金额	同比%	金额	同比%	金额	同比%
突尼斯	156878.8	17.8	139178.6	25.1	17700.2	–19.4
乌干达	53802.1	34.6	49514.7	37.8	4287.5	6.5
赞比亚	338058.4	–0.3	69731.8	13.0	268326.6	–3.2
津巴布韦	101482.0	16.1	43042.0	4.9	58440.0	25.9
欧洲						
阿尔巴尼亚	48676.7	11.6	34390.5	22.2	14286.2	–7.6
安道尔	2717.0	371.1	2684.6	377.8	32.4	118.4
奥地利	676411.5	–3.2	204036.4	–8.4	472375.1	–0.8
白俄罗斯	158294.2	21.4	91981.7	30.5	66312.5	10.8
比利时	2634180.8	–9.5	1637705.3	–13.7	996475.5	–1.6
波斯尼亚和黑塞哥维那	7001.2	–1.9	4671.2	12.7	2330.1	–22.1
保加利亚	189501.9	29.4	105463.6	4.9	84038.3	83.0
克罗地亚	137448.6	–15.2	129996.6	–15.6	7452.0	–6.3
塞浦路斯	121198.0	5.4	109338.8	–2.7	11859.2	351.6
捷克	873043.1	–12.6	632352.9	–17.6	240690.2	3.8
丹麦	944508.0	2.0	654133.2	1.5	290374.8	3.2
爱沙尼亚	136952.4	2.5	123377.4	9.1	13575.0	–33.9
芬兰	1127441.1	0.8	744116.2	12.1	383324.9	–15.6
法国	5101526.8	–2.0	2689950.2	–10.3	2411576.6	9.3
德国	16118434.9	–4.7	6921451.0	–9.4	9196983.9	–0.8
希腊	402104.2	–6.6	359348.4	–9.0	42755.8	20.9
匈牙利	806110.0	–12.9	573800.4	–15.7	232309.6	–5.3
冰岛	18434.9	21.1	9538.8	24.6	8896.1	17.7
爱尔兰	589571.1	0.5	209834.3	–3.1	379736.8	2.7
意大利	4172098.7	–18.6	2565666.4	–23.9	1606432.3	–8.6
拉脱维亚	138153.6	10.0	131270.9	10.0	6882.7	8.5
列支敦士登	8652.6	–6.2	1523.9	14.4	7128.7	–9.7
立陶宛	172103.8	21.0	163154.1	22.2	8949.7	2.2
卢森堡	222285.7	16.7	195619.5	22.6	26666.2	–13.8
马其顿	22787.7	–7.4	8875.0	–3.3	13912.7	–9.8
马耳他	313896.3	–1.3	224542.0	–3.6	89354.3	4.9
摩尔多瓦	14256.7	29.2	12394.2	27.1	1862.5	45.2
摩纳哥	8925.7	152.3	8249.6	263.0	676.2	–46.5

续表

国家（地区）	进出口金额	进出口同比%	出口金额	出口同比%	进口金额	进口同比%
黑山	16694.4	63.6	14576.1	62.0	2118.3	75.7
荷兰	6760745.6	-0.8	5890444.9	-1.0	870300.6	0.5
挪威	608747.0	-17.8	301983.2	-20.2	306763.8	-15.3
波兰	1438403.0	10.8	1238662.3	13.2	199740.7	-2.5
葡萄牙	401471.4	1.3	250107.6	-10.7	151363.8	30.3
罗马尼亚	377690.5	-14.2	279732.4	-19.0	97958.1	3.5
俄罗斯	8818806.3	11.3	4405689.8	13.3	4413116.6	9.3
圣马力诺	232.4	8.8	148.5	-18.9	83.9	175.7
塞尔维亚	51444.3	8.5	41287.6	4.2	10156.7	30.4
斯洛伐克	607827.1	1.8	242304.4	-3.6	365522.7	5.7
斯洛文尼亚	182263.6	-2.9	156660.7	-6.5	25602.9	26.7
西班牙	2456835.3	-9.9	1823758.4	-7.5	633076.9	-16.2
瑞典	1333971.3	-2.5	641605.6	-2.3	692365.7	-2.7
瑞士	2630692.6	-14.9	349211.6	-5.6	2281480.9	-16.2
乌克兰	1035624.9	-0.5	732470.5	2.5	303154.4	-7.1
英国	6310313.3	7.5	4629851.6	4.9	1680461.8	15.4
美洲						
安提瓜和巴布达	74704.8	13.7	74697.7	13.7	7.1	40.2
阿根廷	1442991.0	-2.2	786936.3	-7.5	656054.7	4.9
巴哈马	70896.2	15.7	59207.7	7.6	11688.5	85.8
巴巴多斯	10655.5	-29.2	9611.2	-33.2	1044.3	55.7
玻利维亚	67708.5	2.9	35307.7	-8.2	32400.8	18.5
巴西	8570128.4	1.8	3341417.9	5.0	5228710.5	-0.2
加拿大	5133391.6	8.2	2812564.7	11.3	2320826.9	4.7
智利	3322328.3	5.9	1260132.5	16.5	2062195.8	0.3
哥伦比亚	938474.5	14.0	622869.3	6.7	315605.2	31.8
哥斯达黎加	617194.5	30.5	90175.6	2.0	527018.9	37.1
古巴	174276.9	-10.5	117355.4	12.5	56921.4	-37.0
多米尼克	2644.6	-1.6	2529.9	-4.5	114.6	189.7
厄瓜多尔	355245.8	26.7	261402.9	17.6	93842.8	61.8
格林纳达	1987.3	236.1	1986.9	236.1	0.4	736.3
圭亚那	22554.6	53.3	19948.9	50.4	2605.7	79.3
牙买加	81678.3	117.9	78609.7	111.9	3068.6	672.8

续表

国家	进出口		出口		进口	
（地区）	金额	同比 %	金额	同比 %	金额	同比 %
墨西哥	3667570.6	10.0	2751793.2	14.8	915777.4	–2.3
秘鲁	1379773.3	10.3	533276.9	14.6	846496.3	7.7
苏里南	21240.4	39.7	18914.0	38.9	2326.4	46.3
特立尼达和多巴哥	45181.9	–27.9	31215.7	8.9	13966.2	–58.9
美国	48467785.7	8.5	35178819.5	8.4	13288966.2	8.8
乌拉圭	432884.2	26.8	241330.5	20.6	191553.6	35.5
委内瑞拉	2383213.1	30.5	930406.8	42.7	1452806.3	23.8
大洋洲						
澳大利亚	12228588.2	4.9	3773528.7	11.3	8455059.5	2.3
库克群岛	505.2	–11.4	403.4	–18.8	101.8	38.0
斐济	23618.3	37.0	21402.2	25.0	2216.1	1721.3
密克罗尼西亚	1500.4	198.4	407.9	19.5	1092.5	576.3
新西兰	967454.5	11.0	386459.4	3.4	580995.2	16.6
巴布亚新几内亚	128235.2	1.1	64009.7	41.3	64225.5	–21.2
萨摩亚	7176.9	89.7	7174.6	89.7	2.3	–14.4
汤加	2016.0	51.3	2016.0	51.8	0.0	–99.2
瓦努阿图	13603.0	–0.2	13361.2	–0.2	241.8	1.0

注：

以上统计数字由海关总署提供，该数字未包括各建交国与中国香港特别行政区、中国澳门特别行政区和中国台湾省的贸易额。

（十）2012年中国接受各建交国留学生情况统计表

（按国名英文字母顺序排列）

国别	长期留学生人数	短期留学生人数	总数
亚洲			
阿富汗	317	18	335
亚美尼亚	119	32	151
阿塞拜疆	206	37	243
巴林	231	3	234
孟加拉国	1209	44	1253
文莱	21	23	44
柬埔寨	870	466	1336
朝鲜	1440	95	1535
格鲁吉亚	54	10	64
印度	9823	414	10237
印度尼西亚	10280	2864	13144
伊朗	909	55	964
伊拉克	338	20	358
以色列	252	278	530
日本	12245	8881	21126
约旦	598	21	619
哈萨克斯坦	8337	1228	9565
科威特	27	5	32
吉尔吉斯斯坦	1982	531	2513
老挝	2520	253	2773
黎巴嫩	98	48	146
马来西亚	3878	2167	6045
马尔代夫	149	9	158
蒙古	7216	994	8210
缅甸	1514	358	1872
尼泊尔	2902	88	2990

续表

国别	长期留学生人数	短期留学生人数	总数
阿曼	48	14	62
巴基斯坦	9369	261	9630
巴勒斯坦	199	18	217
菲律宾	1003	1639	2642
卡塔尔	10	2	12
韩国	49450	14038	63488
沙特	1826	79	1905
新加坡	2306	1944	4250
斯里兰卡	1046	40	1086
叙利亚	385	21	406
塔吉克斯坦	1072	326	1398
泰国	10962	5713	16675
东帝汶	26	11	37
土耳其	1572	246	1818
土库曼斯坦	1443	159	1602
阿联酋	39	28	67
乌兹别克斯坦	1158	189	1347
越南	11796	1242	13038
也门	1297	79	1376
非洲			
阿尔及利亚	482	30	512
安哥拉	321	13	334
贝宁	282	44	326
博茨瓦纳	164	104	268
布隆迪	449	44	493
喀麦隆	778	223	1001
佛得角	184	1	185
中非	128	28	156
乍得	151	16	167
科摩罗	145	13	158
刚果共和国	838	23	861
科特迪瓦	228	79	307
吉布提	177	22	199
刚果民主共和国	696	59	755
埃及	574	141	715

续表

国别	长期留学生人数	短期留学生人数	总数
赤道几内亚	365	33	398
厄立特里亚	122	18	140
埃塞俄比亚	516	417	933
加蓬	214	14	228
加纳	2192	125	2317
几内亚	532	116	648
几内亚比绍	393	36	429
肯尼亚	955	174	1129
莱索托	72	11	83
利比里亚	260	64	324
利比亚	158	3	161
马达加斯加	770	88	858
马拉维	163	32	195
马里	319	73	392
毛里塔尼亚	152	20	172
毛里求斯	1195	98	1293
摩洛哥	412	92	504
莫桑比克	271	13	284
纳米比亚	270	19	289
尼日尔	401	122	523
尼日利亚	1536	133	1669
卢旺达	433	17	450
塞内加尔	250	63	313
塞舌尔	66	21	87
塞拉利昂	300	54	354
索马里	1107	34	1141
南非	641	152	793
南苏丹	24	41	65
苏丹	955	111	1066
坦桑尼亚	801	72	873
多哥	298	38	336
突尼斯	207	45	252
乌干达	568	68	636
赞比亚	659	50	709
津巴布韦	417	66	483

续表

国别	长期留学生人数	短期留学生人数	总数
欧洲			
阿尔巴尼亚	64	2	66
安道尔	1	1	2
奥地利	306	177	483
白俄罗斯	399	62	461
比利时	417	581	998
波斯尼亚和黑塞哥维那	15	3	18
保加利亚	182	19	201
克罗地亚	52	7	59
塞浦路斯	17	3	20
捷克	202	125	327
丹麦	485	465	950
爱沙尼亚	57	19	76
芬兰	336	280	616
法国	5623	2763	8386
德国	4046	2225	6271
希腊	118	71	189
匈牙利	264	152	416
冰岛	49	5	54
爱尔兰	254	125	379
意大利	2509	1621	4130
拉脱维亚	85	21	106
列支敦士登	0	1	1
立陶宛	73	22	95
卢森堡	18	13	31
马其顿	22	3	25
马耳他	2	1	3
摩尔多瓦	133	13	146
摩纳哥	4	0	4
黑山	11	20	31
荷兰	975	843	1818
挪威	388	344	732
波兰	523	224	747
葡萄牙	339	241	580
罗马尼亚	233	87	320

续表

国别	长期留学生人数	短期留学生人数	总数
俄罗斯	11421	3550	14971
圣马力诺	0	1	1
塞尔维亚	82	29	111
斯洛伐克	102	9	111
斯洛文尼亚	64	6	70
西班牙	1490	818	2308
瑞典	1127	444	1571
瑞士	463	293	756
乌克兰	1347	220	1567
英国	2198	2047	4245
美洲			
安提瓜和巴布达	83	2	85
阿根廷	162	112	274
巴哈马	95	6	101
巴巴多斯	20	0	20
玻利维亚	136	12	148
巴西	723	566	1289
加拿大	2175	1214	3389
智利	212	160	372
哥伦比亚	643	241	884
哥斯达黎加	181	39	220
古巴	99	26	125
多米尼克	85	10	95
厄瓜多尔	207	58	265
格林纳达	48	3	51
圭亚那	58	14	72
牙买加	68	9	77
墨西哥	1073	420	1493
秘鲁	231	100	331
苏里南	47	5	52
特立尼达和多巴哥	17	0	17
美国	10969	13614	24583
乌拉圭	30	14	44
委内瑞拉	275	91	366

续表

国别	长期留学生人数	短期留学生人数	总数
大洋洲			
澳大利亚	1282	1964	3246
库克群岛	1	0	1
斐济	74	33	107
密克罗尼西亚	35	3	38
新西兰	353	257	610
纽埃	0	2	2
巴布亚新几内亚	109	4	113
萨摩亚	82	15	97
汤加	85	16	101
瓦努阿图	35	7	42

注：

本表由教育部提供，表中未包括各建交国在中国香港特别行政区、中国澳门特别行政区和中国台湾省就读的留学生人数。

后记

《中国外交》由外交部政策规划司主编、外交部各地区业务司撰稿、世界知识出版社出版发行，每年出版一卷，向国内外公开发行。

《中国外交》旨在准确、全面地阐述中国的外交政策和中国对国际形势的最新看法，系统、完整地介绍中国上年度对外关系及外交实践。

《中国外交》(2013年版)主要介绍2012年的中国外交，同时发行中文版和英文全译本。

《中国外交》(2013年版)共分九章。

第一章和第二章主要介绍中国对2012年国际形势的看法和中国的外交工作概况。

第三章主要介绍2012年中国与各建交国家的关系。

第四章主要介绍2012年中国与国际和地区组织的关系以及中国对有关问题的立场及观点。

第五章介绍2012年中国外交中的军控、裁军与防扩散工作。

第六章介绍2012年中国外交中的条约法律工作。

第七章介绍2012年中国外交中的边界与海洋工作。

第八章介绍2012年中国外交中的新闻工作和公

共外交工作。

第九章介绍2012年中国外交中的领事工作。

最后为附录，收录了“2012年中国外交重要活动”、“2012年中国外交重要文献”目录以及“2012年中华人民共和国外交部组织机构表”、“2012年中华人民共和国外交部领导成员名单”和2012年中国与各建交国有关情况的部分资料、数据等。

外交部政策规划司

二〇一三年三月七日